# 我们一起走过

## 上海社会科学院
## 应用经济研究所四十年

叶孝慎 著

上海社会科学院出版社
SHANGHAI ACADEMY OF SOCIAL SCIENCES PRESS

谨以此书

献给中国改革开放四十年

献给上海社会科学院应用经济研究所四十年

# 序　一

这是一本回忆反映上海社会科学院应用经济研究所历史的书。40 年弹指一挥间，应用经济研究所一路走来，很不容易。她伴随着中国改革开放应运而生，是我们上海社会科学院的三大经济研究所之一，与经济研究所和世界经济研究所并称一所、二所、三所。原本叫部门经济研究所，按照现在的学科分类，改名为应用经济研究所。

应用经济研究所始终以“学以致用，经世致用”为原则导向，坚持面向实际、立足实践研究经济理论，服务国家改革开放，服务上海现代化建设。记得改革开放之初，上海是支撑全国改革开放的“后卫”，处于很困难的时期。当时部门经济研究所的同志积极参与上海工业大调查，在《解放日报》发表《十个第一和五个倒数第一说明了什么？——关于上海发展方向的探讨》，提出真知灼见，为上海发展建言献策。部门经济研究所当时有一大批专家学者，如徐之河、陈敏之先生，姚锡棠、厉无畏老师，都曾为上海改革开放和经济社会发展提出过许多前瞻性开创性的决策咨询意见建议。建所以来，应用经济研究所培养了很多熟悉工业经济、商业经济、财政、会计等方面的专业人才，在应用经济理论和决策咨询研究等方面作出重要贡献。

今天，上海社会科学院应用经济研究所进入不惑之年，要不忘初心，继续前进，以习近平新时代中国特色社会主义思想为指导，加强应用经济学科建设，加强对经济发展重大问题的决策咨询研究，努力出更多好成果。只要我们共同努力，勇于创新，潜心研究，应用经济研究所的明天一定会更美好。

上海社会科学院院长

# 序　二

叶孝慎同志的这一部长篇纪实，我是认真读了的。全书30多万字，全面、生动、形象、有血有肉地真实再现我们应用经济研究所40年来艰辛而又辉煌的历程，既理性，又感性；既有学者严谨，又有作家情怀，真是不错。书名也好，朴实，妥帖。过往40年，我们应用经济研究所一路走来，一起走过40年，一起经历40年改革开放的风风雨雨、起起伏伏，出了一些学术大家，如徐之河、姚锡棠、厉无畏，在国内学界众望所归，有口皆碑。但更加重要的是，在我看来，我们应用经济研究所，受那样一些大家影响，在中国改革开放40年的大潮里面，不是旁观者，超然物外，站在边上空谈，指手划脚，评头评足；而是弄潮儿，敢想敢干，亲力亲为，真正置身其间，紧跟时代前进步伐，跟上海经济社会发展同呼吸，共命运，开风气之先，立汗马功劳。对于这一点，尽管余生也晚，当时又不在应用经济研究所，而是在上海财经大学读研；但还是感同身受，有深切体会。因为我读的是工业经济专业，博导又是杨公朴教授。杨老师不仅是上海财经大学工业经济系主任，而且以前就在上海社会科学院经济研究所工作，跟应用经济研究所的许多前辈是同事、朋友，尤其跟孙老怀仁先生有亲密交往。所以，上海社会科学院的许多事，应用经济研究所的许多事，也就时有耳闻。至于更多学术上、科研上的切磋、交流，那就互通有无，更加频繁。应用经济研究所的许多人，对我而言，也就既亲切又陌生。亲切的是，他们的一些学术成果，甚至是一些代表作品，那些论文、专著里面的具体观点，我都熟悉不过，很是亲切。陌生的是，我跟他们这些人，活生生的人，又从未谋面、共事，少了正面交往。所以，一旦真来上海社会科学院工作，来应用经济研究所工作，新来乍到，一面似曾相识，神交已久；一面又得加快角色转换，从高校教学转向智库钻研，从偏重学理转向更多的学以致用、经世致用，更好更直接地服务于决策咨询。

前几天，我去华东医院看望徐之河、姚锡棠、谢自奋先生，三位德高望重的老人，我们应用经济研究所的前任所长。他们都跟我说了学以致用、经世致用的重要，让我倍感肩负责任的重大。我想我们站在新的起跑线上，直面下一个40年乃至下下一个40年，我们可以做也应该做的最重要一点，那就是李强书记前些日子来上海社会科学院调研时所说的，坚持问题导向、需求导向，做好决策咨询，服务于上海“五个中心”建设、卓越的全球城市建设和具有世界影响力的社会主义现代化国际大都市建设。

“行百里者半九十。”

我相信，只要我们大家心往一处想，劲往一处使，上下拧成一股绳，齐心协力干事业，我们这个有着光荣传统的上海社会科学院应用经济研究所，跻身于第一批国家高端智库的试点单位，就一定能够在未来的发展中，凭借深厚的理论基础和独特的实践优势，通过学术研究与智库建设双轮驱动，作出更多骄人业绩。习近平总书记说，智库是国家软实力的重要组成部分，要高度重视、积极探索中国特色新型智库的组织形式和管理方式。习近平总书记还说，要从推动科学决策、民主决策，推进国家治理体系和治理能力现代化、增强国家软实力的战略高度，把中国特色新型智库建设作为一项重大而紧迫的任务切实抓好。总书记强调科学决策、民主决策与软实力之间的有机联系，我们就必须从增强国家软实力的战略高度，搞好中国特色新型智库建设，绝不纸上谈兵，向壁虚造，为理论而理论。我们就必须将问题导向、需求导向坚持到底，为解决现实问题尽到应尽责任。

上海社会科学院副院长、应用经济研究所所长

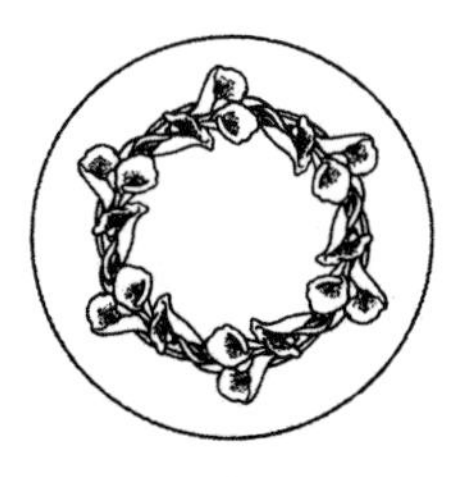

# 目录

# 楔子　既往记忆太亲切

这是千千万万个早晨中一个极其平常的早晨。2014 年 12 号台风“娜基莉”正面突袭上海，伴有大暴雨，气象台发布蓝色预警；于是，孙福庆拎包上班，多带上一把伞，一把铝合金骨架子的大号长柄直伞。

他习惯成自然，竟就忘了新任命业已下达，他从 2014 年 7 月 31 日起改任上海社会科学院部门经济研究所所长；而上海社会科学院正放暑假，根本没人出勤。

孙福庆，1957 年生，江苏邗江人。1975 年复旦附中高中毕业。1976 年参加工作，从吴淞口宝杨码头乘“沪航 8 号”双体客轮上岛，由南门港上到崇明岛。

崇明，中国第三大岛，世界上最大的河口冲积岛，迄今已有 1 400 年历史。

1400 年的崇明史既是“海坍精光”史，亦是“辟草垦土，易而为田”史。因为崇明每年有 500 多公顷土地从江中长出，所以，1949 年的崇明岛，总面积为 606 平方公里；2017 年的崇明岛，总面积为 1 411 平方公里；其间半个多世纪，足足长大一倍还多。

然而，精卫填海，猛志常在。崇明长大的另一面，则是原住民的垦殖和 30 多万上海知青的围填造田，人定胜天。

在孙福庆们以“沉重地修理地球”为“光荣而神圣的天职”[①]的年代，农场简直就是崇明的代名词，农场职工简直就是知青化身。

在孙福庆们大批入职之前，长江南支的此岸和彼岸从来没有那样唇齿相依、血脉紧连过。

---

① 任毅：《知青之歌》，《〈知青之歌〉的流传与冤案始末》，《名人传记》2013 年第 11 期。

孙福庆们的纷至沓来致使北沿公路变成一条最多留有知青足迹的农场路。

北沿是崇明的“最美公路”，美就美在全线飘绿，路两旁齐整挺立参天大树，葳蕤树叶密密匝匝，遮天蔽日。

北沿公路与陈海公路基本平行，全长 70 余公里，东起东滩，途经前哨农场、前进农场、长江农场、东风农场、长征农场、红星农场、新海农场，最后抵达岛的最西端，跃进农场的江边上。

跃进农场原名新安沙，满地泥泞，丛生苇草，纵横河汊。

1960 年 9 月，中共上海市委批准成立上海市围垦领导小组和上海市围垦总指挥部。上海市围垦总指挥部下设新安沙、合隆沙、百万沙 3 个分指挥部。

同年 10 月，新安沙、合隆沙、百万沙围垦工程全面开工，至 1961 年 5 月竣工，历时 7 个月，3 万人参加围垦，修筑了全长 46.5 公里的江堤和 6 座拦洪坝，围得土地 11 万亩，相继成立黄浦区、吴淞区、高教局等 16 个畜牧场。《解放日报》为此发表社论《给崇明围垦前线的一封信》，欢呼“三万围垦大军”“向‘海龙王’要土地，向芦滩、草滩要粮食、要鱼肉、要鸡鸭、要蔬菜”是“一个革命的创举”。《解放日报》头版报道《市区三万大军围垦崇明芦滩》亦称“崇明县北部和西北部的新安沙、合隆沙、百万沙等三片约十余万亩芦滩”的“引淡去咸”“变芦滩为熟地”是“巨大工程”。整个“工程的顺利进行”充分体现了“无比的英雄气概”和“百折不挠的精神”。唯有这种气概，这种精神，才能确保“整片肥沃的土地从江海的怀抱中转移到英雄的上海人民手里”。

1963 年 10 月，上海市农垦局将两区(黄浦、吴淞)一局(高教)的畜牧场合并成新安沙农场，继续围垦新安沙的延伸部分，又得地 9 600 亩。

1966 年 10 月，“造反”盛行，改名成风，新安沙农场亦摇身变为跃进农场。

据统计，从 1968 年 8 月—1978 年 7 月，仅一个跃进农场，就安置了上海市区知青 20 310 名。孙福庆就是这两万多人中的一个，他当时在四连大田班务农。

大家都说插队落户苦。其实，要说劳动强度，我们要比插队落户苦得多了。因为一般农村，即使南方，至多也是一年两季，早稻，晚稻。我们崇明农场是三季，还要多种一季棉花。再加上插队落户记工分，比较散漫，相对自由，想干就干，不想干就不干。我们不行。我们是农场职工，企业化管理，定时出工，统一上下班。一刀切，拿工资。第一年每月 18 元，第二年每月 24 元；排长多 3 元，27 元。“三抢”时，一天工作 10 多个小时是家常便饭，司空见惯，绝对不能想干就干，不想干就不干，真的很苦。（引自 2018 年 2 月 26 日，孙福庆口述实录）

大田里的活，苦到了孙福庆。但孙福庆生性倔强，从不叫苦。不仅不叫，反倒自得其乐，偏爱上了农业。以致 1980 年高考，他毫不犹豫，以优异成绩考上了上海交大农学院经济管理系。

1984 年，孙福庆本科毕业，正赶上上海经济研究中心招人，想招一个能搞农业经济研究的年轻人，到交大农学院阅档。来人见孙福庆是中共党员，各科成绩不错，就要他了。

上海经济研究中心成立于 1980 年 12 月 26 日，由董家邦任常务干事、召集人，陈敏之任常务干事、办公室主任。

1995 年 12 月 22 日，根据市政府决定，上海经济研究中心更名为上海市人民政府发展研究中心，由王战任总干事、办公室主任。

上海市人民政府发展研究中心是为市政府决策服务，承担全市决策咨询的研究、组织、协调、管理、服务的市政府决策咨询研究机构。孙福庆在这一机构里一干 30 年，一直干到一纸调令，把他调到上海社会科学院部门经济研究所当所长。

新官上任三把火，更何况孙福庆生性使然，凡事亲力亲为，不敷衍塞责、推诿拖沓。于是，人家放假，难得清闲、安逸；他反倒天大热，人大干，整天忙得不亦乐乎。

从市府转岗，来到社会科学院，我开始有点犹豫。毕竟不再年轻。一动不如一静。不想再换地方。但组织部说了，调我到部门经济研究所，主要考虑三点。第一点，加强领导，加强部门经济研究所跟市里的联系。第二点，带出一支队伍，尤其是年轻、精干的研究团队。第三点，给你也留一点时间，整理一下多年来的学术成果。没想到，真的来到部门经济研究所，反而更忙。通过调研，摸情况，发觉部门经济研究所名声在外，有辉煌过去，但进入21世纪，跟市里的重大决策脱节了，参与度不够。即使参与了，也是不深入、不了解，两张皮，信息不对称。还有队伍建设不可持续。老的退了，年轻的接不上。还有所名，也是要改。迫在眉睫，不能再拖。（引自2018年2月26日，孙福庆口述实录）

长假后头一天上班，孙福庆正式在全所大会上跟大家见面，便就快人快语，直言三层意思。一是重振雄风，对接政府，坚持问题导向，更好地服务当下，服务实际。二是不拘一格降人才，绝不得过且过，青黄不接。三是更名，恰如其分，名正言顺，鲜明突出两个“致用”，鲜明突出“学以致用，经世致用”。

关于正名，鲜明突出两个“致用”，鲜明突出“学以致用，经世致用”，孙福庆不仅在会上说了，也在会后找王战谈了。

王战跟孙福庆是老熟人，长期共事，多有合作。

1985年2月8日，国务院批转《关于上海经济发展战略汇报提纲》，其中说到“上海经济体制的全面改革，应当迈出大的步子，走在全国的前面。要进一步解放思想，勇于改革创新，冲破束缚生产力发展的条条框框，大胆进行探索，力求各项改革既快又好地展开”；孙福庆就跟王战合作写了上海郊区发展战略。当时的孙福庆是上海经济研究中心工农业研究室科员；当时的王战是复旦大学中国经济研究中心主任，也搞农业，后转外贸。

1992年，王战任上海市计委经济研究所常务副所长、所长兼上海经济研究中心副主任，主持工作；孙福庆是外经处主任科员。1995年，上海经济研究中心翻牌，变成上海市人民政府发展研究中心，王战扶正，任主任、党组书记；孙福庆是开放研究处副处长。1996年3—12月，孙福庆去香港，在上海实业（集团）有限公司发展研究部挂职锻炼。2000年，调回市政府发展研究中心任开放研究处处长，2006年为党组成员、副主任。王战则于2007年上调中共上海市委任副秘书长兼市委研究室主任。之后，便是孙福庆于2010年任上海市人民政府发展研究中心副主任、纪检组组长，王战于2012年调任上海社会科学院院长。

还有就是1998年4月，长江开发沪港促进会成立，王战是副理事长，孙福庆于2006年任秘书长，2008年任副理事长。还有就是2000年10月，上海

WTO 事务咨询中心成立，王战是理事长，王新奎是总裁，孙福庆是总裁助理，并于 2006 年任副理事长。

王战调上海社会科学院工作比孙福庆早两年。

王战认真听完孙福庆的正名说，深以为然。

因为部门经济是舶来品。部门经济学是中华人民共和国成立之初，全面引进苏联模式的产物，全面引进苏联计划经济管理模式的产物。当时，以苏为师，一切向老大哥看齐。在苏联计划经济管理模式下，国民经济各部门之间相对分割，经济政策和经济理论的应用与各个部门的体制和运作方式密切相关。

> 随着社会主义市场经济体制的建立，传统的计划体制逐渐退出历史舞台。因此，过去计划经济的一些基础理论和政策实践已经不适应或难以满足时代的需要，部门经济学的名称已经不能准确反映学科的性质和经济发展的现状。随着市场经济体制的建立和学科的发展，更名为"应用经济学"。①

应用经济学的研究方向由原"部门经济学"演变而来，国务院学位委员会第六届学科评议组如是说。

李悦进而又说："马克思主义经济学有理论经济学和应用经济学两类。政治经济学是以社会生产关系的发展规律性为研究对象的理论经济学；包括产业经济学在内的应用经济学的研究对象则是社会生产力发展的规律性。当然，众多的自然科学都是从不同角度来研究生产力发展规律的，但从整体上研究社会生产力发展规律的任务，只能落在应用经济学的头上，或者说是落在生产力经济学的头上。"②

李悦是中国人大教授、博士生导师，1932 年生，1949 年加入中国共产党，天津宝坻人。

---

① 国务院学位委员会第六届学科评议组：《第一部分，应用经济学一级学科简介 · 一级学科简介和博士、硕士学位基本要求》，高等教育出版社 2014 年版，第 3 页。

② 李悦：《产业经济学》，中国人民大学出版社 2004 年版，第 1 页。

李悦出过10余部专著或教材，发表过百多篇论文，自己认为“最主要的是一篇文章，三本专著”。①

李悦所说的“一篇文章”是指他与蒋映光（时任《人民日报》理论部副主任）合写的《斯大林对雅罗申柯为生产而生产观点的批评》，首发在1979年9月8日《人民日报》编印的内刊《理论宣传动态》第113期。《中国经济时报》的记者说李悦的《斯大林对雅罗申柯为生产而生产观点的批评》“吹响了真理的号角，受到了胡耀邦同志的重要批示，掀起了浩浩荡荡的全国性生产目的大讨论”。②但《人民日报》的相关报道则说社会主义生产目的的讨论，“最初是1978年到1979年春天，从按客观经济规律办事的角度提出来的”。③

吴江亦言之凿凿，在其回忆录中明确说到有关社会主义生产目的的“讨论的发起缘于（中共中央）党校经济学课程中学员们对于一个问题的争论——我们的经济工作是否存在着‘为生产而生产’的问题”。吴江时任中共中央党校副教育长。他在“听取汇报”时“意识到这个问题的重要性，因此责成汇报者整理成一个材料送胡耀邦，并在材料上提出应就此撰写一篇评论文章”。

> 胡耀邦在材料上作了批示，支持第二种意见，这就是《理论动态》第160期刊载《要真正弄清社会主义生产目的》一文的由来。此文由“理论动态组”的吴振坤执笔撰写。④

事实上，早在1979年1月17日，邓小平同胡厥文、胡子昂、荣毅仁、周叔弢、古耕虞等人谈话，就已直言：“过去工业是以钢为纲，钢的屁股太大，它一上就要挤掉别的项目，而且资金周转很慢。要先搞资金周转快的，如轻工业、手工业、补偿贸易、旅游业等，能多换取外汇，而且可以很快提高人民生活水平。”⑤

同年3月23日，邓小平出席中共中央政治局会议，说到年度计划和国民经济调整是“大方针、大政策”时，又一次强调：“过去提以粮为纲、以钢为纲，现

①② 李成刚：《李悦：掀起社会主义生产目的大讨论》，《中国经济时报》2016年11月11日。

③ 《继续开展生产目的问题的讨论十分必要——首都部分经济学家和经济工作者座谈社会主义生产目的》，《人民日报》1980年11月7日。

④ 吴江：《政治沧桑六十年——吴江回忆录》，香港中文大学出版社2012年版，第181页。

⑤ 中共中央文献研究室：《邓小平年谱1975—1997》（上），中央文献出版社2004年版，第471页。

在到该总结的时候了。一个国家的工业水平,不光决定于钢。钢的水平,也不光是由数量决定的,还要看质量、品种、规格。”①

1979 年 1 月 18 日—4 月 3 日,中央在京开了两个多月的理论工作务虚会,诸多议题中就包括社会主义生产目的问题。② 而邓小平对于这个问题的回答,则可见他的 3 月 30 日讲话:“我们努力按照客观经济规律办事。”“社会主义的经济是以公有制为基础的,生产是为了最大限度地满足人民的物质、文化需要。”③

还有,1979 年 1 月 19 日上午,国家计委经济研究所“邀请北京的三十多个高等院校和研究单位的理论工作者,座谈‘计划与市场’问题”;“有的同志”在“会上发言”,就说,薄一波曾提出计划要以吃穿用为纲,后来受到批判。那么计划到底应以什么为纲?是以钢为纲,还是以吃穿用为纲?这是直接涉及社会主义生产目的的重大问题,应该搞清楚。④

还有,1979 年 4 月 15 日,邓小平会见美籍华裔科学家、“血清之父”李政道及夫人,说到中国正在调整年度计划和国民经济,又说:“这种调整不是要放慢发展速度,而是为了搞得快些。搞经济,有时就要退,不退就不能进,退一步进两步。例如,五届人大决定要搞六千万吨钢,现在考虑只搞四千五百万吨,着重在提高质量。要把力量移到见效快的工业上去,移到轻工业、能源等其他方面,见效快些。”⑤

至于李悦所说的“三本专著”,那是指《中国工业部门结构》《产业经济研究》和研究生教学用书《产业经济学》(第 2 版)。

1983 年版的《中国工业部门结构》,是国内第一本专论工业结构的著作,曾获朱镕基好评。而同于 2004 年 4 月面世的《产业经济研究》和研究生教学用书《产业经济学》(第 2 版)则是姐妹篇,同为李悦产业经济学的奠基之作。李悦是“宽派的主要代表人物”,所以他所力主的产业经济学“是将西方产业经济

---

① 中共中央文献研究室:《邓小平年谱 1975—1997》(上),中央文献出版社 2004 年版,第 497 页。

② 祝华新:《政治漩涡中的〈人民日报〉》,香港天地图书有限公司 2011 年版,第 89 页。

③ 邓小平:《坚持四项基本原则》,《邓小平文选》第 2 卷,人民出版社 1983 年版,第 165、167 页。

④ 国家计委经济研究所:《关于价值规律在社会主义计划经济中的作用——关于“计划与市场”座谈会纪要》,《价值规律作用问题资料——社会主义经济中价值规律问题文章选编》,中国社会科学出版社 1979 年版,第 132 页。

⑤ 中共中央文献研究室:《邓小平年谱 1975—1997》(上),中央文献出版社 2004 年版,第 505 页。

理论和我国原有工业经济管理学、理论经济学的部分内容包括其中”,即“包括大多数产业经济学中的产业结构、产业组织和产业政策的基本内容,也包括原有‘工业经济管理学’中的专业化协作、企业规模结构、联合化、投资结构、环境保护、技术进步、工业布局、采掘加工工业结构等内容,还包括理论经济学中的增长理论、市场机制与宏观调控的问题,等等”。①

然而,《应用经济学理论前沿》的编者则认为“产业经济学的内容体系”远较李悦学说要窄,仅“包括产业结构、产业组织、产业布局、产业关联、产业政策、政府规划与反垄断等主要领域”。所以,应用经济学是一级学科,产业经济学是“属于应用经济学下设的一个二级学科”。产业经济学的“框架体系”,“主要包括”了“产业组织、产业结构和产业发展”“三方面内容”。只有应用经济学才“包括国民经济学、财政学、金融学、产业经济学、国际贸易学、劳动经济学、统计学、数量经济学、国防经济这十个二级学科”。② 换言之,应用经济学不仅研究国民经济个别部门的经济活动,研究林林总总的农业经济、工业经济、建筑经济、运输经济、商业经济等;而且还研究既涉及国民经济各个部门又分别带有一定综合性的专业经济活动,如计划经济学、劳动经济学、财政学、货币学、银行学等;而且还研究地区性经济活动,如城市经济学、农村经济学、区域经济学(经济地区规划、生产力布局)等;而且还研究国际经济活动,如国际贸易学、国际金融学、国际投资学等;而且还研究企业经营管理活动,如企业管理、企业财务、会计学、市场(销售)学等;而且还研究与非经济学科互有交叉的边缘经济学科,如与人口学交叉的人口经济学、与生态学交叉的生态经济学或环境经济学、与社会学交叉的社会经济学、与自然地理学交叉的经济地理学、国土经济学、资源经济学以及与技术学交叉的技术经济学等。

> 改革开放以来,随着社会经济的不断发展,应用经济学及其各个分支学科适应经济和社会发展的需要不断扩展、充实,取得长足的进步……应用经济学的研究突破了部门经济分割体制的束缚,研究方向之间形成密

---

① 何永芳:《中国的产业经济研究与产业经济学》。

② 李伟、俞晓晶:《产业经济学学科前沿》,《应用经济学理论前沿》,上海社会科学院出版社 2016 年版,第 2 页。

切交叉联系，而又各自独特的知识和理论体系，基本完成了向现代经济学的转变。①

事实上，上海社会科学院部门经济研究所的研究范围，远比常人所能想象的更开放、更宽泛。在过去 30 多年里，上海社会科学院部门经济研究所的研究范围，扩大了又扩大，拓展了又拓展，甚至延伸到了理论经济学，有机结合了两个发展规律（社会生产关系的发展规律和社会生产力的发展规律）的研究，早已不是严格意义上的“部门经济”或“产业经济”。

所以，部门经济研究所的正名势在必然。

部门经济研究所再也不能故步自封，抱残守缺，囿于“部门经济”的窠臼。

部门经济研究所更名就此纳入上海社会科学院体制机制改革的一揽子计划。

2013 年 11 月 9—12 日，中共十八届三中全会在京召开，审议并通过《中共中央关于全面深化改革若干重大问题的决定》，明确提出要“加强中国特色新型智库建设，建立健全决策咨询制度”。

2015 年 1 月 20 日，中共中央办公厅、国务院办公厅联合发布《关于加强中国特色新型智库建设的意见》，强调智力资源是一个国家、一个民族最宝贵的资源；中国特色新型智库是党和政府科学民主依法决策的重要支撑，是国家治理体系和治理能力现代化的重要内容，是国家软实力的重要组成部分；所以，国家的总体目标是在未来 5 年内“重点建设一批具有较大影响力和国际知名度的高端智库，造就一支坚持正确政治方向、德才兼备、富于创新精神的公共政策研究和决策咨询队伍，建立一套治理完善、充满活力、监管有力的智库管理体制和运行机制，充分发挥中国特色新型智库咨政建言、理论创新、舆论引导、社会服务、公共外交等重要功能”。

同年 11 月 9 日，习近平总书记主持召开中央全面深化改革领导小组第十八次会议，会议审议并通过《国家高端智库建设试点工作方案》，要求紧紧围绕“四个全面”战略布局，以服务党和政府决策为宗旨，以政策研究咨询为主攻方

① 国务院学位委员会第六届学科评议组：《第一部分，应用经济学一级学科简介 · 一级学科简介和博士、硕士学位基本要求》，高等教育出版社 2014 年版，第 3—4 页。

向,以完善组织形式和管理方式为重点,以改革创新为动力,优先选择若干基础条件较好、专业特色突出的机构进行试点,建设一批国家亟须、特色鲜明、制度创新、引领发展的高端智库。

同年 12 月 1 日,国家高端智库理事会在京举行国家高端智库建设试点工作会议,高端智库建设试点工作正式启动。上海社会科学院作为"依托大学和科研机构,形成的专业性智库"入选首批国家高端智库建设试点单位。

2016 年初,上海社会科学院向中共上海市委、上海市人民政府递呈《关于上海社会科学院体制机制改革有关问题的请示》,其中包括上海社会科学院部门经济研究所的更名。

2016 年 5 月 28 日,中共上海市委、上海市人民政府正式批复上海社会科学院《关于上海社会科学院体制机制改革有关问题的请示》,第一条第一句就是同意上海社会科学院部门经济研究所更名为上海社会科学院应用经济研究所。

2016 年 12 月 20 日下午 2 时,上海社会科学院应用经济研究所在上海社会科学院小礼堂举行揭牌仪式。为应用所揭牌的是王战、于信汇和孙福庆。王战时任上海社会科学院院长,于信汇时任上海社会科学院党委书记。于信汇在他揭牌前的致辞中深情说到了上海社会科学院应用经济研究所的前世以往:

> 上海社会科学院应用经济研究所是以决策咨询研究为主导、以应用经济学学科建设为支撑的智库型研究机构,原名上海社会科学院部门经济研究所,其渊源,可以上溯至 1956 年筹设、1958 年并入上海科学院的中国科学院上海经济研究所。1978 年 10 月,上海社会科学院复院,原经济研究所一分为三,分别成立经济研究所、部门经济研究所和世界经济研究所。其中部门经济研究所主要从事工业经济、农业研究、贸易经济等产业经济研究。
>
> 部门经济研究所成立以来,紧紧围绕上海改革开放进程,在重大经济发展战略和政策研究方面发挥了重要作用,收获了一系列具有开创意义和重要价值的丰硕成果。这些成果,既包含了改革开放之初,牵头研究、

**编制上海第一份经济发展战略；又包含了20世纪90年代，参与调研、促进浦东开发开放、四个中心建设、产业结构调整升级、面向21世纪的现代大都市发展；还包含了近些年来，为上海建设具有全球影响力的科创中心出谋划策；等等。**

随着一方红绸，一方蒙掩在应用经济研究所铜牌上面的方正红绸，被王战、于信汇和孙福庆轻轻掀起，部门经济研究所成了一个历史名词。

这一个历史名词，用王战的话来说，真还有点名实不副，名不副实，尤其是在财政金融研究里面有了宏观经济政策、货币政策和人民币国际化后，尤其是在城市与房地产研究里面有了城市交通、能源、环境等发展与建设和住房保障与公积金制度的渐进式改革后。所以，更名不可避免。只有先把名给正了，才能更好做事，做好更多事。要不，子路问孔子："卫君待子而为政，子将奚先?"孔子答子路，回话也不会那样干脆、利落，毋庸置疑："必也正名乎!"

一个斩钉截铁的"必"字，直白道出了"正名"的至关重要。因为"名不正，则言不顺；言不顺，则事不成；事不成，则礼乐不兴；礼乐不兴，则刑罚不中；刑罚不中，则民无所措手足"。①

然而，既往记忆太亲切，一时实难改。

毕竟那么多人，那么多年，一直叫下来，早顺口了。一如孙福庆习惯了机关坐班，一周五日，早出晚归，调到社会科学院也不记着休暑假。

毕竟那么多人，那么多年，寸草衔结，风雨兼程，与上海社会科学院同行，与上海同行，与当代中国的改革开放同行，一直以部门经济研究所的名义，坚持一个信念，一个学以致用、经世致用的理念。

学以致用、经世致用的理念铸就了40年的辉煌。

40年的辉煌集中表现于理论上的孜孜以求与实践上的宵衣旰食。

虽然40年前还没有"智库"这一个词，但部门经济研究所从它呱呱坠地的第一刻起，就将自己的服务对象牢牢锁定为政府和社会。

如果要用一句话来概括部门经济研究所，概括部门经济研究所在过去40

---

① 《论语卷七·子路第十三》，《〈四书〉章句集注》（上），上海古籍出版社2006年版，第183页。

年里的全部努力，那么，最恰如其分的那一句，恐怕早已被毛泽东写在了《实践论》的结尾。

那就是：通过实践而发现真理，又通过实践而证实真理和发展真理。

那就是：从感性认识而能动地发展到理性认识，又从理性认识而能动地指导革命实践，改造主观世界和客观世界。

那就是：实践、认识、再实践、再认识，这种形式，循环往复以至无穷，而实践和认识之每一循环的内容，都比较地进到了高一级的程度。①

① 毛泽东：《实践论》，《毛泽东选集》第 1 卷，人民出版社 1991 年版，第 296—297 页。

# 第一章 三分天下，实留部门经济研究所

1978年，中国改革开放元年。中共中央、国务院在京召开全国科学大会，邓小平在开幕式上讲话，强调指出："理论研究一旦获得重大突破，迟早会给生产和技术带来极其巨大的进步。"[①]

科学的春天来了。这是自然科学的春天，也是社会科学的春天。上海社会科学院的复院势在必然、呼之欲出。

> 上海社会科学院的复院就是在这样的历史大背景下进行的。开始时确实面临各种困难。要把彻底"砸烂"了的组织机构恢复过来，要把分散在全市各个不同单位的人员调集过来，几乎是白手起家，毫无头绪。市委宣传部先指定几个老同志，由我和陆志仁(原市委党校副校长)、蔡北华(原市委统战部副部长)、徐盼秋(原市社联负责人)负责复院的筹备工作。我们几个在市委宣传部合用一个办公室，并四处奔走联络人员和了解情况。不久调来了李光明、李润玉两位同志，他们原是上海社会科学院负责人事组织工作的，比较熟悉情况，事情就好办多了。[②]

蓝瑛，本名竺宜俊，1925年生，浙江奉化人。新四军老战士，三八式老干部。14岁参加革命，曾为顾准部下，编过《东进报》(地方版)。《东进报》(地方

① 邓小平：《在全国科学大会开幕式上的讲话》，《邓小平文选》第2卷，人民出版社1994年版，第87页。

② 蓝瑛：《我的回忆和一些想法——为纪念上海社会科学院建院五十周年而作》，《往事掇英——上海社会科学院五十周年回忆录》，上海社会科学院出版社2008年版，第5页。

版)是澄(江阴)、锡(无锡)、虞(常熟)工委机关报。顾准时任中共澄、锡、虞工委书记兼江抗总办事处副主任。蓝瑛后来回忆道:"我至今还能记起顾准高高的个子,瘦长脸,戴着眼镜,在我们面前侃侃而谈的生动形象。他尽管是一位党政首长,而更多地是学者风度。他的平易近人和议论风生,都为当地干部所称道。他勤奋好学、通古博今、忠于人民、忠于真理的特点,更一贯令我深深敬仰。"

中华人民共和国成立后,蓝瑛出任中共上海市委宣传部副部长,负责办公室事务,是部长杨永直联系理论界的得力助手,跟上海社会科学院"保持着比较密切的联系",从而"确有一种特殊感情"。因此,"十年动乱"期间,他"遭受到造反派的好多次'批斗'"。

> "九·一三"事件以后,我就被"结合"了。虽然很多事情仍然要我"说清楚",但当时我已经是文化局的领导。因为上海文化部门是"四人帮"的主要阵地之一,所以,粉碎"四人帮"以后,我们一方面继续揭批"四人帮"的罪行,另一方面建议恢复上海社会科学院工作。(引自2014年10月22日,蓝瑛口述实录)

"文化大革命"结束后,蓝瑛率先"提出尽快恢复上海社会科学院的建议",与江岚(时任中共上海市委宣传部副部长)分任正副组长,牵头组建恢复上海社会科学院筹备小组,率陆志仁、夏其言(时任驻原中共上海市委写作组工作组负责人)、蔡北华、李锦春(时任上海市机关事务管理局负责人)、陈东阜(时任中共上海市委宣传部干部处负责人)等人,着手恢复上海社会科学院。

> 在此之后,我和洪泽同志又分别走访了原上海社会科学院的主要领导李培南、黄逸峰、姚耐等同志,听取他们对复院的意见,又经筹备小组充分讨论后,由我起草写成专门报告。①

---

① 蓝瑛:《我的回忆和一些想法——为纪念上海社会科学院建院五十周年而作》,《往事掇英——上海社会科学院五十周年回忆录》,上海社会科学院出版社2008年版,第6页。

1978 年 8 月 26 日，恢复上海社会科学院筹备小组向市委提交了《关于筹备恢复上海社会科学院的情况和问题的请示报告》(以下简称八二六《报告》)。八二六《报告》的第二部分是说复院后“拟先建六个研究所”，其中就包括“经济研究二所”。“经济研究二所”由原经济研究所中的工业经济、农业经济、财政贸易经济、城市经济等 5 个研究组组成。八二六《报告》对此的表述是，“经济研究二所”将“以马克思主义部门经济学、专门经济学理论为主要研究方向，同有关业务部门密切配合，围绕实现四个现代化提出的问题开展研究活动。首先以研究现代化的企业管理、城市经济、外贸经济、旅游经济、环境保护经济以及城市人口问题等项目为主，在调查研究、积累资料的基础上写出报告、论文，并陆续撰写一些专著”。

> 我认为应该以抓经济工作为重点，我提议经济研究所分成三个所，一个研究基础理论，一个研究部门经济学、专门经济学，一个研究世界经济，中国社会科学院并没有这种要求。我还提议建立情报所，主要研究国外社会科学发展的情况，因为上海跟国外的发展总归联系密切。后来大家说“情报”这个名称不大好，所以改成信息所。其他，如历史、哲学、文学所照旧恢复。不仅恢复原来的研究所，而且根据发展的要求，建立一批新的所，为今后的发展创造了一定的条件。(引自 2014 年 10 月 22 日，蓝瑛口述实录)

蓝瑛夫人李利(新四军老战士，上海市教育局原工农教育处处长)说她老伴对于社会科学的热爱和投入是真挚的，可贵的，少有的。蓝瑛则说他“文化大革命”后的主要精力全都投入到社科研究活动中，读了很多书，订阅很多报纸，非常了解国内外社科动态。

1978 年 10 月 11 日，上海社会科学院正式复院，中共上海市委任命李培南、黄逸峰、陆志仁、蓝瑛、蔡北华等 5 人组成中共上海社会科学院委员会，书记李培南，副书记黄逸峰、陆志仁、蓝瑛。任命黄逸峰为院长，孙怀仁、冯契(兼)、陆志仁、蓝瑛、蔡北华为副院长。

> 这时期我和孙老在同一办公室，前后桌子，天天相处。他给我的印

象，不仅是学识丰富，而且治学之刻苦、待人之谦逊，都使我深深感动。他年龄比我大很多，眼睛很不好，每天从早到晚认真读文稿，连续数小时而不休息，看他的眼睛里淌不完的泪水，我真感到心痛。[①]

孙怀仁，1909 年生，浙江杭州人，1928 年留学日本，入东京早稻田大学学习政治经济学，又"在日本大学任教，并娶了日本女子做夫人"。[②] 其间，刻苦攻读马克思的《资本论》，开始接受马克思主义。

1932 年，孙怀仁回国进上海申报馆申报年鉴社任经济部分主编，又任上海法学院教授、经济系主任，提出中国经济的出路全在于改变旧的生产关系，"重建经济基础"。

抗战时期，孙怀仁先后任教暨南大学和英士大学，任暨大商学院教授、国际贸易系主任、校代教务长及英大教授、法学院院长、校教务长。

1946 年，孙怀仁回到上海，在上海商学院任教授、工商管理系主任，同时兼任上海法学院院长、工业经济系主任，对反动当局的"空前的经济大动乱、大破产、大恐慌"进行揭露和抨击。

上海商学院的前身是南京高师(全称国立南京高等师范学校，国立中央大学前身)于 1917 年 9 月所开设的商科(商业专修科)，主任杨杏佛。

1921 年 9 月，商科扩充改组并迁址上海，改为国立东南大学，与暨南学校合设上海商科大学，为中国人自主创办的第一所专门研究商学的高等学府。

之后 10 年，上海商科大学由国立东南大学、暨南学校合设改为国立东南大学分设，又从国立东南大学分设上海商科大学改为国立第四中山大学商学院，又从国立第四中山大学商学院改为江苏大学商学院，又从江苏大学商学院改为国立中央大学商学院。

1932 年 8 月，国立中央大学商学院独立建校，定名为国立上海商学院，时为国内唯一的国立商科类本科高校，直属南京当局的教育部。同月，国立劳动大学经济系并入国立上海商学院。

---

① 蓝瑛：《我的回忆和一些想法——为纪念上海社会科学院建院五十周年而作》，《往事掇英——上海社会科学院五十周年回忆录》，上海社会科学院出版社 2008 年版，第 6 页。

② 姜铎：《学生·战士·学者——我的人生三部曲》，2001 年自印本，第 532 页。

1949 年 5 月，上海解放。6 月 27 日，国立上海商学院由中国人民解放军上海市军事管制委员会接管。

1950 年 5 月 5 日，中央政务院颁布《各大行政区高等学校管理暂行办法》，国立上海商学院在行政上直属中央人民政府教育部。8 月 2 日，更名为上海财政经济学院，并有上海法学院并入。这样，既为上海商学院教授、工商管理系主任，又为上海法学院院长、工业经济系主任的孙怀仁，理所当然地转为上海财政经济学院工业经济系教授兼系主任。

1958 年 9 月，上海财政经济学院与华东政法学院、复旦大学法律系、中国科学院上海经济研究所合并组建上海社会科学院，下设经济研究所、业余大学、政治法律系、财政信贷系、工业经济系、会计系、统计系。孙怀仁遂再次转岗，历任上海社会科学院院务委员会委员、工业经济系教授兼系主任，经济研究所教授兼工业经济组组长。

> 他留下了一撮东洋八字须，故大家称之谓“孙老夫子”。政治上他同情共产党，倾向社会主义和共产主义，却未加入任何党派，是一位无党派的进步民主人士。他学者风度，对人循循善诱，处世为人，则谨慎小心；但在学术问题上，敢于坚持真理，不随风倒。在 1959 年全国经济理论研讨会上，他提出的关于计件工资调查报告中，便强调它是贯彻按劳分配原则的重要杠杆，不应轻易否定。①

所谓“1959 年全国经济理论研讨会”，是“根据中国科学院经济研究所、上海社会科学院、中国科学院上海经济研究所等十三个单位于 1958 年 12 月在北京关于轮流在各地举行经济理论讨论会的协议，决定于 1959 年 3 月 20 日在上海所举行的第二次全国经济理论讨论会”。这一次“会议内容是讨论商品生产和价值规律以及计件工资等问题”，“从理论上去说明当前社会主义经济建设中发生的许多实际问题”。②

---

① 姜铎：《学生 · 战士 · 学者——我的人生三部曲》，2001 年自印本，第 532 页。

② 《上海经济学界讨论商品生产问题，积极准备第二次全国经济理论讨论会》，《学术月刊》1959 年第 2 期，第 23 页。

> 中国科学院经济研究所、上海社会科学院经济研究所，最近在上海召开经济理论讨论会，讨论社会主义制度下商品生产、价值规律和计件工资问题。参加会议的有各省、市的经济科学研究机关、高等学校经济院系的经济理论工作者、国家经济部门和党委有关部门的经济工作者和经济理论工作者245人。提到大会上的论文共有54篇，调查报告共23篇。[①]

《人民日报》报道中所说的“最近”是一个概数，不确指。这一个不确指的“最近”实际上是指1959年4月3—22日。事隔一甲子，今天的我们，已难深究原定的会期——1959年3月20日，为什么被推迟了两周还多？我们只知道这个被推迟两个多星期召开的全国经济理论讨论会，会场设于和平饭店，毗邻黄浦江，本名沙逊大厦，曾是上海外滩的最高建筑物。我们只知道这一会议的真正主办方，依薛暮桥的说法是“中共中央宣传部”，“中国科学院哲学社会科学部的经济研究所”则是“主持者”。我们只知道孙冶方时任经济研究所所长，正“在苏联考察”，直至“会议快要开完时才回国，在会上没有发言”。[②] 我们只知道由孙怀仁领衔的“上海社会科学院工业经济系计件工资研究小组”，在这个为期19个整天的国内经济学界高层论坛上，提交了一份“计件工资调查报告”。这份报告是孙怀仁等人“对十八个不同产业、不同生产类型的企业，三个工业局、四个专业公司、劳动局以及劳动工资委员会，进行了一次粗略的访问和调查”后写成的。报告承认计件工资“在它长期实行的过程中，也曾经暴露出不少矛盾和消极作用”，尤其“1958年生产全面大跃进以来，客观的形势和条件有了巨大的变化，不仅使一些原有的矛盾更形突出，而且也产生了一些新的矛盾”；但又强调指出：“在社会主义制度下，计件工资是按劳分配的一种具体形式，而且在适合的历史情况和具体条件下，可以正确贯彻按劳分配原则，与政治挂帅并不矛盾。”所以，“对于计件工资制采取无条件赞美，或者加以无条件

---

① 《百家争鸣，共同提高——我国经济学界在上海举行讨论会，讨论了社会主义制度下商品生产、价值规律和计件工资问题》，《人民日报》1959年6月1日。

② 薛暮桥：《薛暮桥回忆录》，天津人民出版社1996年版，第247、248页。所以，《孙冶方全集》第五集最后所附的《孙冶方大事记》，称“4月4—22日，孙冶方在上海参加并组织召开了全国经济理论讨论会”，明显有误。

否定,这样的态度,都是不够科学的”。[①]

然而,张春桥的“成名作”是 1958 年 9 月 16 日发表在上海《解放》半月刊第 6 期上的《破除资产阶级的法权思想》。该文的核心就是要彻底否定“经济学家们所强调的‘物质利益的原则’”;就是要一棍子打死“工作者从物质利益上关心劳动结果和生产发展”;就是要把“什么‘等级工资制’、‘计件工资制’可以刺激工人‘对自己的劳动成果表现最大的关心’呀,可以刺激‘社会主义竞赛的发展,因为劳动生产率高,工资也高’呀,这种制度是‘整个国民经济发展的最重要的杠杆’呀”,等等,等等,统统打翻在地,再踏上一只脚,教它永世不得翻身。因为“解放战争时期”,“为了支援人民解放军,成千、成万的民兵跟随大军南下,他们同军队一样地过着军事共产主义生活,一不为升官,二不为发财,甚至也没有想到要发工资,更没有想到要实行什么‘计件工资制’”。因为“大跃进的形势迫切地要求我们在调整相互关系方面跃进、再跃进”。因为天底下最美好事物莫过于“彻底破除资产阶级的法权思想,同群众建立起平等的相互关系,上下左右完全打成一片,大家共同生活,共同劳动,共同工作,一致为社会主义和共产主义奋斗”。

更要命的是张春桥的慷慨激昂有来头,来头便是毛泽东的北戴河讲话。

1958 年 8 月 17—30 日,毛泽东在北戴河主持召开中共中央政治局扩大会议,在 21 日的会上说到了取消薪水制,恢复供给制。毛泽东认为整风以来,资产阶级的法权制度差不多破坏完了,领导干部不靠威风,不靠官架子,而是靠为人民服务、为人民谋福利,靠说服。所以要考虑取消薪水制,恢复供给制。供给制比较平等,可以由干部带头恢复。空想社会主义的一些理想,我们要实行。我们已经相当地破坏了资产阶级的法权制度,但还不彻底,要继续搞。据薄一波回忆,会议期间,毛泽东还一再强调,我们过了 22 年的军事共产主义生活。我们的军事共产主义,是生活平等,搞供给制,军民一致,官兵一致。我们就依靠这个打败了日本帝国主义和蒋介石。但是,进城后,我们对资产阶级法权观点不自觉,把薪水制说得神乎其神。于是,按等级发薪水,衣分三色,食分五等,坐椅子有等级,办公桌也有等级。这样一来,脱离了群众,战士不喜欢军

---

① 孙怀仁等:《试论上海工业中的计件工资制——为纪念上海社会科学院建院五十周年而作》,《关于计件工资问题——1959 年 4 月讨论会论文资料汇编》,科学出版社 1960 年版,第 112、113 页。

官,农民不喜欢区乡干部,城市里的工人也不喜欢我们。毛泽东还说,等级制度,脑力劳动者工资多,体力劳动者工资少,这是资产阶级法权。“各取所值”(今译“按劳分配”)是法律规定的,也是资产阶级(法权)的东西。光有所有制的社会主义改造,解决不了这个问题。①

9 月初,柯庆施(时任中共中央政治局委员、上海市委书记)回上海传达北戴河会议精神,把毛泽东针砭资产阶级法权的言论告诉了张春桥(时任中共上海市委宣传部部长)。张春桥心领神会,随即大段引用毛泽东的原话,以《破除资产阶级的法权思想》一文,为“彻底破坏资产阶级的等级制度”鸣锣开道。张春桥的积极博得了毛泽东的青睐。毛泽东建议《人民日报》全文“转载”张春桥的《破除资产阶级的法权思想》,并代《人民日报》写了一个编者按,说“这个问题需要讨论,因为它是当前一个重要的问题。我们认为张文基本上是正确的”。

> 大约在(1958 年)八九月间,主席收到张春桥破除资产阶级法权的文章,很重视,亲自以自己的名义写了一个按语,推崇,并提出要进行广泛的讨论。陈伯达对主席说:以你的名义写按语,实际上等于敲定了,谁也不好再说什么意见了,还是改成《人民日报》编辑部的按语,以引起讨论。这点,应该说陈伯达做了好事。②

毛泽东代写的“编者按”连同张春桥的《破除资产阶级的法权思想》,一起发在了 1958 年 10 月 13 日的《人民日报》上,孙怀仁不可能没看到。但他和他的“上海社会科学院工业经济系计件工资研究小组”却在《试论上海工业中的计件工资制——为纪念上海社会科学院建院五十周年而作》中仍坚持说只要“在某些生产范围内,某些企业中,某些工种上,只要它们的具体条件还适合和需要运用计件工资制度,它是仍然可以采用的”。胆子也忒大了。一点也不像姜铎所说的“处世为人,则谨慎小心”。

但这就是孙怀仁。他不是真的不怕被张春桥们打成“这些‘见物不见人’、

① 薄一波:《若干重大决策与事件的回顾》,中共中央党校出版社 1993 年版,第 143 页。
② 邓力群:《邓力群自述 1915—1974》,人民出版社 2015 年版,第 291 页。

‘见钱不见人’、‘钱能通神’的经济学家”。他食人间烟火，有七情六欲。他怕他的言论遭人非议，无限上纲上线为“实际上是资产阶级为了保护不平等的资产阶级的法权，为了打击无产阶级的革命传统，而对正确处理劳动人民内部相互关系的共产主义原则的攻击”。可他又是心里有话，不得不说。他是骨鲠在喉，一吐为快。

所以，他还是怎么想就怎么说了。他不仅在第二次全国经济理论讨论会上那么说了，而且在 1964 年 5 月 18 日发表《加强部门经济学的研究》时，再一次将“怎样在政治挂帅的前提下，坚持贯彻按劳分配原则的问题”作为“在部门经济学方面需要研究的新的现实问题”郑重提出。

时隔半个多世纪，而今的人们，重读孙怀仁的《加强部门经济学的研究》，也许颇不以为然。不仅没有那么多的敬畏，反而会有那么多的挑剔，乃至这样那样的责难。

他们不能宽容他带着镣铐跳舞。

他们会嗤笑他有那么多的作茧自缚、条条框框，甚至都没意识到部门经济学本身有问题，计划经济本身有问题，竟还那么虔诚，那么虔诚地歌颂“国家的计划领导体制，以及经济工作中的集中统一领导”。那么由衷地赞美部门经济学的“鲜明的阶级性和党性”。

孙怀仁也是人。是人就不能超越他赖以生存的特定时空，对特定时空的空气和土壤断然说不。

存在决定意识。

谁也不能拉着自己的头发离开地球。

这是今天的我们绝不可以苛责前人的。

我们应该更多地正面看待前人的局限。

超越局限，摆脱成见，我们就能清晰看到，孙怀仁 1964 年 5 月 18 日在《人民日报》上的《加强部门经济学的研究》，在当代中国经济理论发展史上具有独特地位。在他之前，从来还不曾有人那样明确说过：“政治经济学是研究经济规律的，在一定程度上也要研究规律的表现形式，但它不可能深入地、综合地、具体地研究这些规律在各个部门中的表现形式。因此就需要建立一系列部门经济学，如农业经济学、工业经济学、运输经济学、商业经济学等来研究它们。

在社会主义社会中,只有人们透彻地掌握了部门发展的经济规律性后,才能自觉地利用它来指导一切经济活动,寻求有经济依据的方法,即经济方法来解决经济问题"。

> 社会主义部门经济学在我国还是一门非常年轻的科学。近年来,经过许多理论工作者和实际工作者的努力,这门科学已取得了一定的成果。我国有些同志已经尝试地写出了中国农业经济学、中国工业经济学、中国商业经济学等等著作,并取得了显著的成就。但是,就我国当前社会主义革命和社会主义建设的客观需要来说,就建立一门密切结合中国实际情况、适合中国社会主义建设需要的部门经济学来说,显然还需要部门经济科学研究工作者今后付出大量辛勤而艰苦的劳动,还需要大力加强对这门科学的研究。
>
> 要创造性地建立与中国实际情况密切结合的部门经济学,应当从加强对部门经济的大量现实问题的研究入手。加强对部门经济现实问题的研究,首先应当深切了解我国国民经济各个部门经济发展和演变的情况,把我国社会主义经济建设过程中积累起来的经验,分门别类来加以总结和理论概括……这些经验,不但如实地反映了国民经济一定部门发展的客观规律性,同时,大大丰富和发展了马克思列宁主义。①

经查,在 1959 年 4 月的全国经济理论讨论会上,杨钧有一篇论文,题为《从部门经济学来看商品生产和价值法则》,确也说到了"从部门经济学的角度来看一个社会主义企业必须实行经济核算和计算盈亏"和"在人民公社之间,人民公社内部各经济部门之间,也必须实行劳力物资等价交换"等问题;②但"部门经济学的角度"又是一个什么样的"角度",却无展开阐明。所以,我们还是认为,孙怀仁即使不是我国最早提出"部门经济学"概念的学者,也是我国最早提出"部门经济学"概念的学者之一。更何况孙怀仁的难能可贵,还不只是

---

① 孙怀仁:《加强部门经济学的研究》,《人民日报》1964 年 5 月 18 日。

② 杨钧:《从部门经济学来看商品生产和价值法则》,《关于社会主义制度下商品生产和价值规律问题——1959 年 4 月讨论会论文资料汇编》,科学出版社 1959 年版,第 457—458 页。

在于最早提出，而是在于他所倡导的“部门经济学研究”，“一方面要重视过去经验的总结，另一方面也要重视当前条件下提出的新问题的研究”。孙怀仁将“怎样确定农业内部各部门的比例关系，有计划地安排多种经营的问题”，“怎样进行劳动组织，建立和健全生产责任制，加强集体劳动管理的问题”，“怎样在政治挂帅的前提下，坚持贯彻按劳分配原则的问题”，“社员来自集体分配的收入同来自家庭副业的收入应有怎样的比例，以及这种比例关系变化的发展规律性问题”，以及“怎样正确规定工业产品的计划价格，以及怎样合理确定协作价格、零部件和成品的比价、转厂产品价格、重工业产品的临时价格和地区差价等问题”，“怎样合理安排商业经营机构和流通环节，可以节省流动资金、降低流通费用，为国家提供更多积累的问题”，等等，全都列入部门经济学的研究范畴；并且认为“对这些问题进行系统的、深入的研究，既能为党和国家制定方针政策提供科学的参考资料，也能为建立我国的部门经济学提供丰富的内容”；甚至还说：“加强部门经济学的研究，深入体会各部门发展的客观经济规律性，即经济规律在各部门中的具体表现形式，就能补充、丰富和发展政治经济学的内容，深化政治经济学的原理。”这就在事实上，在完全有悖既有理论窠臼、框框的鲜活实践上，着实显见一个睿智而又正直经济学人的学术勇气和远见卓识。

正是得力于孙怀仁的“鼓与呼”，有关“利用现有的人力”“在集体研究的基础上来开展部门经济学的研究”的“鼓与呼”，同年 7 月，上海科学院经济研究所将其成立之初的 10 个组调整为 8 个组，其中研究部门经济的有工业经济组 19 人、农业经济组 12 人、财政贸易经济组 16 人、城市经济组 7 人、统计学组 8 人。5 个组共 52 人，开始用“国民经济各部门经济”（简称“部门经济”）取代“现实经济”，开始“从加强部门经济的大量现实问题入手，加强对部门经济现实问题的研究”。

不过，“现实问题”不好玩。心有余悸的刘国光，直至半个多世纪过去，面对记者专访，仍还嗫嚅絮叨，在那个年代，“现实问题”不能碰，是禁区，得避开，绕着走。[①] 孙怀仁却反其道而行之，偏要闯“禁区”，搞“部门经济”，搞“部门经

① 向明：《刘国光：“社会主义市场经济体制”的来龙去脉》，《中国改革》2013 年第 9 期。

济现实问题的研究”；其结果只能是运交华盖，倒霉落难。

> 1966年6月6日，我和孙怀仁老夫子们在松江枫泾镇供销合作社的四清小分队，奉令回到陕西北路经济研究所后，迎接我们的是大礼堂挂满了的铺天盖地的大字报，标志着“十年动乱”的“文化大革命”，在上海社会科学院经济研究所，像一声闷雷似地炸响开了，意味着我们这些原在农村参加四清专门整别人的人，这次却突然间大祸临头，也转而成为被整对象了。①

孙怀仁、姜铎们的“转而成为被整对象”是因为1966年5月4—26日，中共中央政治局在北京人民大会堂召开扩大会议，由刘少奇（时任中共中央副主席、中华人民共和国主席）主持讨论《中国共产党中央委员会通知》，尤其是毛泽东在多次审阅修改《中国共产党中央委员会通知》时加写的那些段落，向全党全军全国人民所发的号召：“高举无产阶级文化革命的大旗，彻底揭露那批反党反社会主义的所谓‘学术权威’的资产阶级反动立场，彻底批判学术界、教育界、新闻界、文艺界、出版界的资产阶级反动思想，夺取在这些文化领域中的领导权。”

毛泽东的号召很快为“亿万工农兵群众、广大革命干部和革命的知识分子”获知。5月30日，刘少奇、周恩来、邓小平联名写信请示正在杭州“有所思”的毛泽东，说中央政治局常委扩大会议决定“组织临时工作组，在陈伯达同志直接领导下，到报馆掌握《人民日报》的每天版面，同时指导新华社和广播电台的对外新闻”。毛泽东当天批示：“同意这样做。”②5月31日晚10时许，陈伯达（时任中共中央政治局候补委员、中央文化革命小组组长）率工作组进驻《人民日报》，搞了一个“小小的政变”“几个房间的政变”，夺了吴冷西（时任中共中央宣传部副部长、《人民日报》总编辑、新华社社长）的权；随即动笔改稿，亲手改一篇“旗帜鲜明的社论”大样。陈伯达把那篇第二天一早就要见报的社

---

① 姜铎：《学生·战士·学者——我的人生三部曲》，2001年自印本，第544页。

② 中共中央文献研究室：《毛泽东年谱1949—1996》第5卷，中央文献出版社2013年版，第589页。

论题目，从平铺直叙的《再接再厉，将无产阶级文化大革命进行到底》改成了火药味十足的《横扫一切牛鬼蛇神》。陈伯达眉飞色舞，说他要的就是“革命的火药味”：

> 一个无产阶级文化大革命的高潮，正在社会主义中国兴起。在短短几个月内，在毛主席的战斗号召下，亿万工农兵群众以毛泽东思想为武器，横扫牛鬼蛇神。其势如暴风骤雨，迅猛异常，打碎了多少年来剥削阶级强加在他们身上的精神枷锁，把所谓资产阶级的“专家”、“学者”、“权威”、“祖师爷”打得落花流水，使他们威风扫地。①

1966 年 6 月 1 日的《人民日报》社论不仅不可一世、“旗帜鲜明”，广为宣传《中国共产党中央委员会通知》中的内容，尤其是毛泽东在多次审阅修改时加写的段落；而且还狂热煽动“年轻一代”起来“争夺领导权”，从而“敲响中国土地上残存的资本主义势力的丧钟”，粉碎“目前中国那些资产阶级代表人物，那些资产阶级‘学者权威’，他们所做的、资本主义复辟的梦”。

陈伯达不愧为毛主席的大秘书，比对毛主席的《湖南农民运动考察报告》，陈非但一字不易，直接照搬“其势如暴风骤雨，迅猛异常”；而且还有发挥，还有创造，径自取义《共产党宣言》里的“无产者在这个革命中失去的只是锁链”和《国际歌》里的“让思想冲破牢笼”，将“他们将冲决一切束缚他们的罗网”糅合改写成更有气势更有冲击力的“打碎了多少年来剥削阶级强加在他们身上的精神枷锁”。实在是厉害了，大玩家！

事隔 14 年，陈伯达出庭受审，在公审林彪、江青反革命集团主犯的特别法庭上，当众供认社论是他搞的，是他出的主意。

从 6 月 1—5 日，是他一口气搞了 5 篇社论。

是他在 6 月 2 日的《触及人们灵魂的大革命》中，狂热渲染“两军对战”，措辞更为乖张、偏激：“斗争就是生活。你不斗它，它就斗你。你不打它，它就打你。你不消灭它，它就消灭你。这是你死我活的阶级搏斗，在这样一场搏斗

① 《人民日报》社论：《横扫一切牛鬼蛇神》，《人民日报》1966 年 6 月 1 日。

中，丧失警惕是危险的。”

是他在6月5日的《撕掉资产阶级“自由、平等、博爱”的遮羞布》中，对于“资产阶级的‘权威’老爷们”的咒骂和恫吓愈见残忍、歹毒：“你们这些家伙，表面是人，暗中是鬼。你们这些狼不要以为一披上羊皮，就可以迷惑什么人。我们立场坚定，旗帜鲜明，眼睛雪亮。我们深知披着羊皮的狼比普通的狼厉害，比一大群狼还厉害。打红旗的敌人比打白旗的敌人更危险。我们一定要把你们的伪装层层剥光，把你们的丑恶嘴脸赤裸裸地暴露在光天化日之下。”

陈伯达们的穷凶极恶很快就实在变成穷追猛打孙怀仁们的文字暴力：

> 大字报的总张数，估计有四五百张大报纸之多，张贴在牵引着的尼龙绳子上。大字报内容我也来不及细看，只是记得有以下主要几点：一是把所长姚耐，说成是经济研究所的头号走资派；二是把副所长黄逸峰，说成是经济研究所的二号走资派；三是揭露所里几位老教授的反动学术权威面目，正式点名的有王惟中、孙怀仁、褚葆一、邹依仁四位，另一位是国际经济研究室的胡世杰，被扣上共产党叛徒的帽子。以上被大字报点到名的七个人，算是经济研究所在“文化大革命”中被抛出来的第一批阶级敌人。①

“经济研究所在‘文化大革命’中被抛出来的第一批阶级敌人”很快就被中共上海市委宣传部拷贝到了他们的报告上。他们报送中共上海市委的报告全名是《关于在宣传、文化系统深入开展社会主义文化大革命的请示报告》，其中说他们“已经发现”上海“有一批宣传文化单位，长期来是被资产阶级的修正主义黑线专了政，还有一群挂着马列主义的‘羊头’、贩卖反共的‘狗肉’的党内资产阶级代表人物以及一些资产阶级的所谓‘学术’、‘艺术’权威，把持着不少的宣传、文化部门，顽强地反对毛泽东思想，反抗党的领导”。他们“决心”对标中央决策，亦在上海“横扫一切牛鬼蛇神，从党内外的资产阶级代表人物的手中，彻底地把领导权夺回过来”。

---

① 姜铎：《学生·战士·学者——我的人生三部曲》，2001年自印本，第544页。

他们这就将电影局、社会科学院、中华书局上海编辑所以及隶属文化局系统的京剧院、越剧院列为“主要重点”，即“重点”中的“重点”。

他们这就在上海社会科学院里“先着重”锁定经济研究所、历史研究所、哲学研究所和院本部“开展批判斗争”。

他们这就“对运动中的批判对象”列出一份135人的大名单，又“分作痛加批判和重点批判两类”，说“痛加批判的，都是属于反党反社会主义分子，必须集中主要力量，发动群众开展对他们的批判斗争”。至于“重点批判对象，目前先通过大字报揭发以及小会批判的方式；如运动中对他们有进一步揭发，根据问题的性质，确定是否需要列入痛加批判”。

据说这份报告边写边改，多次反复，数易其稿。即便6月10日定了，打印出来了，蓝瑛还惴惴忐忑，改了又改；直至市委再三电催，逼着要交，才交部长杨永直签批上报。

在附在这份报告后面被“各单位列作痛加批判（第一类）和重点批判（第二类）”的名单上，上海社会科学院、社联共19人，包括第一类8人（党员6人、民进1人，无党派1人）；第二类11人（党员2人、民盟1人、九三学社1人，无党派7人），其中又以无党派的孙怀仁为第二类第一名。

> 从揭发的情况来看，院、所15个主要党内领导干部中，“走资本主义道路”的有6个（李培南、姚耐、黄逸峰、徐崙、沈以行、冯契），另外有6个问题较多、错误较严重，目前性质尚未肯定，有一个长期生病休养，只有2人（陆文才、李润玉）继续参加运动的领导工作。被揭发出来的资产阶级反动“权威”主要有：周予同、杨宽、孙怀仁、王惟中、丘日庆。全院揭发出来的主要问题，归纳起来有：(1) 竭力诋毁毛泽东思想、疯狂地攻击毛主席；(2) 恶毒地攻击和反对无产阶级文化大革命；(3) 顽固地执行资产阶级、修正主义的办院办所路线；(4) 反对市委领导。①

孙怀仁被打倒后，就跟院领导姚耐、黄逸峰以及王惟中、邹以仁、娄尔行、

---

① 《上海社会科学院无产阶级文化大革命情况汇报参考提纲》，《院事揽要——上海社会科学院大事记1958—2008》，上海社会科学院出版社2008年版，第66页。

丁日初、蒋立(即蒋铎)、胡世杰、张仲礼、汪旭庄等经济研究所同仁一起,在“社会科学院经济研究所牛鬼蛇神批斗大会”上惨遭批斗。

那天一上班,牛棚里的牛鬼蛇神,便被全部集中在楼上一个大房间里,由纠察队严密监管,不许自由行动,连午饭也是由纠察队代买,集中端上楼分发给大家吃的,气氛已开始显出紧张。午饭吃毕不久,大约一时许,楼上来了大批纠察队,两个纠察架着一个牛鬼蛇神,按走资派、反动学术权威、帮凶狗腿子、叛徒的次序,押上大礼堂批斗会场。这时候,可以容纳五百人的大礼堂,已经黑压压地坐满了人,大会横幅上题写着“批斗社会科学院经济研究所牛鬼蛇神大会”,台上一张大桌,并排坐着三个公审团成员,另一张小桌坐着两记录。牛鬼蛇神被压上场时,全场顿时高呼:“打倒走资派姚耐、黄逸峰!”“打倒反动学术权威王惟中、孙怀仁、邹以仁、娄尔行!”“打倒帮凶狗腿子丁日初、蒋立!”“打倒叛徒胡世杰!”①

据徐之河回忆,孙怀仁被打倒了,“造反派”亦唤他去训话,威逼揭发。

1949 年起,孙一直是我的领导,我的领路人,做人治学的导师,同事、知音。我长期在他手下工作,关系紧密,无所不谈,有时还是他的唯一助手,如编《大跃进资料汇编》、《辞海》试行版工业经济部分。“文化大革命”动乱,他因学术权威而被审查,时我因未揭发,造反派找我谈话,说你们关系那么好,他的言行你不知道?后来我还是没揭发,我真没听到啊!叫我如何揭发?②

曾几何时,上海社会科学院正式复院,院党委把加快建立八所一室作为今后两年(1979 年、1980 年)的主要任务,孙怀仁重提部门经济,主张以“部门经济研究所”来命名八二六《报告》中的“经济研究二所”。

---

① 姜铎:《学生·战士·学者——我的人生三部曲》,2001 年自印本,第 556 页。

② 徐之河:《百岁回眸:变迁与求索》,上海社会科学院出版社 2016 年版,第 34 页。

蔡北华告诉我，部门经济研究所的党委副书记为范秉彝，是社会科学院的老人了。部门经济研究所是从老经济研究所分出来的，所名是孙老（孙怀仁）起的，主要有工业、农业、商业、统计、会计等研究室，还准备成立财政金融、旅游、城市等研究室。由于原经济研究所大部分人员都去财大了，我所要大量招聘研究人员。[①]

1978 年 10 月，上海社会科学院部门经济研究所应运而生，生逢共辰，正赶上中共中央工作会议召开，邓小平在题为《解放思想，实事求是，团结一致向前看》的闭幕式讲话中号召全党要向前看，要及时地研究新情况和解决新问题，尤其要注意研究和解决管理方法、管理制度、经济政策这三方面的问题。[②]

邓小平在中共中央工作会议闭幕式上的讲话实际上是党的十一届三中全会的主题报告。1978 年 12 月 18—22 日，中共中央在京西宾馆接着举行十一届三中全会，用傅高义的话来说，是“使中国转型的‘邓小平改革开放’的开始”，一个“没有任何公开、正式的权力交接仪式”。[③] 当日，北京大雪，全城严寒，滴水成冰，但京西宾馆会议楼三楼第一会议室里却暖日晴风初破冻，柳眼梅腮，已觉春心动。随着 169 位中央委员、112 位候补中央委员齐刷刷举起右手，党的工作中心这就由“以阶级斗争为纲”转变为“以经济建设为中心”，“两个凡是”也就随之转变为一切从实际出发，理论联系实际，调动一切积极因素为四个现代化努力。

一新情况，二新问题，三经济建设，四现代化，这就成了上海社会科学院部门经济研究所的立所之本，兴所之源，强所之基。

上海社会科学院经济研究所原有 9 个研究组，现在三分天下：经济研究所只留 3 个组（政治经济学、经济史和经济思想史组），分一个组（国际经济组）单列，另组世界经济研究所。最后剩下 5 个组（即工业经济、农业经济、财贸经济、城市经济、统计经济组），一并组建部门经济研究所。于是，有人戏说，这是

---

① 徐之河：《百岁回眸：变迁与求索》，上海社会科学院出版社 2016 年版，第 66 页。

② 邓小平：《解放思想，实事求是，团结一致向前看》，《邓小平文选》第 2 卷，人民出版社 1994 年版，第 149 页。

③ 傅高义：《邓小平时代》，香港中文大学出版社 2012 年版，第 208、209 页。

名在经济研究所，实留部门经济研究所。

上海社会科学院部门经济研究所这就学以致用，经世致用，坚持以应用经济研究为主体，以应用理论研究为支撑，以决策咨询研究和企业咨询研究为特色，直面我国经济发展过程中的主要矛盾和突出问题，积极探究经济运行特征和经济运行规律，为提供分析现实经济问题的思路和解决现实经济问题的方案而接力探索，砥砺奋进，跋涉前行。

# 第二章　背负因袭重担

现在,让我们一起来说说蔡北华,说说上海社会科学院部门经济研究所首任所长吧。

蔡北华,1916 年生,广东中山人。

1931 年 9 月 18 日,日军侵占沈阳,正在广州市立一中上学的蔡北华参加学校的抗日救亡演剧队和读书会。蔡北华后来说:“1931 年‘九一八’事件发生,我在广州市立一中读书,开始参加学生抗日救亡活动。在左翼教师胡春冰(当时他是广州左联成员)教育和影响下,我和邱萃藻都参加学校抗日救亡演剧队和读书会。”

> 1932 年邱萃藻(又名老麦)和我都考入中山大学(他考入大学,我考入高中部)。由于老同学关系,我在他的领导下参加学生读书会和学生运动。
>
> 1934 年间,胡春冰被捕叛变,广州一些组织受破坏,书没法读下去。得到邱萃藻的同意,我和一些进步同学就到日本东京学习。[①]

胡春冰是杨沫笔下的戴瑜,《青春之歌》里的反派。他“教育和影响”了蔡北华和邱萃藻,一如戴瑜“教育和影响”了林道静和王晓燕。蔡北华和邱萃藻、林道静和王晓燕,先后走上革命道路;而胡春冰和戴瑜的下场,却是不齿于正义人们的狗样丑类。

1935 年 5 月,蔡北华东渡抵日,拿着邱萃藻的介绍信找蒲风,蒲风旋将他

---

① 蔡北华:《关于我参加“左联”和入党的经过》,《蔡北华文集》,上海社会科学院出版社 2001 年版,第 21 页。

介绍给官亦民和林为樑,随后就参加了左联的外围组织“诗歌社”和“东京艺术叙餐会”,与官亦民、聂耳、黄新波、杜宣、蒲风、丘东平等一起活动。

> 7月17日,聂耳在热海附近游泳溺死。张天虚是聂耳的同乡、同学,他与小林商量,来房州的六七人组织个聂耳追悼会,凡是到海滨避暑的有正义感的留学生都参加,有100多人,影响很大。大家这时才知道聂耳是党员。当时我知道的党员还有张天虚、官亦民、小林。①

“小林”即林为樑,也就是后来与陈潭秋、毛泽民等人一起遭盛世才残害、英勇牺牲在新疆迪化(即今乌鲁木齐)的林基路。

蔡北华说“当时”的他“知道”林为樑是“党员”,其实不然。“当时”的林为樑只是“左联东京分盟的积极战士”,亦“以自己广泛的兴趣、多方面的知识、敏锐的观察力、深刻的分析力以及雄辩的口才,赢得了留日学生的尊敬和好感”,人人“都亲切地叫他‘小林’”,却还不曾入党。②

> 在聂耳追悼会举行后,我就把自己到东京留学的目的——参加革命、找寻组织关系告诉官亦民,并说:“我虽然参加左联、社联,仍感到组织生活不严格,希望得到组织的帮助,找到党的关系,满足我的要求。”后来,又交谈了几次。最后,官亦民对我说:“你的问题等到海滨避暑结束,回到东京再说。”③

其实,官亦民要“等”的不是“海滨避暑结束”,而是林为樑从上海回来。当时,林为樑回国找党,从日本找回上海,找到周起应(即周扬,时任中共上海中央局文化工作委员会书记兼左联党团书记)。周起应说:“现在党组织遭到破

---

① 蔡北华:《在日本参加中共东京支部和左翼学生活动的经历》,《中共东京支部1935—1938》,中共广州市委党史研究室2003年编印,第121—122页。

② 关继康、张宝裕、万志方、何伦志、尼加提、郭雨郇:《林基路》,《中共党史人物传》第9卷,陕西人民出版社1983年版,第87页。

③ 蔡北华:《关于我参加“左联”和入党的经过》,《蔡北华文集》,上海社会科学院出版社2001年版,第22页。

坏，我和中央失去联系，目前无法解决你的入党问题。你可以在进步的留学生中建立领导核心，待我与中央恢复联系后，再来接收你们的组织关系。”

周起应因势利导，想的是“在东京留学生中建立一个核心组织，吸收具备共产党员条件的人参加，将来由党接收”。于是，林为樑“从上海回到东京后，即邀约曾在广西从事地下革命活动、因党组织遭受破坏而东渡日本、积极参加左联活动的中共党员官亦民，和刚从上海来的共青团员陈洪潮等人，讨论研究周起应关于在进步的留学生中建立领导核心的意见，一致决定按照共产党的组织原则建立中共东京支部，并当即推举林为樑为支部书记，陈洪潮为支部组织委员，官亦民为支部宣传委员”。[①]

中共东京支部成立后，蔡北华便由官亦民引荐，向林为樑申请入党。林为樑说中共旅日党员只在中国留学生中活动，跟日本人主持的进步组织和日本共产党没有横向关系。蔡北华“都表示同意”。于是，当年 9 月 18 日(一说 8 日)，“在官亦民的住所，举行了一次简单谈话，作为入党仪式”，官亦民和林为樑做了蔡北华的入党介绍人。[②]

> 林基路是我的入党介绍人，虽然我们在一起战斗的时间不长，但却留下了深刻的印象。尤其是西安事变后，我们在东京的同志，周密地估计了情况，分析了形势，作出了判断，确定了部署。我们认为，日本帝国主义对我们的侵略必然加剧，中国人民抗战的高潮很快就会到来。我们在东京已经学会了一些东西，可以回国工作了。林基路首先响应祖国的召唤，回国参加抗战了。接着，官亦民、苏曼等同志也回国了。从此以后，我再也没有见到林基路。我也万万没有想到，这一次竟成了永别。[③]

1937 年 5 月，蔡北华回国救亡，在广州参加地下斗争。

1937 年 7 月，全面抗战爆发，蔡北华组织留日归国抗日救亡团体，“发动大

---

① 中共广州市委党史研究室：《中共东京支部活动纪事》，《中共东京支部 1935—1938》，中共广州市委党史研究室 2003 年编印，第 317 页。

② 蔡北华：《关于我参加“左联”和入党的经过》，《蔡北华文集》，上海社会科学院出版社 2001 年版，第 22 页。

③ 蔡北华：《回忆林基路同志》，《蔡北华文集》，上海社会科学院出版社 2001 年版，第 11 页。

家把在日本亲眼目睹的日本军国主义妄想灭我中华的阴谋，用文字或走上街头予以揭露”。

> 不久，曾在上海出版的《救亡日报》，因上海沦陷而迁到广州，于1938年1月1日复刊。该报社长是郭沫若，总编是夏衍。当时我被组织分配到《救亡日报》担任新闻记者，采访和报导广州各界的救亡工作，揭露日寇侵略屠杀中国人民的罪行。①

抗战期间，蔡北华还曾被李克农派往香港从事对日情报工作；又在周恩来身边，受许涤新（时任《新华日报》社编委、党总支书记、中共中央南方局宣传部秘书）领导，在中共南方局统一战线工作委员会下属的“经济组”里工作，通过调查研究，搜集重庆当局的财政情报。

1945年8月，中国战胜日本，正义战胜邪恶，光明战胜黑暗，进步战胜反动，国民政府从重庆“还都”南京，中共代表团随之迁南京梅园新村办公，并在上海思南路73号（即“周恩来将军公馆”，简称“周公馆”）内设中共上海工作委员会，由华岗任书记，许涤新等任委员，中共南方局统一战线工作委员会下属的“经济组”亦扩大为上海工委的“经济委员会”，四大骨干中包括蔡北华和方卓芬（许涤新夫人）。

> 北华是研究社会科学的，有经济学理论水平，又有革命工作经验，工作热情很高，认真严肃，执行任务负责到底。②

方卓芬对蔡北华的评价很中肯。蔡北华在上海、南京工作期间，依旧牢记周恩来的殷切叮嘱，“按原来南方局所规定的‘隐蔽精干’的组织原则，做到‘三化’——职业化、社会化、合法化和四勤——勤业、勤学、勤交友、勤调查研究”；

---

① 蔡北华：《在炸弹下奋战的〈救亡日报〉》，《蔡北华文集》，上海社会科学院出版社2001年版，第32页。

② 方卓芬：《怀念蔡北华——记四十年代在重庆、香港的点滴往事》，《蔡北华文集》，上海社会科学院出版社2001年版，第447页。

严格区别“公开与秘密”“上层与基层”，充分“利用公开合法的职业身份和很好的社会关系掩护地下工作”。

> “经委”在上海的活动和工作很快就开展起来。我们不仅通过原来在重庆国民党政府财经机构和我们有联系的人搜集情报，而且还创办了现代经济通讯社，采用公开合法登记，除每日公开发行通讯稿外，还搜集了大量国统区公开的财政资料，并通过秘密渠道获取诸如国民党滥发法币数字等重要的经济情报。1948 年秋，南京“经协”负责人耿一民在他所掌握的中国银行南京电台，截获了宋子文给蒋介石的密电，就通过上海现代经济通讯社转给在香港的许涤新，又迅速转到党中央并得到中央的嘉许。[①]

当时“经委”还让媒体从业人员中的党内同志利用掩护身份搜集情报，他们中有《文汇报》的杨培新、《大公报》的季崇威、《商报》的肖明和《经济周报》的王伟才等。他们“在上海开展对资源委员会、善后救济总署、上海海关以及上海进出口行业等的调查研究，搜集到许多宝贵资料，为我党制定各项经济政策，提供了重要参考”。[②]季崇威还利用其堂叔季树农(时任资源委员会技正兼财务处帮办)成功策反孙越崎(时任资源委员会委员长)、吴兆洪(时任资源委员会副委员长)等人，争取他们反拆迁，拒撤台，为即将建立的中华人民共和国更多留住民族工业的基石、精华。

我们在蔡北华的《回忆经济委员会的工作和活动》中还看到了孙怀仁的名字。蔡北华称孙怀仁为“知名经济学者、专家、教授”。蔡北华说全国解放战争时期，他们这些地下党员“还组织和推动在上海的知名经济学者、专家、教授马寅初、章乃器、施复亮、漆琪生、陶大镛、沈信农、孙怀仁、王寅生、吴大琨、笪移今、朱伯康等在报纸和杂志上发表文章和在学校及报告会上讲话，抨击国民党反民主、反和平的反动行径，宣传我党的和平民主主张，对当时上海舆论起到了一定的影响”。

---

①② 蔡北华：《回忆经济委员会的工作和活动》，《蔡北华文集》，上海社会科学院出版社 2001 年版，第 158 页。

原来蔡北华跟孙怀仁是老相识了。早在上海解放前就有交往。后来的上海社会科学院,部门经济研究,只是加深了他们的情谊。难怪部门经济研究所老人眼中的蔡北华和孙怀仁,总是那样惺惺相惜,肝胆相照。

> 1946年11月,国民党撕毁双十和谈协议,发动全面内战。在周恩来领导下,南京、上海中共代表团有计划地疏散干部,中共上海工作委员会的部分工作不得不向香港转移。于是我们分批到达香港,由香港工委安排在财政委工作。这是港工委领导下的新单位,财经委的负责人是许涤新,委员是赵元浩、蔡北华、梁隆泰、王光斗。①

在香港,蔡北华等人白手起家,"社会办报""同仁办报",在一无财力、二无物力的情况下共同集股办起了《经济导报》。又放下身段,主动出击,积极参加工商俱乐部活动,每周举办一次聚餐会。当时香港工商界存有诸多帮派地方色彩浓厚的社团,如上海帮、广州帮、福建帮、潮州帮、客家帮等,头面人物大多是工商界大佬。为了团结争取他们,蔡北华等人长袖善舞,广交朋友,以各种方式进入社团及帮派同乡会。

> 蔡北华和蔼亲切,言谈得体,广东话流利,使人乐意和他接近,团结、争取了更多企业家和我党合作。②

1949年1月20日,毛泽东致电爱国华侨领袖、南洋新加坡南侨总会主席陈嘉庚,盛邀他回国参加新的政治协商会议,说:"先生南侨硕望,人望所归,谨请命驾北上,参加会议。"陈嘉庚于5月13日抵达香港,换乘"捷盛"轮北上,由蔡北华、刘志诚陪同。

6月4日,陈嘉庚一行途经天津进入北平,受到林伯渠、董必武、叶剑英、李

---

① 方卓芬:《怀念蔡北华——记四十年代在重庆、香港的点滴往事》,《蔡北华文集》,上海社会科学院出版社2001年版,第449页。

② 方卓芬:《怀念蔡北华——记四十年代在重庆、香港的点滴往事》,《蔡北华文集》,上海社会科学院出版社2001年版,第450页。

维汉等人的热烈欢迎,下榻北京饭店。蔡北华、刘志诚则住中南海。第二天,蔡、刘两人去中共中央统战部报到,见到部长李维汉。李维汉说,现在我们虽然住进了中南海,但是我们还是要吃小米,吃野菜,穿粗布黄军装,不能丢掉艰苦朴素。我们一定要重温郭沫若的《甲申三百年祭》,牢牢记住李自成进北京的教训。

> 上海解放后,组织上决定分配我到上海工作。在我离开中南海南下的前夕,我又向李老请示到上海应该怎样工作。李老和我谈过一次话。他说:上海解放了,那里需要干部,组织上决定你到上海工作。上海是全国民族资产阶级最集中的地方。民族资产阶级有较高的知识文化水平,有丰富的经营管理经验,他们有着多方面的影响和作用。上海是国内外政治与经济界人士所注视的地方,阶级斗争和经济关系比较复杂、尖锐。这是一个接受锻炼和考验的好地方,同时也是一个很好学习的地方。中央统战部很关心那里统战工作的开展。李老又说,做统战工作,要敢于和善于同民族资产阶级交朋友,善于向他们学习。对待资产阶级人士的反映和意见,听了以后要有分析,还要反映。在经济上,要贯彻"公私兼顾,劳资两利,城乡互助,内外交流"的四面八方政策。
>
> 李老这番话,确实提高了我对这方面的认识,更加坚定了我以后从事统战工作的信念。①

牢记"李自成进北京的教训",蔡北华身"穿粗布黄军装",回到"全国民族资产阶级最集中"的上海,出任上海市工商行政管理局党组副书记暨第一副局长,给首任局长许涤新当副手。

许涤新是蔡北华的老领导。当年"重庆在日机狂轰滥炸下",许涤新"身患肺结核病,经常咯血",却"没有去休养",反而坚持"在防空洞内读书或写作",老是"边工作,边咯血,边伏案写作",让蔡北华特别感动。

在许涤新和潘汉年的直接领导下,蔡北华一走马上任,就全身心投入了

---

① 蔡北华:《永远怀念李维汉同志》,《蔡北华文集》,上海社会科学院出版社 2001 年版,第 248 页。

“战胜美蒋封锁，恢复和发展生产，改造旧上海”。

> 那时工商界朋友把马当路的工商局，视为他们的“娘舅”，遇到生产经营、劳资关系等问题大多找上门来，真是门庭若市，应接不暇。因此，我们对工商界情况的掌握和反映都比较快，解决问题也比较好，从而对恢复生产和稳定市场起了一定的作用。[①]

1949 年 7 月 27 日—8 月 15 日，陈云受中共中央委托，在上海主持召开华东、华北、华中、东北、西北五大财经领导干部会议，即各解放区财经会议，研究部署以稳定金融物价为中心的经济工作。

当时有人问陈云：“这个会为什么要去上海开？”

陈云说：“上海是中国最大城市，东方的金融中心，上海站不住，全国经济稳不住。调查全国性的财政经济情况，提出解决的办法，不在上海，看不到全面，看不到全国财政经济的困难。”

中央殷切希望上海财经会议“能找出一些支援战争与稳定沪、汉经济阵地的办法”。

事实上，8 月 15 日，陈云作总结，一共十二点，归结到一点，最核心问题也就是：保证上海的供应，把大米和棉花运进来。

一定要从东北调 20 万吨大米给上海。这是陈云的决断。

周恩来完全赞同陈云决断。同时，又为中共中央起草致陈云和中共中央华东局电，经毛泽东、朱德审阅，于 8 月 17 日发出，要求陈云“考虑在动身前分出两三天时间，专门邀集上海工商业界代表性人物分批座谈有关财政各项主要问题，并多多听取他们的意见，以便回平商决公债及其他有关问题能得到更多的把握”。周恩来特别强调，对工商业家提出的好的和比较好的建议及批评“应予以考虑，使他们敢于言，尽其言，并能得到应有的结果”。

遵照中央指示，从 8 月 19—23 日，陈云与饶漱石（时任中共中央华东局第一书记、华东军政委员会主席）、陈毅（时任中共中央华东局第二书记、华东军

---

① 蔡北华：《潘汉年同志对上海财经、统战工作的贡献》，《蔡北华文集》，上海社会科学院出版社 2001 年版，第 209—210 页。

区司令员、上海市市长）分头召开民主建国会负责人座谈会、上海产业界代表座谈会、上海机器工业代表座谈会、上海银钱业代表座谈会以及上海纺织业、卷烟业、化工业及西药业代表座谈会，如实“通报财经困难状况”，虚心“征求对发行公债等对策的意见”，号召大家“团结起来共渡难关”。[①] 陈云的襟怀坦白，从谏如流，给有幸与会的蔡北华很大启示，使之在接下来的具体工作中，格外注意有理、有利、有节，真正做到周恩来再三提醒的“多多听取他们的意见”，以“能得到更多的把握”。

> 上海是我国最大的工商业城市。解放前夕，由于帝国主义、国民党政府的掠夺，上海经济受到严重摧残。解放初期，美蒋又对上海进行海上封锁和空中轰炸，使原来潜在于上海私营工商业中的矛盾一齐爆发了出来。面对工厂停工、商业萧条、物资短缺、投机猖獗、工商界顾虑重重的困难局面，北华同志协助当时任华东局、上海市财委副主任兼市工商局长的许涤新同志，依靠工人阶级，发挥统一战线作用，大力宣传并贯彻执行党的方针政策。在上海解放初的一年多时间里，曾分行业召开工商界代表人士座谈会共达百余次，了解情况，交换意见，说明政策，解答问题，对于团结教育广大工商业者并推动他们积极投入恢复生产，获得了良好的效果。[②]

朱宗尧长期担任蔡北华的秘书。他在“歇业之风颇盛，南京东路四大公司都很困难”的当年，曾随蔡北华前往永安公司做工作，跟郭琳爽等人面对面恳谈，大大鼓舞了私方业主克服困难的信心。

> 从1950年第二季度起，上海贯彻全国七大城市工商局长会议精神，大力调整工商业，其实质就是调整公私关系，对资本主义工商业、手工业给以适当照顾和安排，使五种经济成分各得其所。对私营工业实行加工订货；对私营商业调整经营范围，扩大批零差价，使其有利可图。当时是

① 中共中央文献研究室：《陈云传》（上），中央文献出版社2005年版，第630页。
② 朱宗尧：《哲人其萎，功业长存——悼念蔡北华同志》，《上海经济》1996年第3期。

作为一次“战役”来抓的。在几个月的时间里，就取得了很大的效果。北华同志善始善终有序地进行，出版简报，亲自修改，及时汇报领导。当时中共中央华东局领导看了简报很是满意，并作了批示，通过一系列调整工作，使工商业克服了困难，出现了“淡季不淡、旺季早临”的景象。①

朱宗尧还记得，上海是一个特大城市，每天就有100万人上菜市场，副食品供应任务十分繁重。鼓励与组织私商下乡采购，开展城乡交流，既是繁荣市场的重要举措，也是增加副食品供应的有效途径。从1951年年初召开上海市土产交流会议，到平时和节日安排供应，蔡北华都是亲力亲为，一抓到底。

有一年秋天气候干燥，大秋作物生长困难，而又面临中秋和国庆两大节日，供应任务重。北华同志就邀请公私企业负责人共同商量，研究对策。由于抓早、抓准，变被动为主动，保证了城市副食品供应，使上海人民得以愉快地度过了节日。②

1952年8月，许涤新调北京工作，任中共中央统战部秘书长、中华全国工商业联合会筹备委员会副主任委员兼中央私营企业局局长，蔡北华继任上海市工商行政管理局党组书记、局长。

1953年2月15—26日，毛泽东出京视察，沿途调研河北、河南、湖北、江西、江苏和海军舰艇部队，在汉阳谈社会主义问题，指出：有人说“要巩固新民主主义秩序”，还有人主张“四大自由”，我看都是不对的。新民主主义是向社会主义过渡的阶段。在这个过渡阶段，要对私人工商业、手工业、农业进行社会主义改造。过渡要有办法，像从汉口到武昌，要坐船一样。国家实现对农业、手工业、私人工商业的社会主义改造，从现在起大约需要三个五年计划的时间，这是和逐步实现国家工业化同时进行的。我们现在家底子很薄弱，钢很少，汽车不能造，飞机一架也造不出来；面粉、纱布的生产，还是私营为主。私人工商业如何转变？资本家转变什么？他们如何生活？其中有些人会和我们

---

①② 朱宗尧：《哲人其萎，功业长存——悼念蔡北华同志》，《上海经济》1996年第3期。

一起进到社会主义的。只要不当反革命,就要给工作,就要给饭吃。要团结民主人士,使他们的生活好一点,争取他们和我们一起搞建设。经济基础不强,政治基础也就不强。

在南京期间,毛泽东跟中共江苏省委领导多次对话,又谈新民主主义是向社会主义过渡的阶段。过渡的时间,多说几年没有坏处,如 15 年到 20 年可说二十几年。这是性急不得的。私营工业要搞公私合营,一年搞一点,几年后资本家的问题就可解决了。资产阶级现在还是要,要使他们能够存在。属于资本家所应得的,不管资本家如何花掉,都不能干涉。

毛泽东再谈"不要急"是在中南海,颐年堂。

2 月 27 日晚,李维汉列席中共中央政治局会议,听毛泽东说要防止急躁情绪;不要盲目积极性;不要太急了;要浇半瓢冷水,不要一瓢。会后不久,就带队"赴上海等地调查资本主义工商业问题",调查组的成员中有黄铸,也还"有中央统战部工商处副处长郑新如、李维汉同志的秘书李逸云、国家计划委员会私营企业处处长勇龙桂等同志"。[①]

黄铸,1921 年生,云南石屏人,1947 年加入中国共产党,时任中共中央统战部工商处干部。

关于"1953 年四五月间"的"上海等地调查",李维汉本人也有一个回忆。他的回忆是:"1953 年春,遵照毛泽东同志一贯倡导的注意调查研究的精神,中央统战部组织调查组(有中央统战部的郑新如、黄铸等同志和中央统战部国家计委私营计划处的勇龙桂同志参加),由我率领去武汉、南京、上海等地调查。这次调查始终以国家资本主义问题为中心,也研究了民主党派工作和工商联等问题。沿途调查中,我们贯彻理论与实际相结合的原则,系统学习了列宁关于新经济政策和国家资本主义的论述,深入考察了建国后头三年私人资本主义的发展变化,总结了工业方面国家资本主义的发展经验。通过调查研究,使我们对建国后私人资本主义的变化和国家资本主义的发展及其地位、作用等重大问题,获得了明确的认识。"[②]

李维汉调研上海,给了蔡北华又一次当面求教老首长的难得机会。蔡北

---

① 黄铸:《"对资改造"决策的出台》,中国共产党历史网,2015 年 5 月 27 日。

② 李维汉:《回忆与研究》(下),中共党史资料出版社 1986 年版,第 739 页。

华请老首长先给“指示”，李维汉则反过来“风趣地说，我是向你们要点材料，我‘收税’来了”。

“‘收税’来了”的李维汉最让蔡北华“感到深受教益”的是他“开调查会”，总是“亲自问，亲自记，有时还插话，有的是发表他自己对某一问题深刻的见解，有的是帮助别人进行分析、提高”。蔡北华发觉李维汉的讲话“既深入浅出，又很风趣，谈笑风生”，因此“他所召开的会议总是不时传出一阵阵笑声，气氛非常活跃”，哪怕当时运动刚过，“三反”“五反”刚过，上海“有些工商界人士”惊魂未定，心有余悸，不免“表现消极情绪”。

> 李维汉同志在这个时候来到上海进行调查研究，或召开座谈会，或上门访问，或个别谈心。通过调查研究，肯定了国家资本主义是对资改造的良好形式，同时提出了进一步完善的意见。当时在一些干部中由于“左”的思想影响，对于加工订货验收标准过严、利润过低，于是他提出中等合理标准，使工商业者有利可图。“五反”以后，由于资产阶级的“五毒”问题受到了揭发和批判，在社会上名声不那么好了，工人甚至资方代理人都不愿接近他们了。在家庭中，有的子女入党入团了，妻子参加社会活动了，他们也受到了孤立。他们感到灰溜溜的。这时，李维汉同志在他的寓所召开了有工商界代表人物参加的座谈会。过去，召开这种座谈会时，工商界不但来得早，而且总爱坐在李老的身边，无拘束地谈话。可是这次情况大不相同了。他们都坐在角落里，而且也不吭声。因此在李老周围都空出许多座位。针对这一情况，李老带开玩笑似地说：“老朋友，怎么陌生起来了？大概你们自以为被搞臭了？其实，臭的搞掉了，就是香的了。何况你们大都是守法户，基本守法户。”李老还坦率而又诚恳地说：“我现在叫李维汉，原来叫罗迈。历史上我犯过错误，反对过毛主席，后来又在毛主席领导下，改正了错误。”接着，他又向工商界指明了前途，只要加强学习，努力改造，积极工作，就会有光明的前途。李老的这一番话，使到会的人感到心头热乎乎的，有说不出的高兴，使得会场空气顿时活跃起来。①

① 蔡北华：《永远怀念李维汉同志》，《蔡北华文集》，上海社会科学院出版社 2001 年版，第 249 页。

黄铸的回忆亦可佐证蔡北华的回忆。黄铸说"4 月下旬,调查组从武汉乘船到上海,上海各财经行政部门和工会的负责同志汇报了有关资本主义工商业的大量材料和意见",其中就有"国家已经在相当大的程度上控制了原料、市场和金融命脉"。

> 上海人民银行行长谢寿天、工商局局长蔡北华等同志说,今天只要银行信用收紧一下,许多资本家就得跪倒在银行面前;上海机器制造业,只要国家加工订货停止,就要大部垮台;只要我们不配售铜料,就可以扼死37 个行业。[①]

蔡北华等人的汇报让李维汉一行真切了解到资本主义工业已经大量纳入不同形式的国家资本主义。这些国家资本主义形式已使资本主义企业的生产关系发生不同程度的改变,产生不同程度的社会主义因素。随着国家资本主义由低级形式到高级形式的发展,生产关系的改变越大,社会主义因素也越多,其高级形式公私合营已是半社会主义或过半社会主义,"除了给资本家保证一个最低利润而外,已经与国营企业没有多大区别"。

黄铸这就自告奋勇,回京便写报告,替李维汉给党中央写报告,给毛泽东写报告。关门两天,写出了一个《关于资本主义工业中的公私关系问题》。

> 报告根据上海调查的成果,以国家资本主义问题为中心,讲了国家资本主义的发展情况,国家资本主义的各种形式,国家资本主义的地位和作用,提出经过各种形式的国家资本主义特别是高级形式公私合营这一主要环节对资本主义工业进行利用、限制和改造,逐步实现由资本主义到社会主义的过渡的建议。报告还指出:"我们有国家资本主义作为资本主义工业的主要部分的过渡形式,又有合作社作为个体经济的小生产者的过渡形式,这就是新民主主义社会两种主要的过渡形式,是新民主主义社会中绝大部分的私有生产的过渡形式。"[②]

---

①② 黄铸:《"对资改造"决策的出台》,中国共产党历史网,2015 年 5 月 27 日。

黄铸起草的报告经李维汉稍作修改后报送给了党中央和毛泽东，受到党中央和毛泽东的高度重视。毛泽东亲自打电话给李维汉，说要提交政治局会议讨论。但真正到了 6 月 15 日晚，中南海西楼会议室，中共中央政治局会议，所有与会者，包括刘少奇、周恩来、邓小平、李维汉等政治局委员或中央有关部门领导，包括北京、天津、上海、沈阳、重庆、武汉、广州等十大城市的市委书记，方才吃惊发现，毛泽东真正看重的远非一个相对单纯的“资本主义工业中的公私关系问题”，毛泽东所要展开来说的是“党在过渡时期的总路线是照耀我们各项工作的灯塔。不要脱离这条总路线，脱离了就要发生‘左’倾或右倾的错误”。

6 月 15 日，财经会议的第三天，毛泽东主持召开中央政治局会议，讨论李维汉所作《关于资本主义工业中的公私关系问题》的报告。这个报告，根据在武汉、南京、上海等城市调查的材料，提出一个重要政策，就是经过国家资本主义，特别是公私合营这个主要环节，实现资本主义所有制的变革。这是一个大事情，实际上确定了改造资本主义所有制的根本途径。这正是毛泽东在思考的一个重要问题。这个报告受到毛泽东高度重视，后经修改，形成题为《关于利用、限制、改造资本主义工商业的若干问题》的文件，准备提交全国财政会议讨论。就在这次政治局会议上，毛泽东正式提出过渡时期的总路线，并作了系统阐述。他有一个讲话提纲，就写在《关于利用、限制、改造资本主义工商业的若干问题》(未定稿)的封面上。提纲写道：

“总路线是照耀一切工作的灯塔。

有所不同和一视同仁，公私兼顾、劳资两利和发展生产、繁荣经济，前者管着后者。

几点错误观点：(一) 确立新民主主义的社会秩序；(二) 由新民主主义走向社会主义；(三) 确保私有财产。

党的任务是在十年至十五年或者更多一些时间内，基本上完成国家工业化和社会主义的改造。

所谓社会主义改造的部分：(一) 农业；(二) 手工业；(三) 资本主义

企业。

逐步。

对于将资本主义逐步过渡到社会主义的认识——社会主义成分是可以逐年增长的，资产阶级的基本部分是可教育的。”

这只是个提纲，没有展开。毛泽东在会议上的讲话，则对过渡时期总路线问题进行了系统的阐述。

讲话首先对总路线作了一个比较完整的表述：“从中华人民共和国成立，到社会主义改造基本完成，这是一个过渡时期。党在过渡时期的总路线和总任务，是要在十年到十五年或者更多一些时间内，基本上完成国家工业化和对农业、手工业、资本主义工商业的社会主义改造。”

……

毛泽东 6 月 15 日在政治局会议上的讲话，是关于过渡时期总路线的一篇极为重要的文献，标志着毛泽东经过长时间的深思熟虑，对过渡时期总路线问题已经考虑成熟。①

薄一波说，毛泽东提出“批评”，把“确立新民主主义的社会秩序”赫然首列“错误观点”，“虽未确指何人”，却也“适用于少奇同志”。刘少奇的“关于‘巩固新民主主义制度’的提法，同样存在这方面的毛病。‘巩固’和‘确立’可视为同义词，新民主主义制度照样也是很难巩固的”。②

1953 年 9 月 23 日，党在过渡时期的总路线正式出现在了“中国人民政治协商会议全国委员会庆祝中华人民共和国成立四周年的口号”中。一届全国政协常务委员会第五十次会议讨论通过的口号共 65 条，其中第 26 条为：“全国人民一致努力，为实现第一个五年计划的基本任务而奋斗，为在一个相当长的时期内逐步实现国家的社会主义工业化，逐步实现国家对农业、对手工业和对私营工商业的社会主义改造而奋斗！集中主要力量发展重工业，建立国家工业化和国防现代化的基础；相应地培养建设人才，发展交通运输业、轻工业、

① 中共中央文献研究室：《毛泽东传 1949—1976》(上)，中央文献出版社 2003 年版，第 252—255 页。

② 薄一波：《若干重大决策与事件的回顾》(修订本上)，人民出版社 1997 年版，第 67—68 页。

农业和商业；有步骤地促进农业、手工业的合作化，继续进行对私营工商业的改造，正确地发挥个体农业、手工业和私营工商业的作用；保证国民经济中社会主义成分的比重逐步增长，保证在发展生产的基础上逐步提高人民物质生活和文化生活的水平！”

党在过渡时期的总路线的正式出台引起一些工商界人士的很大震动，有的说自己在不知不觉间“上了贼船”。有的说“革命革到自己头上来了，到底是过文昭关，还是过武昭关”？有的说“人家有枪杆子，不合营也得合营，小偷进法院，无理可说”。还有的为了“吃苹果”（即经营较好、资金较大、设备较先进的工商业户先合营）还是“吃葡萄”（即不分大中小，全行业一起合营，一起过渡到社会主义）而争得不可开交。此时的蔡北华已改任中共上海市委统战部副部长兼上海市人民政府第八办公室副主任。他甚至在除夕之夜也跟市委、市政府领导一起研究工作，商量对策。蔡北华认为，全行业公私合营，不仅是经济上的重大变革，而且是一场重大的社会变革。对于这样一场席卷而来的大变革，工商业者及其家属以及广大企业职工各想各的，不足为奇。复杂很正常，不复杂才不正常。重要的是稳住阵脚，安定人心，不误生产。所以，蔡北华总是举重若轻，冷静应对，不厌其烦，不回避矛盾。他果敢制止了“左派幼稚病”患者的过火和超阶段。他大力推广上海大华仪表厂的做法，让公方向私方学技术，私方向公方学政治，相互学习，取长补短，共同提高。对于新公私合营企业的管理与改造，他更是再三强调一定要充分兼顾“三多”（户数多、行业多、人数多）和“三悬殊”（大小悬殊、经济情况好坏悬殊、思想认识高低悬殊）的特点，一定要充分注意原有的生产经营特色和协作关系，不得中断产销关系，不得减少花色品种和降低产品质量。千万不要大权独揽，小权不分散，把过去的“小国之君”统变成现如今的“大国之臣”，甚至“亡国之民”。

> 国家管理企业，这是一个新的问题，这问题在苏联、南斯拉夫、波兰都没有很好解决。过去搞一长制不好，现在八大提出党委集体领导下的厂长负责制，解决了集体领导的问题，但还没有解决如何发动职工群众参加企业管理的问题。民主集中制如何在厂里体现呢？南斯拉夫的经验，对防止官僚主义有些道理，苏联一长制，厂长的权力很大。关于健全与扩大

企业中的民主管理制度问题，还是要按照中国情况，来具体研究解决。资本家也应该作为工作人员参加，不要排斥。[①]

曾几何时，蔡北华又一次转岗，转岗到上海社会科学院。

李维汉闻讯大喜，说你现在将到上海社会科学院工作，希望在这方面下一番工夫。

铭记老首长的殷殷叮嘱，蔡北华于 1978 年 10 月，从上海市工商行政管理局来到行将复院的上海社会科学院，与老友孙怀仁、冯契、蓝瑛等一起就任副院长，并兼部门经济研究所首任党委书记、所长。

蓝瑛对蔡北华有较高评价，说他“长期在国民党地区地下党工作，直接在周恩来身边工作过，建国后则担任过统战和经济部门的领导工作，在经济研究方面有专长”。

徐之河更是赞不绝口，说：“蔡虽是老同志，但思想不僵化。他在招聘时，不拘一格用人才。有许多曾被定为历史反革命及右派的人员，因其有学问，也聘来了。有些管人事的对此很有意见，他也不在乎。结果，部门经济研究所迅速壮大，不久便拥有近 200 人了。”[②]

徐之河的感觉是对的。孙恒志也对我说：“蔡北华长期在工商局工作，又任市委统战部副部长，跟一批统战对象、工商界名流很熟。凡有点本事的，有一技之长的，后来都被他挖到了部门经济研究所来。年龄大了，不能坐班，不好再占编制，就当特聘研究人员。他这个人很厚道，特别爱才、重才，不拘一格降人才。”

孙恒志，1947 年生，江苏涟水人，1972 年中，被推荐上大学，成工农兵学员，进南京师范学院物理系，毕业后留校当教师，教了两年政治课。又在 1979 年，再被上海社会科学院商调回上海，分到部门经济研究所，向蔡北华报到。

孙恒志说：“在蔡北华的领导下工作，很宽松，容易出成果。他这个人的最大特点，就是尊重知识，尊重人才，从不在业务上乱干预，瞎指挥。他为人谦

① 蔡北华：《关于对资本主义工商业社会主义改造问题的报告》，《蔡北华文集》，上海社会科学院出版社 2001 年版，第 200 页。

② 徐之河：《百岁回眸：变迁与求索》，上海社会科学院出版社 2016 年版，第 66 页。

和，很朴实，很开明，很大气。在他身上，最生动地体现了鲁迅精神：自己背着因袭的重担，肩住了黑暗的闸门，放渴望放飞自我的人们到宽阔光明的地方去；此后幸福的度日，合理的做人。”

背负因袭重担，放年轻人到宽阔光明的地方去，这就是蔡北华。蔡北华这就为部门经济研究所的用人预设了“若金，用汝作砺；若济巨川，用汝作舟楫；若岁大旱，用汝作霖雨”的基准。[①]

① 《尚书·说命上》，《中国古代名句辞典》，上海辞书出版社 1986 年版，第 486 页。

# 第三章　六十而耳顺

徐之河 102 岁了。

102 岁的徐之河依旧鹤发童颜，超然物外。

徐之河是浙江江山人，1917 年生，1942 年毕业于重庆中央大学经济系，1944 年赴美留学，先在纽约就读哥伦比亚大学商学院研究生院，后在费城宾夕法尼亚大学沃顿商学院研究生部获工商管理硕士学位，即 MBA。当年全美，沃顿商学院的 MBA，冠绝各大高校，含金量最高。

> 1947 年春，我搭船从西雅图回国，途中遭遇太平洋的大风浪，航行十四天才抵达上海港。船刚靠岸，就见我妻子景椒携君修侄在那儿等我了。两年半不见，景椒变了很多。一头黄发烫得十分妥帖，圆脸蛋上涂脂抹粉，一身旗袍剪裁得体，尽现苗条身材，配上长筒袜高跟鞋，一派摩登女郎的模样，已经没有清新的学生气质了。当她看到我出现在船边时，不停地挥手呼喊，我虽听不到她说什么，但看见她兴高采烈的模样，我也很高兴，挥手呼喊，旁若无人。[①]

徐之河回国时，正值上海闹学潮，交大、同济、复旦、暨南等高校相继罢课，上街游行，沿途高呼“要饭吃，要和平，要自由”和“和平奋斗救中国”等口号，遭到反动当局的残暴镇压。毛泽东则为新华社撰写评论《蒋介石政府已处在全民的包围中》，严正指出：“中国境内已有了两条战线。蒋介石进犯军和人民解

---

① 徐之河：《百岁回眸：变迁与求索》，上海社会科学院出版社 2016 年版，第 26 页。

放军的战争,这是第一条战线。现在又出现了第二条战线,这就是伟大的正义的学生运动和蒋介石反动政府之间的尖锐斗争。学生运动的口号是要饭吃,要和平,要自由,亦即反饥饿,反内战,反迫害。蒋介石颁布了《维持社会秩序临时办法》。蒋介石的军警宪特同学生群众之间,到处发生冲突。蒋介石用逮捕、监禁、殴打、屠杀等项暴力行为对付赤手空拳的学生,学生运动因而日益扩大。一切社会同情都在学生方面,蒋介石等人完全陷于孤立。学生运动是整个人民运动的一部分。学生运动的高涨,不可避免地要促进整个人民运动的高涨。过去五四运动时期和一二·九运动时期的历史经验,已经表明了这一点。"①

说来也巧,徐之河生逢 5 月 4 日,只是比火烧赵家楼的己未五四早了两年。

徐之河对 1935 年 12 月 9 日的一二·九运动有深刻记忆。当时他在杭高上学,记得学校很重视爱国主义教育,将后花园里的一个亭子命名为"东北亭",让大家记住东三省被日本人占了。

曾几何时,热血青年"坦白叫出挽救死亡的呼声",独裁者竟动用水龙、皮鞭、棍棒来暴力反制,徐之河深感其气数尽了。

同年夏,徐之河进暨南大学任教,住青云路暨大宿舍,直至上海解放前夕。

1949 年 4 月,解放军渡过长江,解放了南京,国民党军大部分撤到上海,说是要死守上海。当时我们还住在青云路暨大宿舍,那里离郊区不远。当我们听到炮声,知道离战场已近时,决定放弃住房,搬到溧阳路老家与二哥等同住。那时二嫂已带部分小孩和三嫂、六嫂及其子女从衢州退往福建转台湾去了,上海家中只有二哥及读大学的奉化和高中就要毕业的君衢、慧芬四人居住。在上海即将解放前数天,当时在招商局工作的我读小学时的老师,忽然派人送来六张船票,要我们快点上船去台湾,否则就来不及了。二哥他们匆匆收拾行李,要我们也去。我因想到八年抗战的流离,国民党大势已去,听广播里说共产党善待知识分子,加上兄弟

① 毛泽东:《蒋介石政府已处在全民的包围中》,《毛泽东选集》第 4 卷,人民出版社 1991 年版,第 1225 页。

都走了，老母无人照顾等等，很想不去。与景椒商量，景椒说你决定好了，我总是听你的，于是我们就决定不走了。[①]

1949年秋，徐之河投奔孙怀仁，从暨大“转上海商学院任教”。徐之河说：“那时上商是名校，每次招生不多，很是难考，学生水平都很高，每个系只有近百个学生，许多课都由其他学校的老教授兼任，专业教授只有我一个人，还有一个助教。因此我们同事、同学之间的关系十分密切，是尊师爱生的。当时我开的两门课，是泰勒制度科学管理的主要内容，许多学生兴趣很大，孙主任很高兴。从此我成为他的助手，连他到北京等处去，都要我帮助他照顾一下。”[②]

1950年8月，上海商学院更名为上海财政经济学院，由华东军政委员会财经委员会和教育部双重领导，以孙冶方为院长，姚耐、褚葆一、褚凤仪为副院长。徐之河说，孙“不大来校，学院工作实际上由姚耐等负责”。所以，1958年9月，上海社会科学院成立时，“上财部分教师跟姚耐去上海经济研究所”，大家也都“跟去了”，“跟去了”上海陕西北路186号——荣宗敬故居，荣毅仁大伯父的老宅，那一座精致小洋楼。

老经济研究所设在陕西北路一所房子里，原是荣家住房。荣家是从德侨那里买来的，屋有三层，楼下房原是舞池改的小厅，二、三层是办公区。屋前有一片大草坪，角上有个假山，上面有个亭子，可以看马路上的人车人流，但“文化大革命”开始就搬院部了。[③]

“十年动乱”，徐之河先被隔离审查，后押送奉贤市直干校(全称上海市直属机关五七干校)劳动，编入第六连，跟姜铎、丘渊、陈绛、葛中平、胡世杰、史惠康、龚浩成、丁日初等人在一起。

市干校范围和规模都很大，集中的干部约有5 000以上，全部房舍都

① 徐之河：《百岁回眸：变迁与求索》，上海社会科学院出版社2016年版，第31页。
② 徐之河：《百岁回眸：变迁与求索》，上海社会科学院出版社2016年版，第33页。
③ 徐之河：《百岁回眸：变迁与求索》，上海社会科学院出版社2016年版，第54页。

是临时用毛竹芦席搭建起来的，屋顶上盖的是油毛毡，地下仍是泥土，既未铺砖，也未浇水泥，用具也很简陋，睡的是双层木床，大环境可想而知。但厨房、食堂、厕所、礼堂、会议室，一应俱全，占地面积很广，俨然是一个军营。①

据姜铎说，干校劳动，主要四项：一是挑人粪，二是罱河泥，三是拣牛粪，四是棉田间作和摘棉。这四项农活的前三项，既是重活，又是和粪、淤泥打交道，又臭又脏，一般农民都不大愿意干，更何况他们这些城里下来"五十岁左右的知识分子"。所以，回顾以往，姜铎唯有阿Q式的苦中作乐；徐之河却怎一个苦字了得："解除隔离后的生活仍是很苦的。冬天挖河挑泥，既重又冷，夏春割稻插秧，天热难挡，全身衣服被汗水湿透，干了又湿，湿了又干，下雨也要冒雨去搬粮食、煤炭，对我们一直不干体力活的人来说，这是一件苦差事。"②

干校开始松动是在1969年冬、1970年春。先是"动员了好几百名革命干部，率领上千名初中生，到东北西南支援边疆各县"；再是"宣布分配到上海工厂战高温"，"约在千人以上"，"战了高温战低温，年复一年，无人过问，一直战到'四人帮'垮台一年多以后的1978年冬季"。③

徐之河离开干校是在1971年。他回市区后被安插到一个缝纫机台板厂里做车工，再调复旦大学"资本主义经济研究所"翻译外文资料，又研究美国经济。

1978年9月，我突然患腹痛发热，被送入市一医院诊治，在医院七天七夜吊针，不吃饭，终于痊愈。我出院那天，一个老上司听说我生病来看我，给我带来一个好消息，说上海社会科学院要把我调回去，已决定任命我为该院新成立的部门经济研究所的所长了。不久社会科学院来了通知，要我以该院部门经济研究所负责人的身份，前往北京参加一个会议。

① 姜铎：《学生·战士·学者——我的人生三部曲》，2001年自印本，第570页。
② 徐之河：《百岁回眸：变迁与求索》，上海社会科学院出版社2016年版，第61页。
③ 姜铎：《学生·战士·学者——我的人生三部曲》，2001年自印本，第577页。

这样我便匆匆离开复旦回到上海社会科学院。①

据徐之河回忆，他从北京开完会回来，先有社会科学院的车送院里“报到”，听蔡北华说：“已向市里提名你为部门经济研究所所长，尚未批下，暂作所负责人工作。”

蔡北华还告诉我：“经济研究所研究理论，部门经济研究所研究实用经济，我觉得此定位太虚。还是定位为‘研究当前我国经济问题，供领导和企业决策参考’较好。”后来，我以此和几个朋友讨论，有人认为：“人家会说你少理论，还是冒风险的。”虽可能有讽言和风险，但我可承受，便和几个同仁这样做了，感到还满意。②

满意的还有相濡以沫的妻子。

妻子毛景椒是徐之河1938年娶的。婚后第六天，徐之河便离开江山老家去大后方，毛景椒“泪流满面，痛哭失声”，徐之河的“心都碎了”。

之后三年，毛景椒在浙西南，徐之河在重庆，一个读中学，一个上大学，两人“虽有书信来往”，却“从没写过我爱你之类的情书”。

1942年夏，徐之河大学毕业，被国防资源委员会经济研究室聘为实习研究员，有了正常收入，毛景椒欢天喜地，赶“来渝团聚”，在“路上奔波月余，经闽、赣、湘、粤、桂、黔、川七省”。

在重庆，徐之河和毛景椒住一个“临街”房子的“二楼”，“没有厨房、没有厕所、没有洗澡的地方”，但两人“还是非常高兴”。他们是一对“渴望有个窝的乱世小夫妻”。他们在“重庆市中心的山下”，过了一段“胜似蜜月的美好时光”。

住进林森路房子后，虽然生活不是那么方便，但这毕竟是我俩以往从未有过的独立小天地。我们的婚姻是包办婚姻，没有经过恋爱阶段，这段

① 徐之河：《百岁回眸：变迁与求索》，上海社会科学院出版社2016年版，第64—65页。

② 上海社会科学院部门经济研究所工会：《老骥伏枥——上海社会科学院部门经济研究所成立三十五周年纪念》，自印本，第7页。

日子，我俩很像是一对热恋中的恋人。我们住的地方走十分钟就能到长江边。当有月亮的时候，我们就去江边散步，我们走，月亮也走。月亮倒映在江上，泛出的光很美。礼拜天，我们就到附近的公园去逛逛，公园里有很多男男女女谈恋爱，很是动人。我们还去郊外旅游。有一次，我们去拜访住在山上高级别墅里的一个亲戚，要爬山。山下有马，可以骑马上去。我会骑马，但是我太太不行，骑马到山上，腿都磨破了皮。重庆温泉很多，我们有时候到南温泉去，有时去北温泉。复旦大学当时就在北温泉，那里的旅馆比较好，我们就住在那边，玩得非常高兴。白天到温泉可以游泳，妻子也可到池中泡水，不会游泳，只能在池边看着我。这段时间是我们结婚以来最开心的日子，胜过蜜月，如胶似漆，哪能分离。①

可徐之河考取了全国公开招考公派留美学生，又一次的分离还是不可避免地来了。

出国前，徐之河和毛景椒照了一张合影。这张合影，徐之河一直带在身边。旅美三年，他挂寝室墙上。1947 年回国，到暨大任教，住青云路一室一厅房子，他挂客厅墙上。1956 年，上海商学院“优待知识分子”，把河滨大楼——“当时最高级公寓之一”的 718 室分给了徐之河和毛景椒夫妇。徐之河和毛景椒夫妇得到了他们“结婚后所得到的最高级住处”。徐之河不待“9 月迁入居住”，先在厅的北墙，高高挂起那一张人工着色的彩照。

那一张人工着色的彩照，一直挂到 1966 年 8 月，差点被毛景椒付之一炬。

当时全国陷入了混乱之中。我们有一些邻居被抄家，对面的一个总工程师因受批判而服毒自杀。我妻甚为震惊，经常问我会不会变成对象。我说这次难说，我们做些被抄家的准备吧！于是妻在家中专门拆西装、旗袍，剪碎领带，打下高跟鞋的后跟，还烧毁与封、资、修有关的东西，尤其是家中存有的大量照片。她躲在厕所中烧，怕人家知道，紧闭门窗，被烟熏

① 徐之河：《百岁回眸：变迁与求索》，上海社会科学院出版社 2016 年版，第 19—20 页。

得咳嗽流涕。灰则倒入马桶中，因没注意，马桶给堵塞了，只得叫工人来通。工人一看就知道了，因为其他人家也出了同样的情况，所以幽默地说，烧东西烧透一点，就不会塞住了。[①]

1968年秋，徐之河被隔离审查，跟其他四人关一个屋子里，门口有人站岗，不准出去，不准会客，不准通信，每天至少写一份交代交给专案组，把毛景椒急得，六神无主，疯了似的。毛景椒“不论大风大雨，大雪纷飞，冰冻三尺”，天天到单位里来闹，闹着“送东西”，光是“帽子就送了好几次，先是布帽，再是呢帽，后来是棉帽，还有雨帽”。有个“女造反派”刻毒骂她：“你丈夫已戴了反革命分子的帽子，你还嫌不够？”气得她浑身哆嗦，心尖打颤，但依旧“满身雨水”，“到处乱闯”，一副“孤苦伶仃、丧魂落魄”的样子。

不久，徐之河被送往市直干校监督劳动，隔着几十公里地，隔着黄浦江，圈在11.33公顷土地上，毛景椒再想见也见不上一面。真个是叫天天不应，叫地地不灵。徐之河只能是泪落肚里，心底悲鸣：“可怜的妻啊，我真害苦你了！”

徐之河做梦也没想到自己还有咸鱼翻身、枯木逢春的一天。

毛景椒更是万念俱灰，只要活着，守着丈夫活着。她早已麻木，早已受够。只要“可常在一起不分离”，她就谢天谢地，心满意足。

所以，这天从院里“报到”出来，徐之河“匆匆坐车回家”，将蔡北华的话，原本照搬，一五一十如实“汇报”给毛景椒听。毛景椒听得一愣一愣，半晌没有回过神来。

我匆匆坐车回家，妻早已做好饭在等我。我向妻“汇报”了此次赴北京开会及到院报到的情况。看到我有些兴奋，妻说：“看来‘控制使用’的结论一风吹了。原先只准你做翻译资料工作，后准你搞研究工作，现又令你担任一个局（厅）级单位的负责人，已从‘控制使用’到‘重用’，那悬在头上的达摩克里斯剑，看来已撤除了。”是的，“文化大革命”中我被取消“隔离”而“解放”以后，因为没有告诉我结论，曾向和我有交情的一位学生打听。他

① 徐之河：《百岁回眸：变迁与求索》，上海社会科学院出版社2016年版，第57页。

说，你的内部结论是“控制使用”。“控制使用”让我顿觉紧张。他忙安慰我说：“不要紧的，将来可能会改变的。”现在看来真的一风吹了吧！①

1979 年 3 月，徐之河正式就任上海社会科学院部门经济研究所副所长。徐之河说：“我所迅速壮大，不久便拥有近 200 人了。有些人已过退休年龄，则以‘特约研究员’的名义聘之。由于我所研究的面很广，人员众多，研究的又是当时面临的许多实际问题，部门经济研究所名字虽怪，但不久就有些名气了。政府、企事业单位有经济方面问题的，往往都会找我们所来咨询、研究。后来我们虽想改个好听一些的所名，但已舍不得其‘无形资产’了。”②

1979 年的徐之河已过耳顺之年。

“耳顺”的意思是所闻皆通，也就是听到什么都能领悟(《论语卷一 · 为政第二》)。

听到什么都能领悟的徐之河有容乃大，以“无为而治”对人对事，不啻谦恭退抑，汲引后进，一如社会科学院第二任院长杨永直。

杨永直长期同高级知识分子打交道，同不同专业、不同学派、不同风格的知识分子打交道。他熟悉知识分子的心，摸得出知识分子跳动着的脉搏。他从不对专家指手画脚。他从 1960 年年初到 1964 年任上海社会科学院院长期间，没有整过一个人，没有对一位专家打过棍子。他平心静气，顺其自然。有人说他是“无为而治”，不无道理。“无为而治”，才是大智，也是“大治”。③

杨永直以大智而“大治”，徐之河又何尝不是如此？

他在其位，谋其政，抓大放小，举重若轻。

他还见缝插针，抓紧编撰他的《美国通用汽车公司的组织与管理》。

---

① 徐之河：《在岗的日子》，《天命年回首——上海社会科学院经济研究所建所五十周年征文选第二辑 · 部门经济研究所》，上海社会科学院出版社 2006 年版，第 229 页。

② 徐之河：《百岁回眸：变迁与求索》，上海社会科学院出版社 2016 年版，第 66 页。

③ 蓝瑛、邓伟志：《难忘杨永直》，《解放日报》2008 年 8 月 30 日。

毛景椒劝他悠着点，他反把毛景椒也扯了进来一起忙乎。

> 在所上班的初期，我除了每天上班去所里处理一些事务、参加一些会议以外，一般下午都回家编写一本名为《美国通用汽车公司的组织与管理》的书。当时中国财经出版社有位高级编辑，到武汉参加"美国经济研究会"年会。看到我写的那份《美国通用汽车的改组、改造和发展》的调查报告时，认为很有水平，很有价值。约我补充一些资料，写一本书由他们出版社出版，我同意了。当时的一些组织管理学书都是泛泛而论，不着边际的。如能以一个大企业为实例，全面来谈技术、经济、组织与管理，一定很有参考价值。只是我国多年闭关自守，要写出一本书，资料十分难找。我跑了几个图书馆，只找到数本有关的旧书，书中的材料也多泛泛而论。幸好在一些杂志、报纸上，还有一些可用的资料。在原有"调查报告"的基础上，再花了一年多时间，终于定稿了。在写作过程中，我妻毛景椒的任务十分繁重。我的手稿较潦草，由她抄写成文。后来，有些方面要修改补充，又让她重抄一遍。有些资料要画成表格，也由妻来承担。妻对此书的出版，花了很多时间。①

1980 年 7 月，《美国通用汽车公司的组织与管理》由中国财政经济出版社出版发行。徐之河认为他山之石，可以攻玉。如果中国的改革开放，正如邓小平 1978 年 10 月访日时所言，乘坐新干线时所说的"我们现在很需要跑"。那么，"通用"是"美国最大的工业公司"，是"世界上最大的汽车产销者"；"通用" 20 世纪"二十年代以来逐步形成的经营管理办法"，尤其是"政策制定与行政管理分开，分散经营与协调控制相结合"的"管理组织体制"和"规定了投资利润率和平均正常运转率之后，就可用同等的指标来考核所辖各单位的经营成果"的"计划管理和生产管理的特点"，对于我们一定很有用，一定"值得好好参考"。

---

① 徐之河：《在岗的日子》，《天命年回首——上海社会科学院经济研究所建所五十周年征文选第二辑 · 部门经济研究所》，上海社会科学院出版社 2016 年版，第 229 页。

(1)“通用”规模巨大,当时是世界五百强的第一名,显出了其规模效应。我国大型国企的一些老总自以为企业很大了,有停滞不前的思想,但与“通用”相比,是太小了,要更加努力地发展壮大国企。(2) 1907 年组成的通用公司,正像我国 1964 年开始组建的“托拉斯”企业,他们的经验可以供我们参考。(3) 生产管理方面,一条生产线上如何合理安排几种不同产品的生产流程和工序等。(4) 书中列出了许多通用公司的组织系统表,值得我们组建大型企业借鉴。(5) 一个十分重要的问题,是“通用”编制企业计划的方法。我们编制计划是主观地滚动式,他们是考虑生产率提高,未来市场占有率、企业生产能力、成本和价格等方面综合考虑来编制计划的。[①]

写完《美国通用汽车公司的组织与管理》,徐之河接着又编《经济大辞典·工业经济卷》,又搞《上海经济(1949—1982)》;又在《上海经济(1949—1982)》的基础上,补编《上海经济(1982—1985)》,新编《上海经济年鉴(1987)》。

徐之河还把内刊《部门经济》改成公开发行的《上海经济》,两月一期,逢双出版;“不仅有一定学术水平,并且在全院所办的刊物都亏本的情况下,每年都有结余”。[②]

徐之河还“与工委、劳资委、经委、计委和劳动、旅游等部门的领导,建立了密切的联系,常和他们讨论上海的经济问题”。

徐之河不向壁虚造,闭门造车,做空头学问。他“共发表文章六十多篇,主编、编写书籍三十多部,大多是在部门经济研究所时的作品,其中许多是对改革开放一些建议和可以参考的经验”。

他真是一个闲不住的人。

他未必知道鲁迅遗言中有:“我好像是一只牛,吃的是草,挤出的是牛奶、血。”亦未必知道巴金最喜欢的英人箴言是:“Life is a pay, not a gain.”(人生是付出,不是获得)。但他付出得足够多了,却依然“甚感不安”,“不安”自己“贡献少”。

---

① 徐之河:《百岁回眸:变迁与求索》,上海社会科学院出版社 2016 年版,第 76 页。
② 徐之河:《百岁回眸:变迁与求索》,上海社会科学院出版社 2016 年版,第 77 页。

他寄望于“后继者”。寄望于“后继者”的“后来居上”。[①]

他要做“觉醒的人”。

他要“解放了自己的孩子”。

他像蔡北华一样，只想“自己背着因袭的重担，肩住了黑暗的闸门，放孩子们到宽阔光明的地方去；此后幸福的度日，合理的做人”。[②]

他这就把他的很大一部分精力放在研究生上。

他既对人说，更对自己说：“对于研究生必须关心。”

他“关心”的“研究生”都住 423 室——礼堂楼上的一个大统间。

---

① 徐之河：《百岁回眸：变迁与求索》，上海社会科学院出版社 2016 年版，第 69 页。

② 鲁迅：《我们现在怎样做父亲》，《鲁迅全集》第 1 卷，人民文学出版社 1981 年版，第 130 页。

# 第四章　不忘在423室的日子

> 粉碎“四人帮”，百废待兴。邓公拨乱反正，恢复高考成为重大社会变革的第一缕春风，一代青年学子由此改变了生活轨迹，转变了自己的命运。1979年，刚复院不久的上海社会科学院为培养学科研究后备队伍，决定招收研究生。四方学子纷纷响应。①

沈祖炜的感慨也是我的感慨。所有得益于“恢复高考”的“青年学子”都会有同一样的翻身感，时来运转感。

上海社会科学院招研究生是在1979年春。社会科学院招研究生是为了救急，为了就地取材，尽快解决各研究所捉襟见肘、奇缺可用人才的燃眉之急。这样的初衷太现实，真可谓头痛医头，脚痛医脚，却又是无奈之举，没有办法的办法。关于这一点，可读八二六《报告》，即1978年8月26日，恢复上海社会科学院筹备小组向市委提交的《关于筹备恢复上海社会科学院的情况和问题的请示报告》，其第三大点第五小点，说的就是“要大力培养新生力量”：

> 我们已考虑吸收少量应届大学毕业生，以及从1965年市委组织部培训后分配到农村锻炼的一批大学生中抽调一些。还拟请复旦、师大、师院等校先代我们培训一批研究生。从明年起我们各研究所均要招收研究生，

---

① 沈祖炜：《社会科学院首届研究生的读书生活》，《往事掇英——上海社会科学院五十周年回忆录》，上海社会科学院出版社2008年版，第32页。

抓紧解决研究队伍青黄不接的问题。[①]

1979年春，经中共上海市委宣传部同意，市计委、市招生委员会批准，上海社会科学院正式筹办研究生部，面向全社会招收研究生。但社会科学院不是大学，办研究生部先天不足，先天缺少专项经费、教学场所和学生宿舍。社会科学院的领导自己动手，丰衣足食。少专项经费，就勒紧腰带，从牙齿缝里抠，从全院科研经费里划拨，硬切出一块。少教学场所、学生宿舍，就挤占办公用房，在院部主楼的三楼西边，匀出一间办公室，两间教室，三间宿舍。反正一穷二白，因陋就简，总比延安窑洞强。

作为国务院首批认定具有学院授予权单位，上海社会科学院当年计划招收研究生47人，实际录取37人，其中17人搞经济、7人在部门经济研究所。

当时部门经济研究所提出要设立工业经济、农业经济、财务经济、旅游经济、统计、计量经济、城市经济、会计、人口经济等专业，但最后只批准工业经济、农业经济、财贸经济、旅游经济招生。学制大部分为3年，少数为2年。

沈祖炜说，他们"这批同学有来自本市的，也有来自外省市的；有'文化大革命'期间毕业的老大学生，也有自学成才的各界学子。年龄小的二十多岁，年龄大的三十五六岁。但是为共同的志向汇聚在一起，度过了特别有意义的三年"。

我和历史所的卢汉超、郑祖安，法学所的沈国明都是从华东师范大学在读生直接报考的，所以本来就有同学之谊。除此之外，我认识的第一个同学应当数左学金了。当我第一次找到淮海中路622弄7号办理报名手续时就遇到了左学金，经交谈知道他在上海工业大学就读，报考的是工业经济专业数量经济研究方向。"文化大革命"十年耽误了多少人的学业，自学数学难度肯定大，而左学金选择数学要求高的专业，诚为我所钦佩。[②]

---

① 上海社会科学院筹备小组：《关于筹备恢复上海社会科学院的情况和问题的请示报告》，《院事揽要——上海社会科学院大事记1958—2008》，上海社会科学院出版社2008年版，第682页。

② 沈祖炜：《社会科学院首届研究生的读书生活》，《往事掇英——上海社会科学院五十周年回忆录》，上海社会科学院出版社2008年版，第32页。

左学金，1949 年生，江苏阜宁人，1968 年参加工作，考研前在上海工业大学读本科；再往前，则是上海铁合金厂的机动科副科长。

左学金出身贫寒，1957 年随母亲、姐姐一起来到上海，第一印象就是人多、车多、灯多。满大街的人摩肩接踵，满大街的车川流不息，满大街的灯五彩缤纷。

左学金一在上海住定下来就上学，从小学读到初中，从初中读到高中；嗣后“拿起笔作刀枪，集中火力打黑帮”；再是“革命方知北京近，造反更觉毛主席亲”；再是“欢快传唱着劳动之歌”，一头“深入劳动者中间”，下到上海铁合金厂做学徒，当起重工。

这时的左学金年仅 19 岁，还没悟到，至少还没有深刻悟到：“人生是一个过程，人生的不同阶段就像一条河流，从涓涓细流汇集为在峡谷间奔腾咆哮的激流，继而成为在开阔平原上缓缓流动的大河，最终汇入大海的怀抱。”但他已经不再对喧嚣与骚动倾心向往。他不再是某个红卫兵组织的成员，不再给那些热衷于起哄和胡闹的少男少女编辑小报。他无需忏悔，却要反思。他在张庙一条街的东面忖量。他在上钢一厂三转炉车间的墙外独立研判。直面“第一次巨大的成就以后”的“胜利的少数”，“胜利的少数”的反目成仇、分道扬镳；他既不认同“满足于已经达到的成就”的“一部分人”，也不偏袒“想继续前进，提出一些新的要求”的“另一部分人”，即使“另一部分人”的要求“至少有一部分是符合广大人民群众的真正的或想像的利益的”。他冷眼旁观“较温和的一派”和“较激进的一派”同室操戈、自相残杀。无论是“较温和的一派重新占了上风”还是“较激进的一派”为“最近取得的成果又全部或部分地化为乌有”而如丧考妣、悲壮“高叫有人叛变”；他始终努力工作，安静读书，不为所动。他已变了一个人。他的血仍是热的。他不四大皆空，心死如灰。他只是在守望他的守望，期待他的期待。他的攻读越来越专一，越来越契合他的知识储备，而与“少数人的革命”无关，与“一个统治的少数被推翻了，另一个少数又起而掌握国家政权并依照自己的利益改造国家制度”无关。①

左学金终在 1977 年的夏秋之交等来了他渴望已久的转机。他在恢复高考后的第一场考试中考上了上海机械学院，在延长路校区读应用物理专业。

---

① 恩格斯：《1848 年至 1850 年的法兰西阶级斗争导言》，《马克思恩格斯全集》第 22 卷，人民出版社 1965 年版，第 595 页。

上海机械学院的延长路校区本是上海工学院，创建于 1960 年。1972 年，上海工学院被撤，与军工路上的上海机械学院合并，原延长路上的上海工学院变成上海机械学院的院部所在地。1979 年，上海工学院还原复制，重新独立，更名上海工业大学，左学金也就成了上海工业大学的第一届本科生，并在读了三个学期后又以“同等学力”报考上海社会科学院研究生。

> 入学考试是在小礼堂进行的。回想当时，考生济济一堂，不下 200 人，气氛有点紧张。其实在我和其他与我情况相似的同学，当时真的没有什么心理压力。国家刚从“文化大革命”的风雨中走出，晴朗的天空、暖洋洋的太阳已经让我们深受感动，有机会报考研究生，且看作接受鉴定和评审，没有丝毫侥幸心理，只求考出自己的水平，接受国家挑选。[①]

天道酬勤。1979 年 6 月开考，8 月张榜，杨建文考上了政治经济学专业，徐明棋考上了世界经济专业，沈祖炜、程麟荪、潘君祥、李荣光考上了经济史专业，左学金、厉无畏、严诚忠、董俊涛考上了工业经济和企业管理专业，徐元明考上了农业经济专业，刘建长考上了城市经济专业，王大悟考上了旅游经济专业，他们一起住进了 423 室——礼堂楼上的一个大统间。

> 我们经济研究所、部门经济研究所的 14 个人住在一个大房间里，上下铺，自修书桌摆得满满，隔壁就是大教室，晚上用于自习。其他几个所的同学和经济研究所同学全都一样。冬天到了，寒风凛冽，陈旧的钢窗变了形，风从缝隙灌入室内，班委从院部弄来草垫为每人床上铺上一条，倒也暖意融融。[②]

沈祖炜记得“班上”的“班委”有沈国明（中共上海市社联党组原书记、专职

---

① 沈祖炜：《社会科学院首届研究生的读书生活》，《往事掇英——上海社会科学院五十周年回忆录》，上海社会科学院出版社 2008 年版，第 32 页。

② 沈祖炜：《社会科学院首届研究生的读书生活》，《往事掇英——上海社会科学院五十周年回忆录》，上海社会科学院出版社 2008 年版，第 33 页。

副主席，现任上海市法官、检察官遴选/惩戒委员会主任、上海交通大学凯原法学院讲席教授）和左学金，两人都"当过班长"，"当时就很有领导风范"。我电询沈国明，沈国明说他曾是全班学生民主选举的首任班长，但他再三让贤，力挺左学金挑头，自己改任生活委员。我想生活委员的分内事，自然就包括了"从院部弄来草垫为每人床上铺上一条"和冬天洗澡"供热水"。

在校洗澡当时都成了一个问题。学生没有专门浴室，只能挤占食堂工作人员的小浴室，而锅炉用煤却是计划配给的，所以热水供给存在困难。结果食堂里的几位工作人员不高兴了，关闭供热水的龙头，由此激起了学生的不满，继而发生了一些小冲突。黄逸峰院长亲自过问这件事，在协调会上强调，洗澡这样的基本问题必须解决，如不解决可以拿出他本人的工资给学生买公共浴室的浴票。在领导这样表态的压力下，行政处哪敢不把这件事处理好？我们深感到领导、老师对我们的爱护，更加激励起学习的自觉性。①

社会科学院领导对于首批研究生的爱护、重视，更多表现为师资的配备。

杨建文说，部门经济研究所在全社会科学院第一个建硕士点，每个专业都有该专业的领军人物担纲。

杨建文，1952 年生，典型上海人，满嘴"结棍"（沪语，意指"厉害"）、"扎劲"（沪语，意指"过瘾"）、"轧闹猛"（沪语，意指"凑热闹"），也是从社会的最底层一步步走过来的。

杨建文 1968 年参加工作，在上海五四农场待了 10 来年。

五四农场是上海第一个国营农场，曾名奉贤农场，创立于 1954 年 10 月 1 日。

五四农场位于奉贤东南的杭州湾畔，源于海滩筑堤造田，境内土质均为盐碱土。五四农场的历史就是上海在沿江沿海滩涂围垦造田的历史。在长达 20 多年的围垦史里，共有 37 万余人进行了 60 多次"围垦战役"。这 37 万余人中

① 沈祖炜：《社会科学院首届研究生的读书生活》，《往事掇英——上海社会科学院五十周年回忆录》，上海社会科学院出版社 2008 年版，第 33 页。

有相当数量的上海知青。杨建文就是这相当数量的上海知青中的一个。他亲身经历了那 60 多次“围垦战役”中的若干次。他永远难忘那些“围垦战役”中的青春似火、挥汗如雨。

我是 1967 届初中毕业生，跟王战同学，位育中学(曾名上海市第五十一中学)同班同学。哪怕现在，在社会科学院食堂吃饭，两人在一张餐桌上吃午饭，一言不合，也还能争得面红耳赤。他中学毕业后去了江西插队，我进了奉贤五四农场。后来上调，调上来培训，在复旦读《资本论》，同一个班里，又有周锦蔚和李伟国。周锦蔚现在退了，原来是市人大研究室主任。李伟国也退了，退以前是上海人民出版社总编辑，再前面是上海辞书出版社社长。(引自 2018 年 3 月 19 日，杨建文口述实录)

杨建文很健谈，妙语连珠，对答如流，甚至主动说到他前妻。他说前妻黎丽亦部门经济研究所人，亦“老三届”，但大他一岁，1968 年分到建工局，在基层一干 10 年。黎丽很聪明，很刻苦，在部门经济研究所里也冒尖，是城市经济研究室的青年骨干，跟着陈敏之、邵纪泉做课题，做上海经济发展战略研究，有成就感。那时他在经济研究所，就编外帮衬，当“小工”，助黎丽一臂之力。黎丽的老师也是杨建文的老师。陈敏之看到杨建文随黎丽上门，笑逐颜开，乐不可支。

部门经济研究所里，年轻人里，就四个最出挑，陈家海、陈申申、孙恒志、黎丽。我一直说社会科学院错误配置，乔太守乱点鸳鸯谱。我应该到部门经济研究所，陈家海应该到经济研究所。黎丽在部门经济研究所里活跃得很，情商比我高许多。(引自 2018 年 3 月 19 日，杨建文口述实录)

黎丽是读研进的部门经济研究所。杨建文是读研进的经济研究所。杨建文自嘲说他的读研是被逼无奈，“曲线救国”。原来他在复旦读完《资本论》，就分配到市委写作班，陕西北路 186 号，经济研究所老楼。1976 年，十月惊雷劈倒“四人帮”，“石一歌”们作鸟兽散，车文仪主管上海宣传口，杨建文回农场局，在宣传处当干事。工作一年，户口调回市区。1978 年，上海社会科学院复院，缺人缺得“结棍”，想要挖他，农场局不放，死活不放，不答应商调，没办法了，只能考研。

那时的考研，就是老师出题，出一道题，由考生回答。答得好，给个好分数，就通过。我的导师雍文远，既是中（央）大（学）经济系本科，重庆南开经济研究所硕士，又是美国威斯康辛大学经济系硕士，跟袁恩桢、蒋学模很熟。我在他手里，考了个第一名，张道根第二名，就多要了一个名额，两个人都录取了。（引自2018年3月19日，杨建文口述实录）

杨建文师从雍文远，读的是政治经济学，在经济研究所。但部门经济研究所的硕导，也多有两刷子，德高望重，啃过洋面包。譬如邹依仁，早年就读法国巴黎大学，毕业于美国密歇根大学研究生院，有文学士、理学士、文硕士、理硕士学位及统计师职称；譬如尹文敬，早年毕业于北平大学经济系，后留学法国，获巴黎大学经济学博士学位；譬如钱志坚，先是在国内就读国立西南联大经济系，再是留学海外，专攻经济理论、计量经济及统计，相继就读美国奥立根州立大学、芝加哥大学和爱俄华大学，获硕士学位，又被林肯大学和克雷敦大学聘为讲师，讲授经济学、货币银行学、国际经济和统计学等课程；又譬如沈杰飞，毕业于美国明尼苏达州大学经济学院，曾任《扫荡报》副总编辑、驻美记者；再譬如徐之河，毕业于美国纽约哥伦比亚大学商学院研究生院，又获费城宾夕法尼亚大学华顿学院研究生部MBA学位。

徐之河“结棍”，钱志坚“结棍”，柴作楫也“结棍”。钱志坚带的厉无畏，柴作楫带的陈申申。一个423，住14个人，我们开玩笑，说是“同房三年”。（引自2018年3月19日，杨建文口述实录）

同样的记忆，厉无畏也有。厉无畏跟左学金一起师从钱志坚，同样深切缅怀他导师的高风亮节。

徐之河、陈敏之、杨锡山、钱志坚等教授，都是我的老师，给了我极大的帮助。所以,我特别感谢老师们给我的指导,特别感谢改革开放的政策和上海社会科学院对我的培养。正是由于改革开放我父亲平反、恢复高考,我才有机会考入上海社会科学院读研究生,成为我人生的重要转折;否则的话,我可能还只是个临时工。在上海社会科学院老师们的悉心指导下我才学到许多专业知识,学会研究方法。所以,我的誓言从来就是:“常怀感恩之心,永存报国之志。”①

厉无畏,1942 年生,浙江东阳人,1959 年参加工作,长期生活在社会底层,曾下矿挖煤,到中小学代课,给房管所打零工,在车辆配件厂当技术员。

厉无畏的外祖父是蒋作宾。

蒋作宾,字雨岩,1884 年生,湖北应城人。

蒋作宾是同盟会首批会员,近代中国军事家、外交家,日本陆军士官学校毕业,历任保定军官速成学校教官、中华民国临时政府陆军部次长、国民政府内政部长、安徽省主席等,又曾任驻德国公使兼驻奥地利公使、首任驻日大使,追赠陆军一级上将。

厉无畏出生仅几个月,外公就去世了。蒋作宾留给厉无畏的最大精神遗产就是“无畏”之名。厉无畏的名字是外公给取的。蒋作宾寄望于外孙的就是在人生路上无畏艰难、不惧挫折。事实上,厉无畏的人生道路确多顿挫,颇不平坦。

厉无畏不仅有一个外公是民国元老,国民党高级将领,而且还有一个舅舅在台湾,名叫蒋硕杰。

蒋硕杰,1918 年生,蒋作宾的四子,生于上海,早年毕业于日本庆应大学预科,后在英国伦敦大学政治经济学院获哲学博士与经济学博士,博导即大名鼎鼎的英国知名经济学家暨政治哲学家弗里德里希 · 奥古斯特 · 冯 · 哈耶克(奥地利学派代表人物,以坚持自由市场资本主义,反对社会主义、凯恩斯主义和集体主义而著称,与瑞典经济学家缪尔达尔共同获得 1974 年度诺贝尔经济学奖)。

① 厉无畏:《学术研究的几点感悟——在学术研究三十周年研讨会上的讲话》,《踏道　经世　传薪——厉无畏学术研究三十周年研讨会文集》,团结出版社 2013 年版,第 164 页。

1945 年冬，蒋硕杰回国，任北京大学经济学系教授。

1949 年，蒋硕杰赴台，历任台湾大学教授、国际货币基金研究员、美国罗彻斯特大学与康奈尔大学教授等。

1958 年，蒋硕杰被台湾“中央研究院”院长胡适亲自提名为台湾第二届中央研究院院士，时年 40，既是第一位经济学院士，也是人文组最年轻的一位院士。

蒋硕杰教授一贯反对通货膨胀、反对各种经济管制以及人为干预市场。所以，台湾经济在 1954—1960 年的加速发展很大程度上得益于蒋硕杰的建议，以高利率对抗通货膨胀，再废除复式汇率，改采单一汇率，让新台币贬值到市场能够承受的价位，从而推动贸易自由化，鼓励出口，促进岛内外工业合理分工。

在 1974—1978 年，蒋硕杰又与台湾“中央研究院”院士刘大中、邢慕寰、费景汉、顾应昌、邹至庄等联名上书台湾当局，为台湾经济走出困境并逆风起飞作出巨大贡献。蒋硕杰的货币金融理论在亚非拉的发展中国家及地区有广泛影响，韩国的经济奇迹就是如法炮制，取了他的理论和政策。

1980 年，蒋硕杰创立中华经济研究院，任院长、董事长。

1982 年，蒋硕杰成了首位获诺贝尔经济学奖(提名)的华人经济学家。

蒋硕杰是海峡两岸中国人的共同骄傲，但在过去相当长的一段时期内，由于众所周知的原因，对于厉无畏的影响却是负面的。

但更大的负面影响还是更直接地来自父亲。厉无畏的父亲厉德寅是美国威斯康星大学经济学博士，中华人民共和国成立前任教于中央大学、复旦大学，为经济学教授。1949 年后继续从事经济学研究和教学，并参加了民革组织。不料世事难测，1958 年“反右”运动“补课”时，这位教授却被人以“莫须有”的罪名，补戴上“右派分子”帽子，押往青海劳动改造。以致天资聪颖、学习勤奋的少年厉无畏，早早失学，在之后的 20 年间，饱尝人间疾苦。但“天将降大任于斯人也，必先苦其心志，劳其筋骨，饿其体肤，空乏其身，行拂乱其所为”。正因为厉无畏在困厄中“动心忍性，曾益其所不能”，不仅卧薪尝胆，自强不息，自学了数学、英语，还涉猎了经济管理、哲学和历史；所以，他在他的同时代人中的绝大多数可悲沦落、沦为失败者后，昂首跨入上海社会科学院大门，成为追风黑马。

骏马，骏马，
万里长风直下。
驰骋锦绣山河，
大江峻岭唱歌。
歌唱，歌唱，
红日一轮初上。

这是厉无畏的本命年之作，想必喝了酒写的。字里行间，既有豪气，亦有酒气。

厉无畏的"酒量"在他们这批研究生中是出了名的。

沈祖炜说厉无畏"老成、稳健，看问题常有独到见解，与法学所祝嘉汉相仿，在同学中堪称老大，被大家尊称为大师兄"。

"大师兄"的"酒量"也大。

沈祖炜说他们这批研究生，"酒量"就数"老大"厉无畏和他，以及王大悟三人最"好"。还说 1981 年年末，他们在 423 聚会，"喝了不少的酒，晚上睡不着，第二天一早交出诗一首"，以"神矢在心头，杯中无春秋"的诗句"道出了当年研究生为国奉献的志向"。[①] 我想沈祖炜之所以如此说，那是因为他"诗言志，歌咏言"，以爱神之箭，丘比特的金头利器，动情对应了鲁迅的《自题小像》："灵台无计逃神矢，风雨如磐暗故园；寄意寒星荃不察，我以我血荐轩辕。"

1982 年，厉无畏、沈国明、左学金、沈祖炜、杨建文、王大悟们毕业话别，又开怀畅饮，合影留念，照片上特意印了一行英语："Never forget days in Room 423"(不忘在 423 室的日子)。

记着 423，左学金在部门经济研究所工业组里干了两年，搞上海工业调查，跟姚锡棠、朱金海一个组，每天骑着自行车，全上海兜，兜了许多厂。

两年后，部门经济研究所所长徐之河和人口经济研究室主任张开敏联袂

① 沈祖炜：《社会科学院首届研究生的读书生活》，《往事掇英——上海社会科学院五十周年回忆录》，上海社会科学院出版社 2008 年版，第 34 页。

保荐左学金,左学金获联合国人口基金会资助,赴美国匹兹堡大学(简称“匹大”)经济系进修一年。一年后,左学金再获匹大提供的助学金(TA),继续攻读博士学位,于 1989 年秋毕业,成为改革开放以来,在匹大首获经济学博士学位的中国大陆学生。

匹大毕业后,左学金又获美国人口咨询局的资助并获一年仅授一人的“诺茨坦研究员”称号,在普林斯顿大学人口研究所从事博士后研究一年。同一时期,又获美国国家科学院的资助在美国联邦普查局统计分析处做访问研究。

时值北京政治风波,华府抛出了一个居心叵测的“特别条款”,扬言中国留学生、访问学者,只要提出申请,都会被允许留在美国。左学金却义无反顾,毅然回国,成为改革开放年代的最早一批“海归”。

20 多年后,重新回顾这段经历,左学金一如既往,仍说受到了徐之河、张仲礼等前辈师长的感召。

厉无畏在研究生毕业后也留在了部门经济研究所,也在工业组里搞上海工业调查,后跟姚锡棠、孙恒志、朱金海等人一起撰写了调研预测论证报告《新的技术革命与上海经济结构的调整》。

1986 年 9 月,厉无畏接替孙恒志出任上海社会科学院部门经济研究所所长助理。

1988 年 10 月,赴美做密苏里·圣路易斯大学访问学者。

1992 年 7 月,谢自奋接替厉璠出任上海社会科学院部门经济研究所所长,厉无畏接替谢自奋任副所长。

1996 年 7 月,厉无畏接替谢自奋出任上海社会科学院部门经济研究所所长,杨建文从经济研究所调任部门经济研究所副所长、党总支书记。

杨建文如鱼得水,有了回家的感觉。

有人说我“野路子”,我也不否认。只是“文化大革命”中野掉的性子还没有野光,更想集中到正经事情上来。王新奎说:“你们社会科学院,搞不好了。一个个裹了老棉袄,老气横秋,出土文物似的,谁都看不上眼,讨嫌。”我说:“我们社会科学院,对于社会上的最大贡献,就是两千个‘盲流’。”(引自 2018 年 3 月 19 日,杨建文口述实录)

所谓“两千个‘盲流’”，就是“路子野，事情正”。当时杨建文在经济研究所，搞经济理论和现实经济研究，照样信马由缰、“鲜龙活跳”（沪语，意指“敢想敢干，特别鲜活”），该干嘛干嘛。

反正有一批人，在一起做事，做同一件事，做得风生水起，有点另类，就比较“扎劲”。譬如“东西部中青年学者对话”，我一手策划，组织六十多位中青年学者，来自全国九个省区，在贵阳交锋，理论大碰撞，引起了时任贵州省委书记胡锦涛同志的关注。还有煤炭紧缺，国务院技术经济研究中心领导王慧炯带一批人到山西，连续开许多会，我又深度卷入，做方案，如何把山西的煤运到华东。还有莫干山会议，全国中青年经济科学工作者讨论会，我也有参与，只是没有抛头露面。（引自 2018 年 3 月 19 日，杨建文口述实录）

整个 20 世纪八九十年代，杨建文连“跳三跳”，一是学历，二是职称，从 1987 年破格晋升副研究员到 1991 年破格晋升研究员，沾尽第一批的光。杨建文说第一批是重大机遇。当年大学本科毕业就不得了，遑论硕士研究生。一个厉无畏、一个李慧中、一个王大悟、一个韩华林，都在社会上有名气，很活跃，很风光。

我去美国哈佛大学国际发展研究所做访问学者也是在 20 世纪 80 年代末、90 年代初。1988 年，我跟张道根结伴同行，一起漂洋过海，到了波士顿，但他回来得早，提早回来，我待足了两年。我正是在这一时期，转到了发展经济学。也不是正儿八经地学理论，很系统地学，而是听故事，回来就被张培刚抓到武汉。张培刚搞发展经济学，包括胡鞍钢，包括刘鹤，都是。张培刚主编《新发展经济学》，我当副主编，两人是忘年交。这跟哈佛有关系。（引自 2018 年 3 月 19 日，杨建文口述实录）

在部门经济研究所，杨建文最得意的事情之一就是跟厉无畏联手搞定了博士点。

> 当时只有经济研究所和世经所有博士点。部门经济研究所比较有出息的，要想读博，只能去经济研究所和世经所。于是，我就跟厉无畏合计了，琢磨了。本来就是老同学，有默契，一拍即合，就找市教委申诉，把关系理顺。厉无畏是市政协副主席，也整合了资源。（引自 2018 年 3 月 19 日，杨建文口述实录）

部门经济研究所的博士点是在 1998 年拿下的，经国务院学位委员会批准，建立产业经济学博士学位授予点，1999 年便招收了第一批学生，当时还是老师请学生吃饭。至今已经招收了 76 名博士，毕业取得学位的有 50 名博士。

> 作为上海社会科学院产业经济学博士学位授权点的挂牌老师，厉无畏先生不仅在该博士点的申请获批时起了至关重要的作用，同时也为培养产业经济学博士洒下了辛勤的汗水。如今，厉先生已是桃李芬芳，硕果累累。十几年来，他直接指导的毕业博士生有 20 多名。这些学生毕业后，有的到了更高层次的领导岗位，在机关、研究院所、实业界等担任重要职务；有的继续在科研院所从事研究；有的追随厉先生的步伐，将所学所思付诸实践，开办了公司，将厉先生近几年来所大力倡导的创意产业发扬光大；有的转到了更为喜欢的、更能发挥才干的行业和领域。①

王秀治本人就是 1999 年攻读上海社会科学院产业经济学博士学位，师从厉无畏，毕业后留在上海社会科学院工作，为部门经济研究所副研究员。

至于汪俊昌，那是“慕厉无畏教授之名”于 2004 年“进入上海社会科学院部门经济研究所应用经济博士后科研流动站从事文化创意产业领域的博士后研究”。② 汪俊昌 2006 年出站，回浙江工作，历任浙江省社会科学院副院长、浙江艺术职业学院院长，浙江音乐学院(筹)党委副书记、常务副院长，绍兴文理学院党委委员、书记等，获浙江省优秀博士后等荣誉称号。

---

① 王秀治：《又有风雨又有晴》，《踏道　经世　传薪——厉无畏学术研究三十周年研讨会文集》，团结出版社 2013 年版，第 81—82 页。

② 汪俊昌：《开新造大敢为先》，《踏道　经世　传薪——厉无畏学术研究三十周年研讨会文集》，团结出版社 2013 年版，第 181 页。

还有李伟，上海社会科学院应用经济研究所现任副所长，亦曾在上海社会科学院应用经济学博士后科研流动站从事后发转型国家市场结构变化与技术追赶——基于产业演化理论的博士后研究。

李伟，1966 年生，山西盂县人，先后就读北京理工大学、山西大学和上海财经大学，2006 年获经济学博士学位，2008 年博士后出站，历任《中西部乡镇企业》杂志副主编、上海社会科学院部门经济研究所产业经济研究室主任、所长助理、学术秘书室主任、产业经济学创新型学科首席专家、《上海经济》常务副主编、研究员、博士生导师。近年来主持各类课题 60 多项，其中包括主持国家社科基金重大专项课题《互联网、大数据、人工智能与实体经济深度融合研究》、国家高端智库理事会重大课题《中国制造业应对全球产业竞争格局变化的策略研究》、上海市决策咨询重大课题《未来 30 年上海全球城市产业体系研究》等国家和省部级重大课题 20 多项，主持"十二五"和"十三五"上海产业发展规划研究编制，获得上海市决策咨询研究成果二等奖、上海市政府"上海 2040 城市规划研究"优秀成果奖等，在《管理世界》《科研管理》等重要期刊和《经济日报》《解放日报》《文汇报》等重要媒体理论版发表独立作者论文数十篇，出版独立和第一作者专著《不完全竞争中的技术创新与产业升级》《工业 4.0 与上海产业转型升级研究》《从产业结构调整到全球城市产业体系建设》等 20 多部。

从部门经济到产业经济再到应用经济，我们的学科建设一直是与时俱进，有时代特色，中国特色。从 20 世纪 90 年代后期，我们就是围绕着应用经济学来做博士点和博士后科研流动站。随着国家学科分类的变化，我们越来越聚焦应用经济，聚焦应用经济中的产业经济学。我们的定位是"中派"。也就是以"产业"为对象，研究产业与产业之间、产业内企业之间经济运行的规律性。我们的研究领域比较宽。最基本的内容包括产业组织理论、产业联系理论、产业结构理论和产业政策，也包括产业的外部效果问题，如公害问题、基础设施问题、人口的分布问题，等等。但我们的"宽"是有限度的，不是"宽"得无边，漫无边际。所以，我们也关注"狭派"，却不考虑"宽派"。"宽派"的观点，至少有两个值得商榷：一个是增长理论与运行机制的问题是否应该作为产业经济学的组成部分。运行机制属理论经济学范围,其内容也包含在政治经济学内。另一个是产业经济学与其分支学科的分工问题。产业领域非常广,产业经济研究的问题非常多。如果产业经济研究涉及的问题都归入产业经济学,那么产业经济学就过于庞杂,主体不明,容易混淆其与分支分科的分工关系。(引自2018年3月27日,李伟口述实录)

道之大原出于天。天不变,道亦不变。天已变,道焉能不变?

既然党的十一届三中全会以来,西方经济理论已为我们重新认识,上海社会科学院部门经济研究所的博士点,在经济学科的教学和研究中,也就大量引进和借鉴西方经济理论和产业经济理论中合理的、科学的部分,并由此形成了一批专门从事西方经济理论和产业经济理论教学及科研的人员。他们解放思想,锐意创新,在"拿来主义"中搞出了"沉着,勇猛,有辨别,不自私"。[①] 在"古为今用""洋为中用"中搞出了自己的特色,自己的"同中国经济转型升级相契合的理论研究成果",完全符合"我国的特殊阶段和特殊国情"。[②] 而这也就在上海社会科学院部门经济研究所申报开设应用经济学博士后科研工作流动站时起到了重要作用。

2001年6月,全国博士后专家组、人事部、全国博士后管理委员会批准上海社会科学院部门经济研究所开设应用经济学博士后科研工作流动站。部门经济研究所建站后即开展博士后科研工作。至今,已吸收9人进站。其中已有3人完成博士后研究工作出站。研究项目有"中国中小企业:发展与政策""城区经济发展研究""CGE模型开发数量分析研究"和"产业文化与产业国际竞争力的提升"等。

2008年,部门经济研究所组织博士点成立十周年纪念活动,当时出席的学生超过300人,令人难忘,印象深刻。杨建文记得他当天还要去市里参加一个会。会议一结束,连忙往回赶,以最快速度赶到会场,之前由葛伟民负责通盘主持。葛伟民本人也是在社会科学院读的博士学位。

2012年11月3日下午,部门经济研究所又为厉无畏学术研究三十周年承

① 鲁迅:《拿来主义》,《鲁迅全集》第6卷,人民文学出版社1981年版,第40页。
② 孙福庆、李伟:《应用经济学理论前沿》,上海社会科学院出版社2016年版,第6页。

办了上海社会科学院主办的研讨会。研讨会在中山西路上的上海社科国际创新基地举行。由潘世伟(时任上海社会科学院党委书记)和杨建文(时任上海社会科学院部门经济研究所所长)分别主持。到会的有杨振武(时任中共上海市委常委、宣传部部长)、沙海林(时任中共上海市委常委、统战部部长)、齐续春(时任全国政协副主席、民革中央常务副主席)、高小玫(时任上海市政协副主席、民革上海市委主委)、王战(时任中共上海市委副秘书长、上海社会科学院院长)、李琪(时任中共上海市委宣传部副部长);另有国际投资促进会执行会长、(香港)理事长王平,东华大学校长、教授徐明稚,浙江艺术职业学院院长、研究员汪俊昌,复旦大学教授苏东水;还有左学金、沈祖炜、严诚忠。此时的他们已不再是上海社会科学院经济研究所所长、上海文史馆馆长、东华大学教授。此时的他们重又是 423 的室友。所以,423 的室友——厉无畏、左学金、沈祖炜、严诚忠、杨建文,又是开怀畅饮,喝了不少的酒,又是高谈阔论,说了许多的话。他们不会再为一点洗澡用的热水跟食堂工作人员发生一些小冲突,但他们依然会因为喝了太多的酒而又“一晚睡不着”;依然会因为“一晚睡不着”而又吟咏“神矢在心头,杯中无春秋”。因为他们壮心不已,青春常在。因为他们永远“Never forget days in Room 423”(不忘在 423 室的日子)。

# 第五章　谁在“放炮”

不论我们喜欢与否，直到 21 世纪的今天，我们仍然活在 1979 这一巨大变革之年的影响之下。

——克里斯汀·卡里尔：《历史的反叛——1979 年的奇异变革及其投影》

克里斯汀·卡里尔是一位资深记者。他在《历史的反叛——1979 年的奇异变革及其投影》中，用邓小平、撒切尔、霍梅尼、阿明和约翰·保罗 5 个人来说改革开放、市场革命、“黑色反动”、圣诞“斩首”和华沙弥撒 5 件事。用邓小平的改革开放、撒切尔的市场革命、霍梅尼的“黑色反动”、阿明的圣诞“斩首”和约翰·保罗的华沙弥撒 5 件事来说中国、英国、伊朗、阿富汗和波兰 5 个国家的“政治实验”。用中国、英国、阿富汗、伊朗和波兰 5 个国家的“政治实验”来说一段历史，一段世界史，这一段世界史所对应的“1979 年的故事强烈反对人们对历史进展有任何线性、单纯的看法”。

诚然，“1979 年的故事”也太多太有戏剧性了。从新年伊始的中美建交到平安夜的苏联出兵、克格勃突击队血洗喀布尔市郊总统府；从天主教第 264 任教宗衣锦还乡，首次在一个铁幕后国家的政治中心对百万信众大声疾呼：“用信仰的力量壮大自己”，到英伦铁娘子玛格丽特·撒切尔高调入主唐宁街，开始以私有化来颠覆一条“介于东欧的集体主义和美国的资本主义之间的民主社会主义道路”；再到霍梅尼从流亡地归来，以“法基赫的监护”组建“真主的政府”，以“美国不能以该死的行为对付我们”的口号鼓动青年穆斯林进占美国驻德黑兰大使馆，胁持 52 名人质长达 444 日；我们不能不承认“一个新时代的开端”，这个“开端”的基石是一个“市场主宰经济思想以及政治化的宗教势力大盛的世界”。所以,“抢走牛奶的玛格丽特”赢了,赢了“阳光吉米”一票。约翰·保罗二世来了,下了包机舷梯便双膝跪地,长吻跑道。所以,一支“世界上最强大的军队”,加上更多“残暴、有力的秘密警察”,也没能保住礼萨·巴列维亲王的皇位;“潘杰希尔雄狮”马苏德、“独眼将军”奥马尔、“老师”努尔和“恐怖大亨”本·拉登,则歃血为盟、同仇敌忾,一起成为“圣战”者。所以,国家农委副主任“杜润生率先提议恢复包产到户制”,“新任广东省委第一书记习仲勋”更是“得到北京批准,得以着手起草开放外国投资的‘特区’计划。不久之后,第一个开放的特区便坐落在深圳一隅的蛇口”。①

“深圳的历史”开始了。

开始了全新“纪年史”的“鹏城”,就此引吭高歌,尽情唱响它的《春天的故事》。

一九七九年那是一个春天
有一位老人在中国的南海边画了一个圈
神话般地崛起座座城
奇迹般聚起座座金山
春雷啊唤醒了长城内外
春辉啊暖透了大江两岸
啊,中国,中国
你迈开了气壮山河的新步伐
你迈开了气壮山河的新步伐
走进万象更新的春天

中国走进了万象更新的春天。

万象更新的春天给 1979 年的中国带来了“一个非常重大和来之不易的成就”,“一个安定团结的政治局面”,“一个伟大的转折”,“一个新的历史发展阶段的开端”;却也“还有困难”,还有党内的一部分同志“深受林彪、‘四人

① 克里斯汀·卡里尔:《历史的反叛——1979 年的奇异变革及其投影》,远足文化事业股份有限公司 2014 年版,第 328 页。

帮’极‘左’思潮的毒害，有极少数人甚至散布流言蜚语，攻击中央在粉碎‘四人帮’以来特别是三中全会以来所实行的一系列方针政策违反马列主义、毛泽东思想”。[①] 1979 年 3 月，中共北京市委宣传部准备“召集各大学和研究单位”开会，“轮训”分管干部，“动员舆论界”冲破“左”的思想束缚，形成“真理标准讨论的热潮”，报市委“批准”。“市委一把手”的答复是：“昨晚我打电话给上海市委的第一书记了，他说：‘上海宣传实践是检验真理的唯一标准，已经把群众的思想搞乱了，他们不得不让上海市的宣传部长出面干涉，不准宣传。’”[②]

夏征农的信可以佐证刘导生的回忆确凿无误。

1978 年 7 月 1 日，中共成立五十七年纪念日，夏征农到复旦上班，任校党委书记。

同年 9 月 12 日，夏征农给周扬(时任中国社会科学院副院长)写信，其中有这样一段话：

> 关于上海有关社会科学战线的情况，我想告诉你这样两件事：
>
> 关于理论标准问题，上海各报，除转载《人民日报》的几篇文章外，没有发表过一篇文章，登载一条消息。听说，这是市委宣传部的意见：不表态。前些时候，且制止讨论这个问题，现在允许讨论了。不知何故？

经查，1978 年 5 月 11 日，《光明日报》发表“本报特约评论员”文章《实践是检验真理的唯一标准》，《文汇报》闻风而动，先后送审 9 篇正面叫好文章，都被中共上海市委宣传部扣压下来。宣传部照章办事，只听市委的，严格执行市委主要领导的“三不”方针，不表态、不讨论、不介入，上海报纸至多转载人家文章，自己绝对不写。有人斗胆建议市委，上海应该发文支持《光明日报》，市委说中央没有文件，《光明日报》的文章不算数。结果，拖了 4 个多月，直至邓小平站出来说话，在全军政治工作会议上痛批“我们也有一些同志天天讲毛泽东

① 邓小平：《坚持四项基本原则》，《邓小平文选》第 2 卷，人民出版社 1983 年版，第 159、161、165—166 页。

② 刘导生：《真理标准讨论在北京必须补课》，《1978 大记忆》，中央编译出版社 2008 年版。

思想，却往往忘记、抛弃甚至反对毛泽东同志的实事求是、一切从实际出发、理论与实践相结合的这样一个马克思主义的根本观点，根本方法”；[1]直至军队也发声叫阵冲“禁区”，强调“思想上的拨乱反正，正本清源，澄清是非”，“不能不”从“恢复《实践论》的权威，实事求是的权威，实践标准的权威”开始，[2]《文汇报》才于9月16日发了丁荣生执笔撰写的新闻稿《坚持实践第一观点　加强民主集中制》。

不久前，在上海图书馆召开了《夏征农文集》(8卷本)出版座谈会。会上，上海人民出版社社长丁荣生回忆起当年跟随夏征农先生一同工作的时光，对夏老坚持原则、坚持真理的精神至今记忆犹新。丁荣生时任复旦大学政治宣传员，谈起29年前亲历的那场由夏老主持召开的复旦大学党员干部读书班，依然记忆深刻、满怀情感。[3]

1978年8月3—17日，复旦大学举办党员干部读书班，提出“解放思想，发扬民主，打破思想顾虑”，全校149名中层干部参加。夏征农亲自在开班式上作动员报告，强调指出揭批“四人帮”已取得一些成绩，但被“四人帮”搅乱了的是非问题还没有完全澄清，知识分子政策、干部政策也没有完全落实，有些干部还心有余悸，脑有余毒，办读书班极为有必要。我们只有通过学习，掌握思想武器，消除余悸，清除余毒，统一认识，才有可能同心协力把学校办好。

作为当年同样处于思想迷惑、内心矛盾期的青年知识分子中的一员，丁荣生说当年举行的读书班大讨论，及时为他们澄清了思想、指明了方向，而夏老的话“如同醍醐灌顶，让人顿时神清目明”。在心情激荡之余，他当晚便整理出讨论内容，写成报道投往《文汇报》，这便是刊登于9月16日《文汇报》头版的题为《坚持实践第一观点　加强民主集中制》的报道。

---

① 邓小平：《在全军政治工作会议上的讲话》，《邓小平文选》第2卷，人民出版社1983年版，第114页。

② 《解放军报》特约评论员：《马克思主义的一个最基本的原则》，《人民日报》1978年6月24日。

③ 洛楚：《忆真理标准之争　思夏老精神长存》，《复旦大学校刊》第705期。

该报道一经刊登便引起社会极大反响，成为上海报纸展开真理标准问题讨论的先声。①

1979 年 2 月 2 日—4 月 24 日，中共上海市委召开理论工作务虚会，印发中共中央秘书长、中宣部长胡耀邦 1 月 18 日在北京理论工作务虚会上的讲话等 15 个文件和材料，批评中共北京市委主要领导在真理标准讨论上旗帜不鲜明。

其实，中共上海市委主要领导也同样犯病。

所以，同年 4 月，蔡北华去无锡出席全国第二次经济理论讨论会(即关于价值规律作用问题理论讨论会，史称“无锡会议”)，便当面恳请孙冶方到上海“放炮”。

1979 年 4 月，在无锡举行价值规律理论讨论会期间，我们曾经多次和冶方同志谈过，希望他在会议后到上海作短期间的访问。因为上海学术界不少朋友希望他来上海见见面，相互交换意见。另方面，上海学术界较为沉闷，希望他到上海发些议论，积极推动上海学术思想的活跃。他便欣然承诺。

1979 年 5 月，正是党的十一届三中全会以后，党中央提出解放思想，实事求是。但是当时上海一些主要领导没有及时传达中央精神。理论界不少人是心有余悸，不太敢讲话，冶方同志就是在这种情况下来到上海访问的。他应邀作了“谈谈改革‘复制古董，冻结技术进步’的设备管理制度等问题”、“对斯大林‘苏联社会主义经济问题’一书的看法”等关于经济理论问题的报告。②

关于孙冶方 1979 年 5 月 27 日“匆匆来上海做经济问题报告”一事，亦可见陈修良执笔撰写的《孙冶方》。③ 但真想更多了解个中细节，那还得找《蔡北

① 洛楚：《忆真理标准之争　思夏老精神长存》，《复旦大学校刊》第 705 期。

② 蔡北华：《我们不能再“复制古董，冻结技术进步”了——回忆孙冶方 1979 年在上海》，《蔡北华文集》，上海社会科学院出版社 2001 年版，第 289—290 页。

③ 陈修良：《孙冶方》，《中共党史人物传》第 27 卷，陕西人民出版社 1986 年版，第 320 页。

华文集》中的《我们不能再"复制古董，冻结技术进步"了——回忆孙冶方1979年在上海》来读。

孙冶方，原名薛萼果，又名孙勉之、宋亮，1908年生，江苏无锡人，1924年加入中国共产党。

1925年1月，董亦湘在无锡城中公花园多寿楼与九老阁间的空地上，主持召开党员会议，正式宣布中共无锡支部成立，推选孙冶方为第一任书记。

孙冶方对于现代中国经济理论的学习和研究，始于1930年代初。受陈翰笙影响。他潜心钻研中国农村经济，针对中国农村经济的改革之争，明确提出改良主义行不通，因为"解决目前中国一切社会问题的关键"是"驱逐帝国主义侵略和铲除国内的封建残余势力"。

1949年10月，中华人民共和国成立，孙冶方调上海工作，历任中国人民解放军上海市军事管制委员会重工业处处长、华东军政委员会财经委员会委员、工业部副部长。

1951年1月3日，经中央人事部批准，孙冶方以华东军政委员会财经委员会委员、工业部副部长兼任上海财政经济学院首任院长，从而跟后来成为上海社会科学院副院长兼业余大学校长、经济研究所所长的姚耐(时任上海财政经济学院副院长)和经济研究所教授兼工业经济组组长的孙怀仁(时任上海财政经济学院工业经济系教授兼系主任)都有了亲密接触。

同一时期，孙冶方跟蔡北华亦频繁往来，既有工作上联系，更有思想上交流。蔡北华愈益感到孙冶方对我国建设所沿袭的苏式套路强烈不满。他"远远地走在一般人的前面"。他"在那四处敲锣打鼓、捷报频传的胜利欢呼声中，看到了潜伏着的隐祸和弊端"；他在"这座计划经济的机器刚刚运转的初期，就以一个学者和经济工作者的双重身份所产生的敏锐视听，观察到了那些旋律中存在着的一些不灵活、不均衡、不协调的声音"。①

1955年，孙冶方进京工作，先任国家统计局副局长，后任中国科学院经济研究所代所长、所长，再主持编写《社会主义经济论》，试图依据《资本论》思路，结合中国经济建设实际，创制出一个纯属于自己、完全有别于传统模式的社会

① 邓加荣：《登上世纪坛的学者——孙冶方》，中国金融出版社2006年版，第23页。

主义政治经济学体系。

尽管孙冶方殚精竭虑，尽遣精英，动员全所百多号人，从一稿写到三稿，从30万字写到150万字，再压缩到110万字，最终还是只开花，不结果。

1961年8月，孙冶方率两个组到上海调研“企业经济核算和企业职权”问题，与蔡北华、孙怀仁等人叙旧。听说两个月前，孙怀仁擢升上海社会科学院经济研究所副所长，孙冶方非常高兴，随即委托上海社会科学院经济研究所于10月10日召开上海经济学者座谈会，座谈《社会主义经济论》的编写。

10月17日、24日，孙冶方又分两次作报告，向上海同仁作了题为“关于社会主义政治经济学若干理论问题”的报告，对如何评价恩格斯关于价值范畴的论证、费用与效果的关系、经济核算与经济效果是一回事还是两回事、社会主义劳动和产品的两重性、社会主义经济是否有生产价格、什么是计划经济、政治经济学的研究对象及财经管理体制问题等，提出了一系列全新观点，从而系统挑战了传统理论。

传统理论把整个社会看成一个由中央行政机关统一指挥的大工厂，由此否认企业在经济上的独立性、否定商品货币关系和价值规律的作用，对企业作为社会经济细胞的积极性和主动性形成严重损害。孙冶方的设计则强化“价值规律”，努力以资金量的简单再生产为界限，再造“大权独揽，小权分散”的经济体制。根据孙冶方的设计，企业不再是社会这个大工厂里仅具技术独立性的车间，而是在经济上具有相对独立性的经营主体。由于相互间进行交换的千千万万个企业都是独立核算，所以它们的产品交换，只能是等价交换。所以孙冶方的结论也就只能是从等价交换出发，伴随生产过程、流通过程的循序渐进，由抽象到具体，再由简单到复杂，逐一展现价值概念，最终回到一个“具有许多规定和关系的丰富的总体”。

孙冶方的离经叛道引起了康生的警觉。

康生就找孙冶方谈话，说：“既然你在经济学上有许多新观点，那还不如打一份报告，我负责给你往上转。”

孙冶方不知是计，老实写出他的扩大企业自主权、下放中央管理权限、加快固定资产折旧、注意无形磨损、讲求产品质量、注重经济效益、讲求投资效果、努力降低成本、增加利润等的设计，认真交到康生手里。

康生拿了他的上疏，就直飞杭州，对毛泽东说：“一个小小的经济研究所所长，公然鼓吹利润挂帅，难道想当中国的利别尔曼不成?!”[①]

利别尔曼，苏联经济学博士、哈尔科夫工程经济学院教授，专门研究苏联经济的计划管理问题，且在1962年9月9日的苏共中央机关报《真理报》上发表《计划、利润、奖金》一文，力主加强利润刺激的两大基准，即“盈利率越高，奖金就越多”和“企业自己编制的盈利计划越高，奖金也就越多”，甚得赫鲁晓夫(时任苏共中央第一书记、苏联部长会议主席)的欢心，“利别尔曼建议”也就因此成了现代修正主义的代名词。

1964年7月14日，《人民日报》编辑部、《红旗》杂志编辑部联署发表《关于赫鲁晓夫的假共产主义及其在世界历史上的教训——九评苏共中央的公开信》，其中重炮猛轰的一点，就是“利别尔曼建议”，就是：“赫鲁晓夫破坏社会主义的计划经济，实行资本主义的利润原则，发展资本主义的自由竞争，瓦解社会主义的全民所有制。”

1965年，孙尚清、刘翰辰、章良猷等人汇编的《苏联报刊关于利别尔曼建议的讨论文集》正集《关于计划制度、考核企业的指标和物质刺激问题》及续集《工业政策》由三联书店内部发行，供“我国经济学界”大批判。因为“当年的中国，正在搞‘以阶级斗争为纲’，把利别尔曼文章当作修正主义大毒草来批判，并从‘反资批修’一直发展到‘文化大革命’”。[②]

孙冶方在劫难逃了。

1964年10月，《红旗》杂志出面组织北京经济学界座谈会，点名批判孙冶方的“忠实追随者”杨坚白、何建章、张卓元等人。责令“陪斗”的孙冶方一看主办方项庄舞剑，意在沛公，便站起身来大声说道：“不要再批他们了，文章观点是我的，我来承担责任！我应战，我喜欢赤膊上阵。”

孙冶方“赤膊上阵”，引火烧身，甚至公开宣称：“许多国家，包括中国，从苏联承袭了一种观点，这种观点认为，价值规律与社会主义计划经济是对立的，相互排斥的，这种观点几乎已经形成一种规范模式，严重束缚了人们对于客观

① 邓加荣：《登上世纪坛的学者——孙冶方》，中国金融出版社2006年版，第37页。

② 袁恩桢：《中国特色社会主义经济理论的基石——关于公有制与市场经济的结合问题》，《上海金融学院学报》2008年第1期，第7页。

经济规律的认识和探索……”

有人当即打断他，气势汹汹地质问：“请问你宣扬的规律是什么?”

孙冶方毫不犹豫，干脆对答：“千规律，万规律，价值规律是第一条!”

孙冶方的死硬彻底惹恼了陈伯达和康生，派出70余人工作队进驻中国科学院经济研究所，把孙冶方打成“张(闻天)、孙(冶方)反党联盟”的头面人物。孙冶方最不可被饶恕的罪名有二：一是反对社会主义国家统一管理经济，主张企业独立自治；二是反对按社会需要调节生产，主张以利润调节生产。

孙冶方这就成了中华人民共和国成立后第一个被公开点名批判的著名经济学家。虽然他并不认同“利别尔曼建议”。他也认为“利别尔曼建议”的“中心思想”之一“就是以物质刺激原则为指导的利润分成制度和奖金制度”，就是“有钱使得鬼推磨”，就是“不折不扣的修正主义”，就是“修正主义用来收买既得利益阶层、麻醉工人阶级的新经济主义思想”。[①] 但陈伯达、康生们还是认定孙冶方是“中国最大的修正主义者”，其经济观点的实质是“使社会主义和平演变为资本主义，是彻头彻尾的修正主义理论”。

1968年4月4日夜间，孙冶方被逮捕，关入秦城监狱。

在狱中，孙冶方被关进独身牢房，既不准看报，也不准写字，除了承审员和管牢的人以外，任何人也见不着。在这种恶劣的环境下，孙冶方一刻也没有放弃对真理的追求。他理直气壮地说：“死不足惜，声誉毁了也不要紧，但是我长期从事经济研究形成的经济学观点决不能丢。我要为真理活下去，要在死之前把自己的见解留下来，让人民去作公正的判决。”他在狱中经常被提审，承审员的目的是要他招供同伙的“反革命分子”，但他却利用这个时机，侃侃而谈他的经济学理论，他希望记录官把他的理论记录下来，流传于外界。[②]

为了真理，孙冶方活了下来。

---

① 孙冶方：《社会主义计划经济管理体制中的利润指标》，《孙冶方全集》第2卷，山西经济出版社1998年版，第360页。

② 陈修良：《孙冶方》，《中共党史人物传》第27卷，陕西人民出版社1986年版，第312—313页。

1958年9月，上海社会科学院成立，院址位于上海陕西北路186号，荣宗敬故居

孙怀仁。1958年9月，上海财政经济学院与华东政法学院、复旦大学法律系、中国科学院上海经济研究所合并组建上海社会科学院，下设经济研究所、业余大学、政治法律系、财政信贷系、工业经济系、会计系、统计系。孙怀仁遂再次转岗，历任上海社会科学院院务委员会委员、工业经济系教授兼系主任，经济研究所教授兼工业经济组组长

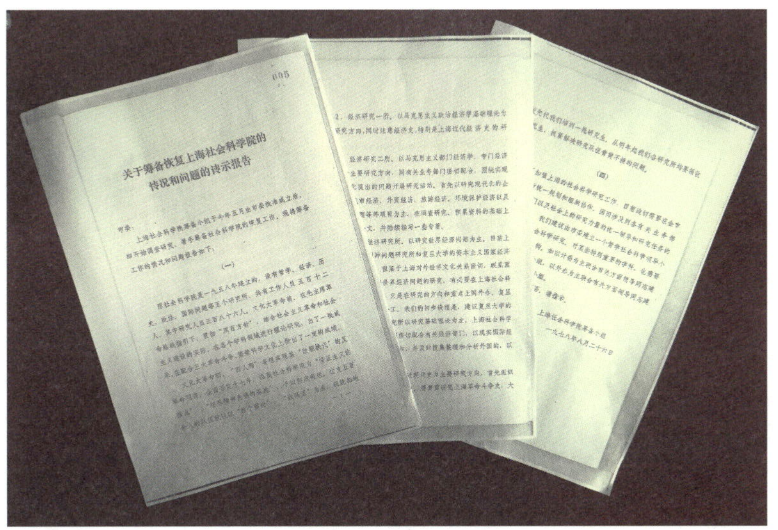

005

关于筹备恢复上海社会科学院的
情况和问题的请示报告

市委：

上海社会科学院筹备小组于今年五月经市委批准成立后，即开始调查研究，着手筹备社会科学院的恢复工作，现将筹备工作的情况和问题报告如下：

（一）

原社会科学院是一九五八年建立的，设有哲学、经济、历史、政法、国际问题等五个研究所，共有工作人员五百十二人，其中研究人员三百八十六人。文化大革命前，在毛主席革命路线指引下，贯彻“双百方针”，结合社会主义革命和社会主义建设的实际，在各个学科领域进行理论研究，出了一批成果，在配合三大革命斗争，繁荣科学文化上做出了一定的成绩。

1978年8月26日，恢复上海社会科学院筹备小组向市委提交了《关于筹备恢复上海社会科学院的情况和问题的请示报告》。报告第二部分表示复院后“拟先建六个研究所”，其中包括“经济研究二所”。“经济研究二所”由原经济研究所中的工业经济、农业经济、财政贸易经济、城市经济等5个研究组组成

蔡北华（右一）陪同汪道涵（左前二）、罗竹风（左前三）、陈沂（左前四）考察国企

蔡北华（右五）与许涤新（前左四）、宋之光（前左三）等考察上海嘉定

徐之河在 1991 年 11 月沿海中心城市经济体制改革研讨会上发言

2006 年 4 月 30 日，徐之河教授学术成就研讨会在上海社会科学院召开。左起：左学金、徐之河、厉无畏

作为国务院首批认定具有学位授予权单位，上海社会科学院当年计划招收研究生47人，实际录取37人，其中17人为经济方向，7人在部门经济研究所。第一届毕业生中，厉无畏、左学金、杨建文、王大悟均先后供职于部门经济研究所

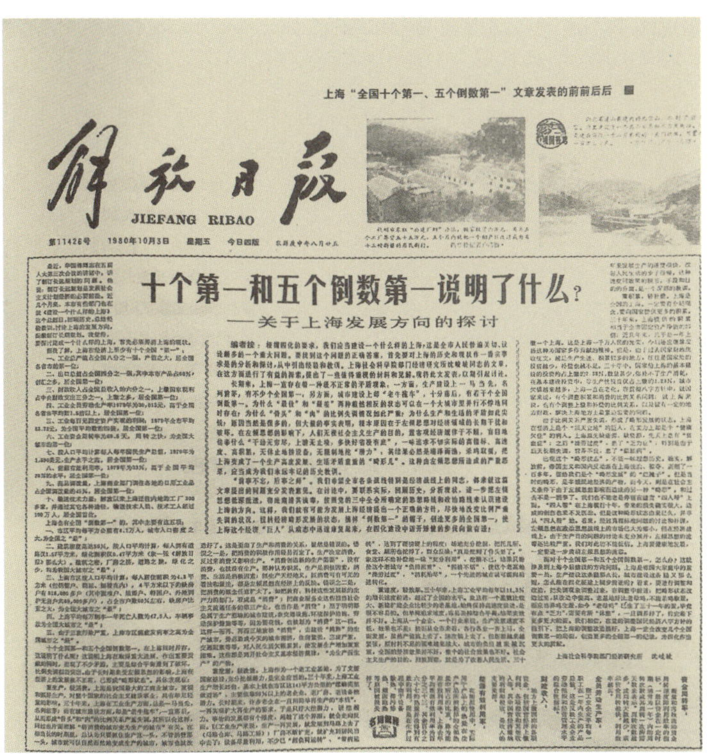

上海“全国十个第一、五个倒数第一”文章发表的前前后后

解放日报

JIEFANG RIBAO

第11426号 1980年10月3日 星期五 今日四版

# 十个第一和五个倒数第一说明了什么？

## ——关于上海发展方向的探讨

上海社会科学院部门经济研究所 沈峻坡

1980年10月3日，《解放日报》第一版以半个版篇幅，全文发表沈峻坡文章《十个第一和五个倒数第一说明了什么？——关于上海发展方向的探讨》。沈峻坡的文章理直气壮，振聋发聩，捅破了窗户纸。一石激起千层浪。刊有沈峻坡文章的当日《解放日报》零售脱销，读者纷纷致信解放日报社，说今天的头版头条太好了，多少年来没有见过，从来也没有见到党报这样为我们老百姓说话

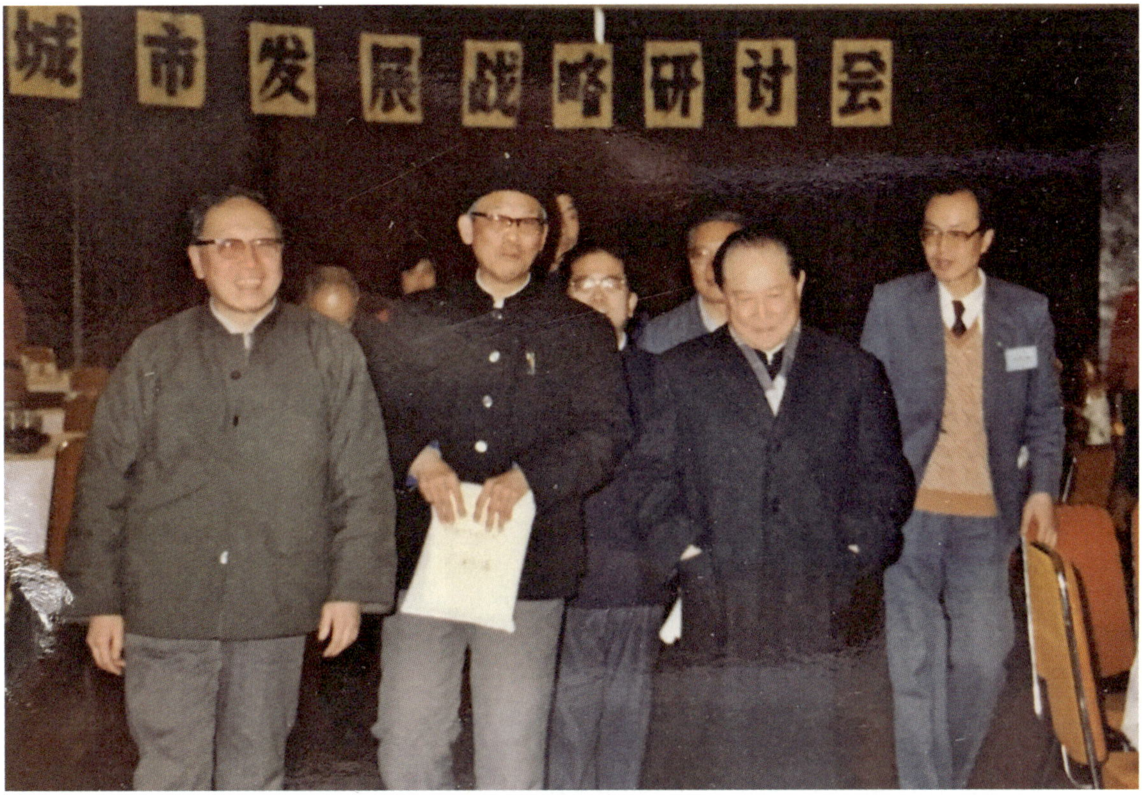


汪道涵、陈敏之在1986年上海城市发展战略研讨会上

1983年，由部门经济研究所担纲的“上海经济发展战略”列入全国哲学社会科学“六五”科研规划的重点项目。该课题由陈敏之副所长担任组长，全所各学科全部参加，历时两年，最终形成《上海经济发展战略研究》的专著

《关于完善上海市分级财政体制问题的建议》是徐日清（时任部门经济研究所副所长）、杜岩双（时任部门经济研究所财政金融研究室研究人员）、赵恺泰（时任部门经济研究所财政金融研究室研究人员）三位合作撰写的“上海经济发展战略研究之一”，刊发在《上海经济》（双月刊）专辑《上海经济发展战略文集》上。《上海经济发展战略文集》由“上海经济发展战略”课题组所编。“上海经济发展战略”课题组组长陈敏之时任部门经济研究所副所长

部门经济研究所建所20周年老同志座谈会，前排自左至右：厉璠、陈敏之、厉无畏

20世纪90年代以来，姚锡棠开始集中研究浦东开发开放及其与长江流域经济发展的互动问题，直接参与多项重大政策的研究，所提对策建议成为政府决策的重要参考依据。他的专著《浦东崛起与长江流域经济发展》获上海市哲学社会科学优秀著作一等奖

姚锡堂与厉无畏赴美国哈佛大学考察学习

上海社会科学院成立30周年系列研讨会，左起：厉播、陈惠丽、凌岩、徐冰鸿、徐之河

厉播（中）在“九十年代上海农业技术选择机器对策研究”课题专家鉴定会上发言，左一为谢自奋

顽强活下的孙冶方，终究活着看到了人民的公正判决。

粉碎“四人帮”时的孙冶方旅居上海，住老战友陈修良的家，直至 1977 年 6 月 2 日，方始北上，就任中国社会科学院经济研究所顾问。1979 年 4 月，孙冶方正是以中国社会科学院经济研究所顾问的身份，代表中国社会科学院经济研究所，跟长他 4 岁的堂兄、代表国家计委经济研究所的薛暮桥(时任国家计委顾问兼经济研究所所长)一起，在故乡无锡，共同主持关于价值规律作用问题讨论会。

> 这个会议，是全国经济学界的一次重要的学术讨论会。是中华人民共和国成立以来第二次讨论价值规律问题的盛大的会议。第一次大会是在上海召开的，时间是 1959 年 4 月，离现在刚刚二十年。在这二十年中，有十年是“文化大革命”，在座的同志大部分被林彪、“四人帮”剥夺了发言权。在粉碎“四人帮”后，学术界生机勃勃，大家可以说话了。[①]

关于价值规律作用问题讨论会，由中国社会科学院经济研究所、国家计委经济研究所和江苏省哲学社会科学研究所共同发起、组织，从 1979 年 4 月 16—29 日，在无锡开十三个整天的会，是中华人民共和国历史上，经济学人的又一次盛会。前一次是在 1959 年 4 月 3—22 日，上海和平饭店，全国经济理论研讨会，讨论商品生产和价值规律以及计件工资等问题，与会代表 245 人，共提交论文 54 篇，调查报告 23 篇。这一次，由三个发起单位联合邀请有关方面 368 名代表，实际报到 330 人，提交论文、资料 100 多份。

> 这次会议本来准备由社会科学院副院长于光远同志亲自来主持，他因为出国访问去了，不能来参加。社会科学院副院长许涤新同志本来也准备来主持这次会议，前不久生病了，现在还住在医院里。如果最近病愈出院，仍想赶来参加这次会议。由于他们两人今天没有参加，所以我代替

① 薛暮桥：《坚持百家争鸣，坚持理论联系实际——关于价值规律作用问题讨论会开幕词》，《社会主义经济中计划与市场的关系——社会主义经济中价值规律问题文章选编》，中国社会科学出版社 1980 年版，第 1 页。

他们来致开幕词。[①]

孙冶方传记的作者说："当时粉碎'四人帮'不久，人们虽然已经解放思想，敢说敢写，但有的人心中还或多或少地存有余悸，极'左'思潮的阴影还在一定程度上束缚着人们的思维，所以主持会议的薛暮桥，在会议一开始时就向与会的经济学界人士做动员，鼓励大家畅所欲言，百花齐放，保证实行'三不主义'（不抓辫子，不打棍子，不戴帽子）；而一生忠正耿直、为坚持真理始终挺直脊梁、九死而不悔的孙冶方，以他令人信服和钦佩的人格向大家作号召说：'作为一个正直的学者，特别是居于社会主义建设前沿阵地的经济科学的学者，更应当挺起身来说话，坚定不移。我是时时刻刻抱有五不怕精神，不怕批斗，不怕罢官，不怕坐牢，不怕杀头，不怕老婆离婚。有舍得一身剐的精神，有布鲁诺敢于勇赴火焚刑场、敢于直接面对宗教法庭审判的精神。'"[②]

孙冶方的"五不怕"，得到了薛暮桥的充分肯定。薛暮桥在开幕词中就说："在座有老经济学家孙冶方同志，他在'文化大革命'中，甚至在'文化大革命'开始以前是受到批判的，我也曾批评过他。他在几年冤狱以后回到家中，就向同志宣布他继续坚持他过去的观点。尽管我不完全同意他的观点，但我认为他这种敢于坚持自己的观点的风格，是我们应当学习的。"

13 天过去，会议结束，薛暮桥致闭幕词，再次重申他在开幕词中所说到的"百家争鸣"，强调他的"三不主义"和孙冶方的"五不怕"。他说："这一次讨论会是 1959 年大讨论会的继续。这两次讨论会有一个共同的特点，就是贯彻执行了百家争鸣的方针。也有不同之点，就是理论联系实际，这一次比上一次有很大的进步。"[③]

薛暮桥的讲话给了蔡北华很大启发。

老实说，蔡北华兴冲冲赶来无锡开会，很大程度上是来会久违了的老友许

---

① 薛暮桥：《坚持百家争鸣，坚持理论联系实际——关于价值规律作用问题讨论会开幕词》，《社会主义经济中计划与市场的关系——社会主义经济中价值规律问题文章选编》，中国社会科学出版社 1980 年版，第 1 页。

② 邓加荣：《登上世纪坛的学者——孙冶方》，中国金融出版社 2006 年版，第 187—188 页。

③ 薛暮桥：《再接再励，乘胜前进——关于价值规律作用问题讨论会闭幕词》，《社会主义经济中计划与市场的关系——社会主义经济中价值规律问题文章选编》，中国社会科学出版社 1980 年版，第 7 页。

涤新。他俩太铁，是生死之交。早在雾城重庆，就“战斗在一起，一同参加整风学习，一同度过那风雨岁月”。[①] 许涤新“现在还住在医院里”，既让蔡北华揪心，又让他抱憾。但蔡北华跟孙冶方的交情同样不浅。听薛暮桥说“理论工作者和实际工作者在一起共同讨论，十分必要。必须改变过去‘风马牛不相及’的现象”，蔡北华顿时就有邀孙冶方去上海“点火”的闪念。

孙冶方没辜负蔡北华的期望。

无锡会议一闭幕，孙冶方就随蔡北华来到上海，一待 10 天，下基层，找病根，直言上海“有许多企业的固定资产尤其是机器设备早已应该更新换代而没有资金进行”，这就严重影响到了上海企业的“简单再生产”，影响到了那些“老企业的技术改造和现代化进程”，也就影响到了上海这个“老生产基地”的“工业现代化推向一个新的高峰”。

> 冶方同志这几次报告对上海经济理论界和经济业务部门的同志影响很大，我本人又受到很大的启发和教育，而且至今还是需要迫切地研讨和解决的问题。这就是冶方同志不厌重复、多次提到改革“复制古董，冻结技术进步”的制度这个问题。[②]

蔡北华说得对。孙冶方谈“改革‘复制古董，冻结技术进步’的制度”，的确是“不厌重复、多次提到”。

最早还是他在上海任中国人民解放军上海市军事管制委员会重工业处处长、华东军政委员会工业部副部长时。

有一次，他到上海造船厂考察，看到船坞里正有两条费劲修着的船。明明两条船千疮百孔，破烂不堪，几无维修价值，但船方还是坚持要修，“复制古董”，宁愿砸大钱，为厂方将给他换掉百分之八九十的钢板和百分之五十以上的角铁，砸一大笔钱，一大笔足够买一条又实用又先进的新船的钱。为什么？

---

① 方卓芬：《怀念蔡北华——记四十年代在重庆、香港的点滴往事》，《蔡北华文集》，上海社会科学院出版社 2001 年版，第 446 页。

② 蔡北华：《我们不能再“复制古董，冻结技术进步”了》，《蔡北华文集》，上海社会科学院出版社 2001 年版，第 289—290 页。

因为财政上有规定，规定船方只能修船，不能买船。修是合规的，买是违规的。劳民伤财天经地义，折旧更新罪该万死。

另一次，他到上海机床厂调查，发现有一种龙门刨老掉牙了，个头大，效率低，所占人工、场地、动力，都要比济南的同类产品多三四倍；唯独能量，反倒是三台不抵人家一台。他不禁问："既如此，你们为什么还要抱残守缺，继续用着这种老旧玩意儿?"工人们一听，忍不住点拨他："不用不行啊，它的折旧费还没提完呢。"工人们的点拨更让他犯懵，于是又问："这样老旧的东西，要用就得大修，大修不是也得花好多钱吗?"工人们哄地笑了，笑他死板，不开窍："那就管不着啦，反正上边的制度就是这么规定的。修是一回事，换是另一回事。两本账分开。修设备，花再多的钱也能报销。换设备，哪怕是一元钱，也万万使不得。"

还有，他到国棉一厂，那就更怪，更怪发现日商内外棉株式会社第十三、十四工场时代，厂里只有 11 个机修工，现在却多达 174 个。要问原因，机器太老。车间里的机器都是太婆姥爷级的，就得有一大帮子人围着伺候。事实上，当时全上海纺织业的机修工有 6 000 多人，比上海两家最大纺织厂的职工总和还多。他向业内人士虚心讨教，业内人士告诉他，如果把这 6 000 多人集中起来，集中到一个机械厂，不用太长时间，他们生产出来的新设备，就足够让全上海的纺织厂鸟枪换炮、升级换代。

于是，他失声惊呼：这样的"复制古董，冻结技术进步"，人为压低折旧率，绝对是饮鸩止渴，自废武功。

于是，他拍案怒起，坚决反对"一双鞋抵不了一双鞋穿，一块肥皂抵不了一块肥皂用，一个马达抵不了一个马达使"，坚决反对僵化体制中管理权限的畸形集中，坚决反对低估乃至否认价值规律在社会主义经济中的作用。

大概在五十年代末、六十年代初，我就给我们的固定资产(主要是技术设备)管理制度起了一个外号，称之为"复制古董，冻结技术进步"的制度。我先只是搞"口头文学"，在谈话中，在讨论会上讲讲。后来在 1961 年和 1963 年又先后给中央主管财经工作和理论工作的领导同志写了两个书面报告，批评过这个制度。陈伯达和康生也就是根据我的这两份报告，说我是宣扬修正主义。[①]

孙冶方夙兴夜寐，孤军奋战，就是想“帮助大家把资本主义这个‘鬼’同‘价值’和‘价值规律’这两个概念分家”；结果却是闹得自己最最看重的青年才俊吴敬琏，也反戈一击，跟着起哄，抓狂卷入落井下石的剿灭。直至许多年后，方始嗫嚅佶屈，对女儿幽幽言道：我一生做过的最惭愧的事之一，就是在（上一世纪）六十年代初批判过孙冶方；而一生中最让我感动的事之一，则是孙冶方出狱后对我不计前嫌，再次重用，甚至以后事相托。

燕山东麓、“中国第一监狱”归来，孙冶方依然故我，大谈“我们现行的这套设备管理制度，是工业现代化道路上的一块绊脚石”；大谈“如果我们不改革第一个五年计划时期从苏联搬来的这套设备更新制度，那么到公元3000年也是现代化不了的。因为我们同外国是在作‘等距离赛跑’，只能在先进国家后面爬行”；大谈“为了改革这套‘复制古董，冻结技术进步’的设备管理制度，在原则上还必须把折旧基金全部下放给企业，而不是下放给省、直辖市，也不是中央、地方、企业各掌握一部分”。[②] 这就把上海乃至全国“有许多企业的固定资产尤其是机器设备早已应该更新换代而没有资金进行”的症结所在，一针见血点破了。[③]

“冶方同志不仅对上海工业情况很了解，同时对上海经济理论界的情况也较深悉。”蔡北华如是说。

正因为孙冶方“对上海经济理论界的情况也较深悉”，所以，他1979年6月上旬离沪返京，握别蔡北华时，不无动情地说道：“上海经济理论界的同志很多，人才济济！欢迎上海同志写些好文章。我们等着拜读！”

一年半后，仅仅一年半后，孙冶方“等着拜读”的“好文章”，面世了。

这文章就出自蔡北华治下的上海社会科学院部门经济研究所。

---

① 孙冶方：《必须改革“复制古董，冻结技术进步”的设备管理制度》，《孙冶方全集》第3卷，山西经济出版社1998年版，第170页。

② 孙冶方：《必须改革“复制古董，冻结技术进步”的设备管理制度》，《孙冶方全集》第3卷，山西经济出版社1998年版，第171、177页。

③ 蔡北华：《我们不能再“复制古董，冻结技术进步”了》，《蔡北华文集》，上海社会科学院出版社2001年版，第290页。

这文章就是 1980 年 10 月 3 日，发表在《解放日报》头版上的《十个第一和五个倒数第一说明了什么？——关于上海发展方向的探讨》。

《十个第一和五个倒数第一说明了什么？——关于上海发展方向的探讨》的作者沈峻坡，1926 年生，上海市人，1941 年加入中国共产党，时任上海社会科学院部门经济研究所办公室主任。

沈峻坡在文章中逐一罗列上海“综合平衡遭到了破坏，比例失调相当突出”的“具体表现”时，特别点明了上海“重挖潜，轻改造”，“设备尽量利用，不少已‘超负荷运转’、‘带病运转’，达到了硬拼硬上的程度”。而“像这样不给补偿地一味‘充分利用’，挖潜不已，结果只能使这个老城市‘负担沉重’、‘拥挤不堪’，使这个老基地‘操劳过度’，‘消耗殆尽’，一个先进的城市就可能向后进转化”。

谁敢说沈峻坡的为民请命未受孙冶方的“放炮”影响？

# 第六章　铁屋子

关于《十个第一和五个倒数第一说明了什么？——关于上海发展方向的探讨》的由来，一直存有这样一种说法，那就是“真理标准大讨论引发的思想大解放的产物”。这样的说法，往大里说，或笼统说，或从编者的维度说，自然没错。这样一篇文章，一篇振聋发聩大文章，得以跟既往程序对着干，反着来，不“先发内参”，不逐级“送审”，直接“公开见报”，公开发在中共上海市委机关报头版头条上，“让读者大家来参与讨论”，那不是“思想大解放”是什么？那样的“思想大解放”，要没有“真理标准大讨论”的“引发”，绝无想像空间。[①] 但具体到文章的形成，或细分说，或从作者的维度说，以“上海的成就与不足”作比对，以“上海经济发展的成就与问题以及人民生活的状况”作比对，从而由表及里、刨根问底，一迭声追问上海“重生产，轻消费”“重挖潜，轻改造”“重速度，轻效果”“重积累，轻补偿”的症结所在；那就还得更加确切说到另一篇《人民日报》“特约评论员”文章，即 1979 年 10 月 20 日发表在《人民日报》头版头条上的《要真正弄清社会主义生产的目的》。

> 马克思主义历来认为，任何一个社会，生产总有一定的目的，都不是为生产而生产。社会生产的目的是客观的，不依人们的意志为转移的。它是由生产关系的性质决定的，就是说，谁占有生产资料，生产也就为谁的利益服务。因此，不同性质的生产关系，也就不可能有相同的生产目的。[②]

---

① 徐学明：《上海“全国十个第一、五个倒数第一”文章发表的前前后后》，《口述上海——改革开放亲历记》，上海教育出版社 2008 年版，第 103 页。

② 《人民日报》特约评论员：《要真正弄清社会主义生产的目的》，《人民日报》1979 年 10 月 20 日。

对于《要真正弄清社会主义生产的目的》一文的问世及“社会主义生产目的”成其为大讨论,可见胡德平的回忆《关于消费思想的形成过程——耀邦同志如何看消费之三》。胡德平是胡耀邦的长子,时任中国历史博物馆保管部副主任。胡德平说:“党的十一届三中全会后的1979年,耀邦同志和《人民日报》的同志共同发起了关于‘社会主义生产目的’的大讨论。根据耀邦同志的建议,中央党校写了一篇题为《要真正弄清社会主义生产的目的》的文章。……10月20日,《人民日报》在第一版头条位置发表了该文,由此引发‘生产目的’的大讨论。10月22日,《人民日报》在显著位置刊登于光远的文章《谈谈‘社会主义经济目标理论’问题》。文章进一步从理论上阐明了社会主义生产的目的的重要性。全国各大报纸纷纷转载,吸引了广大干部、群众的注意。也有人誉为这是继‘真理标准’大讨论后的第二次大讨论,第二次思想解放。”①

确切地说,关于“社会主义生产目的”的讨论不是“继‘真理标准’大讨论后的第二次大讨论,第二次思想解放”,而是“‘真理标准’大讨论”后的一大“补课”。

首先是“‘真理标准’大讨论”,为我们党打破“两个凡是”、加快拨乱反正、重新确立实事求是的指导方针、实现历史转折,作了思想、舆论上准备。但党的十一届三中全会胜利实现党的工作重点从“以阶级斗争为纲”转移到社会主义现代化建设上来后出现了“倒春寒”。这个“倒春寒”,用傅高义的话来说,那就是“邓小平得到了强大的支持,但对他的抵制也很明显”。譬如,1979年5月21日的《解放军报》,就在“一篇报道”中说:“许多部队单位抵制对‘实践是检验真理的唯一标准’的讨论。”甚至“多达三分之一的军人不支持三中全会精神”。那些“来自农村的军人尤其喜欢农村的集体制度,因为它给军属提供特殊照顾,很多人退役后有望在农村的集体单位就业,他们觉得邓小平的改革威胁到了这种制度”。② 吴江亦说当时“社会上盛传十一届三中全会犯了右倾修正主义的错误。有人公然说今后必须继续反右,有些地方又重提‘千万不要忘记阶级斗争’,有人认为批判‘极左’就是同中央‘分道扬镳’,个别部门甚至发生反

① 胡德平:《关于消费思想的形成过程——耀邦同志如何看消费之三》,《中国为什么要改革——思忆父亲胡耀邦》,人民出版社2011年版,第272页。

② 傅高义:《邓小平时代》,香港中文大学出版社2012年版,第297—298页。

攻倒算行为”。[1] 而在新华社“报送”邓小平的阅示“材料”中，不仅有《舞阳县发现恶毒攻击邓副主席的反动传单》，而且还有《上海一基层宣传干部写信给市委建议立即停止真理标准的讨论》。[2]

其次，来自另一方面，从西单“民主墙”到理论工作务虚会，又都出现了“更多抨击中共统治基本制度”的言论。这些言论，很快从“反对‘两个凡是’，反对‘四五’事件的处理方式，反对毛泽东的错误”，发展到“批评整个中国共产党和中国的政治体制”。[3]

> 务虚会，本来就是一次民主讨论会，各抒己见，解冻思想战线的僵化状态，继续批判“左”倾错误思想。然而会期开得越长，发言的人也就越多，慢慢地就出现了一些不和谐的声音，有的甚至开始走向另一个极端，话题离谱了。尽管大家在反对“四人帮”、批评“两个凡是”等纠“左”问题上取得了一致意见，但理论界和思想界开始在务虚会上分道扬镳了，出现了“右”倾。[4]

胡乔木越来越坐不住了。

邓小平也一样。他每天看会议简报，看理论务虚会简报。他“越看越看不下去”。他“本来对理论界抱有很大希望”。“错误思潮”的“蔓延和泛滥”让他“极不满意，感到失望”。他这就“委托胡乔木帮他起草《坚持四项基本原则》的讲话”。[5]

邓小平的《坚持四项基本原则》，即他 1979 年 3 月 30 日在“党的理论工作务虚会”上的讲话，就此成了“真理标准”问题讨论补课的开始。站在“一个新的历史发展阶段的开端”，邓小平以“三中全会决定了的，现在重申一遍，不允许有丝毫动摇”，有力还击“那种以极‘左’面目出现的主张普遍贫穷的假社会主义”；同时对右说不，坚决抵制“从右面来怀疑或反对四项基本原则的思潮”。[6] 邓小

---

① 吴江：《政治沧桑六十年——吴江回忆录》，香港中文大学出版社 2012 年版，第 142—143 页。

② 中共中央文献研究室：《邓小平年谱 1975—1997》（上），中央文献出版社 2004 年版，第 556 页。

③ 傅高义：《邓小平时代》，香港中文大学出版社 2012 年版，第 216 页。

④⑤ 丁晓平：《中共中央第一支笔——胡乔木在毛泽东邓小平身边的日子》，中国青年出版社 2011 年版，第 415 页。

⑥ 邓小平：《坚持四项基本原则》，《邓小平文选》第 2 卷，人民出版社 1983 年版，第 159、183、165、166 页。

平的坚定,清楚表明他的心跟毛泽东是相通的。陈伯达在党的九届二中全会上称“天才”,编了一份《恩格斯、列宁、毛主席关于称天才的几段语录》,毛泽东说:“我党多年来不读马、列,不突出马、列,竟让一些骗子骗了多年,使很多人甚至不知道什么是唯物论,什么是唯心论,在庐山闹出大笑话。这个教训非常严重,这几年应当特别注意宣传马、列。”①邓小平说,“我们过去多年忽视了”大量亟需研究的经济理论问题和政治理论问题,一如“基本理论问题、工业理论问题、农业理论问题、商业理论问题、管理理论问题等等”,“现在也需要赶快补课”。毛泽东说:“庐山的事情还没有完,还根本没有解决。”②邓小平说:“不要太天真了,认为三中全会、五届人大二次会议以后,天下太平了,没那回事。”“三中全会以后,全会的精神没有很好地贯彻,实践是检验真理的标准的问题没有很好讨论”。“这个争论还没有完”。“现在考虑补课,这很重要”。

> 真理标准问题的讨论是基本建设,不解决思想路线问题,不解放思想,正确的政治路线就制定不出来,制定了也贯彻不下去。我们的政治路线就是搞社会主义现代化建设。所以,这场争论的意义太大了,它的实质就在于是不是坚持马列主义、毛泽东思想。③

“补课”刻不容缓。

“补课”势在必然。

“补课”成了一个直角坐标系上的横轴。

这个直角坐标系就是改革开放。

这个直角坐标系上的纵轴就是“调整”,修改和调整 1979 年国民经济计划,用 3 年时间实行“调整、改革、整顿、提高”。

以“补课”与“调整”,“‘真理标准’问题讨论补课”与“调整、改革、整顿、提高”,互为纵横、水平垂直所建构的公共原点就是讨论社会主义生产目的。

---

① 中共中央文献研究室:《毛泽东传 1949—1976》(下),中央文献出版社 2003 年版,第 1589 页。

② 中共中央文献研究室:《毛泽东传 1949—1976》(下),中央文献出版社 2003 年版,第 1593 页。

③ 中共中央文献研究室:《邓小平年谱 1975—1997》(上),中央文献出版社 2004 年版,第 544—545、541 页。

关于社会主义生产目的，当时“在中共中央党校经济学课程中”，学员们存有“两种不同的意见”。一是“为生产而生产”是资本主义生产的特征，社会主义生产不存在这个问题。二是“为生产而生产”这个问题，在我们这样的社会主义国家中依然以某种形式存在着。所以，从 1958—1978 年，贯穿 20 年，不仅有了“以钢为纲”，“先生产，后生活”，“重生产，轻消费”；而且基本建设战线拉得很长，企业靠老设备运转，人民靠低工资生活，实际收入不增反降。胡耀邦在吴江转报他的“材料上作了批示，支持第二种意见”；而吴江本人则在他给中共中央党校作报告并上送胡耀邦及中央时更强调指出：“社会主义经济的总调节器不可能是别的，只能是社会主义生产目的，即最大限度地满足整个社会经常增长的物质和文化需要。”①

关于社会主义生产目的，同一时期的胡乔木也有明确阐述。胡乔木时任中国社会科学院院长。1978 年 7 月 6 日—9 月 9 日，国务院召开务虚会，研究加快我国四个现代化建设的速度问题，胡乔木代表国务院研究室和中国社会科学院出席并发言，在 7 月 28 日的长篇发言中着重强调了“社会主义经济的根本目的就是要提高人民(当然包括职工)的物质文化生活水平”。马洪(时任中国社会科学院工业经济研究所所长)认为胡乔木的思想“非常解放”，“非常讲究实事求是”。他的《按照经济规律办事，加快实现四个现代化》讲了“过去都被认为是资产阶级的东西”。大家“视为禁区，噤如寒蝉”，“都不敢讲的东西”。②

胡乔木的长篇发言，原题为“按照经济规律办事”，1978 年 10 月 6 日公开发表在《人民日报》头版上时更名为《按照经济规律办事，加快实现四个现代化》。

> 文章才发表出来，人民出版社就打来电话，要求出小册子。我向胡乔木同志报告，他没同意，说要继续修改。为了做好修改工作，他特意抽出半个月时间，带了社会科学院几个经济研究所的四五位同志，到天津、上

---

① 吴江：《社会主义基本经济规律再研究》，《社会主义生产目的问题讨论选集》，中共中央党校出版社 1981 年版，第 55—56 页。

② 马洪：《中国社会科学院的奠基人》，《我所知道的胡乔木》，当代中国出版社 2012 年版，第 122 页。

> 海搞调研。其中有工业经济研究所的副所长薛葆鼎和朱镕基同志(他当时在该所担任一个研究室的主任),有农业经济研究所的所长王耕今和财贸所的副所长李耕新同志,我也随着一同前往。其间,我们参观了农村生产大队、国营农场和几个工厂及港口,开了有关农业、企业管理、物资、物价、计划、工资、就业、商业、基本建设、专业化等问题的十好几个座谈会。[①]

关于这次调研,朱镕基也有一个回忆。1994 年 12 月 23 日,朱镕基在《胡乔木回忆毛泽东》《胡乔木文集》第 3 卷出版座谈会上动情说道:“我同乔木同志的交往不多,了解不深,但在 1978 年到 1979 年这一段时期,我在社会科学院经济研究所,在马洪同志手下工作,当时也接触到乔木同志,跟他出过差,整理过材料,多次听过他的报告。我当时的感觉就是乔木同志是我们的长者,他在你的面前总有使你如沐春风的感觉,没有拘束,想讲什么话就能讲出来,但是也确实体会到乔木同志的理论、文化、历史、艺术的修养是非常的深厚。”[②]

“长者”胡乔木在《按照经济规律办事,加快实现四个现代化》一文公开见报后,又要求全国各地的计划委员会、物价委员会和社会科学院联合组织会议,对长期以来,尤其是“文化大革命”期间,被极“左”谬论搞乱的经济理论进行清理和辨正。

于是,社会主义生产目的的讨论成燎原之势。遍地开花的社会主义生产目的讨论,不仅有了国家计委经济研究所和中国社会科学院经济研究所联名举办的“计划与市场”问题座谈会,邀集国家计委经济研究所柳随年、黄振奇,中国社会科学院经济研究所刘国光,财政部财政研究所李海,一机部邢安民,轻工业部祁政,纺织工业部曹平林,农林部马杰三,物资总局齐光,统计局李成瑞等人到会交流,一连五回,从 1978 年 12 月 18 日—1979 年 2 月 5 日;而且还有国务院的多个部门开了三次价值规律作用及扩大企业自主权的讨论会,国家物价总局开了四次价格形成的基础讨论会。还有中国社会科学院经济研究所和《经济研究》编辑部联合召开社会主义经济目标问题座谈会。还有上海市

① 朱佳木:《我所知道的十一届三中全会》,当代中国出版社 1981 年版,第 38—39 页。

② 朱镕基:《中国社会科学院的奠基人》,《我所知道的胡乔木》,当代中国出版社 2012 年版,第 6 页。

社联所属经济、哲学、世界经济、会计等学会和《学术月刊》编辑部及上海社会科学院经济研究所、部门经济研究所等单位，联合或单独召开 6 次讨论社会主义生产目的的座谈会。还有四川、福建、吉林等省以及中国社会科学院经济研究所、国家计委经济研究所和江苏省哲学社会科学研究所分别发起、组织召开价值规律作用问题研讨会。所有这些会，一讲社会主义生产目的的讨论是真理标准问题的讨论在经济领域的继续，是政治经济理论科学方面的一个重大突破；二讲积累和消费比例失调，生产了许多无用或用处不大的产品，搞了许多无用或用处不大的工程，浪费了大量的人力物力财力；三讲“为宣传而生产，为计划而生产，为生产而生产，为速度而生产，为巩固无产阶级专政而生产，为支援世界革命而生产”的实质是竭泽而渔，焚薮而田，“只要骨头不要肉”，其结果只能是破坏生产力，违背经济规律，严重影响人民生活，客观造成“工人的月平均工资只有四五十元，农村的大多数地区仍处于贫困状态”。[①] 所以，万里治皖，力挺大包干；薛葆鼎调研上海，一迭声呼吁：“在生产力和生产关系的关系上，在经济基础和上层建筑的关系上，要下工夫深入调查研究，弄清新情况下出现的新问题，提出新建议供中央参考。”[②]

据孙恒志回忆，薛葆鼎的又一次调研上海，是在 1979 年九十月间。

薛葆鼎，1916 年生，江苏无锡人，1938 年加入中国共产党，时任中国社会科学院工业经济研究所副所长。

薛葆鼎长期从事经济工作，“先后参加过工业管理、技术管理、设计管理、计划管理的业务”，但真正“开始从事经济研究”，还是在“‘四人帮’被粉碎了两年”之后。换言之，他“进入经济学界不久”便来上海调研。“启发”他“更加认识到发展部门经济学对于发展政治经济学所具有的实际意义”的是孙冶方；是孙冶方“一出牢监便奋不顾身地为政治经济学的真理而斗争”的精神给了他很大“启发”；是“实践是检验真理的唯一标准”的“强大的威力”使他的思想“进一步得到了解放”。[③] 更何况他老马识途，对上海并不陌生。当年随军南下，解放

---

① 邓小平：《一心一意搞建设》，《邓小平文选》第 3 卷，人民出版社 1993 年版，第 10—11 页。

② 薛葆鼎：《中国现代化的整体论——谈谈现代化的概念和工业现代化的有关政策问题》，《薛葆鼎集》，中国社会科学出版社 2003 年版，第 59—60 页。

③ 薛葆鼎：《自序》，《薛葆鼎集》，中国社会科学出版社 2003 年版，第 1—2 页。

上海，他曾任市军管会轻工业处和重工业处的军代表，接管了几十个大中型企业。上海的“多功能，全方位”给他留有深刻印象。所以，他尤为看重“上海在经济、文化、科学、技术方面的大能量”。所以，他坚决反对“上海、天津、武汉等历史上形成的大城市”，“在堆砌拥挤中过分发展那种大而无当、一应俱全的城市经济”。他认为国家“应该在技术上、经济上、管理上支持（上海、天津、武汉）这些经济中心向周围或远或近地发挥辐射性作用”；“上海、江南可以多发展轻工业产品，这样来求得地区间的平衡发展”。①

你要看原始笔记，我给你找出来。我有记录，原始记录薛葆鼎调研上海。那时我进所不久，是我工作经历的黄金时期。真的很幸运，一进部门经济研究所，就参加了上海工业大调查，调研经济结构。上海工业大调查的背景，调研经济结构的背景，就是两个“补课”。一个真理标准问题讨论“补课”，一个上海可持续发展“补课”。那时还没有“可持续发展”一说，但杀鸡取卵、竭泽而渔的提法已经有了。当时王惠德就问，我们现在搞这样那样的工业基地，搞钢，争速度，到底为了什么？王惠德时任中宣部副部长，理论水平很高，一针见血，捅破了一层窗户纸。（引自2018年3月27日，孙恒志口述实录）

王惠德主张“为了改善人民生活，努力发展生产”，而不是“在发展生产的基础上，逐步改善人民生活”，这就把两个“补课”，结合起来，集中到了社会主义生产目的：到底是确保生产、流通等各个环节，最大限度满足广大劳动者的公共需求，满足人民群众日益增长的物质需要和文化需要；还是坚持从若干种主要产品增产指标出发的“多元论”，凡事从重工业出发，从“钢铁元帅升帐”出发。这话放嘴上说说容易，真正落实到上海实际，具体到上海工业转型，从重型转向轻型，不简单。

所以，薛葆鼎调研上海，带队来上海调研，市委、市政府都很重视，上

① 薛葆鼎：《中国现代化的整体论——谈谈现代化的概念和工业现代化的有关政策问题》，《薛葆鼎集》，中国社会科学出版社2003年版，第57页。

海社会科学院更别说了，院长亲自抓，黄逸峰找我们几个谈话。都是部门经济研究所的人。一个夏光华，一个沈峻坡，再一个我。（引自2018年3月27日，孙恒志口述实录）

据孙恒志原始笔记，1979年10月15日，黄逸峰召集会议，着重谈了三个问题：一是经济结构调研应集中力量，暂时可丢下原有科研项目；二是扩大队伍，吸收高等院校参加，再增几十人；三是调整秘书组，原来由钦本立、夏光华、贺镐圣、陈敏之、沈峻坡负责，现在分四个小组活动：一组，两个市场，夏光华、贺镐圣；二组，能源，朱岩、李斗垣，李任组长；三组劳动就业，梁志高；四组积累消费，徐之河。综合组，沈峻坡，兼秘书组，在304室。最后拿出建议。

夏光华说："北京结构组马上有人来，星期三下午来，要综合材料，来谈农业，应有人参加，体制改革要抽力量研究。"

黄逸峰说："那就再单独成立一个体制改革组，由夏承康负责农业。"

沈峻坡说："调研时间不会短，调整三年少不了。"

黄逸峰说："肯定少不了，何时开始还不知道。"

黄逸峰的气短并非无来由。

黄逸峰教过书，打过仗，下过乡，出过洋，7次被捕，3次入党，甚至触犯天条，赚得毛泽东发火，拍案怒批"轻则开除党籍，重则交人民公审"，足够惊爆、传奇。

然而，曾经沧海难为水。当年整风补课，黄逸峰席藁待罪，偷闲回老家调研，牵头搞了一个《关于南通川港人民公社生产发展方向问题的调查报告》，提交给全国经济理论研讨会，委婉说了"在公社化运动中，川港社副业生产发生了显著的下降"和"川港公社对生产责任制和按劳分配原则的贯彻，不仅应运用在农业生产上，而且在副业生产和社办工业中应同样求得贯彻"。[①] 结果"又遭受到新的一轮批判"，被"扣上'今不如昔'和'污蔑人民公社'两大罪状，反复进行了批斗"。[②]

---

① 中国科学院上海经济研究所、上海社会科学院经济研究所：《关于南通川港人民公社生产发展方向问题的调查报告》，《关于社会主义制度下商品生产和价值规律问题——1959年4月讨论会论文资料汇编》，科学出版社1959年版，第227、230页。

② 姜铎：《学生·战士·学者——我的人生三部曲》，2001年自印本，第482页。

“错误和挫折教训了我们，使我们比较地聪明起来了。”毛泽东如是说。

于是，从整风补课到真理标准问题讨论补课，前后40年的打磨，即使未曾磨平黄逸峰的锐气，却也让他学乖许多。至少不再有太多不切实际的幻想，不再对形式大于内容的调研普查抱太大奢望。

但薛葆鼎历久弥新，矢志不渝，依旧冲得很。

海外舆论说社会主义生产目的讨论“挑战”了“石油集团”的“先生产，后生活”。薛葆鼎的上海调研，举一反三，有感而发，首先就点大庆的名，说“大庆这方面也有缺点”，“环保欠账”。薛葆鼎的原话是：“建设、经济战线一笔糊涂账，尤其是环保欠账，大庆这方面也有缺点，问题就出在思想束缚，成了囊中人。这话说来说去，听起来刺耳，但总得有人说。不能装聋作哑，打闷包，环顾左右而言他。鲁迅是怎么说的？鲁迅说大家睡在一间铁屋子里，总得有人去唤醒他们，不能眼睁睁看着他们闷死。不能见死不救。”

鲁迅的“铁屋子”说可见他的《呐喊·自序》。《呐喊》是鲁迅的第一部小说集，共收15篇小说，其中就有《狂人日记》。打头便是，是为“最初的一篇”。

鲁迅为什么要写《狂人日记》？就是要呐喊。为什么要呐喊？因为有“一间铁屋子，是绝无窗户而万难破毁的，里面有许多熟睡的人们，不久都要闷死了。然而是从昏睡入死灭，并不感到就死的悲哀”。

薛葆鼎说，我们是共产党人，共产党人就要对人民负责，就要呐喊，就要“大嚷”，让更多人“惊起”“清醒”。只有更多的人“惊起”了，“清醒”了，才有“毁坏这铁屋的希望”。[①]

薛：现在矽肺病严重。有些生产激素的工厂，男的女性化，女的男性化，缺少劳动保护，不重视文明生产，就连基本的工业知识也没有，这不行。我们不能每天说现代化，像和尚念经一样，就是没有实际行动。小平说经济工作是最大的工作，大家到底重视了没有？

靳：黄浦江保护成苏州河、肇家浜了。老的肇家浜填了，新的肇家浜产生了。

---

① 鲁迅：《呐喊·自序》，《鲁迅全集》第1卷，人民文学出版社1981年版，第419页。

薛：建议给一个清单。

靳：矛盾尖锐户 278，排污大户 160 户，上海炼油厂人称高桥油田，去年罚 5 万元。排污大户，群众不一定反对。冶金系统 17 条龙，别的系统也有。

薛：需要一些典型的问题向上报，让调查组的同志来看看。（引自孙恒志 1979 年 10 月 27 日笔记）

孙恒志笔记里的“薛”即薛葆鼎，“靳”即靳怀刚。靳怀刚的父亲是吴佩孚的“骁威将军”、蒋介石的上将参议兼河南宣抚使；靳怀刚的伯父是段祺瑞的“四大金刚”、陆军总长、两任内阁总理。靳怀刚本人，1938 年加入中国共产党，长期致力于上海的交运、环保、公用事业，至死都在念叨着崇明“青草沙”，时任上海市环境保护局局长。

至于靳怀刚对薛葆鼎所说的“不一定反对”那些“排污大户”的“群众”，不啻“熟睡”在“铁屋子”里面的“人们”。他们“不久都要闷死了。然而是从昏睡入死灭，并不感到就死的悲哀”。

所以，我们的责任就是“大嚷起来”。哪怕我们的“大嚷”，只是“惊起了较为清醒的几个人”，也得放开声嚷。因为“希望是在于未来，决不能以我之必无的证明，来折服了他之所谓可有”。①

沈峻坡的《十个第一和五个倒数第一说明了什么？——关于上海发展方向的探讨》这就发表在了 1980 年 10 月 3 日的《解放日报》头版。

1980 年 10 月 3 日的《解放日报》头版上，这就有了“由于三废污染严重，上海市区癌症发病率之高为全国城市之‘最’”。

---

① 鲁迅：《呐喊・自序》，《鲁迅全集》第 1 卷，人民文学出版社 1981 年版，第 419 页。

# 第七章　上海向何处去

> 最近，华国锋同志在五届人大第三次会议的讲话中，讲了制订长远规划的问题。他说：制订长远规划是发展社会主义计划经济的必要前提。近几个月来，本市有些部门也在就《建设一个什么样的上海》这个总题目，回顾历史，总结经验教训，讨论上海的发展方向，酝酿制订长期规划。我觉得，要探讨建设一个什么样的上海，首先必须弄清上海的现状。①

上述引文，沈峻坡将他直白的前提设定为“弄清上海的现状”；将“弄清上海的现状”的前提设定为“讨论上海的发展方向，酝酿制订长期规划”；将“讨论上海的发展方向，酝酿制订长期规划”的前提设定为华国锋的人大讲话说到了“制订长远规划”和“发展社会主义计划经济”的内在联系。其实，当年中国已经从单一的“社会主义计划经济”进到了“计划调节与市场调节相结合”。据孙恒志笔记，薛葆鼎调研上海，在 1979 年 10 月 28 日，一口气说了七点，第四点说的就是“计划调节与市场调节相结合，以市场为主”。而据朱佳木回忆，最先提出“计划调节和市场调节相结合”的是李先念。李先念时任中共中央政治局常委、国务院副总理。他在 1979 年 4 月的中央工作会议上首提“计划调节和市场调节相结合”是“根据陈云的意见”。陈云的意见是“整个社会主义时期必须有两种经济”，即“计划经济”和“市场调节”，计划经济“是基本的主要的”，市场调节是“从属的次要的，但又是必需的”；所以，首提“计划调节和市场调节相结合”的是李先念，李先念所强调的却又是：“以计划调节为主，同时充分重视

① 沈峻坡：《十个第一和五个倒数第一说明了什么？——关于上海发展方向的探讨》，《解放日报》1980 年 10 月 3 日。

市场调节的作用。”①

1979年10月28日，正在上海调研的薛葆鼎还说到了“出发点与归宿不一致，应由搞经济的同志研究”。薛葆鼎认为，研究不能单靠部门内，受区划局限，不从全国考虑。不打破行政区划，割裂，封闭，上海难起龙头作用。

薛葆鼎所说的“搞经济的同志”，在当年上海，首先是指市经委，这也就是《十个第一和五个倒数第一说明了什么？》中所说的“本市有些部门”。《上海社会主义建设五十年》中有一节专写上海的“关于真理标准问题讨论的补课”，说中共上海市委为“把这次补课同学习和贯彻党的十一届三中全会精神结合起来”，于1979年2月2日—4月24日召开理论务虚会，并全市动员，“从市委到各基层单位，普遍进行了真理标准问题讨论的补课，使上海的广大党员、干部和群众进一步冲破‘两个凡是’的思想禁锢”，严重关注“1978年以前，上海所走的是一条以工业发展为主体的经济发展路子”。正是这条路子，直接导致“上海城市内部的各种矛盾日益激化，上海工业的发展显得越来越困难”。②

上海向何处去？

上海的出路在哪里？

上海经济发展战略讨论的大幕就此拉开。拉开上海经济发展战略讨论大幕的是一场持续三年有余的工业大调研。

> 1978年上海拉开了经济发展战略讨论的序幕，主要组织者是上海市政府经济委员会，战略讨论的核心是上海工业的改造与振兴，时间持续三年多。市经委组织了一大批大专院校的教师、社会科学院的科研人员以及政府部门的干部，深入基层企业进行广泛的调查研究。调查的行业主要是手表、自行车、缝纫机等老三大件，以及纺织、机械等工业部门。③

“战略先导”为2016年上海市哲学社会科学规划重大委托课题“改革开放

---

① 朱佳木：《我所知道的十一届三中全会》，当代中国出版社1981年版，第32—33页。

② 中共上海市委党史研究室编著：《上海社会主义建设五十年》，上海人民出版社1999年版，第437页。

③ “战略先导”课题组：《上海改革开放40年大事研究·战略先导》，格致出版社、上海人民出版社2018年版，第15页。

排头兵，创新发展先行者——上海改革开放40年大事研究”的子课题一，课题组组长张广生系中共上海市委原副秘书长、上海市政协经济委员会原常务副主任、上海市人民政府决策咨询特聘专家、研究员。

张广生，1952年生，1968年初中毕业，1969年插队黑龙江，落户瑷珲。瑷珲为满语，意为“可畏”。历史上确也因首任黑龙江将军萨布素的“遣兵诇敌”，两度师出瑷珲，大捷雅克萨，而让犯我毛子闻风丧胆。

1975年，张广生回沪深造，进复旦攻读经济，为工农兵学员。

1978年，张广生大学毕业，给国务院招到北京，先是在机关事务管理局，任总务处处长秘书；再是调中国社会科学院工业经济研究所编刊物，在蒋一苇的直接领导下见习编辑《经济管理》。

> 工经所成立于1978年4月，所长马洪，副所长陆斐文，张宣三、薛葆鼎、周叔莲、蒋一苇、吴家骏、裴叔平、李鑫，都是人物。马洪还在工经所搞了三个研究室，一个国内室，一个国外室，一个综合室。他从廊坊石油管道局调朱镕基来当其中一个室的主任，主要分管工业和科技发展研究。（引自2018年3月1日，张广生口述实录）

据张广生回忆，“战略先导”中所说的“社会科学院的科研人员”，主要是指蔡北华、徐之河、陈敏之等人领导下的部门经济研究所。上海社会科学院部门经济研究所首先响应，深度介入，积极下基层调研，以一手素材揭开了上海工业设备陈旧、厂房简陋、“老牛已难以拉破车”的实质：

> “老牛拉破车”——一篇篇调研报告，直指上海工业的窘迫，工业设备陈旧，轻工系统的8.8万台设备中，属于20世纪三四十年代水平的占40%，五十年代的占50%，六七十年代的仅占10%。在纺织系统的毛纺染整设备中，43%是1949年以前安装的。在全市的工作母机中，用于粗加工的机床、刨床占大多数。厂房则是简陋不堪。作为当时的重要工厂，上海手表厂的工厂里，过道、走廊、车间，到处搭满阁楼，全厂阁楼有300多个。很显然，如此落后、低效的技术设备和场地，很难制造出更高精尖的产

品。“上海的工人师傅是聪明的，没有设备升级的资金，就每年搞十几项小的技术革新，愣是坚守着上海工业产品质量的金字招牌。但在国际、国内双重竞争者的夹击下，上海工业失去优势的趋势难以折返。”朱金海说。①

朱金海，1952年生，浙江萧山人，沈志远同乡。

朱金海是沈志远的铁粉，沈志远是朱金海的偶像。

沈志远原名沈会春，1902年生，祖籍萧山昭东长巷村，跟朱金海的老家浦阳镇十三房村虽不毗邻挨着，却也不是太远。无非一个在东边，一个在南端，一个在航坞山下，一个在浦阳江畔。

浦阳江，又称浣江，钱塘江的支流，素称“浙江小黄河”。

萧山人都喝钱塘江水长大。沈志远心心念念刘禹锡的“八月涛声吼地来”，朱金海亦终生记得苏东坡的“鲲鹏水击三千里”。

毛泽东称沈志远为“人民的哲学家”。沈志远的《新人生观讲话》与艾思奇的《大众哲学》齐名。

沈志远是《新经济学大纲》的作者。在中国马克思主义传播史上，《新经济学大纲》是第一部由中国人自己撰写、系统、完整介绍马克思主义政治经济学理论的专著，李平心、艾寒松、张仲实、林默涵编辑的《读书与出版》杂志因此褒誉有加，认其为“荒野里的一株冷艳的山花”。

沈志远还是首批中国科学院学部委员，中国科学院上海经济研究所的创所所长。但1958年被错划右派，1965年病逝。

1966年，“文化大革命”狂飙突起，中国科学院上海经济研究所名存实亡。

同年，朱金海辍学务农，甚至没能跟萧山桃源中心小学的同学们合拍一张毕业照。

1978年，上海社会科学院复院，经济研究所一分为三，分别成立经济研究所、部门经济研究所、世界经济研究所。部门经济研究所招兵买马，广发英雄帖，相中了复旦大学经济系政治经济学专业的应届毕业生朱金海。

朱金海本是农家子弟，上大学前搞过社队企业，所以，毕业前有过回萧山

① 杨群、胡宋萍、李谧欧：《一场轰轰烈烈的大讨论》，《解放日报》2014年1月2日。

老家发展的念头，打算用学得的知识回报桑梓，但最终还是留在了上海，跟同届毕业的另一同学一起，被选招入职刚复院的上海社会科学院，分配到部门经济研究所工业经济研究室，时年 26 岁。

工业经济研究室，在整个部门经济研究所内摊子最大，人员最多，研究人员最多时达 30 多人。

工业经济研究室的前身是上海社会科学院经济研究所的工业经济组，创建于 1959 年 6 月，成员全部由原上海财经学院工经系、会计系、审计学教师转来。组长孙怀仁，副组长娄尔行，党总支书记叶孝理。下设工业经济、企业管理、新技术经济效果和会计、统计 4 个小组。研究人员有徐之河、胡式如、屠修德、谢树森、汪鸿鼎、李葆坤、费文星、李范初、石成岳、洪家敏、史景星、杨公朴、李斗垣、顾壬章、陈惠丽、金行仁、许鸿仪、宫冰等。

“十年动乱”，礼崩乐坏；上海社会科学院不复存在，经济研究所一地鸡毛，工业组亦作鸟兽散。

1978 年 10 月，上海社会科学院浴火重生，部门经济研究所梅开二度，工业组升格为工业经济研究室，主任朱岩，副主任金行仁、李斗垣、杨锡山。金、李两位都是工业组老人，随他俩一起归队的还有胡式如、李斗垣、顾壬章、陈惠丽等。朱岩、杨锡山、邹依仁、钱志坚、钱冰鸿、孙恒志、范瑾、龚雪林、王秉森、徐建中、鲁巧珍、曹毅峰、姚锡棠、陈予群、郑宝珊、朱金海、贺次平、宋定昌、徐仲敏、谢依艺、葛谦、梁新华等，则都是新军，新加盟的得力干将。

新进人员还有左学金、厉无畏、严诚忠等硕士生，他们 1982 年毕业于上海社会科学院工业经济专业，是工业经济研究室的新生代。

至于汤玉卿、奚慧、方秋苇等人，那就都是特聘人员，是社会科学院从社会上特约聘请的研究人员。蓝瑛说“以院的名义聘请一批各单位退休的和分散在社会上有各种专业特长的人才，作为特约研究人员，是当时的一个新措施。这批人员来到我院后，都在研究岗位上起了很好的作用”。[①]

工业经济研究室兵强马壮，所里对它寄予厚望。但它在“工业经济研究室的主要任务是什么”这一方向性问题上却曾存有不同认识。

---

① 蓝瑛：《我的回忆和一些想法——为纪念上海社会科学院建院五十周年而作》，《往事掇英——上海社会科学院五十周年回忆录》，上海社会科学院出版社 2008 年版，第 6 页。

1980年6月25—26日，部门经济研究所召开学术委员、室主任、支部书记联席会议，对各室研究方向和科研规划等问题展开讨论。会上出现了不同声音。

一种意见认为部门经济研究所的主要任务应是进行理论研究，工业经济研究室的根本任务也当然是理论研究。他们认为当前的研究任务应该是运用马克思主义的一般原理，研究国民经济各部门各自具体经济领域的特殊规律。制定科研规划，首先应确定本学科的长远目标，也需有规律性的研究，这就都要有理论基础。

另一种意见则认为部门经济研究所的根本任务是进行应用研究。部门经济研究所的各研究室，尤其是工业经济研究室，是跟党和国家当前经济建设任务有着直接关联的研究部门，要想当好党和政府的助手，就应该着重研究当前经济建设中迫切需要解决的实际问题。科研规划，应以当前经济建设发展中的新情况、新问题为主；否则，就是离开了研究室的本职工作。

经过讨论，最后认识统一，统一到了两个“致用”上来，即学以致用，经世致用。这是部门经济研究所之魂，自然也是工业经济研究室之魂。在部门经济研究所，无论是工业经济研究室，还是其他研究室，都不能纸上谈兵，坐而论道。部门经济既然是应用经济，那就必须“应”字当头，唯“用”至上，坚持理论与实际相结合，在理论指导下研究现实问题，在现实问题研究中检验理论，发展理论。对于现实经济问题的研究，要有科学理论来论证阐述。专题调查的积累，能为今后写好专著创造必要条件。而理论研究也必须联系实际，有事实、有科学根据，理论才有生命力。

此后，工业经济研究室就是沿袭这样的研究方向、工作思路，全身心投入上海工业调查。孙恒志清楚记得，他一进部门经济研究所就参加上海工业大调研，跟沈峻坡、陶友之、鲁巧珍等几人一组。沈峻坡是头，当组长。

**鲁巧珍从企业调进部门经济研究所，年龄比较大。齐邦媛在《巨流河》里写到她。她是齐邦媛的中学同学。**（引自2018年3月27日，孙恒志口述实录）

齐邦媛，台湾学者、教育家、作家，跟鲁巧珍是重庆南开中学同学。

吴敬琏说：“南开是培养精神贵族的学校。”相信吴敬琏所说的“精神贵族”,第一有他,有 1941 年考进重庆南开的他。也有茅于轼,有 1946 年毕业于重庆南开的茅于轼。正因为重庆南开“给予”他们的“基本训练方面的影响”,是“深远”的;无论“逻辑思维、语言表达、‘公民’课上关于如何开会、如何选举、如何表达的训练”,还是“每座楼进门处‘镜箴’上的‘头容正、肩容平、胸容宽、背容直,气象勿傲、勿暴、勿怠,颜色宜和、宜静、宜庄’的仪态要求”,都让他们“终身受用不尽”。[①]

此时正是八月秋汛的时候,江水暴涨激流汹涌,好几次船不进反而稍退,旅客们有人惊呼。我倚在船舷,自以为无人看见,又流下思家之泪,久久不止。我自幼是个弱者,处处需人保护。南开中学离家三里,从没有一天“自由”,填大学联考志愿时,重庆附近的全不填,自以为海阔天空,面对人生可以变得强壮。而如今,仅只沙坪坝三个字即如此可爱,后悔离家,却已太迟。这时鲁巧珍静静来到我身旁说,“刚才一个男生说,你们这个新同学怎么一直哭。像她这个哭法,难怪长江水要涨。”接着又说,“我去年来的时候也哭了一阵子,现在第二年来心里已平静多了。”[②]

齐邦媛说鲁巧珍是她“最好的朋友”。“在她 1946 年毕业前的 3 年中”,彼此“心情、观念契合,无话不谈,也无事不能了解”。

1947 年 9 月下旬,齐邦媛赴台工作,到台大做助教。从此“山远水远人远,音信难托”[③];直至 1993 年 5 月,齐邦媛“在武汉大学校友通讯《珞珈》上读到鲁巧珍肺癌已至末期的消息,如遭电击,立刻决定去上海和她见最后一面”。

巧珍是在通邮后最早由大陆写信给我的好友。她和我的友情也是我最美好的青春记忆,嵌在四川乐山的三江汇流之处。我怎能这样无情,不早一点去看她,竟拖到已经太迟的时候![④]

---

① 朱敏:《吴敬琏风雨八十年》,浙江人民出版社 2010 年版,第 22 页。
② 齐邦媛:《巨流河》,远见天下文化出版股份有限公司 2009 年版,第 166 页。
③ 柳永:《凤凰阁》。
④ 齐邦媛:《巨流河》,远见天下文化出版股份有限公司 2009 年版,第 558 页。

看到齐邦媛进入病房，鲁巧珍“被扶着坐起来”，喃喃说道：“知道你要来，我一直等着。”

齐邦媛俯倒在鲁巧珍身上，“泪不能止”。

鲁巧珍“从枕下拿出一张纸”，纸上写着“《赠卫八处士》，杜甫名篇”。

鲁巧珍开始“隆重地，像致迎宾辞似”地诵读，诵读：“人生不相见，动如参与商。今夕复何夕，共此灯烛光。少壮能几时，鬓发各已苍。访旧半为鬼，惊呼热中肠。焉知二十载，重上君子堂。昔别君未婚，儿女忽成行。怡然敬父执，问我来何方。问答乃未已，儿女罗酒浆。夜雨翦春韭，新炊间黄粱。主称会面难，一举累十觞。十觞亦不醉，感子故意长。明日隔山岳，世事两茫茫。”

鲁巧珍“坚持念下去”，直至读完，喘成一处，气若游丝。

齐邦媛“知道这重逢便是诀别”。

齐邦媛“回到台湾便接到她去世的消息”，享年 69 岁。①

孙恒志说鲁巧珍的“年龄比较大”。其实，倒推一下，1979 年的鲁巧珍也就 55 岁，远比今天的孙恒志和我年轻多了。

只是 1979 年的孙恒志才 32 岁，我才 30 岁，正当而立之年，当打年纪。于是，只要周遭的人，周遭的大多人，大多同仁，都比我们年长、老成，且又异口同声，“小”唤我们，以“小孙”“小叶”唤叫我们，我们也就自然青涩起来，稚嫩起来，怯怯看“小”自己，看“老”人家，恍如隔代，生分两辈。于是，赵薇的口号是：“致我们终将逝去的青春。”我们的口号是：“把被‘四人帮’耽误的青春夺回来。”

我们依旧豪气万丈，血气方刚。

我们依旧“指点江山，激扬文字，粪土当年万户侯”。

孙恒志这就跟在沈峻坡、陶友之、鲁巧珍等“老人”后面，俨然青涩男、小字辈。鞍前马后，跑得忒欢。

当时陈敏之是副所长，分管城市经济，提出了上海城市经济发展问题。又想把整个部门经济研究所的力量调动起来，整合成一个团队，都来搞上海城市经济发展。后来院里也立项了，但两年搞下来，发现没抓住重

① 齐邦媛：《巨流河》，远见天下文化出版股份有限公司 2009 年版，第 559 页。

点,不清楚症结所在。后来姚锡棠来了,也参加进来。还有陈申申,也拖进来了。这才有了突破,提出了上海经济转型。这就不一样了。跟一开始不一样了。一开始是民生,现在是工业转型,转轻工业,也就是第三产业为主。(引自2018年3月27日,孙恒志口述实录)

陈申申跟孙恒志多有相似,也是"红二代"。

陈申申的父亲陈同生,即陈农菲,本名张翰君,化名江中一,1906年生,湖南零陵人,1926年加入中国共产党,1932年从四川到上海,先后在"社联""文总""济总"和特科工作,1934年10月被捕,受尽酷刑,坚贞不屈。

中华人民共和国成立后,陈同生历任南京市人民政府秘书长、华东军政委员会副秘书长、中共南京市委统战部部长、华东局统战部副部长、上海市委统战部部长、上海市政协副主席、上海第一医学院党委书记兼院长等。

1968年1月26日,陈同生饮恨去世,死于残酷迫害。他给家人的最后一封信写在隔离室里。他在隔离室里写下的最后一封信里悲壮留言:"我从来是革命的乐观主义者。我决不会自杀。如果将我折磨而死,说是自杀,那是没有人相信的。一手不能遮天。我相信毛主席、党中央、革命群众,终将认为我不是'大叛徒',而是一个普通的战士。因为我无罪。"

陈申申说:"我们的父辈前仆后继,英勇牺牲,建立了丰功伟绩。可是没有实现年轻时候的理想,连自己的生存空间都丧失了。为什么?我们要找到答案。这件事我们不做,以后是不会有人去做的。"我请陈申申写下这段话。陈申申写了。写在我随身所带的乃父遗著《不倒的红旗》扉页上。

那是2018年4月15日晚上。那天下午2时至晚8时,我跟陈申申在上海安亭别墅的茶座里足足谈了6个小时。

往事并非如烟。

孙恒志说他进所工作的头几年,是毕生工作经历的黄金时期。

陈申申说建所之初的部门经济研究所,是一个特别让人怀念的黄金时代。

陈申申,1951年生,1967年初中毕业,1969年插队吉林,1973年上大学,在复旦读数学与计算数学专业。1975年,复旦大学成立计算机科学系,兼并了数学与计算数学专业,这对陈申申来说非常重要。因为正是这一次兼并才让他接触到了一批以前从来不曾接触过的人。他这才知道，世界上还有这样一些人，记忆超人，长的简直不是人脑子。那时“开门办学”，中午有一个小时吃饭，半个小时休息，可以用来下棋，下围棋，下快棋。有一位老师，不仅落子飞快，而且一个月后，还能给你复盘，保证一步不差，真的太厉害。随着岁月流逝，年龄增大，陈申申越来越发觉记忆对于研究有多么重要。记忆能形成思想。记忆能产生影响。

我们这一届三年半，1977 年初毕业。工宣队要我去西藏，我说我一定会去，但让一个学计算机的大学生去是浪费人才，因为那时的西藏，就连一台电脑也没有。过几天，他们又要我去武汉，我也说我会去，但是武汉也没有几台电脑啊！最后还是留校，到了物理系，辅导小青工。一年后，又到宝钢，又干一年多，再考研。我是第二届。社会科学院的第二届研究生，但跟第一届一起毕业，算同一级。（引自 2018 年 4 月 15 日，陈申申口述实录）

在部门经济研究所，陈申申跟孙恒志都当过所长助理。孙恒志是徐之河的助理，陈申申是姚锡棠的助理。陈申申说：“我这个助理跟孙恒志不一样。孙恒志是徐之河的助理，什么都管。一大早，床上还没起来，就有人敲门，闹着分房子什么的。我截然不同，潇洒得很。我的社会活动多，姚锡棠从来不管头管脚，随便我。我没有那许多鸡飞狗跳的啰嗦事。”

同样，朱金海跟姚锡棠也有很好合作，默契得很。

在工业经济研究室，朱金海领受的第一项任务，就是跟着姚锡棠，亲身经历上海工业大调研。

持续 3 年的下基层调研，始终由市经委企管处的正副处长，一位姓夏、一位姓叶带着。夏、叶两处长带着姚锡棠、左学金、朱金海他们，还有大专院校的老师、政府职能部门的工作人员，跑了许多点，到了不少地方。

当时工业室里分 3 个小组，我的小组里有左学金、朱金海，我年长，算是小组长吧，分给我们的是冶金工业。当时我们 3 个人骑了自行车，从社会科学院一直骑到宝山，当时是 7 月份，满头大汗，主要考察钢铁厂，因为

是市里的重点课题，所以对方接待是很重视的。（引自2014年6月17日，姚锡棠口述实录）

姚锡棠，1934年生，江苏武进人，1956年留学苏联，在莫斯科工程经济学院攻读动力经济专业。

1957年冬天，毛主席率中国党政代表团访问苏联，参加十月革命四十周年庆祝活动，并出席六十四国共产党代表会议。其间选了一个礼拜天，下午6时，到莫斯科大学做了一个报告，虽然讲的是湖南话，但我还是听得懂。

当时主席在指出了社会主义新世界的力量超过旧世界之后，对我们这些留学生说："世界是你们的，也是我们的，但是归根结底是你们的。你们青年人朝气蓬勃，正在兴旺时期，好像早晨八九点钟的太阳。希望寄托在你们身上。"他还亲切地问我们："你们知道现在正在开着重要的国际会议吗?"我们齐声答道："知道。"毛主席又说，中国人民是有志气赶过帝国主义的。未来中国的几个五年计划，改造世界的任务就得由你们这一代年轻人担负起来。他还勉励我们说，你们现在学习比我们以前容易多了。我们是很晚才知道马克思的，起初学的完全是资产阶级的一套。经过了几十年的努力，才改造过来，才慢慢地掌握了马克思主义。要学懂一点东西是不容易的。所以一定要谦虚。说着说着，他笑了起来。他笑容满面地对我们说，你们现在大概很轻松，因为你们还什么也没有干。如果你们当了工程师，当了厂长或是党委书记，就会知道，困难多得很呢！你们还缺乏锻炼。所以，你们必须切切实实地长期锻炼才行。千万别骄傲，别把尾巴竖起来。主席的教诲，这些语重心长的话，深深打动了我们的心，使我们深受感动。他老人家对我们的教导是多么的亲切！他又是那么深刻地指出了我们年轻人的弱点和努力的方向！我从来也没有那样深切地感到自己肩上的责任有这么重！作为中华人民共和国青年，我们应该怎样顽强努力，才能无愧担起改造中国、改造世界的重任！（引自2014年6月17日，姚锡棠口述实录）

1961年,姚锡棠学成归国,在华东电力设计院工作了20年,历任电力规划室主任、地质勘察室主任、党支书和院办主任等。1981年调入上海社会科学院部门经济研究所,历任工业经济研究室主任、部门经济研究所所长等。

> 我对经济理论研究一直有兴趣,比较有兴趣,也经常去上海社会科学院或者南昌路上的科学会堂参加经济讨论会。我当时是工程师,在经济讨论会上也经常发表意见,大家比较重视,我就认识了社会科学院的一些研究人员,当时主要是部门经济研究所工业室的金行仁、李斗垣等人。那时社会科学院刚好招人,我就希望到社会科学院来工作。我在电力设计院工作时,就与经济联系密切,对经济部门也有兴趣,实际上部门经济研究所工业室也研究这些东西,两方面非常相通。我喜欢写文章,也读过理论书。想来试试。结果院里同意,就直接引进了。(引自2014年6月17日,姚锡棠口述实录)

姚锡棠1981年进社会科学院,到部门经济研究所工业经济研究室,跟厉无畏、左学金、朱金海等人一起搞上海工业大调研。朱金海也说:"当年的调研,很是深入。从徐家汇附近的集体宿舍出发,骑着'老坦克',一路向大杨浦骑行,目的地是上海柴油机厂。"

> 当年的车没有现在多,道路也没有如今拥堵,但这段路至少也要骑上一个多小时。到了厂里,就坐下倾听、记录,接待的不是副厂长就是办公室主任,过去的企业对调研者倒没有什么保密,坐下来,谈的都是大实话。①

一谈就忘了吃饭,再骑着车往回赶,路过同事家,进去讨口茶喝,再赶路。到家天已擦黑。忙完其他事,晚上9点开始,10平方米的小屋终于能够安静下来,打开灯,开始写调研报告,一起笔就是三四千字,不知不觉写到凌晨一两

---

① 杨群、胡宋萍、李谧欧:《一场轰轰烈烈的大讨论》,《解放日报》2014年1月2日。

点。天天如此,朱金海也不觉得累。

如果把历史的脚步与个体人生的轨迹对照着看,一些有趣巧合值得回味:从朱金海出生的1952年,到他在上海社会科学院参加工作的1978年,是上海工业根据全国需要唱主角的历史时期。数据表明,1952—1978年上海以工业为主的经济发展路子,使第二产业占上海国内生产总值的比重从52.4%提高到77.4%,同期,第三产业占比则从41.7%下降到18.6%。由曾经的远东地区金融、贸易中心,彻底变成为全国提供工业产品的工业基地。[①]

大调研还牵出了"上海经济双周座谈会"。

"上海经济双周座谈会"是舶来品,拿来主义,套牌学了中国社会科学院工业经济研究所的双周座谈会。从1977年下半年到1978年上半年,中国社会科学院工业经济研究所定期开了十几次双周座谈会,分别约谈十几个工业、科技部委的计划司司长、政研室主任,由马洪亲自提问,随后写成简报直送中央。

"上海经济双周座谈会"则由上海社会科学院发起,跟市计委、经委和中共上海市委研究室等单位联合主办,为讨论"上海向何处去"搭建了一个大平台。

20世纪80年代,上海有一个"双周座谈会",发起者是老院长黄逸峰,每两周集中座谈一次,将全市各高等院校、科研机构、政府机关的经济理论工作者集中起来座谈,专题研讨上海发展的趋势,存在的问题,以及今后的方向等。"双周座谈会"持续了两三年,对上海经济发展战略研究产生了很大影响。(引自2014年11月11日,陶友之口述实录)

关于"上海经济双周座谈会",一般都说在"20世纪80年代",譬如周振华、熊月之、张广生合著的《上海:城市嬗变及展望(1979—2009)》[②]就说:"1981年,上海社会科学院部门经济研究所承接了中国社会科学院发布的'上海经济

① 杨群、胡宋萍、李谧欧:《一场轰轰烈烈的大讨论》,《解放日报》2014年1月2日。

② 格致出版社、上海人民出版社2010年版。

发展战略研究'课题，在开展该课题研究的同时，举办了由上海社会科学院发起，由市计委、经委和市委研究室等单位联合组织的'上海经济双周座谈会'，把上海经济发展战略的研究推向了新的高潮。"但据《院事揽要——上海社会科学院大事记(1958—2008)》[①]记载："上海经济双周座谈会"始于 1979 年 7 月，终于 1983 年，由陈锦华(时任中共上海市委副书记、常务副市长兼市计委主任)任主任，黄逸峰牵头，以夏光华(时任上海《资本论》研究会会长)、陈敏之、钦本立(时任上海社会科学院党委委员，世界经济研究所党委书记、副所长，《社会科学》杂志社编委会主任)、贺圣镐(时任市计委干部)为秘书组具体负责。

"上海经济双周座谈会"在社会科学院小礼堂或锦江小礼堂举行，一般 80—100 人到会。汪道涵是常客，时任中共上海市委书记、市长，为人质朴、平实，有学者风度。他本身是个专家，又是全市第一行政长官，胸中有盘棋，手中有数字，有感而发，即兴交流，非常有条理，从来没有特地准备的稿子。

"上海经济双周座谈会"给朱金海留下很深印象。在朱金海的印象里，"双周座谈会"没有刻板程序，只是每次都有主题发言，然后大家都抢着说，把憋了很久的观察与思考，统统与众人议。而他自己，当时正在学日语，学习过程中，借着社会科学院能够搞到的外国资料，看了不少日本的发展战略研究资料。譬如在大阪的一些发展白皮书中，朱金海第一次看到"产业结构调整"的提法和讨论，他就把这些资料翻译、整理出来，供上海"经济双周座谈会"的与会者们参考。

> 当时，市里对部门经济研究所比较重视，对工业室比较重视，计委还组织我们调查节能问题。在对钢铁、冶金、纺织、机械等四大工业做了调查之后，我们提出一个观点，即节能要分两种，直接节能和间接节能都要重视。这是社会科学院研究的长处，从实际调查中提取理论和概念。我们强调技术水平决定能源消耗，技术水平高，单位产品的能耗就低，这就是直接节能。但像上海这种国际大都市，要把重点放在产业结构调整上。

---

① 上海社会科学院出版社 2008 年版，第 76 页。

即要用减少大耗能工业以降低能源消耗的总量，这就是间接节能。我们给市政府写了报告，市政府把这个报告送到中央，当时正好召开全国计划经济会议，报告作为经验总结发给大家。节能不仅要直接节能，而且要重视间接节能，这在当时还是一个新的提法，受到大家的重视和欢迎。会议结束后，报告被中央书记处发给全国各省市。文件发下来以后，社会科学院党委都看到，说这么大成绩怎么也没给我们汇报一下？后来报告的主要内容还在《人民日报》上发表了。（引自 2014 年 6 月 17 日，姚锡棠口述实录）

上千天的上海工业大调研和几十场“上海经济双周座谈会”的召开，让陈敏之、姚锡棠、沈峻坡、厉无畏、孙恒志、左学金、朱金海们加深认识到了上海工业的优势已在逐步衰退，与外地产品的差距日益缩小，而与国际水平的差距却不断扩大，上海相当部分产品不仅“外挤”能力不足，而且已受到外省市大量引进国外先进设备和灵活的经营机制的双重威胁。

于是，1980 年 3 月，部门经济研究所在“上海经济双周座谈会”讨论经济结构的基础上，结合进一步调研，写出《关于上海在“四化”中如何发挥老基地作用的几点建议》，报送中共上海市委。后经市委领导批示，列入《市政府参阅文件》。

于是，1980 年 10 月，部门经济研究所在“上海经济双周座谈会”讨论上海长远发展规划后，结合院部分专家、学者的研究成果，向中共上海市委提交了《对上海长远规划的建议》，获市委领导的专门批示。

于是，1980 年 10 月 3 日，《解放日报》第一版以半个版篇幅，全文发表沈峻坡文章《十个第一和五个倒数第一说明了什么？——关于上海发展方向的探讨》。

沈峻坡文章的核心，是正面揭示传统的计划经济束缚了上海经济社会的发展和人民生活的改善。上海上缴得太多了，地方财政严重不足，老百姓的衣食住行难以改善。集中到一点就是：重积累，轻补偿。

上海是全国的上海，一定要有全局观念，要向国家提供更多的积累。三十年来，上海提供的积累相当于全市固定资产净值的 25 倍；近几年来，几乎是一年上交一个上海。这是上海一千万人民的光荣，今后还应继续

> 发扬这种为国家多做贡献的精神。但是，由于过去国家财政统收统支，越是生产先进、积累较多的地方，往往是国家给的投资越少，补偿也不足。三十年中，国家给上海的基本建设投资约占上缴的7.38%，数量甚少，弥补不了生产消耗。在基本建设投资中，非生产性投资仅占上缴的1.23%。城市欠债越来越多，上海一直在老化。在贯彻八字方针中，就国家来说，有个调整积累和消费比例关系问题；就上海来说，也有个调整上缴和补偿的比例关系，以及留有一定地方财政，解决上海地方上最紧迫需要的问题。①

沈峻坡的文章理直气壮，振聋发聩，捅破了窗户纸。

一石激起千层浪。刊有沈峻坡文章的当日《解放日报》零售脱销，读者纷纷致信解放日报社，说今天的头版头条太好了，多少年来没有见过，从来也没有见到党报这样为我们老百姓说话。《文汇报》《新民晚报》的同行也认可，说文章好，《解放日报》的胆子很大，很有勇气。但国务院一位领导的办公室却给中共上海市委打电话，说："领导看了，说这篇文章是在给中央施加压力。文章说地方财政太少了，都上缴给中央了，弄得地方财政不足，没有办法解决地方老百姓的衣食住行民生问题。这种说法是错误的。"

然而，人民群众对于美好生活的向往，就是我们的奋斗目标。社会主义的生产目的就是要"最大限度地调动各方面的积极性，充分发挥我们的有利条件和长处，按比例地高速度地向前发展国民经济，更好地满足全社会经常增长的物质和文化的需要"。②

再也没有什么别的能比1980年10月3日的《解放日报》零售脱销更能影响部门经济研究所的工作热情了。

再也没有什么别的能比《解放日报》就《十个第一和五个倒数第一说明了什么？——关于上海发展方向的探讨》连续展开10次专题讨论更能激发部门经济研究所的钻研劲头了。

---

① 沈峻坡：《十个第一和五个倒数第一说明了什么？——关于上海发展方向的探讨》，《解放日报》1980年10月3日。

② 《人民日报》特约评论员：《要真正弄清社会主义生产的目的》，《人民日报》1979年10月20日。

部门经济研究所这就铆足了劲，在上海经济发展战略研究上下更大功夫。

1981 年，部门经济研究所向国家申请了一个课题，由陈敏之主持来搞“上海经济发展战略研究”。1983 年，“上海经济发展战略研究”被正式列入全国哲学社会科学“六五”科研规划，首次将上海经济发展战略作为一个明确的科研对象。

> 上海经济发展战略，是 1983 年 4 月列入全国哲学社会科学“六五”科研规划的一个重点项目。这对我们来说，是力不胜任的。我们——上海社会科学院部门经济研究所除了具有学科比较齐全（具有工业、农业、商业、财政金融、城市、旅游、数量经济与统计、会计、情报资料等各个研究室）这个优势外，别无所长。但由于上海这个城市在我国的特殊地位，上海经济发展战略这个研究课题，又具有很大的吸引力，因此赢得了不少同志的关心。①

没有人比陈敏之更关心“上海经济发展战略研究”。

陈敏之时任部门经济研究所副所长。他从北京领来课题，就用 2 万元课题经费，集中全部门经济研究所近一半人员，从全国经济发展全局的角度来研究上海经济。正因为这一阶段的研究“已从单纯的工业技术改造讨论推向经济结构问题的研究，把经济结构调整提到了上海经济发展战略的方向性高度”；②所以，姚锡棠、孙恒志、朱金海、厉无畏的“调研预测论证报告”《新的技术革命与上海经济结构的调整》得以名正言顺地郑重提出“两种发展路子”和“上海只有走新路子”，才能“按照新技术革命的要求调整自己的产业结构”，才能“大力扩充生产性服务业和生活性服务业”，“争取在 2000 年时使商业和服务业的产值在社会总产值中的比例由目前 5%左右上升到 10%左右”。③

---

① 陈敏之：《上海经济发展战略研究》序，《上海经济发展战略研究》，上海人民出版社 1985 年版，第 3 页。

② “战略先导”课题组：《上海改革开放 40 年大事研究 · 战略先导》，格致出版社、上海人民出版社 2018 年版，第 17 页。

③ 姚锡棠、孙恒志、朱金海、厉无畏：《新的技术革命与上海经济结构的调整》，《上海经济发展战略文集》，上海社会科学院部门经济研究所 1984 年 10 月，第 58、60、66—67 页。

区区 5 个点，5 个百分点，在于三产增加值占比已稳超七成的而今上海，实在太微乎其微，不足挂齿。可在当时，工业在全市五大产业部门构成的社会总产值中高占 82.8%的当时，冶金、化工、纺织、机械和能源的基建投资又高占工业总投资的 90%的当时，这样的一个改弦更张，可是实实在在的石破天惊、空谷足音啊！

# 第八章　我们没有时间了

陈敏之，本名陈怀如，1920 年生，江苏苏州人，1936 年由他五哥顾准介绍加入中国共产党。

> 陈敏之是顾准的胞弟，也是一位著名的经济学家，他从父姓，哥哥顾准从母姓。陈敏之曾任上海市人民政府建委副秘书长，上海市人民政府经济研究中心办公室主任，上海社会科学院部门经济研究所副所长，上海立信会计专科学校校务委员会委员。陈敏之还是“文化大革命”结束后立信的复校倡议人之一。
>
> 顾准在世时历尽坎坷，临终时备受凄凉，身边只有弟弟陈敏之和经济研究所的同事陪伴。
>
> 陈敏之曾经说过：“回忆往事，对我来说是凄恻和痛苦的。1974 年 12 月，当我捧着五哥的骨灰走上老山骨灰堂的陡坡时，我的心比我的脚步更沉重。我应当坦率地承认，我自己也曾经是一个思想奴隶……”①

坦陈“自己也曾经是一个思想奴隶”的陈敏之，在 1980 年 3 月出版的《社会科学》第三期上发表了一篇《住房还是商品》，其影响力绝不亚于沈峻坡的《十个第一和五个倒数第一说明了什么?》。因为在当时的现实生活中“住房似乎早就排除出商品领域”。一方面，中国“不再存在可以自由买卖住房的商品市场”。另一方面，中国的城市居民“除了通过房屋管理部门分配的渠道，不可

---

① 罗银胜：《陈敏之与顾准儿女从隔阂到冰释前嫌》，《新华每日电讯》，2015 年 6 月 26 日。

能自由租赁到任何房屋”。然而,陈敏之的观点却是:“目前住房之所以不可能自由租赁(更不必说自由选择),而必须通过房屋管理部门这唯一的渠道,是由于住房这种商品过少,迫不得已采取的一种手段,正像对粮食、副食品、棉布等实行定量凭票供应,同样是迫不得已的措施;一旦市场的商品量大大丰富起来,现行的凭票供应制度就将取消,现行的房屋分配制度就有可能以自由租赁来代替。”

> 我们今天在住房问题上采取分配制度,正是为了使那些住房最困难、最迫切需要的那部分人民能够得到优先解决的一种暂时的过渡性的办法。但是如果认为这是社会主义制度下唯一可以采取的最优的办法和制度,那就是极大的误解。认为住房已排除出商品这个领域,则纯粹是一种错觉。①

告别错觉,陈敏之在“一种不顾实际的、过急的、过‘左’的思想”依旧“经常扰乱我们”的严峻现实下勇敢提出了他的“住房商品”论,他的“住房商品”论的基石就是“住房可以供人们自由选择、自由租赁”,这是中国住房制度改革的方向,这是“它的发展的更高阶段,或者它的上面的一个梯级”。这在“住房的商品性质被分配制度这块帷幕遮盖住了”的时候,实在是振聋发聩之说,所以,陈敏之的《住房还是商品》不只是在 1985 年荣获孙冶方经济科学奖优秀论文奖与上海哲学与社会科学(1974—1985)论文奖,而且亦为部门经济研究所的房地产经济研究赢得了一个高起点。

> 继陈敏之之后,高柳根等人依托部门经济研究所城市经济研究室,深入住宅建设和管理部门,了解历史,把握现状,为开展理论研究做好准备。同时,积极参与当时社会上学术理论界和社会各界关于对发展住房(包括土地)的理论探索。从二十世纪八十年代到九十年代初,参与了关于住房商品属性、土地使用权的有偿转让,解决上海居住困难、住房制度改革的

① 陈敏之:《住房还是商品》,《站在现实经济研究的最前沿——上海社会科学院部门经济研究所论文精选》,2008 年,第 331 页。

方案设计等方面的研究,取得了一定的成果。

经过十余年的理论准备和实践探索,在邓小平南方讲话精神的鼓舞下,在 1992 年前后,上海房地产出现了一轮较大规模的发展。但至 1993 年下半年,中央政府对房地产业实行宏观调控,上海房地产业也开始进入一个长达 5 至 7 年的调整期。房地产业发展的大起与大落,房地产市场建立之初出现的种种问题,引发了社会各界,特别是理论界的高度关注。自 1994 年起,部门经济研究所房地产研究中心研究人员在张泓铭的带领下,开始以房地产市场的发展和房地产市场重大现实问题研究为主要方向进行理论研究。张泓铭主持、参与了建设部下达的一些重大课题,承担了多项市政府决策咨询课题,开展了关于缓解空置商品房,上海住宅发展规模预测、动拆迁、住房保障等问题的研究,主持编制了上海商品住宅预售价格指数和二手房交易价格指数等,取得较大的成果,在社会上产生了一定的影响。部门经济研究所成为上海房地产经济的重要研究单位之一。①

从陈敏之的“住房商品”论到张泓铭主持编制上海商品住宅预售价格指数和二手房交易价格指数,陈家海在 2017 年 11 月 30 日上午都有说到。他在我的采访名单上排列榜首。那是因为陈嘉欢定名单时竭力推荐我第一个见他。孙福庆指派陈嘉欢给我当助手。陈嘉欢再三对我说,我在见其他人之前必得先见陈家海。陈家海跟我谈了一上午,上来就说他进部门经济研究所工作 30 年,从 1982 年至 2012 年,受影响最大的就是陈敏之,他的老所长。陈家海说:“我曾经是陈所长的助手,帮他拎包,跟着他做课题,收获非同一般。”

当年的学术研究,都是以上海为龙头的。很多华东地区的课题,都请陈所长当课题组组长。譬如研究中心城市综合改革,课题的级别很高,上来就是一个相当显眼的位置,需要直面对接政府领导,对接央企高管,面对面讨论国企改革、经济政策、经济发展、生态环境等问题,我们自己做

① 刘福长:《房地产经济研究》,《天命年回首——上海社会科学院经济研究所建所五十周年征文选第二辑 · 部门经济研究所》,上海社会科学院出版社 2006 年版,第 72—73 页。

不到，跟着老师能做到。跟着老师去，跟着陈所长去，我们就能进到许多以前根本无法进到的地方里面去，直接向政府或企业高层了解第一手情况。（引自2017年11月30日，陈家海访谈实录）

上海经济发展战略研究深化了“上海向何处去，建设什么样的上海”大讨论。听说上海讨论得热烈，国务院总理也就亲自过问上海重建经济中心，指示上海利用优势，向国外市场发展。薛暮桥闻风而动，“从北戴河休假回来”即上书国务院总理，说总理“听取上海汇报时周详的指示”是“重要方针”，但“仅此一项，还不能恢复和发展上海作为全国经济中心的作用”。

更加重要的是，上海应当向外省投资，恢复和发展全国经济中心的作用。抗日战争时期我在江苏东台海滨看到上海资本家投资500万建设的纵横数十里的垦区，把完全荒芜的盐碱地变成盛产棉花、富裕繁荣的大农场，深有感触。解放前上海向外地的投资不少，但五十年代以来实行地区分割，各省、市、区只能在自己的范围内发展，这不但对上海不利，对内地各省也很不利。既然我们企图改变条条块块式的管理体制，建立大中小经济中心相结合的网络式的经济模式，我们在上海经济发展的方向上，就应当把这思想体现出来。①

薛暮桥的“三个面向”（面向郊区，面向外省，面向外国）让人耳目一新，上海社会科学院、市计委、经委和中共上海市委研究室等单位联合组织主办的“上海经济双周座谈会”也就越办越扎实，越有针对性。由于部门经济研究所在这一过程中不仅参与了“上海经济双周座谈会”；参与了国务院调查组会同上海各业务部门对上海经济调查研究和关于经济体制改革、调查经济结构、农村经济的新发展、上海城市建设和住宅建设、财政问题、对外贸易、市场情况、宝钢建设等重大现实经济问题的调查研究；而且还接受市委、市人民政府、市经济研究中心委托研究各项具体项目，部门经济研究所的研究内容也就从单

① 薛暮桥：《关于恢复和发展上海作为全国经济中心的意见》，《薛暮桥晚年文稿》，生活·读书·新知三联书店1999年版，第283—284页。

纯的工业技术改造转向经济结构调整，又从经济结构调整提高到上海经济发展战略取向，相继完成“上海工业技术改造的若干问题”“对上海工业增长中技术进步因素的分析”“上海经济发展战略的能源对策”“上海郊区农业(农、林、牧、副、渔)发展战略研究”“上海应当发展成为我国最大的贸易中心”“上海建立金融中心问题初探”“完善上海市地方财政的研究”“上海经济建设资金的需求和来源”“上海对外交通发展的战略考虑”“上海环境保护的战略目标和措施”“上海住房分配与租金改革的设想”“上海应建设成为远东第一流的国际旅游中心”“对上海人口发展应取对策的探讨”“2000 年上海人民生活水平可能达到的目标探讨”等 27 篇(份)研究报告，综合成一份研究总报告，即《上海经济发展战略目标的抉择》，而姚锡棠、孙恒志、朱金海、厉无畏四人的调研预测论证报告《新的技术革命与上海经济结构的调整》也正是在这样的背景下脱颖而出，极具代表性。

在世界新技术革命的推动下，工业化和半工业化国家的经济都在进行结构性的调整，产业结构、产品结构、技术结构和国际贸易结构正在发生深刻的变化，整个经济结构正在朝着技术密集和知识密集型的方向发展，技术和知识经济将成为决定一个地区经济增长快慢和竞争能力大小的关键因素。

面对世界经济发展中的这种新形势，我们对上海经济结构的现状、调整的必要性、调整的方向和途径、调整的具体方案和效益进行了调研、预测和论证，现将初步结果报告如下……①

再后来，陈敏之担纲接了全国重点研究课题——上海经济发展战略研究，姚锡棠的团队里又多了新来乍到的陈家海。

1982 年，我刚进到所里，什么也不懂，只有一些书本知识，全靠前辈的指点，手把手地教，一点点做起来，前辈的“带”真的很管用，有帮助。回过

① 姚锡棠、孙恒志、朱金海、厉无畏：《新的技术革命与上海经济结构的调整》，《上海经济发展战略文集》，上海社会科学院部门经济研究所 1984 年 10 月，第 49 页。

头看，我以为我的成长很大程度上得益于陈、姚两位的影响。一个是陈敏之，一个是姚锡棠，一个是部门经济研究所的副所长，一个是部门经济研究所的所长，我都跟过，跟着做，做得比较好。姚锡棠后来调到院里当副院长，有大量课题需要建立团队来做，团队成员比较固定，就是五六个人，部门经济研究所就是我和朱金海，经济研究所就是周振华和张道根，世界经济研究所的话就是黄仁伟和张幼文。姚院长牵头做的都是大而综合的课题。20 世纪 80 年代，我们一直在做的就是上海经济发展战略。（引自 2017 年 11 月 30 日，陈家海口述实录）

姚锡棠、孙恒志、朱金海、厉无畏的调研预测论证报告《新的技术革命与上海经济结构的调整》在引用大量资料的基础上强调指出："落后的经济结构正使上海的发展速度、经济效益和对外贸易等各个方面遇到巨大的困难。"而出路则在于"从根本上调整上海的产业结构和产品结构，走技术密集的发展道路；并积极应用新兴技术改造上海庞大的传统产业，提高传统产业的集约化程度，有计划地把传统产业转到依靠技术进步的轨道上来"；同时，还"要加速交通运输、邮电通信、建筑、商业和其他服务业的发展，使全市五大产业更趋协调"。①

当时在市里有两种意见。一种意见说的是发展经济主要就是发展工业。而我们的主张是上海除了发展工业之外，也要发展服务业，特别要发展金融等现代服务业。换言之，我们说的是除了发展第二产业之外，也要发展第三产业。这是我们在研究了上海的发展历史和国际大都市发展趋势后得出的结论。我们认为上海在历史上是东亚地区最大的金融贸易中心，有发展金融和贸易的传统与经验。更何况国际上的大都市，第三产业的比重都已超过第二产业。在计划经济体制下，金融贸易格局都是统筹的。现在改革了，开放了，市场逐渐起来了，应该有个金融中心和贸易中心。应该有个批发市场、工业品市场和农产品市场。金融起来了，还要有

① 姚锡棠、孙恒志、朱金海、厉无畏：《新的技术革命与上海经济结构的调整》，《上海经济发展战略文集》，上海社会科学院部门经济研究所 1984 年 10 月，第 54、59、66 页。

> 要素市场、资本市场、期货市场这些东西。我们看了许多书，查了很多资料，看到世界上主要城市的发展，除了工业之外，服务业是很发达的。但当时我们的观点被多数人反对，主要有三条理由：第一条，党“十二大”提出来工农业翻两番，并没有提出服务业，你们想要发展服务业，违背了党的“十二大”精神。第二条，服务业、第三产业，都是资产阶级的概念，资产阶级的东西要不得。第三条，北京有人写了一本书，专论中国经济发展战略，里面是批判第三产业的。你们为什么要把北京批了的东西当个宝？（引自2014年6月17日，姚锡棠口述实录）

后来院里开会，由夏禹龙主持，市里主管经济的几个领导都来了。姚锡棠在上午的大会发言里坚持了“上海除了发展工业之外，也要发展服务业，特别要发展金融等现代服务业”的观点。姚锡棠说，按照经济发展规律，总归是从第一产业到第二产业再到第三产业，上海也有发展第三产业的历史，上海城市如果只发展工业的话，将会遇到巨大的环境问题和运输问题。姚锡棠的发言引起了震动。下午的讨论，辩论很激烈，反对的多，赞同的少。

> 实际上，这也不是我们工业室几个人的功劳，上海经济发展到这样一个阶段，资源消耗这么多，历史上金融中心的传统，所以不发展第三产业和服务业是不行的。在这之后，我们又写了一些文章，发表在《社会科学》《世界经济导报》上，影响很大，收到很多来信，纷纷追问什么叫第三产业，如何计算？最后算出来，1982年上海第三产业的比重是22%。很多人虽然批判我们，但客观上扩大了我们的影响。这个事情还要感谢汪市长。汪道涵市长让市委、市政府研究室把我们的意见报到了中央，当时我们还有些紧张。后来国务院主要领导有个批示，大意是专家们的意见还是对的，现代城市，特别是现代化大城市，不能光发展工业，也应该发展服务业。这个批示非常重要。从此，上海社会科学院与我们这个团队，部门经济研究所工业室，声名大振。（引自2014年6月17日，姚锡棠口述实录）

此后，围绕第三产业和服务业，部门经济研究所又展开了大量调研。

首先,传统工业怎么转。根据当时国内的消费水平,传统工业产品尚有极大的市场,而且上海财政收入还主要依赖传统工业支撑,如果上海放弃传统工业的生产,一方面会影响国内市场的商品供应,另一方面更会严重影响上海的财政收入。为此,部门经济研究所的研究人员提出了“内联外挤”的战略构想。一方面,上海应当逐步将传统工业转移到长江三角洲地区以至长江流域去,把周边地区作为上海产品的生产基地;同时,上海还必须与内地(特别是原材料产地)加强联合,充分利用当地的原材料就地进行初级产品加工。另一方面,应利用国际传统产品的广阔市场,提高产品质量、产品档次,改观产品包装,联合周边地区,扩大和增强传统产品的出口创汇能力。

其次,新兴工业怎么上。这里除了以往提出的要加强新兴工业的研究开发,以及加快引进国外先进技术和设备外,部门经济研究所的研究人员还提出,上海新兴工业的发展,必须学习“四小龙”的成功经验,走“进口替代”的路子,即对大量从国外进口的、国内市场需求旺盛的产品,比如家用电器、小轿车、航空设备、微电子产品等,从进口产品改为进口生产设备和生产技术,逐步形成自己的生产能力;必须大力引进外资、外技,带动和促进新兴工业的发展。部门经济研究所的研究人员还提出,上海新兴工业的发展必须以国际市场为目标,占领第三世界国家的市场。为此,必须达到产业化、规模化的要求。

围绕结构调整问题,部门经济研究所的研究人员也提出了一系列政策建议。概括地说,这些政策主要有:第一,扶植新兴工业发展和促进应用新兴技术的经济政策,包括折旧政策、贷款政策和减免税政策等,如大幅度提高新兴工业的折旧率,对新兴工业和应用新技术的企业实行优惠的贷款政策和税收政策;第二,限制传统工业的发展,不仅要严格限制新的传统工业企业的建设,而且要采取必要的措施,如高额的能源税、高额的“三废”罚款等,迫使已有的高能耗、高物耗、低效益的传统工业企业,从上海转移出去;第三,经济管理体制的改革必须与经济结构的调整同步进行,这里包括国营企业、外贸体制、财政体制、商业流通体制等方面的改革;第四,要千方百计培养各种专业人才,要充分发挥上海大专院校和科研机构集中的优势,要对科研成果和成果应用卓著的科研人员实行重奖,培养和造就一批能在新兴技术发展中作突出贡献的独创之才。

研究人员的政策建议，连同姚锡棠、孙恒志、朱金海、厉无畏的调研预测论证报告《新的技术革命与上海经济结构的调整》，后来都被《上海经济》双月刊结集出版，作为专辑，题为《上海经济发展战略研究论文集》。

> 对上海经济发展战略这个研究课题，曾进行过两次公开讨论。第一次是 1984 年 4 月，由我们课题组与上海经济研究中心、上海市计委主持，只限于上海本地的同志参加。反映这个讨论会的成果，已经出版了《上海经济发展战略研究论文集》。第二次讨论会举行于 1984 年 9 月，由上海市人民政府主持，有各地学者、专家参加。我们课题组参加了这次讨论会，并向讨论会提出了十四份研究报告，其中包括《上海经济发展战略目标的选择》这个主要研究报告。[1]

陈敏之所说的第二次讨论会，即“上海经济发展战略研讨会”，一个有近百人参加的大型盛会，举行于 1984 年 9 月 22—26 日。与会的北京领导、专家有宋平、马洪、许涤新、薛暮桥、薛葆鼎、徐雪寒、李宝恒等，外省市专家、学者有安徽的杨纪珂、辽宁的王光中、四川的顾宗枨、浙江的张奇等。

其实，宋平、马洪等人的与会还有一个背景。这个背景就是 1984 年 9 月 3—10 日，全国中青年经济科学工作者讨论会，在浙江省德清县莫干山上召开，史称“莫干山会议”。

“莫干山会议”不仅是中国中青年经济工作者的“第一次集体发声”，标志着中青年学者的全面崛起，并开始影响中国改革，而且与会者中还有王岐山和孔丹。王岐山时年 36 岁，任中共中央书记处农村政策研究室、国务院农村发展研究中心副局级研究员、战略研究组暨联络室副主任；孔丹时年 37 岁，任国务委员兼国家经济委员会主任张劲夫的秘书。

> 在 20 世纪 80 年代，我跟一群同时代的年轻人保持了比较密切的交往。那是一个青年精英辈出的年代，也是一个思想非常活跃的时期。不

---

① 陈敏之：《上海经济发展战略研究》序，《上海经济发展战略研究》，上海人民出版社 1985 年版，第 3—4 页。

少人至今仍在怀念那个时期。当时,农村政策研究室有几个有名的人物——翁永曦、王岐山、黄江南和朱嘉明,号称“四君子”。我们时有聚会,对中国经济有过多方面的探讨。通过我的人脉,了解一些青年学者的思想和理论成果,对劲夫同志来说,是我可以发挥的一种特有的作用。莫干山会议就是其中一次比较重要的活动。[①]

王岐山和孔丹的到会,让“莫干山会议”的组织者们踏实了许多。毕竟在那时的中国,尚不存在一个纯粹意义上的“体制外”,也没有与国家相对应的“社会”。无论是谁,都对青年近卫军的自由组合、自下而上的草根空间,心里没底。

到了莫干山的那天,我记得在山上基本上是彻夜未眠。我们找了间屋子,“开神仙会”。在场的有王岐山、陈一谘、张钢、黄江南等人。王岐山和纯粹理论学术派的风格不大一样,他一贯表现出很强的为政府咨询、为决策服务的能力。[②]

在“莫干山会议”之前,中国没有政策研究。所谓政策研究室是个大秘书班子,不做学问,没有独立研究,只负责给领导写讲稿和起草文件。在“莫干山会议”之后,一大批青年学者走到了前台,竞相献计献策,提出政策建言。从此,政府从谏如流,开始注重政策研究。所以,中国当代改革史的研究者们都说“莫干山会议”是分水岭,一个中国“经济改革思想史上的开创性事件”。事实上,政府不只是采纳了那些年轻学者在莫干山上的“指点江山,激扬文字”,甚至都将他们中间的大部分人吸收进了引领未来中国攻坚克难的核心团队,王岐山、马凯(时为中国人民大学政治经济学系政治经济学专业在读硕士研究生,后任中共第十八届中央政治局委员、国务院副总理)、周小川(时为清华大学自动化系系统工程专业在读硕士研究生,后任中共第十六届、十七届中央委员,全国政协副主席,中国人民银行行长、党委书记)、楼继伟(时为中国社会科学院研究生院数量与技术经济系经济系统分析专业在读硕士研究生,后任中

① 孔丹:《难得本色任天然》,生活·读书·新知三联书店 2015 年版,第 153—154 页。
② 孔丹:《难得本色任天然》,生活·读书·新知三联书店 2015 年版,第 154 页。

共第十八届中央委员,财政部部长、党组书记)、陈锡文(时为中国社会科学院农业经济研究所研究人员,后任全国政协常委,中国农村发展问题研究组副组长)等就是其中的典型代表。

英雄不问出处。当年的马凯、周小川、楼继伟、陈锡文们名不见经传,会议名录上只有姓名、单位,没有职务,跟陈申申别无二致。

在“莫干山会议”上,陈申申不只是145名正式代表中的一分子,而且还是第三组的召集人。

> 在莫干山,我在第三组,城市多功能组,原来叫大流通组,现在的人都忘掉了,说是开放组,根本不对。我是上海社会科学院部门经济研究所的人,在城市多功能组当召集人。当时每个召集人都要上台讲话,讲20分钟,我的讲话最不受欢迎。大家都想包产到户、企业放权,我说你们都搞不成,因为我们的金融体制,是在旧的模式下运行的,那就不可能有新的发展、新的升华。怎么办?只有一个办法,就是给城市建立新的功能,把金融和地产绑在一起,搞城市发展。只有这样,才能搞出一套新的商业模式。只有这样一套新的商业模式,才能让旧的体制发生变化。这是问题的关键。既要改革,又要稳住局面,不容易,不能没有真正意义上的新东西。危机导致改革,最危险。下面的人,可以没感觉;上面的人,做理论的人,不能没感觉。(引自2018年4月15日,陈申申口述实录)

陈申申的名言是:“改革年代,没有反对改革的人,没有不愿改革的人,只有不会改革的人。”

陈申申的“会改革”就是抓牛鼻子,改革外贸。陈申申认为,外贸体制的改革,当时容易搞,不那么引人注意,但这是一条正道。把土地分给农民,能多打粮食,却不是新鲜事,土改时早有了。只干这样的事,不能把中国引上现代化。中国要实现现代化,真正的大举措,第一大措施,就是外贸改革,让外贸公司接到大的订单。外贸公司有了大的订单,就可以从银行拿到贷款,就可以不通过国家下指标,自己建工厂,搞生产基地,其结果是遍地开花,全国各地,凡外贸系统,都有自己的生产基地。这样一来,上海就要往外走,走出去,去浙江、江苏找加工单位，利用乡镇企业。以前是画地为牢，自己吓唬自己，杭州、宁波都不敢去，生怕被当地政府坑了、吃了。现在是越远越好，越偏越好。最最偏远的地方往往最最宽松，放得开手脚。偏远的毛病是交通、通信极不方便，要想联系上，至少 10 多个小时。但就是这样的犄角旮旯，一个外贸公司的老总，一个乡镇企业的厂长，比县长还牛。一旦有了这样的局面，中国就会奇迹般地创汇，坐拥几十亿几百亿几千亿乃至几万亿几十万亿几百万亿元的外汇。中国就有希望。

然而，陈申申所在的第三组，完全是一个东西对话的格局，成员大多来自沿海开放地区和西部地区。组里除了上海的陈申申、陈乐波、陈平、蔡乃中，天津的杜厦、李罗力、金岩石、常修泽、郝一生、杨海田，广州的张向荣，香港招商局蛇口工业区的梁宪等，还有内蒙古的郭凡生、曹征海，陕西的张宝通、刘安等。郭凡生，人称“电商教父”，当时在中共内蒙古自治区党委研究室工作，是“反梯度推移理论”的代表人物。于是，由东到西的“梯度开发理论”和“反梯度开发理论”，还有在内地“中心开花”理论，互为冰炭，角力在所难免。

说到“梯度开发理论”，就不能不说“四君子”。

所谓“四君子”，孔丹说了一个版本，那就是农研室(中共中央书记处农村政策研究室)和农研中心(中国农村发展研究中心)的版本，也就是翁永曦(时任农研室副主任)、王岐山、黄江南(时任国务院技术经济中心助理研究员)和朱嘉明(时任国务院技术经济中心经济师)。另一个版本，那就是上海的版本，也就是夏禹龙、刘吉(时任上海市科学技术协会专职副主席)、冯之浚(时任上海铁道学院管理科学研究所所长)和张念椿。

夏、刘、冯、张四人先是一起写文章，探讨科学学、领导学、管理学，再是梯度理论，即在国家或大地区经济开发中，按照各地区经济、技术发展水平，由高到低，依次分期逐步开发。

> 我们的另一个研究重点是梯度理论，即中国地域辽阔，沿海、内地差别很大，发展应该有一个梯度，逐步转移。梯度理论提出后引起轩然大波，沿海省市赞赏有加，而内地省份则激烈批评。我们秉持学术研究的原则，对于过度指责不予理会。(引自 2014 年 11 月 11、18 日，夏禹龙口述实录)

梯度理论所“引起”的“轩然大波”亦在“莫干山会议”上给天津的李罗力(时任南开大学经济研究所研究人员)留有深刻印象。因第三组的会场设在329牧师别墅，别墅业主龚安东的祖父龚心湛是北洋大佬，有留英背景，历任驻英、日、美、法、比等国公使馆随员，安徽财政厅厅长、省长，国家财政部次长、总长，内务部总长兼交通部总长，代理内阁总理；本人又留美10年，信奉基督，波大毕业后就任上海铁路局车务总管，所以“当代洋务派”的戏称自然落在了陈申申、陈乐波、陈平、蔡乃中们头上，尤其是言必称外贸是改革第一要务的陈申申头上。而正反双方围绕“梯度理论”的过招，也就多少有点变味，变味成为“近水楼台先得月”和“锁链更易在最薄弱一环上被打断”的碰撞。

> 开放组讨论最激烈的问题是由郭凡生的“反梯度理论”挑起的，郭凡生也是由于写了一篇《反梯度理论》的文章而入选莫干山会议的。当时，国内理论界都认为，中国的开放应该是由沿海逐步向内地中西部次第循序渐进地开放，而且中央当时的开放政策部署也是先开放沿海14座城市。但郭凡生等人认为，开放也可以是跨越式的，也可以先在内地“中心开花”，然后再向周边扩散，带动内地的周边地区也形成开放态势。开放组的大多数代表都不同意这个观点，基本观点主要是开放必须有一定的经济基础和观念基础，沿海地区之所以能够更先一步开放，就是因为从历史传统和客观条件上看，更具备这两个基本前提。①

同样，来自天津南开的常修泽为南开大学经济研究所研究人员，证实了李罗力的回忆。他说内蒙古的郭凡生“挑战”了上海的陈申申，但朱嘉明举重若轻，在他执笔的专题报告中回避了这些矛盾。

> 上海代表陈申申等十分重视沿海地区吸引外资的重要作用，郭凡生(内蒙古自治区党委研究室)则对经济界长期以来存在的“梯度推移”理论提出了挑战。在上述讨论基础上，朱嘉明执笔的专题报告指出，沿海对外

---

① 李罗力：《追忆1984年莫干山会议》，《第一财经日报》2012年8月13日。

开放，内地也应对外开放。这是一个大宏观决策，需要国家统筹考虑。[①]

夏禹龙、谭大骏、陈平、蔡乃中的《沿海开放地带的战略地位》后来被《经济日报》摘要发表在了9月下旬的专版上，专版的题目是《探讨经济改革中的理论问题——中青年经济科学工作者学术讨论会论文摘登》。而陈申申从杭州回来就又接着参加上海经济发展战略战役研讨会，第二个"莫干山会议"。

说上海经济发展战略战役研讨会是第二个"莫干山会议"实不为过。

首先，上海经济发展战略战役研讨会和全国中青年经济科学工作者讨论会都开在了1984年9月，一个上旬，一个下旬。

其次，两个会都打破常规，不拘形式。

再次，都有特定背景，服从于战略决策。

再再次，研讨战略决策的实质，仍是"梯度理论"和"反梯度理论"的热辩，仍是突破点之争的继续。

如果说由《经济学周报》《经济日报》、中央人民广播电台、《世界经济导报》《中国青年报》《中国青年》杂志、《中国村镇百业信息报》《经济效益报》及浙江省社会科学院、浙江省经济研究中心联合召开的全国中青年经济科学工作者讨论会的背景是价格闯关、市场化改革；那么，由上海市人民政府和国务院"改造振兴上海调研组"联合主办的上海经济发展战略战役研讨会的背景就是1982年11月30日，国务院总理在第五届全国人民代表大会第五次会议上作《关于第六个五年计划的报告》，指出："除广东、福建继续实行特殊政策和灵活措施外，要给上海、天津等沿海城市以更多的自主权，使他们能够利用自己的优势，在引进和消化技术、利用外资、改造老企业和开拓国际市场等方面，发挥更大的主动性和积极性。"就是1983年4月，上海市市长汪道涵在市八届人大一次会议上作政府工作报告，正式提出"外挤、内联、改造、开发"的发展途径，并指出：这四个方面的内容互为条件，互相促进，构成今后上海经济和社会发展战略的重要组成部分。就是1983年8月，胡耀邦视察上海，指出："上海必须充分发挥其口岸和中心城市的作用，发挥其经济、科技、文化基地的功能，作

---

① 常修泽：《史料版1984年莫干山会议》，《学术研究》2012年第11期。

全国四化的开路先锋。”就是1984年2月11—17日，邓小平视察上海，强调开放政策不是收的问题，而是开放得还不够。你们要加快速度，条件可以放宽一些。就是3月26日—4月6日，中共中央书记处和国务院在京召开沿海部分城市座谈会，决定进一步开放大连、秦皇岛、天津、烟台、青岛、连云港、南通、上海、宁波、温州、福州、广州、湛江、北海14个港口城市，并提出若干优惠政策和措施。就是7月10—12日，国务院总理视察营口，进一步指出：“上海、辽宁两个老基地必须改造与振兴。”就是8月11日，中央财经领导小组在北戴河开会，陈国栋(时任中共上海市委第一书记)、汪道涵向中央领导汇报上海的经济形势和1990年以前经济发展的初步设想，中央领导对上海经济体制改革、城市功能定位、产业结构调整、新兴产业发展等方面作出诸多指示，为上海经济发展定下基调，并指定由国家计委牵头，联手上海拟订上海经济发展战略方案。国务委员兼国家计划委员会主任、党组书记宋平，国务院副秘书长兼中国社会科学院院长马洪这就领衔“改造振兴上海调研组”，率陈树勋、吴敬琏等32人南下抵沪，赶在上海经济发展战略战役研讨会召开前半个月调研传统工业改造、第三产业发展、城市改造和基础建设等六大专题，分别听取市府下属19个委、办、局的汇报。

在朱金海的记忆里，那次会议尽管规格很高，与会者众多，却并不怎么讲究排场和形式。“甚至连个席卡也没有，大家也不论资排辈，找着位子就坐着听。”朱金海如是说。会议开了好几天，在一次讨论中，马洪说：“请宋平同志说说吧。”这时，年轻的朱金海才发现，原来，那位恰巧坐在自己旁边、几天来只是安静倾听着的人，正是宋平。①

30多年前的那一次盛会，是在衡山宾馆举行的。朱金海、陈家海、葛伟民们忙于会务、记录，有些细节忘了，有些细节仍还记得。

我记得徐之河出国访问，省吃俭用，攒了一点钱，买回来一个录音机，

① 杨群、胡宋萍、李谧欧：《一场轰轰烈烈的大讨论》，《解放日报》2014年1月2日。

就给我们拿到会场上去用。有一回,我负责记录汪道涵讲话,把录音机放到他面前。他很好奇,从来没见过,随手拿起来按了一下,关上了,结果一个字也没录上。(引自2017年12月13日,葛伟民口述实录)

汪道涵代表发起方在上海经济发展战略战役研讨会的开幕式上致辞,诚恳说道:"在上海工作的同志,对上海的认识难免有很大的局限性。'不识庐山真面目,只缘身在此山中'。"

大气谦和,虚怀若谷,是汪公的一贯风格。

会议期间,与会者围绕以下七个题目展开研讨:其一,上海经济、社会、科技发展有哪些有利因素和不利因素,如何扬长避短,发挥有利因素,克服不利因素;其二,关于上海经济、社会、科技发展战略的目标,有哪几种设想,最优战略目标如何选择;其三,如何进一步把上海建设成为一个对外开放、对内联合的,产业结构合理的,多功能的,现代化的中心城市;其四,上海在引进和消化国外先进技术和管理方法,以及利用先进技术改造传统产业等方面,如何为全国实现"翻两番"的任务作出最大的贡献;其五,为保证战略转变的实现,经济管理体制(包括计划体制和价格体系)应当作哪些改革,应制定哪些特殊政策;其六,实现上海经济、社会、科技发展的最优目标,应采取哪些战略步骤和部署;其七,关于上海发展的其他问题。①

上海经济发展战略战役研讨会一共开了7天,宋平、马洪、薛暮桥、宦乡、徐雪寒、杨纪珂、于光远、张宣三、蒋一苇、童大林、吴明瑜、许毅、李宝恒等225人分别代表国务院"改造振兴上海调研组"、中共中央书记处研究室、国务院经济研究中心、中国社会科学院、国家计委、国家科技委、中科院、财政部、中国人民银行以及京、津、苏、浙、皖、川、辽等地,在会上发言,说到了城市必须重视第三产业,说到了工业增长中的技术进步,说到了经济建设的资金来源,说到了

① 陈林:《上海第一个经济发展战略出台始末和历史意义》,《上海商业》2013年第10期。

经济信息、科技情报工作和咨询业的发展方向，也说到了政企分开后的政府经济职能。

会上虽然没有大的争论，但对上海工业还是提出了各种建议，比如宝钢应该迁到江苏或者安徽去，那里有丰富的矿产资源，而上海应该集中力量发展服务业等，这个对我们的支持是意义重大的。实际上，这不是我们工业室几个人的功劳，不是哪一个人或者哪个团队的单独贡献，我们只是在其中做了具体工作。从此，社会科学院、部门经济研究所与我们团队声名大振。在这个成绩的积累下，1985 年，我担任了工业室主任；1986 年，担任了部门经济研究所所长；1987 年，担任了社会科学院常务副院长。当然，这些不是我个人的成就，但提升了部门经济研究所在院里的影响，提升了社会科学院在市里和全国的影响，也培养了一大批人才。（引自 2014 年 6 月 17 日，姚锡棠口述实录）

众人拾柴火焰高。诸多专家、学者的群策群力为上海市人民政府和国务院"改造振兴上海调研组"在上海经济发展战略战役研讨会后即向国务院提交《关于上海经济发展战略汇报提纲》奠定了坚实基础。

《关于上海经济发展战略汇报提纲》认为："上海作为全国最大的经济中心城市，在全国四化建设中占有举足轻重的地位，其作用是任何其他地方所不能替代的"；因此特别强调"上海要充分发挥对外开放和多功能的中心城市的作用"，"上海近期工作的重点要放在改革、开放和理顺经济上"；"上海必须调整产业结构，推进技术进步，完善城市基础设施，并使各方面协调发展"。

《关于上海经济发展战略汇报提纲》还说到了"上海的城市和工业布局"，一定"要适应经济发展的需要。重点是向杭州湾和长江口南北两翼展开，创造条件开发浦东，筹划新市区的建设"。

1984 年，讨论上海经济发展战略，就已接触到了浦东开发。当时上海的工商企业拥挤在浦西，若要扩大发展，必须要进一步拓展市区。拓展的方向有三个选项：一、南下，即向金山扩展。二、北上，即向宝山推进。

三、东进，即向浦东扩展。大家就这三种意见反复进行讨论，一时未有定论。（引自2014年11月11、18日，夏禹龙口述实录）

1985年2月8日，国务院批转《关于上海经济发展战略汇报提纲》，并在《国务院批转关于上海经济发展战略汇报提纲的通知》中明确指出："在新的历史条件下，上海的发展要走改造、振兴的路子，要充分发挥中心城市多功能的作用，使上海成为全国四个现代化建设的开路先锋，力争在本世纪末把上海建设成为开放型、多功能、产业结构合理、科学技术先进、具有高度文明的社会主义现代化城市。""上海走活第三产业这着棋，更能重新焕发青春和活力，更好地发挥经济中心的作用，运用综合功能为全国经济建设服务"；"今后考核上海的经济工作，要把对全国四个现代化建设的贡献作为评定上海工作的主要标准，因此应把上海国民生产总值作为首要指标。"上海"还应成为利用外资、引进外技的主要门户，以及消化吸收后向内地转移先进技术和管理方法的桥梁；成为全国的商品集散地和最重要的外贸口岸，成为全国最重要的金融市场和经济技术信息中心；成为面向全国培训技术人员、经营管理人员、高级技工的培训中心"。

《关于上海经济发展战略汇报提纲》为上海的改革开放和经济发展奠定了基调，指明了方向，是上海解放35年来第一个以汇报提纲形式浓缩体现的规划蓝图，其意义绝非多少个GDP可以比拟。

事实证明，"衡山会议"形成的《上海经济发展战略汇报提纲》，所形成的这些思路和观点，不仅引领了上海后来很多年的发展，并逐渐丰富、成熟，成为指导上海城市定位的一些核心主旨。"开放型"的城市定位，促使上海多年在践行"以开放促改革"的过程中形成自己的独特优势，"中心城市多功能"的功能作用描述，后来也延续到上海"四个中心"建设中。①

就这样，两个会，一个莫干山会议，一个衡山会议；两个城市，一个杭州，一

① 杨群、胡宋萍、李谧欧：《一场轰轰烈烈的大讨论》，《解放日报》2014年1月2日。

个上海；两拨子人，一拨“中青年经济工作者”，一拨“特混思想部落”；以同一样的精神，同一样的豪气、地气和底气，同一代人的血性、光荣和梦想，影响了1984年的中国，为一个月后的中共中央召开十二届三中全会，为中共十二届三中全会讨论并通过《中共中央关于经济体制改革的决定》，作了最好的铺垫和准备。

本来，两拨子人，就有交叉。两个会都参加的，不只是一个陈申申。不只是一个陈申申，行色匆匆，赶了场子。

莫干山会议在农历八月十五日结束，甲子中秋，晚上加餐，赏月，露天舞翩跹。

第二天，9月11日，早8点，与会者赶往海宁观潮，赶在下午2点前到钱塘江边看“潮至千艘动，涛喧万鼓鸣”。[①]

他们是“风波平步”的弄潮儿。不能不对“红旆惊飞，跳鱼直上”怀有独特情感。[②]

他们无法预见中国改革的下一潮汐会有几多“雷震云霓里，山飞霜雪中”；[③]却也没人因此怀疑中国特色社会主义的未来终将是“晴天摇动清江底，晚日浮沉急浪中”。[④]

莫干山会议之于朱嘉明，简直是刻骨铭心。9月12日，他在杭州讨论报告，13日给浙江省委、省政府作改革报告，这时接“母亲病危”电报，当晚乘机回京。朱镕基也在同一架飞机上，彼此还有交谈。[⑤]

1987年12月24日，朱镕基空降上海，出任中共上海市委副书记。

1988年4月25日，朱镕基主政上海，在上海市九届人大第一次会议第四次全体会议上正式当选中华人民共和国成立后的上海第九任市长。

朱镕基说：“我是一个孤儿，我的父母很早就死了，我没有见过我的父亲，也没有兄弟姐妹。我于1947年找到了党，觉得党就是我的母亲，我是全心全

---

① 胡仲弓：《塘江待潮》。
② 辛弃疾：《摸鱼儿·观潮上叶丞相》。
③ 宋昱：《樟亭观潮》。
④ 王师道：《十七日观潮》。
⑤ 柳红：《揭秘1984年“莫干山会议”的真相》，《经济观察报》2008年10月27日。

意把党当作我的母亲的。所以我讲什么话都没有顾忌，只要是认为有利于党的事情我就要讲，即使错误地处理了我，我也不计较。”

朱镕基还说他来上海只是短短 3 个月，白头发就比任何时候都多。江泽民则预言他一年之内头发全部变白。

当时我还在南开大学经济研究所，一些当年一起参加“莫干山会议”的朋友被抽调去中央政治体制改革研究室，交流起来大家都很兴奋。我还记得当时的中宣部部长朱厚泽讲过一个“三宽论”，即对待思想宣传阵线要宽厚、宽松、宽容。从某种程度上讲，这种宽松的政治气氛和浓厚的改革氛围，也为朱镕基在上海施展才干提供了一个好的大环境。[①]

常修泽的视角总难离开“莫干山会议”。

朱镕基则百无顾忌，张嘴就说：“我们没时间了。”[②]

朱镕基没有在上海工作的经历，却有“大大地加快上海振兴的步伐”的急切愿望。[③] 早在 1978 年夏秋之交，朱镕基随胡乔木、薛葆鼎等人调研上海时，就已深深感到“上海是实行计划经济模式最集中的地方”；上海“存在着起火爆炸的危险”；上海“有一本难念的经”。解决上海问题，“不知还要多少年，也许要 20 年”。[④]

上海一定要从三十多年的封闭状态中走出来。全国望着上海，全世界也望着上海。

先解放上海，再让上海自己解放自己。老母鸡为了生蛋，是种鸡，不是一般的母鸡。[⑤]

① 常修泽：《那个改革的十字路口》，《重温艰难改革时刻：朱镕基在上海》专号，《三联生活周刊》2013 年第 35 期。

② 朱镕基：《把“桑塔纳”轿车国产化搞上去》，《朱镕基上海讲话实录》，人民出版社、上海人民出版社 2013 年版，第 5 页。

③ 朱镕基：《在上海市九届人大一次会议上的讲话》，《朱镕基上海讲话实录》，人民出版社、上海人民出版社 2013 年版，第 49 页。

④ 朱镕基：《会见美国作家索尔兹伯里时的谈话》，《朱镕基上海讲话实录》，人民出版社、上海人民出版社 2013 年版，第 93、95、96 页。

⑤ 薛葆鼎：《关于上海市社会经济发展战略第一个战役的几点意见》，《薛葆鼎集》，中国社会科学出版社 2003 年版，第 257、262 页。

“先解放上海，再让上海自己解放自己”，这是薛葆鼎的肺腑之言，说在了1984年9月27日上海经济发展战略战役研讨会上。那次开会，薛葆鼎迟到了，迟了还要赶来，从呼和浩特赶来。他千里迢迢赶来，就为了说两个“解放”，一个“走出”。

薛葆鼎掏心掏肺，念兹在兹，朱镕基又何尝不是？

朱镕基南下上海，“带来了一颗心，一颗矢志振兴上海的赤诚之心”。①

朱镕基在一个“好的大环境”下“施展才干”，同样继续了上海经济发展战略战役研讨会的最大成果《关于上海经济发展战略汇报提纲》。1990年5月16日，朱镕基在上海市城市规划设计院跟50余位规划专家及管理人员座谈，说的就是：规划是关系子孙后代的大事，能影响到很长一个历史时期。希望同志们要百倍地鼓起自己的干劲，进一步做好规划工作，以不断适应上海战略重点转移、飞速发展的形势要求。1990年11月3日，朱镕基在听取上海市计划委员会关于上海市十年规划和“八五”计划准备情况汇报时讲话，讲的又是：“把上海过去的发展战略、规划找出来，认真看一看，有用的东西不能丢掉，因为我们的规划是建立在历届市政府工作的基础上，要体现工作的连续性。但也要看到现在情况发展了，不能完全照搬过去的规划，要结合实际，继往开来。”

> 中国是社会主义国家的中流砥柱，我们如果再搞不上去，社会主义的优越性如何体现？这关系到社会主义、共产主义事业的生死存亡。上海作为中国的经济中心，在这五至十年里找不到解决困难的办法，就没有时间了，我们将愧对后人，要有这种危机感和责任感。在这样一种形势下，我考虑20世纪90年代上海发展的战略应是“振兴上海，开发浦东，服务全国，辐射全球”。②

从1987—1990年，从上海大众到市计委，从“我们没时间了”到“就没有时

① 朱镕基：《在复旦大学的讲话》，《朱镕基上海讲话实录》，人民出版社、上海人民出版社2013年8月，第103页。

② 朱镕基：《谈上海市十年规划和“八五”计划》，《朱镕基上海讲话实录》，人民出版社、上海人民出版社2013年版，第528页。

间了”;朱镕基说的是“连续性”,干的是“继往开来”,有的是“危机感和责任感”;这就决定了上海对于经济发展战略的研究,正如姚锡棠所言,是一项长课题,不绝如缕,与时俱进;直至浦东开发开放,仍未中断,反而更丰富、充实、精彩。

> 20 世纪 90 年代的浦东开发开放,就是整个 20 世纪 80 年代上海经济发展战略研究的延续。这里有因果关系。这是一项长课题。浦东开发开放,就是再造了一个上海。历史上的经济中心、金融中心、贸易中心,中华人民共和国成立后的工业成就,都在浦东开发开放中体现出来,在陆家嘴金融贸易区、金桥工业开发区、外高桥保税区、张江高新技术区体现出来;实现了 20 世纪 80 年代提出的经济发展战略,把上海的核心优势发挥到了新境界。(引自 2014 年 6 月 17 日,姚锡棠口述实录)

一张蓝图画到底。

1991 年 4 月,朱镕基进京就任国务院副总理兼国务院生产办公室主任、党组书记,又兼国务院经济贸易办公室主任、党组书记,吴邦国接任中共上海市委书记,黄菊接任上海市市长。吴、黄两位决定启动新的战略研究。

> 姚锡棠记得:“当时市委、市政府对这一研究非常重视,抓得很紧。”应该是 1993 年的下半年,时任上海市市长黄菊提出启动新的战略研究。随后,《迈向 21 世纪的上海:1996—2010 年上海经济社会发展战略》课题组成立,副市长徐匡迪亲自担任课题组组长,具体工作则由市政府副秘书长蔡来兴组织,由此掀起了上海经济发展战略研究和讨论的第二次高潮。①

蔡来兴率领上海优秀中青年科研骨干提交的《九十年代上海经济发展大思路》明确提出了 20 世纪 90 年代上海经济发展的三大战略思路:

一是“贸易兴市,发展现代化大贸易,重建上海经济中心的功能,是上海 20 世纪 90 年代开发浦东、重振上海新战略轴线”。

① 蒋娅娅:《学者透露朱镕基任上海书记时便有“自贸区”设想》,《解放日报》2014 年 1 月 12 日。

二是“调整中心城市功能，增设二级市，充实城镇体系，强化城市网络，加速建设世界级大上海都市圈，为上海未来城市发展勾画新的蓝图”。

三是“东西联动、内外循环，逐步形成与国内外市场相衔接的新的运行机制，是上海建立充满生机活力的国际性城市的关键”。

报告还提出了20世纪90年代实现上海经济新发展的六大动作：“以浦东开发为契机，在城市基础设施建设方面实行大推进策略，以此启动和培育市场，创造20世纪90年代上海经济发展的空间环境”；“依靠本市科技优势和引进技术并举，以高级进口替代、中级出口导向和发展国内消费先导产业为三大产业取向，大力调整工业结构”；“以现有资产存量为基础，通过深化金融改革，积极培育金融市场，多渠道筹集资金”；“以住房、副食品和社会保障改革为契机，以合资嫁接、推行股份经济、浦东政策延伸为手段，推进全民大中型企业内部改革，逐步形成微观内在激励和约束机制”；“积极探索企业组织创新，率先组建一批具有雄厚实力、多元化经营的综合商社、连锁企业和跨国公司，全面提升上海企业的国际竞争力”；“重视教育，加快人才培养，大量吸引各类优秀人才，以适应振兴上海、开发浦东的需要”。

这一研究报告事实上成为20世纪90年代初上海经济发展的总纲。

上海社会科学院部门经济研究所，正是在《九十年代上海经济发展大思路》的总框架下，承接了“迈向二十一世纪上海发展战略研究”的十大分课题之一“上海经济历史现状与发展趋势的研究”，为浦东3个分区(陆家嘴金融贸易区、六里周家渡工业小区、金桥加工区)的发展战略提供研究，完成了“浦东新区三十年规划框架结构”课题，并参加浦东二十一世纪分课题“金融贸易与财政”的研究，同时还参与上海洋山深水港建设的可行性研究。

曾几何时，上海又迎来了“面向未来30年的上海”发展战略研究。这是上海在新的发展阶段、面临新的形势、新的环境下开展的第三次大规模城市发展战略研究。这一次战略研究的背景是上海原来提出的“到2020年建成‘四个中心’”的发展战略目标，业已临近，再有一个五年计划便可完成。而2049年是中华人民共和国成立100周年，届时我国将建成富强民主文明和谐的社会主义现代化国家，实现中华民族伟大复兴的“中国梦”。因此，科学分析和规划2020—2050年的未来30年上海城市发展的趋势和远景，明确上海在打造中国经济升级版和实现中华民族伟大复兴的“中国梦”中所承担的责任,具有十分重大的意义。

对于2050年上海发展的战略愿景,我们提出了“全球文明城市”的战略概念和框架体系。这是一个全新的概念,是指这座城市承载着一个时代最先进的生产力和生产关系,同时在科技创新、可持续发展、城市治理和文化融合等人类文明进步的重大领域,对全球各个城市具有重要的引领和示范影响。在全球化、网络化的巨大推动下,人类社会正在经历着新一轮的科技革命和产业变革,正在经历着新一轮的城市文明进步,我们将这些重大的变革轨迹概括为:从工业文明走向信息文明,从物质文明走向生态文明,从公共管理走向城市治理,从文化开放走向文化融合,就是“三文明一融合”。①

《上海2050年发展愿景——建立在信息文明、生态文明、治理文明、文化融合基础上具有影响力的全球城市》是上海社会科学院进入首批国家高端智库建设试点单位后发布的第一项研究成果。为这一项研究成果的完成,上海社会科学院尽遣主力,动员了全院力量,其中就包括部门经济研究所。李伟作为第一责任人主持制定的《未来30年上海全球城市产业体系研究》,就是部门经济研究所为上海这座中国最大经济中心城市在未来30年中奋然崛起、崛起为具有广泛影响力的全球城市所作的一大努力。

应用经济研究所人由此倍感兴奋、自豪。

因为在上海经济发展战略的研究上,应用经济研究所从不缺位。

因为应用经济研究所孳孳不息,砥砺奋进,一直前行在上海经济发展战略研究的征路上。

---

① 上海社会科学院课题组:《上海2050发展愿景——建立在信息文明、生态文明、治理文明、文化融合基础上具有影响力的全球城市》,《上海2050面向未来30年的上海发展战略研究平行报告》,格致出版社2016年版,第23页。

# 第九章　掉脑袋的事

关于上海经济发展战略战役研讨会，上海市人民政府研究室编有一厚本白皮书——《上海经济发展战略战役研讨会材料选》，共收16篇文章，其中7篇，即《上海经济发展战略目标的选择》《上海农业发展战略研究报告》《关于上海乡镇工业发展战略探讨》《对2000年上海居民消费水平和消费结构的初步研究》《建立上海金融中心初探》《上海要大力发展商业、饮食业、服务业》和《把上海建设成为远东第一流国际旅游中心》，都是上海经济发展战略课题组的阶段性成果；另两篇，即《振兴上海需要正确处理八大关系》和《加速上海"内联"步伐的主要途径》，沈峻坡是第一作者；还有便是厉璠（时任部门经济研究所副所长）和曹学舜（时任部门经济研究所商业经济室研究人员）的《关于上海发展工业品贸易中心的探讨》，孙恒志、葛伟民（时任部门经济研究所工业经济研究室研究人员）、谢依艺（时任部门经济研究所统计理论研究室研究人员）的《上海第三产业初析》，徐日清（时任部门经济研究所副所长）、杜岩双（时任部门经济研究所财政金融研究室研究人员）、赵恺泰（时任部门经济研究所财政金融研究室研究人员）的《关于完善上海市财政的研究》。关于"财政资金供应上与实现上海经济和社会发展的需要，矛盾很大"的问题，徐、杜、赵三位，在《关于完善上海市分级财政体制问题的建议》中有更详尽的阐述。《关于完善上海市分级财政体制问题的建议》是徐、杜、赵三位合作撰写的《上海经济发展战略研究之一》，刊发在《上海经济》（双月刊）专辑《上海经济发展战略文集》上。《上海经济发展战略文集》由上海经济发展战略课题组所编。上海经济发展战略课题组组长陈敏之，时任部门经济研究所副所长。

我到部门经济研究所不久，本所中标“上海经济发展战略研究”这个大课题。开展这个重要课题的研究，对整个所或个人来说都有积极推动作用。就财政学科研究内容而言，过去我们概括为财政学科研究基础研究、政策研究、应用研究，现在必须加上战略研究，而且还要将其放在十分重要的位置。[①]

徐日清，识途老马，长期“从事财政税收实际工作”，直至调到部门经济研究所财经室后方始“专业从事科学研究”，所以半自谦半自嘲地说“半路出家”。

部门经济研究所财经室的全称是上海社会科学院部门经济研究所财贸经济研究室，创建于1960年。主任尹文敬，是我国著名的财政学家，1902年生，字伯瑞，号莘氓，四川乐山人。1924年毕业于北平大学经济系，后留法深造，1929年毕业于巴黎大学，获经济学博士。1930年回国，历任四川大学法学院、北平大学法商学院、西安临时大学、西北联合大学、重庆中央政治学校大学部、燕京大学、中法大学、齐鲁大学教授，并于1943—1948年在兰州出任财政部甘宁青烟类专卖局局长，在重庆出任财政部参事厅参事、粮食部秘书处主任秘书、国防最高委员会财政专员，在济南出任山东省财政厅厅长、山东省银行董事长。

中华人民共和国成立后，尹文敬历任上海圣约翰大学、大同大学、上海财经学院财政信贷系教授。1955年肃反受审，1957年又“反右被牵，狱中再渡春秋”。

**蝶恋花(1959年)**

反右被牵，狱中再渡春秋，晨有台风，凉风萧萧，油然家思。

岁月无情流水去，黑发朱颜，镜里都非故。清寂中秋惊再度，狱中人老凭谁诉。

昨夜梦回祥德路，依旧房栊，偏少我同住。搔首问天天不语，平明一阵风兼雨。[②]

---

① 徐日清：《科研工作片断回忆》，《天命年回首——上海社会科学院经济研究所建所五十周年征文选第二辑·部门经济研究所》，上海社会科学院出版社2006年版，第240页。

② 尹文敬：《蝶恋花》，《莘氓饾饤吟》，学林出版社1988年版，第138页。

尹文敬“爱好”旧诗词,说《莘氓饾饤吟》中“多系个人转徙旷废之余,作些陶情写意之作”。虽“不免偶有忧时消极语句”,但更多时还是“更喜桓伊偏好笛,阳春一曲动云韶”。

**南乡子　庚戌重阳(1970 年)**

劳动中忽忆今日是重阳节,默诌南乡子二首。

短褐旧衣裳,负土揉坭靠短墙。捏就砖坯三十块,成行。还替邻家帮了忙。

忽忆是重阳,佳节年年引兴长。绿酒茱萸当日事,难忘。负尔高秋菊正黄。

工竣即收场,额汗成珠落数行。涤净阶除揩净手,徜徉。倚着门扉送夕阳。

爱此好秋光,习习微风拂面凉。破帽恋头吹不掉,无妨。自笑狂夫老更狂。[①]

1979 年,尹文敬枯木逢春,进上海社会科学院部门经济研究所任教授兼财贸研究室主任。于是,77 岁高龄的老人,在 1980 年的院春节联欢会上即兴抒怀,朗声吟诵《南歌子》:

**南歌子(1980 年)**

社会科学院春节联欢会上口诵

祸国妖魔尽,中兴大业成,云开日出现光明,满目河山似锦耀前程。历史重新写,是非彻底清,党风和煦暖人心,四化长征路上作新兵。[②]

尹文敬的诗词功底好生了得。一本《莘氓饾饤吟》,收了 350 首格诗律词,含饾饤诗稿、饾饤词稿、饾饤联稿、莘氓吟稿四辑,前三辑均为集句,计 300 余首,实在叫人不敢相信。不敢相信作者跟枯燥数字打了大半辈子交道。

① 尹文敬:《南乡子》,《莘氓饾饤吟》,学林出版社 1988 年版,第 140 页。
② 尹文敬:《南歌子》,《莘氓饾饤吟》,学林出版社 1988 年版,第 146 页。

要知道集句比原创难度更大。虽则是混搭，每一诗句都是前人之作，句字本身没有独创性；但不同风格的诗句，一经作者拆开了重组，依“启、承、转、合”原则重新排列、组合，同样讲究格律、平仄、用韵；诗有对仗，词有音调；鲜活活另造一个全新主旨、全新意境、全新志趣，绝非游戏文字、雕虫小技。

尹文敬却做到了。

尹文敬的再创造，真正做到了“机杼真若已出”，“切合题意、情思连续，句句精美、打成一片”[①]。

### 游苏州（1957年）

### 临江仙二首

一　晓登天屏山品茗于云泉精台

独倚危楼风细细柳永，回然水秀山明蔡伸友。曲栏斜转小池亭周邦彦。衣沾竹露爽许浑，茶助越瓯深郑谷。　　半世功名一鸡肋杨万里，人间宠辱休惊辛弃疾。短长亭下短长吟戴复古。故乡多久别钱起，身世尚流萍戴叔伦。[②]

1957年“反右”，尹文敬给“财经学院教职员工”骂了个狗血喷头。即使百般自诬，低头认罪，仍是“露反动原形”，“恶意颠倒是非，企图为自己的反革命罪行翻案”。[③] 面对“人家非要拿棍子打死不休”，尹文敬索性“无言独上西楼”李后主，“吟边自负风流”黄昇，倒也“大江横万里戴叔伦，洗尽古今愁陆游”。

### 摸鱼儿　六八生日（1969年）

“十年动乱”，备受折磨，偶读摸鱼儿词，意有所触，遂成此调。

叹流年、又成虚度放翁，匆匆时事如许白石！臣之壮也不如人后村，何况而今老去圣求。空凝竚曹组。看白发樽前刘辰翁，张绪归何暮玉田。功名浪语晁补之。记历历前游花菴，挥毫万字欧阳修，畴昔飞鸾侣石孝友。　　思

① 清·沈雄：《古今诗话》。

② 尹文敬：《游苏州·临江仙二首》，《莘氓饾饤吟》，学林出版社1988年版，第146页。

③ 《新闻日报》讯：《财经学院教职员工揭发下，尹文敬露反动原形》，《新闻日报》1957年7月23日。

往事梅溪，别有伤心无数白石，儒冠曾把身误晁无咎。平生意气今何在黄滔，受侮世间儿女刘过。君知否汪藻，又却是人前深意难轻诉东坡。闲愁最苦稼轩。何处是归程李白，山重水远叔原，迢递三巴路崔涂。①

粉碎“四人帮”，调上海社会科学院，任财贸研究室主任，尹文敬白头虽老，壮心犹存，大有第二春。他不只是“口诵”《南歌子》，还有“浣溪沙 · 乱离集工部”，一气十二首：“绝塞愁时且闭门。乱风长雨秋纷纷。西戎休纵犬羊群。但使闾阎还揖让。欲倾东海洗乾坤。白头虽老壮心存。”②

在部门经济研究所，在财贸研究室，尹文敬“萦思千缕”竹屋，“一犁春雨”东坡，③率徐日清、赵恺泰、杜岩双、席克正、邹亮初、钱玮等人，主要研究财政学，调研上海财政问题，取得骄人业绩。而他本人，则苦心孤诣，戛戛独造，更其努力突破“就财政论财政”的“原始”窠臼，从经济学原理出发，以研究财力为中心，将财政法学发展为财政经济学，进而“深入发展创新为当代的财力经济学”，从宏观经济角度，全方位探讨一国社会总财力及各主要部门财力的发生、演变、运用及其客观规律，从而形成一个新体系，一个完整的新学科体系，赢得学界好评。

1983 年，财贸经济研究室改组为财政金融研究室，尹文敬功成名就，悬车告老；徐日清披挂上阵，继任主任，将财政战略研究引入了财政领域。

将财政战略研究引入财政领域，是部门经济研究所财政研究的一大贡献，该项研究不但扩大了财政研究的视野，大大加深了财政税收理论研究的深度，而且为改革开放后中国经济的快速发展提供了积极动力。

当时，我们先后进行了“中国财政战略研究”“我国科收发展战略研究”“城市财政发展战略研究”“县级财政发展战略研究”等研究。正因为把财政研究领域提到战略高度来研究，大大提高了财政研究的

① 尹文敬：《摸鱼儿 · 六八生日》，《莘氓饾饤吟》，学林出版社 1988 年版，第 52—53 页。

② 尹文敬：《浣溪沙 · 乱离集工部十二首》之十一，《莘氓饾饤吟》，学林出版社 1988 年版，第 86 页。

③ 尹文敬：《摸鱼儿五首》《念奴娇九首》，《莘氓饾饤吟》，学林出版社 1988 年版，第 71 页。

深度和广度。视野广阔了，思维也深化了，研究成果也容易得到人们重视。正因为这样，我们充分利用参加财政学会和税务学会的各种论坛，大力推动财政战略、税收战略研究。我也利用回家乡——温州市参加活动的机会，大谈温州经济发展战略。在江西财政理论讲座上也谈财政发展战略。会后反映这些研究观点新颖，富有启发。同时，在税制发展战略研究中提出的理财思想（或治税思想）和搞活经济、配套改革等观点，成为税制发展战略内容，在湖北召开全国税收理论讨论会上发言，也受到好评。①

徐日清跟汪道涵的交谊亦是从这一时期开始的。

汪道涵，原名汪导淮，1915 年生，安徽嘉山县（今明光市）人，1938 年加入中国共产党，1980 年 6 月任中共上海市委书记、副市长。同年 10 月，彭冲离任，上调中央，上海市七届人大常委会第九次会议补选汪道涵任代市长。

在 1980 年 10 月间，中国财政学会城市财政研究会要在上海召开第一次会议，财政部财政科学研究所所长许毅、上海市财政局局长王眉征带着我去见上海市到任不久的市长汪道涵，向其汇报会议准备情况并约请汪市长到会作报告。汪市长约我第二天上午 9 时到其办公室详谈对城市财政的见解，这是一个很高的礼遇。见面时我将为会议准备的《关于上海资金分配结构几个问题的探讨》一文中"改进资金分配结构几点原则设想"一一作了汇报，其中他对两个问题表示了极大的兴趣，一是实行分级财政，迅速健全上海地方财政；一是实行土地占有费（或税），对城市土地级差收入征收，为城市增加建设资金。这次谈话牵涉面十分广泛，原准备接见时间为一小时，却足足谈了两小时。在这次会见中，汪市长视野之广阔，知识之渊博，对财政税收显示问题之敏锐，给人以无限的启迪。我深深感到汪市长胸怀广阔，平易近人，对他非常敬佩。同时，也促使下定决心将分级财政（即后来我国实行的分税制）和城市土地级差收入（即后来

① 徐日清：《科研工作片断回忆》，《天命年回首——上海社会科学院经济研究所建所五十周年征文选第二辑 · 部门经济研究所》，上海社会科学院出版社 2006 年版，第 240 页。

城市土地使用权出租),作为较长期科研题目。①

众所周知,中国的土地,占全球陆地总面积的1/15,仅次于俄罗斯和加拿大,高居世界第三,但满登登盖有公有制印记,没有一平方公尺合法归属私人名下。

所以,改革开放前的中国土地,私用违法,公用无偿。

所以,土地批租一经提出,人们的直觉反应就是"要掉脑袋"。

当年,人们的思想认识还不像现在这样。记得当时有些人知道我们在搞这方面的探索时就说,搞土地批租可是要掉脑袋的事。这当然是开玩笑,但确实反映了一部分人的担忧。一听到土地批租中的"租"字,很多人马上会想到旧中国租界丧失主权的屈辱历史,就容易上纲上线,牵涉到国家姓"社"还是姓"资",变成一个很敏感的问题。②

谭茀芸是杨振宁的弟媳,曾任上海市妇联主任、全国妇联副主席。1985年调香港工作,任新华社香港分社社长助理兼经济部部长。

谭茀芸自小崇拜世界上第一个两获诺贝尔奖的人。她是"玛妮雅"的铁粉。"玛妮雅"是她的偶像。她做梦都想当中国的"居里夫人"。但她在"国家最困难的时期"高中毕业,毕业于市三女中,并没有报考她心仪已久的复旦物理系。她改填华东纺织工学院(今东华大学),攻读纺织机械,是因为听老师动员,在班上说,国家大了,人口多了,吃饭不易,穿衣亦难。一人一年布票,只发2尺6寸,哪怕四口之家,归并着用,也不够一个成年人做一身长衣裤。

是父亲让我以国为重,以国家需要为自我担当。谭茀芸如是说。

谭茀芸的父亲谭声乙,1900年生,安徽合肥人,毕生致力于工业救国。他本人公费留学,有英国格大(即英国老牌名校格拉斯哥大学)学位,系M.V.电

---

① 徐日清:《科研工作片断回忆》,《天命年回首——上海社会科学院经济研究所建所五十周年征文选第二辑·部门经济研究所》,上海社会科学院出版社2006年版,第241页。

② 谭茀芸:《中国改革开放进程中的一件大事》,《破冰:上海土地批租试点亲历者说》,上海人民出版社2018年版,第7页。

气公司高压电研究室研究员;却不待见国人唯“洋”是从,钉是“洋”钉,火是“洋火”,雨伞是“洋伞”,水泥是“洋灰”,马铃薯是“洋山芋”,布娃娃是“洋囡囡”。所以,他海外归来,洋行挖人,出高薪挖他,九倍于武大执教,他还是一口拒绝,不为五斗米折腰。

曾几何时,改革开放,党需要他女儿干洋务,谭茀芸却别无选择。

明知那样的“探索”,有“掉脑袋”的危险,谭茀芸还是干了,田汉雄还是干了,张钊还是干了,陈敏之还是干了。

当时在汪道涵市长主持下,上海引进了中外合资合作的十个项目,有三个在延安中路街道范围:波特曼、锦沧文华,还有一个现在没有了,叫华侨彩印。中外合资的时候,这些土地作价入股,每年象征性收一点使用费,约好十几年后土地上建好的房子还给政府。为什么企业愿意十几年后把房子送给你呢?说明至少赚得回来,所以土地应该是很值钱的。我当时的职务是静安区延安中路房管所所长、党支部书记,了解上海城市基础设施建设和规划是如何落后,政府想要改善,但是没有钱。我就写了1983年那篇文章,名为《征收土地使用费,筹集市政改造资金》,刊登在《城市经济研究》1983年第19期上。文章提出三个建议:一是明确上海土地管理机构;二是确定上海土地使用费等级范围和金额;三是加紧建立土地使用管理收费机构,力争从1985年开始征收土地使用费。张钊一看很好,帮我改过就发表了。[①]

张钊,1926年生,上海崇明人,1982年3月正式调入上海社会科学院部门经济研究所城市经济研究室,又任上海市城市经济学会常务副秘书长,负责编辑、出版《城市经济研究》杂志。

为了推动和汇集各方面力量加强对城市经济理论和实际的研究,在市有关领导以及上海市建设委员会的支持下,1981年城市经济研究室以上海社会科学院部门经济研究所的名义,实际筹办组织成立“上海城市经

① 田汉雄:《参与研究,见证改革》,《破冰:上海土地批租试点亲历者说》,上海人民出版社2018年版,第351页。

济学会”。这是全国第一个城市经济学会。在学会成立大会上，部门经济研究所副所长陈敏之作了“现代化和城市现代化——试论城市经济学的研究对象和任务”的专题发言，邵纪泉主任也作了“城市经济学的形成及其研究内容”的主题发言，充分阐述了城市经济研究的对象、目的、方法等，是我国城市经济研究的最新研究成果，产生了很大的影响。自此，全国各大城市相继成立了城市经济学会，各院校和研究机构，也都以他们所阐述的理论作为城市经济理论研究的入门基础。①

上海城市经济学会的首任会长是叶进明。

叶进明，1910 年生，浙江余姚人，1927 年加入中国共产党，历任中共上海沪中区委委员、新四军南昌办事处支部书记、新四军总兵站站长、供给部副部长、第七师供给部部长、山东野战军后勤部部长、山东军区后勤部副部长、华东野战军兵站部部长。中华人民共和国成立后，任上海市人民政府公用事业局局长、交通办公室主任、顾问等。

据张钊说，我的文章出来以后半个多月，汪道涵市长让秘书打电话到城市经济学会，说要这篇文章，第 1 期到第 19 期的《城市经济研究》全部都要。汪市长还把这件事批给了叶进明，让他来处理。叶进明就派他的秘书到我们局里来看我的档案，了解田汉雄是一个什么样的人，再约到外滩，大家坐下来聊。他说市里很重视我这篇文章，不仅汪市长看到了，芮杏文书记也看到了。他认为我的这些想法很好，建议再深入研究。他还说，市政府很感兴趣，要组织专家开会，让我们从专业的角度来说明土地有偿使用这件事应该做，为上海、中央领导提供参考。②

叶进明所说的“组织专家开会”，就是由上海城市经济学会牵头，由部门经

① 孙洁：《城市经济研究》，《天命年回首——上海社会科学院经济研究所建所五十周年征文选第二辑 · 部门经济研究所》，上海社会科学院出版社 2006 年版，第 129 页。

② 田汉雄：《参与研究，见证改革》，《破冰：上海土地批租试点亲历者说》，上海人民出版社 2018 年版，第 352—353 页。

济研究所副所长、上海城市经济学会常务副会长陈敏之主持，从 1983 年年底到 1984 年上半年，在市政府会议室共开了四次专题讨论会，与会的有张钊、邵纪泉、高柳根、崔广录、王纲怀等。邵纪泉是部门经济研究所城市经济研究室主任、上海城市经济学会副秘书长兼学术部主任，高柳根是部门经济研究所城市经济研究室研究人员，崔广录是市建委政研室骨干，王纲怀是上海联合发展战略研究所所长。

> 后来市委也派人过来了，因为芮杏文书记说起这个事，提出是不是搞一个课题来研究这一问题。市委研究室副主任俞健很积极地介入了这件事，在 1984 年底、1985 年初组织了一个座谈会，那天张熏华、我、孙恒志等发言，发言后形成了材料，新华社《内参选编》1986 年第 7 期也以《上海同志建议征收城市土地使用费》为题，做了报道，引起很大震动。①

此时的孙恒志已是部门经济研究所的所长助理了。孙恒志在中共上海市委研究室召开的级差地租和土地使用问题座谈会上发言，也就是“1984 年底、1985 年初”，在田汉雄所说俞健“很积极地介入”后、由中共上海市委研究室“组织”召开的那“一个座谈会”上发言，题为“发展城市第三产业必须重视级差地租问题”。

孙恒志在“发展城市第三产业必须重视级差地租问题”的发言中提出了“产业置换”的概念。孙恒志认为，通过研究城市级差地租，进行产业置换，即把一部分工厂搬迁掉，腾出场地办第三产业，不仅有必要，而且也有可能，办法就是实行土地有偿使用。

> 从工业情况来看，上海工厂的土地利用效益和商业相比，相差很大。市区工业每一平方米占地面积所产生的利润税收平均只有 270 元，相当一批工厂是付不起土地使用费的，它们只有一条路可走，就是搬迁到收费标准较低的地方去。而让出场地发展第三产业，国家可以收到几倍的利

① 田汉雄：《参与研究，见证改革》，《破冰：上海土地批租试点亲历者说》，上海人民出版社 2018 年版，第 353—354 页。

益。可见进行产业置换，不仅从城市布局合理化角度讲，就是从提高整个宏观经济效益来讲也是合算的。我认为，自觉利用级差地租实行产业置换是一项战略性的措施。你要振兴改造上海，要发展第三产业，迟早要走这条路。①

孙恒志的《发展城市第三产业必须重视级差地租问题》被中共上海市委研究室编入了《增刊》第 35 期，报市委书记、常委及有关负责同志。至于田汉雄的发言《实行级差地租需要解决的问题》，则被市委研究室用在了 1985 年 5 月 2 日的《内部资料》上，同样报市委书记、常委及有关负责同志阅。

这次会议后，市计委计划经济研究所就会同市城市经济学会，组织了上海城市土地有偿使用课题组，组长俞汉卿、林佩瑛，责任编辑张钊，组员有我（静安区房地局）、吴晓莺（市计委计划经济研究所）、吴震国（中房公司）、梁华（财经大学）、徐永昌（市房地局）、钟德钧（市财政科研所）、赵天佐（市规划局）、崔广录（市建委）和储继明（市房地局），最后形成《上海城市土地有偿使用的收费形式、方法和标准课题的研究报告》。其中，我、梁华、吴震国、徐永昌四个人参与了《上海城市土地级差收益的测算》和《上海城市土地使用费标准的设计》两个子课题的研究。②

1986 年 5 月，上海市哲学社会科学学会联合会 1979—1985 年度优秀学术成果奖评选揭晓，获奖的有上海市城市经济学会课题组的《上海城市土地有偿使用的收费形式、方法和标准课题的研究报告》，陈敏之主编的《上海经济发展战略研究及文集》，徐之河、丁日初、王志平、金立人的《上海经济》，徐之河、李斗垣、顾壬章、陈惠丽等人的《经济大词典 · 工业经济卷》，凌岩、王振民（时任部门经济研究所农经室）、杨丽珍（时任部门经济研究所农经室）、钟荣魁的《上

---

① 孙恒志：《发展城市第三产业必须重视级差地租问题》，中共上海市委研究室所编：《增刊》第 35 期，1985 年 5 月 7 日。

② 田汉雄：《参与研究，见证改革》，《破冰：上海土地批租试点亲历者说》，上海人民出版社 2018 年版，第 354 页。

海集镇》，黄辉实（时任部门经济研究所旅经室特邀研究员）主编的《旅游经济学》，邹依仁的《质量管理原理和方法》，陶友之、董南武的《怎样当好厂长》，王文彬（时任部门经济研究所会计理论研究室主任）、黄履申（时任部门经济研究所会计理论研究室特邀研究员）的《审计学》，陈敏之的《住房还是商品》，上海社会科学院第三产业课题组的《上海第三产业发展战略研究报告》，朱金海等的《当前企业技术改造的状况以及需要解决的几个问题》，姚锡棠、金行仁的《论上海节能的经济效果》，李斗垣等的《矿产品和原材料提价的情况和对策》，徐日清、屠基谟、杜岩双、胡应荣、赵恺泰的《关于上海资金分配结构几个问题的探讨》和沈峻坡的《十个第一和五个倒数第一说明了什么？——关于上海发展方向的探讨》等。

上海社会科学院第三产业课题组的成员有张仲礼（时任上海社会科学院副院长）、朱庆祚（时任上海社会科学院副秘书长）、王志平（时任上海社会科学院经济研究所副研究员）、金行仁（时任上海社会科学院部门经济研究所工业经济研究室副主任）、孙恒志（时任上海社会科学院部门经济研究所所长助理）、乔依德（时任上海社会科学院世界经济研究所所长助理）和高立育（时任上海社会科学院情报研究所经济室副主任）等。张仲礼、朱庆祚、王志平、金行仁等人公推孙恒志执笔起草《上海第三产业发展战略研究报告》。报告强调“上海社会经济发展的主要制约因素”是“第三产业仍处于极为落后的状态”，所以“摆脱困境的出路在于不失时机地调整产业结构，大力发展第三产业”；只有“第三产业”的“超前增长”，才能“实现上海经济功能的转变，使上海在全国四化建设中发挥中心城市的枢纽作用”；然而，“实现第三产业超前增长需要三个基本条件”，位居“三个基本条件”之首的是“投资不断增加”，亟待大笔花钱。

其实，当年上海，亟待大笔花钱的，还不只是一个“第三产业”的“超前增长”，也还有“城市欠账”，也还有“三张蓝图”。

上海的城市欠账也很严重，形象的说法是旧城有 80 万个煤球炉、80 万个马桶，还有几千万平方米的危旧房屋。这种情况下上海怎么办？那时国务院也很关心，搞了个上海经济发展战略研讨，此后又在这个基础上，搞了个上海经济发展战略汇报提纲。在汪道涵任市长的时候，上海制订了三张蓝图，分别是经济发展战略、文化发展战略以及上海城市总体规划。这三张蓝图绘就后，马上碰到一个问题，蓝图绘得很好，但是怎么做？没有钱，寸步难行，心有余而力不足，步子迈不开。[①]

一钿逼死英雄汉。

钿的本义，是古代女子头上的装饰物。沪语里的“钿”，则是指钱。“一钿”就是“一文钱”。

偌大上海的重振雄风，难道真的要给囊中羞涩而逼入死胡同吗？

回答自然是否定的。

那么，钱从哪里来？

张仲礼、朱庆祚、王志平、金行仁、孙恒志们的应对是，捧着金饭碗要饭的时代已然过去，复兴上海的财力完全可以从“运用级差地租实行产业置换”中来。只要“运用级差地租实行产业置换”，就能根本解决“场地不足”。只要“凡使用本市土地的企事业单位，都必须缴纳土地使用费”，就能“促使市区的一部分工厂搬迁，从而改善城市布局混乱的状况”，就能激活“上海房地产业”，以“土地使用费作为地产收入，一部分通过税收上交财政，其余部分仍由土地管理机构掌握，用于本市土地整治开发”。总之，只要“根据商品经济中的级差地租规律，实行土地有偿使用”，就能“从根本上解决上海产业布局不合理的问题”。[②]

张仲礼、朱庆祚、王志平、金行仁、孙恒志们的呼吁，领导听到了。清楚听到了。市委、市府主要领导还清楚听到了张熏华的声音。张熏华是复旦大学经济系教授。他在1984年4月港澳研究会成立大会上提交了一篇《论社会主义经济中地租的必然性》，发表在当年《中国房地产》第8期上，随即引起中共上海市委乃至中央领导的关注。

1985年1月初，市委研究室副主任俞健专门派顾家靖来访，约我为市

① 王安德：《土地批租改革的破土而出》，《破冰：上海土地批租试点亲历者说》，上海人民出版社2018年版，第67页。

② 上海社会科学院第三产业课题组：《上海第三产业发展战略的研究》，《学术季刊》1985年第3期，第5、7—8、10、15页。

委研究室编的《内部资料》再写一篇关于地租的文章。于是，我很快又写了《再论社会主义商品经济中地租的必然性——兼论上海土地使用问题》一文，刊登于 1985 年 1 月 21 日印发的《内部资料》第 6 期。供市领导参阅。市里随后将这篇文章上报中央，中共中央书记处研究室很重视，嘱我再作补充，标题修改为《论社会主义商品经济中地租的必然性——兼论上海土地使用问题》，4 月 10 日登载于该室内刊《调查与研究》第 5 期上，并下发至全国各省委、市委领导机关。之后，我又受邀参与了市委研究室组织的调研座谈，和俞健一起主编了《土地经济学》一书。[①]

俞健生前跟我有接触。1992 年 1 月 17 日—2 月 21 日，中国改革开放总设计师邓小平，以 88 岁高龄，视察南方五省一市，历时 36 天，行程 5 706 公里，专列运行 103 小时，中外舆论为之一振，竞相报道。中宣部闻风而动，联手国务院特区办和中国艺术研究院名下的文化艺术出版社，在北京西山开会，开 3 天会，由翟泰丰(时任中宣部副部长)动员，组织撰写中国改革开放丛书，共 19 本，14 个沿海港口城市加 4 个经济特区再加海南省各一本，分配我负责写上海卷的后半部——浦东开发开放。回到上海后就找汪道涵。汪公指定俞健跟我对接。俞健就约了於品浩、李佳能、周汉民跟我对话。当时点点还是文学青年，在交大电教中心工作。她在包兆龙图书馆里给我们安排了安静场所，谈了大半天，中午还是在第二食堂二楼教工餐厅吃的客饭。

后来，俞健又把王纲怀的联系方式给到了我，让我直接找他。王纲怀曾任九三学社上海市委科技处副处长，早在 20 世纪 80 年代初就研究浦东开发开放，连续写了《开挖浦东运河——综合解决上海城市改造问题》《上海的曼哈顿在哪里？——结合城市改造在外滩建设新的金融贸易中心》和《上海特区在哪里？——结合城市经济体制改革在外高桥建设经济特区》。1984 年 9 月下旬，上海召开经济发展战略战役研讨会。1985 年 2 月 8 日，国务院批转《关于上海经济发展战略汇报提纲》，同意“上海的城市和工业布局”，“适应经济发展的需要”，“重点是向杭州湾和长江口南北两翼展开，创造条

① 张熏华：《马克思主义地租理论的传承与实践》，《破冰：上海土地批租试点亲历者说》，上海人民出版社 2018 年版，第 322 页。

件开发浦东，筹划新市区的建设”。王纲怀备受鼓舞，即受上海市人民政府经济研究中心委托，担纲“新市区建设老市区改造”总课题及浦东分课题负责人，率其团队于 1986 年春，向上海城市经济学会、上海市人民政府经济研究中心等十多家单位联合发起的“上海城市发展战略研讨会”提交以《结合开发浦东，建设上海新城》为题的专题报告；于 1987 年 2 月提交《浦东新区建设方略》。

王纲怀足智多谋，还在市科委旗下成立上海联合发展战略研究所，自任所长，先后完成十余个国家级或上海市级的软课题。王纲怀常说他“随汪公做事的十年”，是他“思想最活跃、最有价值、最值得纪念的十年”。

当时王纲怀寓居“愉园”，即淮海中路 1350 弄，红玫瑰理发店的背面，毗邻常熟路上的瑞华公寓，亦近吴兴路。於品浩家住瑞华公寓。俞健在吴兴路 81 号上班。所以，王纲怀跟於品浩，於品浩跟俞健，俞健跟王纲怀，一个等腰三角形上的三个角，实在是来去便捷，随叫随到。

吴兴路 81 号，也是我跟俞健时常约见之处。后来他完全退下来了，但约我见面，还是更习惯于在他之前的单位里。

俞健的去世实在是太突然太突然。原本讲好了的，他要给我看他的工作笔记，让我摘录他跟汪公的几次重要谈话。但他破天荒的，爽约未到。那时一无手机，二无网络，人与人之间的联系方式，除了面谈，就是写信。我知道俞健住吴兴大楼，吴兴路、衡山路的拐角上。但大院里有四栋高层，每栋几十套房子，我没有确切房号，信只能写单位收。写单位收的信没有回复，也就只能自叹无奈，无限惆怅。

最后，还是俞健夫人找到我，给了我要的东西，这才知道中共上海市委研究室原副主任已经走了，行色匆匆，永别我们。

於品浩说俞健死于骨癌。

俞健不再活着。但他答应给我看的东西，还是在他活着时留了下来，特嘱夫人，转交给我。

这就是俞健，一个好人，一个非常好非常好的同志。

张薰华的文章经北京转发后，引起领导的重视。而我们市委研究室同时也组织了一个由陈扬同志主持的专题座谈会。在康平路 165 号 32 号楼研究室的一个会议室里，我们邀请了上海社会科学院部门经济研究所副所长徐日清、城市经济研究室主任邵纪泉、部门经济研究所所长助理孙恒志，市财政科学研究所所长林佩瑛，市房地局地政处的俞汉卿，市农委政研室同志，市农业局土地管理处处长薛耀金，市计委市政交通处的许泽成，上海财经大学研究生梁华(她是研究计量经济学的)，还请了静安区房屋经营公司的吴震国、田汉雄等。复旦大学方面，由张薰华带了几个学生与会，如朱强、宗平、李慧中和王战等，一共 16 位同志，大家一起讨论，畅所欲言。我和许一春同志参加了座谈会，并对每位同志的发言进行录音。会后将录音整理成文，形成 10 多个单篇，分别刊发在市委研究室《内部资料》增刊上。市委书记阮崇武、市长汪道涵在这 3 期简报上都作了批示，对这项研究给予充分肯定和较高评价。[①]

当时，中共中央批准上海市委组成新一届领导班子，芮杏文、江泽民接踵南下，分任正、副书记，协力共抓发展第三产业、上海经济发展战略等五大课题调研；所以，俞健双管齐下，两边都忙。他一面穿针引线，继续支持张薰华、徐日清等人在城市土地和地租问题的理论研究方面不断深入；另一面在阮崇武(时任中共上海市委副书记、市人民政府常务副市长兼市计划委员会主任)、汪道涵的支持下，又组织政府部门的一部分人研究香港土地批租的操作。他的身上，集中反映了“上海土地批租改革试点”，一如王安德所言，确实“是从市委这边开始发力的”。

上海土地批租改革试点，从我的资料来看，正是从市委这边开始发力的：1986 年 5 月，市委研究室俞健召集，叫我去康办开会，主要是“研究香港、利用香港，振兴上海经济”研究课题，当时就传达了胡启立和芮杏文的讲话。胡启立和芮杏文的讲话以及芮杏文的意见，总的意思就是要振兴上海、研究香港。

① 顾家靖：《我所经历的土地批租改革前期研究》，《破冰：上海土地批租试点亲历者说》，上海人民出版社 2018 年版，第 339—340 页。

当时第一批搞了 5 个专题,研究香港、利用香港,发展上海经济问题调研课题。以后,这方面的研究就紧锣密鼓开展起来。市委研究室总抓,社会科学院重点参加,开始做研究。1986 年 6 月 11 日,市委召开扩大会议,讨论研究上海市的房地产问题,这是解放以后第一次市委常委会研究房地产问题。这以后,以俞健为主,主要抓研究香港、利用香港,发展上海的课题。这几个课题里,我参加的是地产组。地产组里有徐日清、俞健、蒋如高、俞汉卿、我,还有其他人。5 月 29 日开始布置这件事情,到 6 月 13 日,俞健叫我和蒋如高去,说市委已经决定了要组织去香港考察,由曾庆红任顾问,夏克强是团长。①

王安德,1950 年生,时任上海市房地局局长助理。

王安德记得自己最早卷入“上海土地批租改革试点”,是在 1985 年 8 月 9—10 日,在康办参加两个半天的青年理论工作者座谈会,在发言中谈了两个问题,两个有关上海房地产业的问题,一是“级差地租”,二是“住宅开发”。王安德认为,级差地租及房屋租金调整势在必行,晚搞不如早搞。芮杏文则指出,上海当前有三大矛盾:第三产业、基础设施与上海整个经济发展不协调;资金不足;外汇不足。解决的办法无非是两条:改革和建设。江泽民也对发展速度的控制、如何集资,讲了很多他的忧虑和担心。

正是在这样的基点上,1986 年 5 月 29 日,市委办公厅、市政府办公厅在康办召开联席会议,联合布置开展上海五大课题研究。

5 月 29 日,市委办公厅、市政府办公厅在康平路市委办公楼 308 室联合召开会议,布置开展上海五大课题研究。芮杏文书记、黄菊副市长出席,主持人是俞健和万学远。俞健开门见山地说:“会议中心主题是研究香港,利用香港,发展上海经济。”然后,芮杏文书记做动员。他说:“4 月份胡启立同志来沪时,提出深圳、蛇口、珠海都有自己的特色,上海也应该有特色,建议认真研究香港,把建设上海的目标,上海的历史、地位和作用,

---

① 王安德回忆,引自顾家靖:《我所经历的土地批租改革前期研究》,《破冰:上海土地批租试点亲历者说》,上海人民出版社 2018 年 2 月版,第 337 页。

与香港做比较,看看如何使上海发挥更大作用”,“现在不是做学术性研究,而要做实质性研究,在全国实行有计划商品经济的条件下,研究香港的政策如何在上海运用”。他讲了土地利用、自由港、外汇自由兑换、税收、利用香港等五个问题,要求俞健和万学远牵头做研究,五个题目一个月内交卷,要“研究透,不是一般化研究,要作政策性研究”。那天,黄菊同志也提了几点意见,他说:“香港问题的研究要务实,当务之急是组织一批有开拓精神、办实事的同志,人要少而精,分头成立地产、金融、税收等五个小组,6 月 20 日向书记、市长汇报。每个题目都要解决四方面问题:香港情况如何,上海情况怎样,香港的哪些做法可为上海借鉴,经过一些论证以作为决策依据。”然后万学远同志说:“时间很紧,要考虑可行性,思想上放得开,先由各组研究,讨论后确定一人执笔,横向再开座谈会。15 日初稿拿出来,20 日再集中。”①

王安德的感觉是,5 月 29 日的会与 9 个多月前的青年理论工作者座谈会有一个“明显不同”,不同就不同在“问题聚焦了,市委和中央之间互动了,也瞄准了香港”。

上海要进行土地使用制度改革,向谁学习呢?选择来选择去,我们觉得香港的办法比较灵活。香港的办法是将土地的两权分开,所有权不变,使用权可以转让。而且,香港的那套办法比较成熟,世界上都了解,所以我们决定采用香港的办法。1986 年 8 月,我们组了个团到香港考察,学习香港在土地批租方面的具体做法。②

据谭弗芸回忆,上海是第一个组团赴香港考察“土地批租和房地产经营”的内地省市,为期两周,由曾庆红、夏克强带队。

---

① 王安德:《土地批租改革的破土而出》,《破冰:上海土地批租试点亲历者说》,上海人民出版社 2018 年版,第 69—70 页。

② 蒋如高:《开创性探索上海土地管理与使用新路》,《破冰:上海土地批租试点亲历者说》,上海人民出版社 2018 年版,第 41 页。

夏克强则说，关于土地批租改革，市委当时怎么研究的，他“确实不清楚”。但要是说到如何“组团”去香港，“花两个星期进行考察”，考察香港“如何利用土地来作文章”，又“如何对土地开发的经营权加以利用”，他还是有话可讲。他毕竟时任市政府副秘书长，“参加”了 1986 年 6 月 11 日的中共上海市委常委扩大会议。

> 那是 1986 年 6 月份，市委有次常委扩大会议，我参加了，那时候的市委书记是芮杏文同志。这次会议研究了怎么扩大利用外资，怎么对外开放，以及如何拓宽发展和建设所需资金的渠道问题。我记得很清楚，当时想的就是如何利用土地来作文章，如何对土地开发的经营权加以利用，而不是一开始就说“土地批租”或者“土地使用权有偿转让”。当时芮杏文同志拍板，要求组织一个小组到香港去，花两个星期进行考察，而且明确让倪天增副市长组织落实这件事情。因为我是协助天增同志的副秘书长，所以会后天增同志就找我商量，让我带个团出去。另外，他让我再考虑一下，提个方案出来，包括如何组团，出去到底考察些什么内容，等等。①

王安德是“六一一”会议的另一当事者。他说“六一一”会议有一个纪要，叫作《常委扩大会议讨论发展房地产业和土地开发经营问题》。共 29 人与会，包括市委书记、副书记、常委、副市长、市政府顾问和有关的委办局、新闻单位负责人，重点听取市土地局局长蒋如高和市房管局局长桑荣林的汇报。

市土地局是新生事物，全称上海市土地管理局，正式成立于 1985 年 7 月。蒋如高说：“那个时候不要说全国其他省市，就连中央层面都没有专门的土地管理部门。所以说，我们上海是在全国第一个成立土地管理局的，比国家土地管理局早一年。”②

全国第一个土地管理局局长在“六一一”会议上的汇报题目是“关于土地

---

① 夏克强：《谨慎、规范、依法推进上海土地批租改革》，《破冰：上海土地批租试点亲历者说》，上海人民出版社 2018 年版，第 23 页。

② 蒋如高：《开创性探索上海土地管理与使用新路》，《破冰：上海土地批租试点亲历者说》，上海人民出版社 2018 年版，第 37 页。

开发经营问题”。

> 市土地局在汇报土地开发经营问题时提出，上海土地开发和经营是上海经济发展的重要方面，建议改变国有土地无偿和无限期使用的状况，并提出八点设想：一是建立土地的有限年期的批租制度。土地所有权属国家，承租者取得使用权，限期内可据契约进行开发和经营。二是批租年期可适当长一些，一般可有30—50年，视地段、规模和用途来分级制定。三是承租者在租用土地时，一次性缴纳使用期的批租地价，并每年按规定缴纳土地使用费。批租土地可公开招租。四是实行契约制，列明各种权利和义务，必须遵守的规定和要求，违反契约按法律处理。五是批租的土地使用权允许有价转让，市政府制定具体管理办法，加强管理。六是批租土地期满后由国家无偿收回。要继续租用，可经批准重订契约，并缴纳新契约租期的批租地价。七是批租土地可由土地主管部门收取，交地方财政部门，作为城市建设基金。八是增收土地增值税。[①]

王安德还说提出赴港考察的是地产组，即沪港经济比较研究五个课题组中的第一小组。夏克强亦说，因为“土地问题特别敏感”，不适宜“以政府身份来讨论”；所以，市里组团，市委“经过深思熟虑”，给顾问曾庆红，团长夏克强，团员蒋如高、王安德、俞健等人“以学术探讨和交流的名义”，有意规避“理论和法律上的禁区”，不致“引起外界很多不必要的联想、猜测甚至是干扰”。[②] 结果，一行11人，前10名全都有变，市委常委、秘书长变成了“上海经济发展战略研究会顾问”，市府副秘书长变成了“上海市城市经济学会理事”，市府交通办主任变成了“上海市企业管理协会副会长、铁路运输工程师”，市外贸总公司总经理变成了“上海市国际贸易协会副会长”，市土地局局长、党组书记变成了“上海房产经济学会副会长”，市房地局局长助理变成了“上海房地产协会会

① 王安德：《土地批租改革的破土而出》，《破冰：上海土地批租试点亲历者说》，上海人民出版社2018年版，第73页。

② 夏克强：《谨慎、规范、依法推进上海土地批租改革》，《破冰：上海土地批租试点亲历者说》，上海人民出版社2018年版，第25页。

员”,市规划局局长变成了“上海市城市科学研究会理事”,市委研究室副主任变成了“上海市经济研究中心研究员”,市计委副秘书长变成了“上海经济研究所研究员”,市政府研究室副主任变成了“上海爱建公司副总经理”,唯独倒数第一没变,徐日清一如既往,仍是上海市社会科学院部门经济研究所副所长。

> 1986 年 8 月 26 日至 9 月 8 日,上海市委、市府组织考察房地产和自由港等问题,由曾庆红、夏克强同志带队到香港进行两周考察,为上海实行土地使用权出租作具体决策准备,我有幸被指定参加,使我对香港土地批租制度进行了比较系统了解。事后有人告知,我能参加其中,是汪市长的提名,这更使我感激万分。①

我们煞费苦心,有意隐去除徐日清外的所有人的真实身份,但到了香港,王安德吃惊地发现,香港房屋署冯通署长的桌子上有一份东西——一份上海赴港考察团全体成员名单。在这份名单上,“每个人的名字后面,都标注着政府职务”。王安德“后来告诉曾庆红”,说“你的身份,人家都看到了”。曾庆红若无其事,说他“知道”,“他们当然有这个情报”。

> 9 月 9 日,考察回来后,由俞健牵头,我们帮他一起写给市委的汇报材料,这是给市委的第一次汇报材料。1986 年 9 月 18 日,市委就召开了常委会,当中只隔了 9 天。在这份材料中,主要汇报了香港房地产业批地制度的三个特点以及香港批地和房地产经营的十种做法。②

除了 3 个特点和 10 种做法,还有 6 个附件。6 个附件中的前 5 个是市委办公厅和市政府办公厅在“五二九”会议上联合布置的五大课题,第六个新增,是“社会科学院做的《关于香港房地产业发展促进财政收入增加、经济发展的

① 徐日清:《科研工作片断回忆》,《天命年回首——上海社会科学院经济研究所建所五十周年征文选第二辑 · 部门经济研究所》,上海社会科学院出版社 2006 年版,第 241 页。

② 王安德:《土地批租改革的破土而出》,《破冰:上海土地批租试点亲历者说》,上海人民出版社 2018 年版,第 75 页。

若干资料》"。王安德说"这份材料把房地产和财政的关系仔仔细细说了一遍，增加了要实行这一改革的可信度，是一支兴奋剂，令人看了以后会觉得，这项改革一定要进行"。[①] 事实上，这一份"把房地产和财政的关系仔仔细细说了一遍"的新增材料就出自徐日清之手。徐日清从香港考察回来后还于 1986 年 12 月发表了《土地所有权与使用权的分离》一文，强调指出："土地所有权是政府所有，不能出售；但使用权是灵活的，可以在市场上流通。"同时，他还提出了通过土地批租筹集资金来加大城市基础设施建设，以此发展经济、提高土地价格的思路。他还与邹亮初(部门经济研究所特聘研究人员)合作发表《建立地产业，实现以城养城》等文章，进一步深化了土地有偿使用问题的现实研究。

> 稍后，美国的林同炎先生写信给汪道涵同志(那时他已担任市政府顾问)，不知他怎么知道上海准备出租土地使用权，提出要承租浦东一片土地，而且是以林同炎公司名义。记得在一个会议结束后，汪道涵同志要我留一留，交代了一个十分繁重的任务，要我在两周内提出一个报告，回答林同炎先生要承租浦东土地的可行性。我表示时间太紧，仅依靠我身边力量怕完不成。汪道涵同志表示：你可以以我的名义借助各方力量。为此，我临时组织了一个课题组，我自任组长，除部门经济研究所部分研究人员之外，请了土地局、房产局、规划院等有经验、熟识浦东情况的同志担任副组长，共同探讨，一边绘地块地图，一边研讨观点，花了十天左右匆匆拿出初稿。汪道涵同志欧洲一访问回来，就立即来电要看报告。[②]

林同炎，1912 年生，美籍华人，原籍福建福州。

林同炎是闻名全球的土木工程结构大师、加州大学伯克利分校教授，美国国家工程科学院第一位亚裔院士，曾获美国国家最高科学奖，在长跨度桥梁和高层建筑的抗震结构等方面有独创性成就，人称"预应力先生"。

---

① 王安德：《土地批租改革的破土而出》，《破冰：上海土地批租试点亲历者说》，上海人民出版社 2018 年版，第 76 页。

② 徐日清：《科研工作片断回忆》，《天命年回首——上海社会科学院经济研究所建所五十周年征文选第二辑・部门经济研究所》，上海社会科学院出版社 2006 年版，第 241—242 页。

林同炎办事极认真。他在美国收到徐日清的可行性报告,觉得有些问题尚待深入交换意见,就又专门派人来上海洽谈。

还有一次,正是本市遭遇大风大雨袭击,我光着脚走进了自己办公室,接到道涵同志秘书来电,要我速到外滩道涵同志办公室,会见一位贵宾。我在电话中说路上水太大,要涉水光着足很狼狈,想请假不去了。道涵同志说一定要来,车子可以从外滩市府大厦后面进去。我赶到后才知道道涵同志接见的是一位从美国来的客人,要汇报林同炎先生要浦东地块一些意见(可惜我这次记录始终未找到)。这次我只是静静听道涵同志同其对话,事后也未交代研究任务。接见结束时已过十二点,客人走了,只见秘书捧出一碗菜肉馄饨。道涵同志的午餐竟是这样简单节俭,我心想有这样睿智亲民的领导人是上海人民的幸运,上海前景必是十分光明的。①

上海前景的光明决定于领导人的睿智亲民。

上海前景的光明更决定于中国改革开放的高屋建瓴,势如破竹,所向披靡。

1987 年 7 月 7 日,国务院特区办给谷牧呈报了《关于选若干试行土地使用权有偿转让的建议》。谷牧时任国务院副总理。他将文件批给另一位国务院副总理田纪云。田纪云出访回国,路过香港,专访“中信”,时名中国国际信托投资公司,现名中国中信集团有限公司,专门了解香港的土地批租。谷牧亦从深圳过来,专门到香港,由新华社香港分社派车接送,派谭茀芸陪同,全程陪同,一点也不惊动港英当局。

后来能够推动这个工作,一方面是因为田纪云等中央领导的大力支持,另一方面主管这方面工作的谷牧、劲夫同志思想非常解放,非常坚定。领导们做工作都是非常深入、细致的。谷牧来了,田纪云也来了,劲夫同志是十几次地来回跑,就是借鉴国际上土地有偿使用权的规章制度,最后

① 徐日清:《科研工作片断回忆》,《天命年回首——上海社会科学院经济研究所建所五十周年征文选第二辑 · 部门经济研究所》,上海社会科学院出版社 2006 年版,第 242 页。

把这件事情定下来。[①]

关键时刻,邓小平也发话了。邓小平说,试试啦,不对还可以停下来。什么事情都要试着看,反正权在我们的手里。

同一时期,胡耀邦也说,办法要多一点,胆子要大一点,房地产看起来是大问题。明知山有虎,偏向虎山行,上海要做改革的促进派。胡启立也说,钱的问题总得自己想办法,要问北京拿,是拿不到的。上海可以学习香港是怎么发家的,上海可以借鉴香港行之有效的政策、办法。

于是,1987 年 9 月 9 日,深圳第一让,第一次以协议方式,在中华人民共和国的版图上,有偿有期出让了一块 5 321.8 平方米的住宅用地使用权。

于是,1987 年 12 月 23 日,《上海市土地使用权有偿转让办法》及 6 个配套实施细则,同步译成英语,经时任市长江泽民签发,由上海市人民政府向海内外公开发布,并宣布于 1988 年 1 月 1 日正式试行。这是在《中华人民共和国宪法》尚未修正的情况下,由地方政府创制的中国第一个允许国有土地使用权进入商品流通的政府规章。这一项立法程序上的突破,还体现为一部地方性规章的制定,尚未经由地方人大常委会通过。

于是,1988 年 4 月 12 日,第七届全国人民代表大会第一次会议通过《中华人民共和国宪法修正案》,将宪法第十条第四款有关“任何组织或者个人不得侵占、买卖、出租或者以其他形式非法转让土地”修改为“任何组织或者个人不得侵占、买卖或者以其他形式非法转让土地。土地的使用权可以依照法律的规定转让”。从字面上看,只是减了两个字,加了 17 个字。但上海已做和将做的一切,一切的依法合法,却都在于这举重若轻的一减一加之间。

正是这一减一加,致使 1988 年的中国又一次有了“土地革命”。

正是这一减一加,致使 1988 年 8 月 8 日的上海,真正出现了地产市场。

1988 年 8 月 8 日,经国家体改委批准,当年中国规模最大、最具实力的特大型企业集团——宝山钢铁联合(集团)公司正式成立。同一天,上海虹桥开

① 谭弗芸:《中国改革开放进程中的一件大事》,《破冰:上海土地批租试点亲历者说》,上海人民出版社 2018 年版,第 7—8 页。

发区 26 号地块的有偿出让尘埃落定,日本孙氏企业有限公司以 2 805 万美元的价格,获得该地块 1.29 公顷 50 年的土地使用权。这是中华人民共和国历史上第一次对国有土地使用权用国际招标的形式实行批租,也是上海乃至全国土地使用制度改革试点取得成功的重要标志。

江泽民闻讯后问蒋如高:"你们怎么卖得这么贵啊?"蒋如高如实坦陈:"这是他自己投的呀,不是我要他投这个价格的。"

实际上,日本孙氏企业有限公司第一个吃螃蟹,还是赚了钱。

实际上,音乐人高晓松的外公,著名固体力学专家,两院(中国科学院、中国工程院)院士,国家教委科学技术委员会主任,清华大学原副校长,深圳大学首任校长,张维教授,直至 1989 年 3 月 25 日,还偕 5 名全国政协委员,在七届全国政协二次会议上发难,痛斥洋浦批租"丧权辱国",是"满清政府";这跟"一些老同志认为搞土地批租就是搞'租界'",搞"租界"就是"当代李鸿章",[①]如出一辙,有异曲同工之妙。同样让人忧馋畏讥,毛骨悚然。

谭茀芸的紧张也是蒋如高的紧张,也是所有在土地批租文书上签字画押者的紧张。

"掉脑袋"不是开玩笑的事。

没人不怕首级落地,背千古骂名。

卖国,从来是我们民族记忆里的最大罪孽。中堂太傅的既定形象,实在太差,众人皆曰可杀。

然而,右可以葬送社会主义,"左"也可以葬送社会主义。中国要警惕右,但主要是防止"左"。

防"左",又不争论,这就是邓小平的高明。邓小平让我们"保持清醒的头脑","争取时间干",我们就"大胆地试,大胆地闯"。[②] 我们就认准了批租姓"社"不姓"资"。我们就任凭风浪起,稳坐钓鱼船。

---

① 蒋如高:《开创性探索上海土地管理与使用新路》,《破冰:上海土地批租试点亲历者说》,上海人民出版社 2018 年版,第 46 页。

② 邓小平:《在武昌、深圳、珠海、上海等地的谈话要点》,《邓小平文选》第 3 卷,人民出版社 1993 年版,第 375 页。

# 第十章　统计时代

统计学火了，这是俞文华始料未及的。俞文华搞了大半辈子统计，做梦也没想到，一门很古老的学科，穿越 2 300 多年的风重雨隔，经历“城邦政情”“政治算数”和“统计分析科学”的云谲波诡，竟就在世纪之交的当口，在改革开放的中国，赫然进入了威风八面的“统计时代”。

千年不遇我逢辰。

俞文华暗自庆幸，赶上了好年头。

只是回望既往，一路走来，有踟蹰，有蹒跚，有磕碰，还是不那么顺畅、平坦。

> 我一直从事统计专业教学与研究。1958 年上海社会科学院成立，我就进到经济研究所统计组，从事统计研究。经济研究所当时大概 150 个人，地址在陕西北路荣家花园。主要结合当时的形势做些研究，比如统计如何为党的中心工作服务；也搞些统计理论研究，比如讨论统计学的研究对象。这期间，我也下过厂，理论联系实际嘛。那时候叫作“两参一改三结合”。（引自 2014 年 12 月 2 日，俞文华口述实录）

俞文华是上海社会科学院的老人了。她原籍江苏江阴，1930 年生在上海，长在上海，1947 年上海南洋模范中学毕业，高考进了上海财经学院统计系，在四年级下学期，师从柴作楫，听和蔼可亲的柴老师上统计实务课。

柴作楫，1913 年生，辽宁沈阳人，1939 年东北大学经济系会计统计专业毕业。先后在贵州大学、大夏大学、东北大学、上海商学院、上海财经学院、复旦大学任教。

统计实务课没有现成的教材，柴作楫完全凭他多年来从事实际工作的丰富经验讲课，深入浅出，循循诱导，给俞文华很大启发。俞文华由此增加对统计实际工作的知识，为进一步学习统计理论打下基础。

1951年上海财经学院统计系毕业，姚耐院长决定从俞文华的班上招30多个人充实师资力量。俞文华所在的班，总共只有100多人，俞文华就被留校任统计系助教。当时柴作楫是统计专修科主任，他对俞文华等刚参加工作的年轻同志很关心，时常询问工作和生活情况，使人感到亲切。

> 柴作楫老师给我留下深刻印象的是他对统计学原理深有研究而且积极参与学术讨论。统计学者对统计学性质问题一直是存在不同观点，20世纪50年代统计学性质是什么的争论就很激烈。1951年1月有位教授写了《统计学不是社会科学》一文。6月14日柴作楫老师在上海《大公报》发表《马列主义统计学是社会科学》进行讨论，其焦点涉及统计学是社会科学还是自然科学。1979年统计学性质的争论又再次引起，柴作楫老师又在《统计》杂志上发表了《论统计学问题——与戴世光商榷》的论文。他敢于亮出自己的学术观点，积极参加学术讨论，促进统计学科的发展。①

1952年，俞文华被选送中国人民大学工业统计专业读研究生。1955年毕业后仍回上海财经学院统计系任助教。1956年评为讲师。

1958年9月7日，上海社会科学院成立，在姚耐、黄逸峰等院、所领导的支持下，在经济研究所下设统计组，为国内社会科学院系统中唯一设有统计研究的机构。

为把国内社会科学院系统中唯一设有统计研究的机构打造得更强，上海社会科学院又将上海财政经济学院统计系整体转入，继续开展教学。于是，不仅柴作楫过来了，俞文华亦到了上海社会科学院经济研究所从事统计理论研究工作，年仅28岁。跟邱渊、蒋瑛、张荫培、欧阳晒一样，都是中青年科研人

① 俞文华：《怀念柴作楫老师》，《天命年回首——上海社会科学院经济研究所建所五十周年征文选第二辑·部门经济研究所》，上海社会科学院出版社2006年版，第280页。

员。他们这个统计组才 12 人,却云集了金国宝、朱君毅、褚凤仪、邹依仁、柴作楫、桂世祚、蒋士驹等一批著名的统计学者,其中不乏 20 世纪 30 年代前后就致力于统计学研究并卓有建树的统计学家,由桂世祚教授任组长。

后来,上海财经学院恢复重建,统计系又调出社会科学院。但柴作楫、俞文华等人还是留下了,继续对统计学的基本理论问题和现实的统计实务工作中的一些重大问题撰写论文,出版著作,开展调查研究,强调理论研究与应用研究并重,发表《略论统计学的研究对象》《统计如何为党的中心工作服务》《开展进度与评比统计》等文章,对马列主义统计学进行有针对性的宣传。

尽管当时国内学术界受"左"的思想的影响和政治运动的冲击,研究领域禁忌很多,数理统计和数量经济的学科地位并未得到应有的重视,但统计组还是排除万难,多出成果。

当时的统计教学,严重存在以苏联教材为主、自编教材不足的现象,柴作楫就担纲主编《统计学原理》,对统计教学与研究产生重大影响。统计组的多位教授也在这一期间勤奋写作,譬如褚凤仪、桂世祚等译编了《1958—1962 年世界劳动手册》《1958—1962 年世界人口手册》;金国宝撰写了《清代统计》;朱君毅编写了《民国时期的政府统计工作》;褚凤仪、蒋瑛、俞文华编写了《黑色金属工业技术经济指标和有关常识》;统计组集体编写了《列宁与统计》(手稿)等。

在统计应用研究方面,1959 年统计组在以提高劳动生产率为中心的增产节约热潮中,参加了市计委、市统计局组织的对上海 105 个重点企业 1952—1958 年工业净产值调查,并对提高劳动生产率的因素进行了分析研究,撰写了调查报告。1963 年参加了华东计委的调查,撰写了 1953—1962 年华东工业分布及油料作物生产发展的调查报告,供有关领导参考。此外,统计组参加了院技术革命课题组,撰写了上海技术革命调查报告。与城市组联合开展了上海重点棚户区调查,撰写了普陀、闸北典型棚户区的调查报告,为城市规划建设提供了第一手资料。

20 世纪 60 年代,集市贸易兴起,为反映集市贸易价格的变动,统计组设计了调查表格,在十六铺等地定期设点采价,最终编制了上海集市贸易价格指数。

1961 年,统计组与城市组合并为城市、统计组,由徐盼秋任组长。同年,钱志坚由美国回国,他对数量经济研究有较深的造诣。他的加盟给统计组增添了实力。

> 社会科学院很重视理论培训。1962 年时,我们读了一年的《资本论》,孙怀仁、王惟中老师教课,大家很认真,要写读书心得。1968 年我就到干校去了。从 1958 年到“文化大革命”开始,除了去工厂调查研究,印象深刻的还有一件事就是 1961 年调查上海的重点棚户区,我到上海有名的棚户区蕃瓜弄、药水弄进行调查,写了调查报告,这项工作是城市组组长徐盼秋同志领导的。我体会到上海的住房问题是急需要解决的。我们社会科学院真是既注重理论研究,也注重实际。(引自 2014 年 12 月 2 日,俞文华口述实录)

1970 年“四个面向”,俞文华到崇明东风农场,待了 5 年,做农场的中小学校长。1975 年,又到了农场局干校当老师。

1978 年 10 月上海社会科学院恢复并建立部门经济研究所,由柴作楫教授筹建统计理论研究室并担任副主任。原来统计组成员,有的去世,有的转入复旦、财经等高校和本院其他研究部门,回来的只有柴作楫和俞文华。陈申申 2018 年 9 月 10 日给我发邮件,说他 1982 年毕业刚参加工作时,整个部门经济研究所的统计理论研究室一共只有 4 个人。除了他和他的导师柴作楫,另一个讲师俞文华,就还有一个老大学生陈晓声。

张云、王纪怀、朱荣成、撒慧芬等还都是后来的。

时值改革开放之初,统计理论界学术气氛空前浓厚,终于冲破长期以来“统计学是一门还是数门之争”的狭隘论题,统计研究把对象、内涵等基础研究扩大到了各领域的应用研究,学科建设取得突破性进展。数统室撰写了一系列论文,主要有《论统计学问题——与戴世光商榷》(柴作楫,1999)、《评〈社会经济统计学原理〉兼论编写高等学校统计学教材的一些问题》(柴作楫,1981)、《论经济统计学与各门学科的关系》(柴作楫,1982)、《怎样编制我国物价指数》(柴作楫、俞文华,1980)、《以马克思主义为理论基础,加强统计学史的研究》

(柴作楫,1983)、《论政府统计工作的独立性》(陈申申,1983)等。

柴作楫还领衔主编,带着统计室重点编写《统计工作手册》。这是一本有关统计基础理论和指标涵义的工具书,它深入浅出,雅俗共赏,兼具科学性和实用性,又配合《统计法》的实施,极有益于提高广大统计工作者的业务水平。

> 1982 年开始,柴作楫老师又带领我们编写《统计工作手册》。手册的框架、条目的设置,包括基本统计原理、统计调查与方法、综合统计、人口统计、农业统计、工业统计、基建统计、运输邮电统计、物资统计、商业统计、财政金融统计、劳动工资统计、文教卫生统计、社会政法统计、统计图表、统计人员自学与修养等内容。条目由柴老师最后审定,他对每一条逐字逐句斟酌修改,直至满意为止。在总纂期间,他每天上午工作几小时,中午没休息,下午又继续再干,审定条目内容,晚上他仍看书写作。他在 70 的高龄时倾注了全部心血,主编了这本用理论阐明、操作性强的手册。可惜他未能看到此书的出版。这本书稿在 1985 年 2 月由辽宁人民出版社出版,这是柴作楫老师留给我们的最后一本书。①

柴作楫留给人们的最后一本书,首印 10 余万册,一面世即销售一空,足见其受社会欢迎程度。

> 当时柴老师热情工作,不仅带领我们积极研究统计新理论、新方法,还去市统计局各个科室一一调查了解统计工作中需要研究的问题。当他知道有 6 位数学家提出计划工作中运用投入产出法的建议,非常重视。因为投入产出法在国外已实际应用,而当时在我国还很生疏。1979 年他带领我们参加了上海统计局组织的上海市投入产出表的编制工作,又指导我们去纺织局和工厂试点如何取得资料,如何编制投入表。②

---

① 俞文华:《怀念柴作楫老师》,《天命年回首——上海社会科学院经济研究所建所五十周年征文选第二辑·部门经济研究所》,上海社会科学院出版社 2006 年版,第 281—282 页。

② 俞文华:《怀念柴作楫老师》,《天命年回首——上海社会科学院经济研究所建所五十周年征文选第二辑·部门经济研究所》,上海社会科学院出版社 2006 年版,第 281 页。

所谓投入产出法，就是利用数学方法和电子计算技术来综合考察和分析研究国民经济各部门之间数量依存关系的科学方法。柴作楫带着数统室研究投入产出法，分为三个方面：一是对投入产出原理的研究和推广；二是参与投入产出编表建模实践；三是对投入产出数据的开发应用。

当时，全国都要搞投入产出法的试点，上海市统计局、社会科学院、复旦、财大等都在试编上海地区 1978 年度的投入产出表。从事数量经济和统计的统计理论研究室人员就对投入产出法十分关注，在参考国内外有关资料的同时，参加了上海市统计局对上海电力、冶金、纺织三个部门投入产出表的试编，俞文华和孙恒志带了复旦的 6 个毕业生实地深入纺织部门参加投入产出法的试点工作，到国棉二厂等 6 个工厂收集资料，解决理论与计算问题。撰写的报告有《试算上海 1978 年度投入产出表的情况》和《上海纺织部门 1978 年投入表的编制》(俞文华、孙恒志，1980)。这是对投入产出法初步尝试的小结，摸索了一套编制地区投入产业表的路子，打消了有些人认为资料有限，能否编表的疑虑。

> 当时也遇到一些困难，工厂不明白投入产出的概念，而且缺少资料，于是我们就到他们的财务部门找到生产费用表，一项一项研究。我们从仓库拿了很多表格，花费了很长时间整理。孙恒志会用电脑，这帮了很大忙。后来我们写了两篇报告。这两篇报告是内部资料，没有出版，但是很重要，以前没有人搞这个。后来山西统计局要搞试点，中国社会科学院的张守一、刘英老师在那里试点，给我们写信，认为我们这个报告有参考价值，我们就给他们寄去了。在这个基础上，我们写了《投入产出法入门》这本书。虽然这个研究方法是当时国际上的方法，但我们写得比较普及。我们的特点就是“早”。(引自 2014 年 12 月 2 日，俞文华口述实录)

后来，全国统计科学讨论会召开，柴作楫发表了《论投入产出分析法在我国的应用》的论文。

再后来，柴作楫又和俞文华合著《投入产出法入门》，以通俗的形式介绍了投入产出法的原理及其应用。柴作楫说：“外国的东西要中国化，理论要联系实际，深奥的东西要通俗化。”中国化，从来就是柴作楫研究国外学说的第一原则。柴作楫坚持认为，他山之石，可以攻玉。问题是洋为中用、人为我用的前提，必须是物有所值，用出中国风格，中国气派。投入产出法应运而生，为我们考察国民经济各部门间数量关系提供了一种新的方法、新的路径。在社会主义条件下正确运用投入产出法，可以大大提高管理和计划工作的水平，助推社会主义现代化建设，所以柴作楫倾注了很大热情。而孙恒志搞上海经济发展战略研究，作《上海对外贸易的投入产出分析》，也就用上了投入产出法。

> 对外贸易涉及一个国家或地区进出口的最终产品和社会总产品之间的复杂关系，采用一般的经验方法很难把这种关系充分揭示出来。美国经济学家列昂惕夫用投入产出法研究美国的贸易结构，是一个比较成功的范例。所以，在本文中，我们试图运用上海 1981 年投入产出表，分析上海对外贸易中的几个问题。①

孙恒志所说的投入产出表即指《上海市主要产品实物型投入产出表(1981)》，其由上海市统计局投入产出表编制小组编制。为编制该表，上海市统计局于 1981 年年底牵头成立投入产出表编制小组，邀约上海社会科学院和复旦、财大、交大等科研力量，对上海 197 项实物产品投入产出流量数据进行了调查收集，并建立了当时全国规模最大的实物型投入产出宏观经济模型，从宏观角度反映产品生产、流通消费的全貌和部门间技术经济联系。这次实物型投入产出表按产品互代原则建立模型，产品分为两类：一类是上海可以生产也可以进口货调入的产品，称为非竞争性产品；一类是完全依赖进口或调入的产品，称为非竞争性产品。按互代原则只要求取得企业消耗的总数，不要求再分出市内和市外，这样就大大减少了资料收集的工作量。为此，孙恒志发表论文《试论按互代原则编制和应用地区投入产出表(1982)》。整个模型的建立与研究获得 1986 年上海科技成果进步二等奖。而后，投入产出表的编制开始纳入统计部门正常工作，每五年编制一次。

---

① 孙恒志：《上海对外贸易的投入产出分析》，《上海经济发展战略》课题组，《上海经济发展战略文集》，1984 年版，第 497 页。

同一时期,数统室关于投入产出的论文,主要的还有《投入产出分析及其在我国的应用》(柴作楫,1981 年全国统计科学讨论会论文)、《投入产出分析及其在我国国民经济管理中的应用》(柴作楫、俞文华、陈晓声,1981)、《东西方投入产出对比分析》(厉无畏、孙恒志,1985)等。

投入产出表的编制为实际经济问题定量分析研究提供了翔实资料。所以,每次编表后,数统室都要与上海市统计局合作,进行数据开发应用研究。同时,也发奋研究国民经济统计核算、指标体系和现实经济量化应用。

国民经济统计核算主要研究国民经济总体运行的数量关系。数统室在 20 世纪 80 年代初期就对各个领域的经济统计开展研究,分别讨论人口、国民财富、工业、农业、商品流转、交通运输、金融、基建、投资、居民生活等领域统计问题,并形成书稿,为国民经济统计研究打下基础。当时有关国民经济统计核算的专著并不太多,数统室的《国民经济统计学》论述了总产值、净产值指标的优缺点及各自在经济分析中的作用;提出今后可从以总产值为主逐步过渡到以净产值为主,在一些主管部门使用部门总产值及最终产值的建议;有了最终产值可以计算国民生产总值,便于统计指标进行国际对比,等等。

我们研究室写了一本《国民经济统计学》,获得了社会科学院优秀著作奖。当时国家的核算体系正在改变,原来有两种体系,一个是苏联的,一个是美国的。我们原先是沿用苏联的。后来国际上有一个标准,就是 SNA。我们认为原来的那一套体系不适用了,所以搞了一套新的核算体系。"国民经济统计学"这个名称是我们第一个用的,后来用的人就多了。以前我们的经济统计有两种,一种是部门统计的总和,还有一种是综合平衡,而我们是把国民经济统计作为一个整体系统来研究。(引自 2014 年 12 月 2 日,俞文华口述实录)

后来,数统室又编写了一些教材。当时大学里面缺少教材。教材编审委员会要各个单位赶快写教材。俞文华就跟李展一合作写了《工业企业统计学》。这本书发行量很大,后来再版。以前的企业只管生产,不管销售。这本书增加了很多销售的内容,而且书的体系比较新,比较系统,也比较实用。

这一时期，部门经济研究所工业经济研究室中也有一支从事数量经济与统计研究的科研力量，包括邹依仁、钱志坚、厉无畏、左学金、孙恒志等。

左学金是第一批研究生，读的是工业经济专业数量经济研究方向。

厉无畏的成长之路则更有传奇色彩。

如果说迪士尼的事业是从一只老鼠开始的，那么，厉无畏的事业就是从一头猪开始的。厉无畏、范瑾、左学金合作完成的《猪肉的市场需求预测》是上海最早进行的一项市场需求预测。

> 我读到的厉先生发表的第一篇文章，是他与范瑾、左学金两位先生合作、发表在《社会科学》1980 年第 5 期的《猪肉的市场需求预测》。在文中，厉先生等三人基于 1979 年下半年上海市场猪肉供过于求、产销比例失调的问题，提出消费品的社会需求并非是一成不变的，而会随着消费品价格和居民收入的变化而变化。文章运用数据统计分析，并采集 1967—1974 年的数据(1975 年以后是计划供应)科学地排除季节性影响等因素，利用 1979 年下半年到 1980 年上半年的月度数据，通过回归分析方法运算、检验、预测等，对 1980 年以后的猪肉市场需求进行了短期预测的尝试，为完善当时上海猪肉市场的供应组织提供了科学有效的建议。①

夏晓燕 2000 年攻读部门经济研究所产业经济学博士学位，师从厉无畏。夏晓燕认为 1983 年是厉无畏“专注于数量经济与统计预测研究与应用”的一年。正是在这一年中，厉无畏不仅写了《因果关系计量模型及其应用》《增长曲线预测法》《经济效果指标的主成因分析》《技术进步过程及其分析》等，而且还与左学金合作发表了《结合预测法及其应用》(后获院优秀论文奖)，与沈安安合作发表了《从人口增长曲线看我国人口控制目标能否实现》等。

夏晓燕还高度评价了厉无畏与孙恒志合作的《参数指标体系刍议》和《东西方投入产出对比分析》。这两篇论文分别发表于 1985 年 3 月的《财政研究》

① 夏晓燕：《经世致用，济民报国——数量统计学为基础的产业结构研究之路》，《踏道 经世传薪——厉无畏学术研究 30 周年研讨会文集》，团结出版社 2013 年版，第 24 页。

和同年7月的《社会科学》。夏晓燕强调指出,厉无畏与孙恒志的合作研究成果,清楚表明"经济指标的意义,不仅在于反映经济活动的条件、过程和效果,还必须揭示各种经济因素内在的数量变化规律,从而成为经济分析、政策与计划的有效工具"。

> 其间另有一篇《我国卷烟需求分析》,发表在《数理统计与管理》1985年第3期上,以时间序列、因果关系计量模型进行了卷烟的短期预测,以伯努里方程(Bernri Equation)根据1968—1982年的销售资料进行了需求量估计,得出了卷烟作为特殊消费品,基于种植面积、卫生健康以及自身的技术进步相关联的需求增长速度、行业管理与经济控制的结论,即便今天看来仍是令人警醒与深思的。[①]

服务于部门经济研究所1983年列项的全国哲学社会科学"六五"规划重点项目——上海经济发展战略研究,这一时期的厉无畏,还与谢依艺合作发表了《对上海工业增长中技术进步因素的分析》。该文在介绍了技术进步的含义和基本数学模型后,剖析了上海工业技术进步不快的原因,并对提高技术进步速度指出了有针对性的途径和措施。该课题研究成果后来获得了1979—1985年度哲学社会科学优秀成果奖,也是国内最早发表的研究技术进步测量的论文。

同样是服务于上海经济发展战略研究,孙恒志在《上海基础设施建设与经济增长同向变动的分析——兼论上海投资结构优化问题》也用到了经济计量模型方法。时值1985年,孙恒志还是部门经济研究所所长助理,后被调任中共上海市委研究室副主任,这一研究成果被中共上海市委研究室编入了《增刊》第13期,获朱镕基批示:"恒志同志,材料很好,可以进一步研究。"细读全文,可以发觉,朱镕基是认真读了孙文的。孙文的最后一个自然段落中写到了"建议'七五'之初,连续两三年内,使城市公用事业投资比重保持在15%的水平上"。朱镕基用一条曲线将此句划出,然后边批:"要研究计算口径。"

---

① 夏晓燕:《经世致用,济民报国——数量统计学为基础的产业结构研究之路》,《踏道,经世,传薪——厉无畏学术研究30周年研讨会文集》,团结出版社2013年版,第27—28页。

数统室成果喜人，柴作楫却悄无声息地倒下了。

> 由于工作紧张忙碌，1983年春柴作楫应邀去厦门大学讲学回来就病倒了。在一年多患病住院的日子里，他以顽强的毅力与疾病作斗争。病重期间他还十分关心统计改革，在病床上写了关于统计改革的文章让我们交给统计学会，这是他写的最后一篇文章。[①]

1983年2月柴作楫生病住院，由俞文华担任统计理论研究室副主任，同年评为副研究员。

1984年5月16日，柴作楫的心脏停止了跳动。同一年，俞文华改任院统战部副部长，后任部长。部门经济研究所随即调整组合科研力量，于1985年，成立数量经济与统计研究室，由钱志坚担任室主任。当时研究室除了统计室全体成员和钱志坚、厉无畏、汤玉卿、谢依艺等，还陆续进入了王贻志、周儒、张以杰、史竟仁、周曙民、陆茂荣等，研究力量相当充实。1986年陈晓声担任数统室副主任，研究室中数量经济与统计两个专业领域各有侧重又相互结合，协同开展研究工作，尤其是指标和指标体系的研究。

指标和指标体系，是客观社会现象及其联系的反映，亦是统计设计的重要内容。建立系统科学的统计指标体系一直是我国统计工作现代化以及统计研究关注的重要课题。数统室较为系统地研究指标体系始于1982年，即陈晓声参加了联合国教科文组织在北京举办的社会指标研讨班后，就与室内同志投入到统计研究和实务部门讨论社会指标体系的热潮中，撰写了《关于建立社会统计指标体系的一些看法》(陈晓声，1983)、《社会统计对象和指标体系》(朱荣成，1983)等。1984年，部门经济研究所参加了由国家科委下达上海市科委指令上海科学研究所组织的“社会经济科技指标体系”课题研究。这是一项目标众多、因素复杂、工作量巨大的综合性课题，历时三年余。在初期研讨中，部门经济研究所提交了《参数指标体系》(厉无畏、孙恒志，1985)、《评价宏观经济效果的指标和方法》(厉无畏、葛谦，1985)、《联合国SSDS与我国社会统计指标

① 俞文华：《怀念柴作楫老师》，《天命年回首——上海社会科学院经济研究所建所五十周年征文选第二辑·部门经济研究所》，上海社会科学院出版社2006年版，第282页。

体系的比较分析研究》(陈晓声、朱荣成,1985)、《关于社会统计指标的内容和结构探讨》(陈晓声,1985)等。在后期研究时,陈晓声担任经济指标分课题副组长,进行了三位一体指标体系的具体设计。陈晓声提出了按系统论原理所设计的具有稳定性、动态性和适应性的经济指标体系逻辑结构。这是根据当时我国国情,在两种核算体系(MPS 和 SNA)并存的情况下所创新的具有拆拼组合特点的经济指标体系,受到了专家的肯定。该总课题于 1987 年 5 月获上海科委一等奖。1987 年上海市统计局主办"上海城市统计发展战略"课题研究,陈晓声作为课题组主要成员参与制定"上海社会经济科技指标体系完整化的初步方案",该方案将先前的三位一体指标体系研究延续到了实务操作层面,对推动统计工作现代化具有重要意义。

还有就是现实经济的量化应用研究,数统室也发挥了它的独特优势,一方面运用数量经济和统计方法进行定量分析研究,使经济研究更为精确和科学;另一方面,大量的课题研究和决策咨询研究,涉及发展战略、技术进步、产业发展、综合评价、规划预测等,取得了一批研究成果,也丰富完善了数量经济和统计方法。

数统室还积极开展横向结合,参与部门经济研究所所内兄弟研究室的有关课题研究。如 1985 年参与"上海第三产业发展战略研究"课题,研究成果编入《第三产业理论与实践》一书;1986 年参与国家经委和农牧渔业部课题"乡镇企业技术进步"研究,运用多元统计方法对乡镇企业发展水平进行了梯度分析;1987 年参与市科委课题"崇明岛经济、科技、社会发展战略规划"研究,建立 CMSD 模型,该课题成果获上海市科技进步二等奖;参与城乡建设部"消费结构中住宅费用合理比重"的课题研究,进行了上海完全消费结构试算,将社会福利部分纳入消费结构,增强了国内外比较的可比性,具有一定新意;参与"城乡一体化前景"课题研究,建立了上海市人口预测模型和三次产业投资预测模型;1980 年参加市科委课题"上海乡镇企业经济、科技发展战略和政策问题研究",建立了上海乡镇企业多目标规划模型和技术进步评估模型;参与云南省科协"云南省西双版纳景洪县经济发展战略规划"以及"云南省富宁县经济开发总体规划研究",研究成果编入《振兴贫困地区的蓝图》一书。此外,数统室还参与市有关部门的"上海社会科技经济直辖市发展战略研究""上海城市文

20世纪90年代，院所为陈敏之先生贺寿。前排左起：王贻志、李培君、刘钧德、厉无畏、厉敏之、陈敏之、徐之河、姚锡堂、张济康、章永年；后排左起：张晓良、徐士侃、罗惠芬、吴承钰、葛伟民、陈家海、陶秋贞、顾壬章、俞莉莉、左学金

汪道涵与姚锡棠、谢自奋在沿海中心城市经济体制改革研讨会上

1999年5月，谢自奋率课题组赴孙桥现代农业基地调研

2002 年部门经济研究所学术会议“长江与珠江三角洲经济发展比较研究”

2012 年 11 月，“厉无畏学术研究30周年研讨会”在上海举行

厉无畏在改革开放20周年理论研讨会上

杨建文率部门经济研究所同仁至东海舰队学习

王贻志、左学金赴波兰社会科学院交流学习

1999年产业经济学硕士研究生论文答辩会

上海泰康路艺术街总体发展战略研究调研签字仪式，前排左起：厉无畏、郑荣发；后排左一王如忠、右一陶秋贞、右二罗惠芬、右三缪勇

《创意上海蓝皮书》对上海文化创意产业发展的驱动机制及其路径、制度设计进行全面而深入的研究论证和学理分析，以期能进一步开阔和启发发展文化创意产业、实现产业升级和城市转型的战略思路

《创意产业——上海纺控涅槃与聚变》专门对上海纺控集团“科技与时尚”的整体文创进程进行了聚焦和梳理

2009年，与上海创意产业发展课题研究和上海文化创意产业发展研讨会同步进行的，还有《上海经济》编辑部历时数月探访最先进驻田子坊的商家与艺术家集结而成的《上海经济·解读田子坊》

2010年旅游研究中心团队前往新疆泽普县进行对口支援。面对着这一群年轻人，当地人表示："一片胡杨林子，就靠你们这些人，年轻轻的，怎么可能创成5A？"但正是这一群年轻人通过3年努力将金湖杨打造成了南疆首个5A级景区

2010年3月12–15日，部门经济研究所所长杨建文带队赴四川都江堰市灾后重建第一线，开展"上海–都江堰对口支援"专题调研。上海市政府副秘书长、上海对口支援都江堰市指挥部总指挥薛潮高度重视上海社会科学院同志的来访，三度批示，要求总指挥部各部门积极支持和配合，而且亲自拟稿，详细介绍

化发展战略研究”“杭州湾北岸国土综合规划研究”“上海梅陇乡总体规划”等课题研究。1988 年,谢自奋、厉无畏还将这些应用研究成果汇总编入《区域经济研究:战略、规划与模型》一书,出版后颇受社会欢迎,被一些高校作为区域经济教学中的重要参考资料。

数统室还撰写了一批研究报告,主要有《1987 年工业效益弹性分析》《主要机械行业技术进步》《关于上海实施出口导向进口替代改革的若干定量分析》《困境与抉择:上海市产品形态要素分析》《上海乡镇企业技术进步评估模型》《关于投资效果滞后性的初步研究》《“十五”时期上海工业产业的科技投入研究》(王贻志、陈晓声,2000)、《“十五”上海居民消费结构与收入分配》(王贻志、陈晓声,2000)、《上海钢铁产业竞争力研究》(陈晓声,2002)、《长三角区域发展现状、问题与建议》(陈晓声,2004)等。

数统室还有一些课题研究也很有意义,让人留有深刻记忆。

1987 年,上海市统计局承担了“上海城市统计发展战略研究”课题研究,陈晓声等参与“上海统计科学研究发展规划”的制定,并提交论文《统计科学研究刍议》。论文指出,统计科研是包括两个层次三个方面的完整体系,即基础研究和应用研究,后者包括统计工作的科学研究和运用统计方法对现实问题的综合应用研究。论文进一步论述了三个方面科研的目标和具体内容,三分法已为统计学会组织统计科研时所采纳。该课题获上海哲学社会科学 1986—1987 优秀学术成果奖。1988 年又发表《对统计科学研究和统计学科建设的思考》。1994 年,《上海统计》杂志连载了《统计新学科的发展》,介绍与生态、社会、科技,消费等领域相结合渗透新产生的统计学科。《社会主义市场经济下企业统计改革》则论述了走向市场的企业对统计提出的新要求和企业统计改革的方向。

在数量经济研究方面,数统室则偏重于对数量经济理论和方法的研究及其应用。如《几种变参数模型的讨论》(厉无畏,1992)针对实际应用回归方法建立经济计量模型时通常不满足参数不变这一假设条件的状况,研究了三种变参数模型及估计方法;通过参数随政策变量作有规则变化时的处理、变截距的自适应模型和转换回归模型等,较好地解决了横截面数据非均匀性和时间数列中结构参数变化等问题,对于科学有效建立计量模型具有重要理论意义和应用价值。该论文获中国管理数学协作会优秀论文奖。此外,撰写的论文还有《动态回归分析与应用》(厉无畏、王贻志,1986)等。

至于专著,主要有:钱志坚编写的《线性规划与经济管理》(1981),介绍了线性规则原理,较系统地探讨了严密的数学基础和深刻的经济意义,对于企业提高管理水平、发展生产具有较大的实用价值。汤玉卿编写了《运筹学浅说》(1982)。柴作楫、孙恒志、俞文华编写了《投入产出法入门》(1984)。在钱志坚、陈开明主编的《管理数学》(1985)中,厉无畏、左学金编写了"概率论与数理统计"部分。在《经济新学科论著》中,厉无畏、史竟仁编写了《投入产出经济学》(1993)。厉无畏、王贻志、周儒编写的《数量经济学》(《续10新经济学科》,1988),系统介绍了数量经济学一般概念和作用、由来与发展和基本方法,对数量经济学研究的发展趋势以及模型的规模和维护进行了探讨。1998年9月,厉无畏、王贻志翻译了伦敦政经学院经济学丛书之一的《计量经济学》(Andrew C. Harvey,五南出版社出版),对该学科理论研究者和应用工作者都有重要学术价值。厉无畏等在1990年还以《当代经济管理新方法大全》系统介绍了数量经济和计划经济方法。

1988年,俞文华回到部门经济研究所继续从事统计科研和研究生教学工作。1990年获评研究员,亦为硕士研究生导师,主要从事工业统计和经济统计研究。

1990年末,上海证券交易所成立,标志着上海证券市场开始不断完善和发展,但当时证券市场信息渠道还不够规范、数出多门。

针对这个情况,数统室从1992年开始编辑出版《上海证券年鉴》,每年一本,到2005年已连续出版了14本。年鉴如实反映上海证券市场发展轨迹,具有专业史志的科学价值。由于资料直接由证交所、证监局和人民银行提供,通过整理核实,年鉴资料具有相当的权威性。

几乎同时,俞文华、厉无畏、陈晓声、朱荣成等人合作编写的《国民经济统计学》(1989)公开出版,是国内第一本以《国民经济统计学》命名的统计著作。该书根据马克思主义再生产理论,结合我国实践,从宏观角度进行定量描述和统一核算,研究综合平衡、宏观控制和国际对比。该书按国民经济核算条件、过程、成果、调控、平衡、核算及宏观分析模型的主线提供了统计理论和基本方法;较早介绍了国民账户体系,结合计量模型对国民经济关系进行了分析。在我国不断深化改革开放的大背景下,发挥了统计理论导向的作用。由于该书联系实际、体系新型,在经济统计学科建设中开辟了新领域,获得了 1988—1990 年上海社会科学院优秀著作奖。

萧瑟秋风今又是,换了人间。

今天的统计学,今天的数量经济学,其内容之广,显然超出了任何一门经济学科。所以,英国统计学家哈斯利特感慨说道:“统计方法的应用是这样普遍,在我们的生活和习惯中,统计的影响是这样巨大,以致统计的重要性无论怎样强调也不过分。”

> 把“数量化、定量化”相关的经济研究悉数收入“数量经济学”学科,其内容之广显然超出了任何一门经济学科……30 多年来,中国数量经济学研究为经济决策的科学化、经济研究的现代化作出了贡献,并产生了广泛的影响,确立了数量经济学在中国经济学界的学术地位,数量经济学已融入我国经济各个层面的研究。[①]

从一张白纸,到有了文字和图画,是一个飞跃。

从一张不再空白的纸,到纸上将有最新最美的文字、最新最美的图画,是一个更大的飞跃。

既然更大的飞跃在前面等着我们,那就让我们接着去写更新更美的文字,去画更新更美的图画,始终牢记住德国斯勒兹的名言:“统计是动态的历史,历史是静态的统计。”既然动态的历史给了我们统计,静态的统计给了我们历史,那么,在历史与统计之间,在动态与静态之间,我们的存在,就该是不停地写,不停地画。这是应用经济学的要求,这是应用经济学人必须要做到的。

---

① 孙林:《数量经济学学科前沿》,《应用经济学理论前沿》,上海社会科学院出版社 2016 年版,第 132—133 页。

# 第十一章　小三线

在1983年秋天，接受上海市政府交给的秘密任务，我们到了上海在安徽的小三线做调查。①

陈申申的回忆开头，让我自然联想起好莱坞经典老片《蝴蝶梦》的片头，先是一段令人惊悚、战栗的音乐，一组黑漆漆的建筑废墟，然后是幽幽的画外音："昨天夜里，我在梦中，又回到了曼德利。"

陈申申的"曼德利"，坐落在皖之南、浙之西，一个青年学子对之的描述是这样的：

那里是一条很窄很窄的山路，也就是一辆货车的宽度。山路约有十几里，路两边是很高很高的山。我们开了大约有半个小时的车，一户人家也没有遇到。然而大约半个小时后，突然有几栋老房子出现在我们的视野中，那些老房子一栋栋的整齐地排列着，上面还有数栋。我们继续往里开，乖乖，这里面是一个村子呀。里面的房子好多，都是20世纪六七十年代的风格，大多数是两层楼。很难想到深山密林当中竟藏有如此壮观的建筑群！走进厂里，只见一个很大的大礼堂，礼堂很高很深，墙上还有很多那时候留下来的标语如"备战、备荒、为人民"。往后走就是一栋栋仓库，仓库很大而且之间都是连着的。再往后走就是一些厂房，当年应该是很漂亮的徽派风格厂房，现在很多竟成断垣残壁，四周杂草丛生，令人伤感。②

---

① 陈申申：《小三线调查回忆》，写于2018年7月，未刊稿。

② 杨华国：《对于上海小三线田野调查日记》，未刊稿。

2012 年国庆节期间，1989 年出生的杨华国，原籍安徽南陵县的上海大学历史系 2012 级硕士研究生，在他父亲杨文平的帮助下，专程驱车来到邻县的泾县乌溪村，寻找 20 世纪 60 年代中期开设在这里的上海“小三线”312 电厂旧址。

杨文平，1964 年生，并不清楚他两岁时，在他父母、祖父母、曾祖父母，世代繁衍的这一片皖南山区上，一支由上海数万名干部群众组成的上海小三线建设大军，悄无声息却又义无反顾地开始了一场轰轰烈烈的建设。这一场建设，前后长达 24 年，不仅改变了所有的那些上海人的命运，也改变了不少当地安徽人的命运。而这个 312 电厂，只是上海小三线在皖南和浙西 81 家企事业单位中的一家。

“小三线”是计划经济体制时代的产物，上海在安徽十余个县份都搞了“小三线”，总部在屯溪。（引自 2014 年 11 月 11 日，陶友之口述实录）

陶友之，1935 年生，浙江绍兴人，13 岁起在工厂学生意，曾在同兴实业社（习称同兴袜厂）从事科技、管理工作。1958 年前往中央团校学习三年，1962 年结束学习后仍回到同兴实业社，担任车间主任、支部书记。同兴实业社是一家制作袜子的工厂，其生产的“青年袜”在 20 世纪 50 年代风行一时，远销东南亚。陶友之主要负责漂染这一技术工种。他在工厂一直工作到 1978 年进入上海社会科学院，先后在经济研究所、部门经济研究所从事研究工作，主要研究微观经济、国有企业改革等问题。

我在 20 世纪 50 年代即成为工人中的“写手”。“文化大革命”期间，我曾一度被调至市总工会政宣组，但由于与负责人思想不合拍，回到了工厂。1971 年，市委写作组决定要“掺沙子”，在工人、农民中吸收一些人进入写作组。于是我在淮海路市直属机关五七干校六连办公室（即今上海社会科学院院部）工作了两三年，后又调至陕西北路 186 号，据说此处曾为荣毅仁私宅。写作组分为核心、外围，我属于外围。我们中有几个人属于写作组的核心人员，其他则是从工厂企业中“掺沙子”进来的外围人员。

> 1976年粉碎“四人帮”后，市委写作组解散，外围人员一律回原单位。我也回到了原来的工厂，继续从事技术工作。1979年社会科学院恢复，我们当年写作组外围中的一些人原本就来自社会科学院，这时回到了原单位。黄逸峰院长很注意延揽各种人才。经济研究所负责组织工作的同志就来到同兴袜厂，动员我去经济研究所。当时市纺织局拟任命我担任局办公室主任，我对当干部没什么兴趣，于是来到了社会科学院经济研究所。我其实1978年就来了，但由于纺织局没有马上转档案关系，所以拖到1979年才拿院里的工资。（引自2014年11月11日，陶友之口述实录）

陶友之到经济研究所后，被安排在政治经济学研究室，室主任雍文远。当时政治经济学研究室有二三十人，整个经济研究所有100余人，规模很大。1983年，经济研究所成立了微观经济研究室，主要研究企业。研究室共十余人，陶友之担任室主任。当时经济研究所希望每个科研人员确定自己的研究方向，陶友之想到自己出身工厂，没有接受过系统教育，但研究企业问题，却有切身体会，不会纸上谈兵。于是决定研究微观经济，解开企业、市场、个人之间的关系之谜。

> 20世纪80年代之初，国家处于开放状态，然而理论界却显得比较混乱。老的理论不再继续适用，新的经济理论还未形成。研究方向到底如何发展，令人感到捉摸不定。我自己秉持三条原则：一、对历史负责。二、对实践负责。三、对个人负责。我认为作为理论工作者，切忌跟风，观点要经得起历史的检验。（引自2014年11月11日，陶友之口述实录）

陶友之跟陈申申一起调研“小三线”是在1983年，小三线撤回上海的前一年。一行四人，有陶友之、陈申申、江成龙、李斗垣。

李斗垣，上海人。1956年中国人民大学研究生毕业。先后在上海财经学院、上海社会科学院任职。陈申申在给我的邮件中说：“江成龙是（市委）党校的教师，好像没有行政职务。我们部门经济研究所带队的李斗垣也没有行政职务，当时也没有职称。”但李斗垣是社会科学院工经组老人。据《天命年回首——上海社会科学院经济研究所建所五十周年征文选第二辑·部门经济研究所》记载,此时的李斗垣似乎已是部门经济研究所工业经济研究室副主任暨综合学术室(一说学术秘书室)主任。①

就这样,一个部门经济研究所的中层干部,带上一个部门经济研究所的研究人员,再加上一个经济研究所(后调部门经济研究所)的研究人员和一个中共上海市委党校的教师,悄然出发了。他们有点像《三笑》里的吴门四才子,有点像《三侠五义》里的开封府四勇士,也有点像《侠隐记》里的四个火枪手,却一点也不像《西游记》里的唐僧师徒。他们不是去西天取经,而是去"小三线"执行市里交办的"秘密任务"。

> 秘密到什么程度?我们这些调查人员都不知道是谁派我们去调查,也不知道调查结果应该向谁汇报。感觉上我们是生活在解放前的敌占区,是地下党,在做地下工作,单线联系。②

陶友之说"'小三线'是计划经济体制时代的产物",陈申申则说:"三线建设是为了准备打仗。所以,三线建设的首要问题就是对于国际形势的判断,会不会打仗?会不会打大仗?"

> 要准备打仗。要准备大打早打。即使我国所有的大城市全部卷入战争,遭到敌方破坏,工业生产也不能停止。于是,1964年中央决定:在西南和西北建设大三线,由中央主持。以江西为中心建设中三线,由华东局和南京军区主持。各省市都要有自己的小三线建设。上海的小三线在安徽。③

关于三线建设,邓小平有更权威的论述。1985年6月4日,邓小平在军委扩大会议上讲话,说到"过去我们的观点一直是战争不可避免,而且迫在眉睫",曾经强调指出:"我们好多的决策,包括一二三线的建设布局,'山、散、洞'

---

① 陈建豪、陶永宽:《工业经济研究》,《天命年回首——上海社会科学院经济研究所建所五十周年征文选第二辑·部门经济研究所》,上海社会科学院出版社2006年版,第40页。

②③ 陈申申:《小三线调查回忆》,写于2018年7月,未刊稿。

的方针在内，都是从这个观点出发的。”①

邓小平所说的“山、散、洞”，就是“靠山、分散、进洞”。20 世纪 60 年代，大动荡，大分化，大改组，帝、修、反对我国形成一个新月形包围圈。毛泽东“危楼还望，叹此意，今古几人曾会”，②国家有关部门遂提出：国防尖端项目要搬到三线地区，按照“靠山、分散、隐蔽”的方针进行建设，有的还要进山洞。

于是，一场以战备为中心、以工业交通和国防科技工业为基础的大规模经济建设运动开始了。始于 1964 年的三线建设以中国西南和西北地区为重点区域。“小三线”建设属于三线建设的一个重要组成部分，特指相对内地西南和西北的大三线建设而言，在全国一二线(沿海沿边)地区的腹地，依靠地方自筹资金，以战备为中心、以地方军工和工业交通设施为主的全国性经济建设战略。“小三线”建设始于 1965 年，调整并结束于 20 世纪 80 年代中期，分布在全国除台湾和西藏之外的 28 个省区市。截至 1985 年，在全国范围建立起了 229 家“小三线”企事业单位，职工人数达 25.65 万人，固定资产原值为 31.5 亿元，1985 年的工业总产值为 17.2 亿元。

上海小三线是在国家三线建设的大背景下开展的。最早在 1964 年，总参有一个关于国际形势的报告。我看过这个报告，印象已经不深，总的感觉是这个报告把国际形势看得比较严重。现在看来可能还是比较集中地反映了毛主席的阶级斗争理论。这个材料引起的重视，不是偶然的，是那一时期用“左”的思想分析看待国际形势的必然结论，把问题看得很严重，好像敌人马上就要打进来了，要赶紧搞三线建设。③

陈锦华，1929 年生，安徽青阳人，1949 年加入中国共产党，时任上海市副市长兼计委主任。

陈锦华说毛主席对三线建设看得很重。毛泽东多次指示：“要准备打仗”，

---

① 《邓小平文选》第 3 卷，第 127 页。

② 陈亮：《念奴娇 · 登多景楼》。

③ 陈锦华：《上海小三线建设的来龙去脉》，《口述上海：小三线建设》，上海教育出版社 2018 年版。

除“第一线和第二线，要搞第三线”，“沿海各省市都要搞点小三线，属于地方军工厂”。毛泽东甚至说，没有钱把他的稿费拿出来，说道路不通就骑着毛驴去。根据毛泽东上述指示精神，遵循党中央、国务院、中央军委的指示精神，以及南京军区、华东局的总体部署，中共上海市委、市政府对上海小三线建设经过多次研究，逐步形成了在皖南、浙西地区建设上海小三线的思路和方略。

上海的小三线建设，主要分布在安徽省皖南东西 260 多公里、南北 130 多公里的山区中。从 1966 年开始，由上海各有关工业局包建，共投资 6.3 亿多元，先后建设了 54 个工厂(其中 2 个工厂未建成)，以及为之配套的运输场、通讯站、医院等单位，逐步形成了一个布局分散、生产点孤立、协作配套，原材料供应、成品销售依赖于上海的后方工业生产基地。小三线共有职工 5.7 万人，占地面积 927 万平方米、建筑面积 224 万平方米(其中生产面积 106 万平方米)、有 6 400 多台机床和设备，拥有制造四零火箭筒和火箭弹、五七高炮和高炮弹等军工产品的生产能力。到 1982 年年底为止，共上缴了利税××亿元，相当于投资额的 76%。①

关于上缴利税及其所占投资额的比例，不一样的版本有不一样的数据，不一样的数据之间，还有很悬殊落差。一个是上海社会科学院赴小三线调查组的统计，统计“到八二年底为止”，只说了“相当于投资额的 76%”，而空着上缴利税的具体数字。一个是徐有威在《社会科学报》上答记者问，却说：“到 1987 年，累计创造工业总产值 54 亿元，上缴利税 6.8 亿元，约占收回投资的 106%。”再一个是 1983 年 8 月 29 日《世界经济导报》上的《不能无视“小三线”经济效益》，以“地处安徽贵池的上海某钢厂为例”，说“十几年来生产任务一直饱和，却一直亏损”。

该厂固定资产、职工人数、生产能力都相当可观，但是，由于工厂不靠近水路，附近没有铁路，当地又没有矿产资源，物资全部要从上海运进，产

① 上海社会科学院赴小三线调查组：《关于上海小三线的调查报告》，未刊稿。

> 品也要运回上海销售，往返路程长达 1 100 多公里，每吨钢材运费要比上海同类型产品多花 100 多元。仅去年，该厂用在生产上的运费就有 1 020 万元。与上海差不多规模的上钢二厂比较，工厂总产值相差 11 倍；耗能却是上海有名气的 40 多家重点用户之一。出勤率最高只有百分之七十。从 1971 年投产到 1982 年底累计亏损已达 1 000 余万元。去年，上海冶金局为了提高该厂的经济效益，曾打算死马当做活马医，再投资 2 000 万搞一个不锈钢拉管车间。经过实地反复考察，今年上半年已撤销了这个不切实际的投资计划。[①]

同样，对于小三线建设的本身评价，也是仁者见仁，智者见智，各说各的，臧否不一。

不过，无论有关各方持何种观点，无论不同样的观点间存有何等样的尖锐对立，对于两个基本事实，还是有共识，即：第一，小三线虽然建成了一批生产军工产品以及与之配套的工厂，但是，大部分厂分散建在远离县城、远离主要公路的深山沟里，这就不可能形成自行配套的军工生产体系。第二，十几年来，小三线的管理体制虽几经变化，但是，小三线依赖上海的情况，一点也没有改变。1 500 多辆汽车往返于上海到皖南山区 300—600 公里的运输线上，维持着小三线的生产和几万职工的生活。

> 在各国的经验中，交通便利是工业存活的条件。不论是平时，还是战争状态，交通便利都是必需的。可是，小三线的工厂都选择在交通极端困难的山上。为了显示建设小三线的决心，好像越是困难，越是和自己过不去，就越是政治正确。[②]

调研中，陈申申们去了山顶上的钢铁厂。那条路，夏天有洪水阻断，冬天有大雪封山。半路上他们亲眼看见了曾经被洪水一次次冲垮的路段。运输线一断，发电就没有了煤炭，断电就会断水，山上员工的生存都是问题。这不是

① 史志定：《不能无视“小三线”经济效益》，《世界经济导报》1983 年 8 月 29 日。
② 陈申申：《小三线调查回忆》，写于 2018 年 7 月，未刊稿。

在自寻死路吗？说是为了备战，可是，一个巨大的钢铁厂，明晃晃地建在山顶上，到底是能避免敌机轰炸，还是更方便敌机轰炸？

钢铁厂选址这样的蠢事不是偶然的，而是普遍的。甭说小三线所有的工厂选址，都好像在故意和自己作对，山越高越好，路越远越好；一个工厂里的各个车间，也是离开得越远越好。有的工厂，厂里各车间之间的道路都有 10 多公里，怎么正常生产？就是后方瑞金医院，明明可以建造在公路旁，并且可以做到隐蔽，但是根据选址原则，却把山的 1/4 炸掉，最后建在绕过这座山的一个名叫蛤蟆坑的地方。

> 我们在调查中还到了一家电子工厂。至今令人难忘的是，这家工厂曾经能够拉单晶硅，而且技术水平在当时位于先进行列。这样的先进技术的发展，关键在于信息沟通。可是，那里的技术人员告诉我们，在安徽的山沟沟里，几乎不可能获得外面的信息。技术人员在山沟沟里得不到技术动态，又不让回上海，上级对他们的要求就是在山沟沟里坚持。所谓坚持，就是老老实实地住在那里，即使什么都不干。只要人还住在山沟沟里，就被认为是在坚持建设小三线，是在执行上级交给的任务。看到技术人员的无奈，我当时的第一感觉就是，我们掌握的为数不多的那么一点点新技术难道都要埋葬在这里？这简直是自杀。花了那么多的钱，到山沟沟里建工厂，就是为了来找死？①

还有就是上海小三线企业中，每个厂员工的数量多则几千人，少则亦有数百人。军工厂的性质使得绝大部分的小三线企业与周遭环境和社会隔离，每一个厂自成社会，而这种“小社会”有其不可回避的弊端。企业的干部不但要组织军工产品的生产，而且还要承担许多城市工厂不需要承担的社会职能，诸如办中小学、幼儿园、派出所、居委会、婚姻介绍所、商店、菜场、老虎灶（即热水供应站），处理和当地关系等。因为不少企业夫妻父子在同一家企业工作，势必形成干部处理各类问题时的难度。干部精力分散，穷于应付，同时企业开支

---

① 陈申申：《小三线调查回忆》，写于 2018 年 7 月，未刊稿。

增加,成本上升,产品没有销路。

厂长们反映产品没有销路,打不开市场。例如有一家军工企业改产收音机,上海收音机每台市场价50余元,而它的产品每台成本就超过了200元。(引自2014年11月11日,陶友之口述实录)

还有就是小三线不仅形成了一个与当地社会相对独立的小社会,同时还是一个在人员流动方面同上海封闭的小社会。上海一直都在执行一条不成文的规定:尽可能地阻止每一个小三线职工调回上海。尽管小三线的大部分职工户口都转到了安徽,但安徽只承认是为上海暂行代管。可是,老职工退休后,不仅自己不能回上海与家人在一起,就是子女顶替,也要到小三线,被称为"世袭支内制"。中年职工在山区十几年,无法照顾年长的父母,山区教育质量低,又影响了子女的前途,自己的业务水平,也很少有提高的机会。最后来了一批七二届中学生,转眼也是二十八九岁的人了。军工厂多为保密单位,保密单位的特性造成了职工常年住在山里,与外面世界接触甚少。十多年过去了,年轻小伙到了适婚年龄,4 000多名青年无法成婚,伤透了干部和职工的心。

工人们反映较多的问题是:没有生产任务,找不到老婆。有的工人三四十岁还没有成家,虽然上海想了不少办法,也不起什么作用。(引自2014年11月11日,陶友之口述实录)

为了解决这个老大难问题,小三线各级领导干部群策群力,各显其能。八五钢厂曾在《青年报》上刊登了招收女职员的启事;在1981年的《文汇报》上,上海小三线22个企业集体刊登招收未婚女青年的广告;1980年11月,上海后方基地管理局团委成立了24个婚姻介绍所,并在上海《青年报》上刊登招收女职工启事,"把婚姻的大门向全国各地打开"——

**愿您在我厂找到称心的小伙子**

我厂是隶属于上海仪表局和后方基地的工厂。目前我厂尚有一百名

> 左右的男青年没有恋爱对象。凡是城镇户口、吃商品粮、全民所有制或集体所有制的未婚女青年,不论是在上海还是外地,有诚意者都可来信索取登记表。成婚后可调入我厂工作。我厂位于黄山附近,每天有汽车直达上海、芜湖、杭州。除了享受探亲假外,每人每年还有15天积休假,有车辆接送,每月还免费放映四至七部电影,生活设施齐全,并有电视差转台,住房宽敞(每户30平方米左右)。姑娘们,祝愿您能在我厂找到一个称心如意的小伙子。不管成功与否,我们负责绝对为您保密。来信请寄:皖旌德县五〇二信箱工会办公室收。上海八三七七厂启[①]

据一位后方瑞金医院亲历者回忆,当时在后方有个有趣的现象,小三线的男员工到医院看病时,"都是活蹦乱跳地过来的,用一辆大巴士或大卡车,一车一车地运来,厂里女的很少,小伙子很多,他们把到东方红医院(后方瑞金医院的名称)来看病,当作是一种透气,一种来开眼界来玩一样的感觉,都很开心。我们里面有不少护士都通过牵线搭桥等方式和他们结婚了"。

可是,刊登征婚广告成就婚姻的毕竟少数,医院的护士在小三线所有员工中也只是占一小部分,所谓的杯水车薪而已。后方男多女少的局面使得众多男员工的婚姻问题始终无法解决。

> 领导觉得这样的氛围不利于工人们安心建设,于是在晚间办起了职工聚会,比如唱歌、演奏器乐。可是当时,只要一个人唱了几句抒情感伤的歌,就会唱哭一片人。就像开追悼会一样,耳边都是哀乐。[②]

还有就是小三线员工子女教育问题日益严重。1978年后方基地管理局党委给中共上海市委的报告指出:"后方小三线现有中小学共48所,教职员工和学生共6 000余人。突出的问题是教育质量低劣,师资力量严重不足,特别是教育机构不健全,业务领导渠道不通。后方教育事业,安徽省教育部门明确不予领导。对小三线职工子女就学、升学等问题不解决好,对稳定三线职工情绪

---

① 《青年报》1981年6月26日。
② 罗昕:《"小三线"建设50周年——一个上海工人家庭的回忆》,澎湃新闻网,2015年2月9日。

十分不利”。“学生人数不多,读一年级、读二年级没有像现在小学这样很整齐的一批人一批人这样,比较乱”,即指各个年级的学生都混在同一个班中学习。师资力量方面,后方瑞金医院和后方仪电公司等企事业单位当时均有下属学校,不过这些学校的老师都是单位里的员工,属于“业余”教师级别,教学水平甚至远远不如安徽本地的一些中小学校。

为了能让子女接受更好的教育,很多小三线职工不得不把孩子留在上海学习、生活。然而,从小与父母聚少离多,这些孩子缺少应有的关爱与管教,更有甚者走上歧途。譬如前进机械厂一对双职工夫妇,出于不让孩子跟着他们吃苦的考虑,把 3 个幼子留在上海独立生活,每年双方见面的时间只有一个月,其后果是这 3 个孩子中有两个因犯罪锒铛入狱,为父为母的痛不欲生。因此,在小三线广为流传“献了青春献终身,献了终身献子孙”的说法,无不流露出员工们消极失落的心情。

还有后方生活不便,且单调乏味。从就医方面看,小三线先后建造四所医院,却远不能解决后方将近 10 万名员工及家属看病难的问题。由于医院与小三线厂之间距离远,交通不便,因此很多厂的员工每周仅有一次前往后方医院看病的机会。

据一位亲历者回忆,在后方瑞金医院搬到皖南时,要求有 30 名高级医师(相当于现在的主任医师)一起迁往小三线,其中一些医生无论是在后方还是回上海,其医术都是赫赫有名的。但他们若一直留在安徽,没有先进的设备来做实验、没有完整的图书资料,则其精湛的医术将得不到提高,甚至退化。

我和皖南小三线的同志多有接触,一再听取他们的汇报。后方基地管理局的同志不断找我,因为当时我是上海市副市长兼计委主任。记得 1981 年 12 月 29 日,我听取了后方基地管理局的汇报后,对小三线建设取得的成绩和几万职工艰苦奋斗作了充分肯定。我认为小三线对战备,改善工业布局,改变皖南山区经济、文化、科学、技术的落后面貌都有好处,意义不要低估,要珍惜和爱护这个成果。小三线的稳定,关系到全市的安定,要稳定关键是搞好生产,后方局要分析自己的长处和短处,如何发挥优势,怎样和市内搞好联合,和外地搞联合、出口等。总之,要在调整中贯彻军民结合的方针，要走出新路子。[①]

陈锦华听汇报的背景是中央已经认识到以备战作为主要战略目标的小三线建设已不再符合20世纪80年代初期国际国内形势发展的客观环境，不再符合和平发展的主旋律。更何况1980年国务院的财政投入开始大幅度压缩国防费用，其中1980年比1979年下降44.5%，1981年又比1980年下降21.2%。这一政策调整使以生产单一军工产品的上海小三线受到了极为严重的影响。军工产品需求的减少导致军工产品原有的利润大量减少，订单减少、大量产品囤积的尴尬处境致使占总数59%的上海小三线企业不得不停工或半停工。

于是，1982年秋天，韩哲一到了小三线，在屯溪的指挥部和主要负责人讨论工作。韩哲一时任中共上海市委书记，分管小三线。陈申申说，韩哲一"保留了共产党的传统，有事要找干部群众商量"。韩哲一在讨论中说到了小三线工厂选址的错误，说到了三线建设应该平战结合，还说到了小三线的建设应该和安徽皖南的经济发展联系在一起，等等。

韩哲一的讲话是小三线20年的历史中第一次比较系统地讨论存在的错误。这样的讨论内容，虽然更接近事实，但在当时却是石破天惊、离经叛道的。除了小三线党委和总指挥部参加讨论的少数人知道以外，基层完全不知道。在当时，韩哲一的讲话记录就作为绝密文件存档了。谁都不敢声张，更不敢有任何行动。所以在韩哲一离开以后，什么都没有改变。所有的已经被证明是错误的做法依然照旧。[②]

韩哲一不久就离开了上海。接管小三线的是阮崇武。30多年后，陈申申才知道，就是阮崇武让他和李斗垣、陶友之和江成龙一起到小三线秘密调查。

我记得对调查工作有两项要求：一是如实反映情况，没有预定的结

① 陈锦华：《上海小三线建设的来龙去脉》，《口述上海：小三线建设》，上海教育出版社2018年版。

② 陈申申：《小三线调查回忆》，写于2018年7月，未刊稿。

论,有什么说什么;二是保密。调查结果不向本单位领导汇报,不公开。[①]

陶友之认定"'小三线'是计划经济体制时代的产物",所以,他认为"'小三线'企业无法生存,一片告急"的根本原因是因为搞了"市场经济"。

在市场经济的环境下,小三线企业无法生存,一片告急。时任副市长阮崇武要求社会科学院派几位专家到小三线,进行实地调查。于是包括我在内,共有4人前往小三线,调查了一个多月。走访企业、职工宿舍,还召集了座谈会。(引自2014年11月11日,陶友之口述实录)

陈申申则不然,他把问题都归结于战备。

我们这一代人都知道三线。那是为了备战而建设的庞大的军事工业体系。全国有大三线,各省市有小三线。

三线建设历时整整20年,建成了一个平时没有用、战时不能用的工业体系。中华人民共和国成立以后的20多年中,有十几年的时间里中央和地方的投资几乎全部用于三线建设。最后,血本无归。[②]

看完了工厂,李斗垣、陶友之、陈申申们又专程去了合肥,了解安徽省对接受小三线的想法。最后回到上海,按原先约定,给市里写报告。

(1983年)10月11日到10月26日,我们上海社会科学院一行四人,到上海小三线进行了社会调查。在半个月的时间里,到了屯溪、东至、贵池、旌德、绩溪、宁国等9个县,行程1 800多公里,走访了23个工厂,以及医院、汽车运输场和电力处,召开了各种类型的座谈会26次。在与小三线干部、职工的接触中,我们感受最深的是:长年累月在山沟里艰苦

① 陈申申:《小三线调查回忆》,写于2018年7月,未刊稿。
② 陈申申:《小三线调查回忆》,2018年7月19日,未刊稿。

奋斗的绝大多数同志政治素质是好的，精神面貌是健康的，可是处境是相当困难的。干部和职工都迫切要求改变目前小三线不上不下、不死不活的局面……①

报告写了，又见阮崇武，当面汇报，直言强调：在市场经济条件下，小三线无法生存下去，非撤不可。得到市里支持。

1984年3月，中央有关领导指示，对小三线进行调整。此前，上海虽然想对小三线进行调整，但都苦于没有中央的明确要求。这一次有了中央的表态，市长汪道涵立即就意识到这是一个对小三线进行调整的机遇，当即要求时任市政府国防科技工业办公室主任的李晓航尽快制定出调整方案。中央指示下达一个月后，上海的小三线调整工作就率先开始启动。②

李晓航说他在国防工办工作两年，主要做了一件事，就是调整小三线。③当时汪道涵委以重任，把难题落到他头上，他旋即实地调研，亲赴小三线考察一个月，回来便给汪道涵写报告，由汪道涵提交市委常委会讨论。有人心疼说，8个亿的投资打水漂了。汪道涵说当断不断，反受其累。打水漂就打水漂，再过十年，我们又赚回来了，眼光要看得远点。于是市委原则同意小三线企业可以通过与上海的企业进行联营的方式，实现撤回上海的最终目标，而原有的一切设施，无偿留给当地。可当地不领情，并不想要。

安徽省面对着技术先进的三线工厂，采取的态度是不接收工厂，只接收设备。因为设备可以搬到其他地方用，山沟里的工厂根本无法维持生产。安徽人看到了整整20年源源不断地从上海来的车队供养着小三线。上海都供养不起了，安徽怎么可能养得起？④

---

①④　陈申申：《小三线调查回忆》，2018年7月19日，未刊稿。

②　王志洪：《心系小三线的道涵市长》，《报国有心　爱国无限——汪道涵百年诞辰纪念文集》，上海人民出版社2015年版，第134—135页。

③　李晓航：《我拉开了上海小三线调整的序幕》，《党史纵横》2014年第一期，第26页。

关于这个情况,陈锦华也有说法,也说谈判很苦。

> 落实政策的时候,也不能简单地把上海人撤回来,它已经形成了生产体系了,多少年已经成为很好的工厂。那你得要交给安徽,安徽接过去,能继续生产,继续给国家创造财富。它生产的东西还要运到上海来作原材料,作配件,上海继续用它的东西。这个过程当中的谈判,安徽要价是不断加码的,谈得很艰苦。当时安徽经济不发达,承接这些企事业单位有困难,许多难题解决不了,短时间内没有能力消化这些单位。处理不好,也会影响当地的经济社会稳定。①

1984 年 8 月,经国务院和中央军委批准,国家计委和国防科工委召开了全国小三线工作会议。会议对上海小三线调整方案表示同意。1985 年 1 月 24 日,时任上海市市长汪道涵率上海代表团抵达合肥,与时任安徽省省长王郁昭等安徽省有关机构负责人商谈上海在皖南小三线调整事宜。4 天后双方签订了《上海市人民政府、安徽省人民政府关于上海在皖南小三线调整和交接的商定协议》并上报国务院。当年 4 月 17 日,国务院办公厅批复同意这一商定协议。

不久按照上海和安徽的商定,上海在皖南小三线 80 家企事业单位开始根据“分类规划、调整改造、择优搞活、分期移交”的原则,分三批进行交接。

沪皖双方对组织领导、企业分类、交接条件、人员安置、军品生产任务、财务交接以及加强组织性、纪律性,保护国家财产等问题,签署了《关于贯彻上海在皖南小三线调整和交接协议的实施意见》。时至 1988 年 4 月,上海小三线在皖南 80 家企事业单位全部移交给安徽。上海小三线干部员工除部分留皖和去外省市安置外,5 万多名干部职工及其家属撤回上海。

> 最后,上海市政府在上海近郊建造了 100 万平方米的职工宿舍,把小三线的近 8 万名员工和家属全部撤回。小三线的厂房设备分文不取,全

① 陈锦华:《上海小三线建设的来龙去脉》,《口述上海:小三线建设》,上海教育出版社 2018 年版。

部留在安徽皖南的大山里了。[①]

沉重的一页就此翻过，但一个大大的问号，依旧悬在人们的心头。

于是就有了上海大学文学院历史系教授、博士生导师徐有威的《口述上海——小三线建设》，也就有了陈申申的回忆和发问。

小三线，在当时又叫作后方基地。意思是一旦战争爆发，这里就是上海的大后方。可是，经过 20 年的建设，这个大后方离开了上海就一天都活不下去。谁是谁的后方啊？[②]

陈申申问得好。

我们要有这样的问，更要有负责任的回答，否则就愧对那样一段沉甸甸的历史。

托夫勒说，如果我们忘却了历史，就将被迫重演历史。

我们如果选择忘却，忘却小三线的历史，忘却三线建设的历史，忘却备战备荒为人民的历史，忘却山、散、洞的历史，忘却“在 1949 年中华人民共和国成立以后的二十多年中，至少有整整十多年，也就是差不多一半的时间，我国的主要投资几乎全部都在三线。最后，血本无归”，那么，我们凭什么说，历史就不会重演？

三线建设已经成为历史。历史是有可能重演的。总结三线的经验教训，了解国情，对于我们的未来还是有用的。[③]

---

①②③　陈申申：《小三线调查回忆》，2018 年 7 月 19 日，未刊稿。

# 第十二章 贫穷不是社会主义

1984年10月，中共中央召开十二届三中全会，全会讨论并通过《中共中央关于经济体制改革的决定》，以“马克思主义的基本原理和中国社会主义实践相结合的政治经济学”，以一些“新话”、一些“老祖宗没有说过的话”，对“建立自觉运用价值规律的计划体制，发展社会主义商品经济”有了全新认识；国务院亦从1985年起，对各省、自治区、直辖市相应实行“划分税种、核定收支、分级包干”的财政管理体制。所以，沈峻坡的文章也就在1986年9月获得上海市首届哲学社会科学优秀成果论文奖。再后，朱镕基出任上海市市长，他看了沈峻坡文章后说：“这是一篇很好的文章，没有什么错误，也不能叫向中央施加压力。文章实事求是地肯定了上海的成绩，指出了上海存在的问题。错在哪呢?”再再后，中央召开北戴河会议，国务院下发(1988)50号文《关于地方实行财政包干办法的决定》，决定从1988—1990年，在原定财政体制的基础上，对包干办法作改进，对上海实行“定额上解”，也就是按原来核实收支基数，收大于支的部分，确定固定的上解数额；这就使得自中华人民共和国成立以来，上海手中第一次有了可以自己支配的钱，上海的城市建设也就有了一个完全不同以往的新局面。

> 今年以来，上海有了一个转机，因为中央给了上海比较大的自主权，实行了财政包干的政策。也就是说，过去上海把80%的财政收入上缴中央，现在缴70%，以后搞好了，创造的价值更多的话，上缴比例还可以少一些。这样，我们就有了比较大的自主权，来安排自己的建设和人民生活。[①]

---

① 朱镕基：《会见美国作家索尔兹伯里时的谈话》，《朱镕基上海讲话实录》，人民出版社、上海人民出版社2013年版，第92—93页。

其实，财政包干的核心是一个“包”字，部门经济研究所从它成立的那一天起，对那一个“包”字就没有少琢磨，想得最多的是农业经济研究室。

顾名思义，农业经济研究室搞的就是农业经济。农业经济研究室的前身是中科院上海经济研究所下设的农业组，成立于 1956 年，副组长陶家祥。1958 年，上海社会科学院成立，中科院上海经济研究所变成上海社会科学院经济研究所，农业组名称不变，组长汪旭庄，组员有夏顺康、吴麟鑫、郑菊生、储素绚、舒子唐、谢自奋、顾存伟、刘守定、杨丽珍、闵友诚、蒋淑芳、董善芝等 10 多人。

1978 年，上海社会科学院复院，部门经济研究所成立，农经研究归口部门经济研究所，农业组易名农业经济研究室，夏顺康、谢自奋、吴麟鑫、杨丽珍、蒋淑芳等都回来了，人人感慨万千，恍如隔世。

> 1958 年，上海社会科学院刚成立时，我才 30 多岁，但十余年间，经历了“四清运动”“十年动乱”，大好的时光白白浪费了。待到 1978 年年底上海社会科学院恢复，我调至部门经济研究所农业经济研究室工作，已是 50 出头的人了，已经当了外婆，于是，室里的老老少少也都亲热地称呼我为“外婆”。①

50 出头的蒋淑芳给大家叫“老”了，可她不在乎。她生性开朗，爱听大家那么叫，无论人前、人后，老同事、新同事，都一口一声“外婆”，叫得亲切，叫得顺口，叫得暖心。大家愈是那么叫，蒋淑芳愈是发自内心感到：“农经室是一个团结和谐的集体，充满着温馨融洽的气氛。”蒋淑芳很快就跟凌岩、谢澄、王振民、丁寿民、施雷锋、莫建备、凌耀初、张兆安、韩华林、顾建发等新来的同事也都熟稔起来，彼此合作，日渐默契。

当时农业经济研究室队伍齐整，集聚了上海研究农业经济问题的骨干力量，形成了老中青三结合的研究梯队，由夏顺康任室主任。

> 老夏性格开朗，平易近人，那几年虽然身患重病，仍关心着全室的工

---

① 蒋淑芳：《我和我的老同事》，《天命年回首——上海社会科学院经济研究所建所五十周年征文选第二辑 · 部门经济研究所》，上海社会科学院出版社 2006 年版，第 283 页。

> 作。我钦佩他那顽强地与病魔作斗争的精神。他退休后参加了国画班的学习，每年春节都要送我一幅习作，有俏丽争艳的牡丹、有玲珑活泼的河虾……一幅胜过一幅，都陈列在我书桌的玻璃板下。①

夏顺康的副手是谢自奋。谢自奋是农业经济研究室老人，他 1934 年生，广东梅县人，1959 年毕业于上海社会科学院财政金融系，被选拔留院，进经济学研究班深造，之后一直在院里工作。

谢自奋长期从事农业经济与区域经济研究。他最早关注中国农村改革，把农村经济体制改革中的理论及实际问题作为农业经济研究室的研究重点。

> 1979 年，由安徽凤阳小岗村农民创造的家庭联产承包责任制在全国各地农村迅速推广，上海是推广较晚的地区之一。因为当时上海经济比较发达，非农经济收入占农村经济总收入的一半左右，农机化程度较高，在这种背景下，上海农经界围绕着要不要搞家庭联产承包责任制、怎样搞等问题，争论较多。1979 年底，农经室的谢自奋、夏顺康、王振民、莫建备四位同志到安徽凤阳小岗村进行了实地调查，写了《凤阳农村的过去与现在》(《部门经济》1981 年第 4 期)，是上海最早宣传包干到户这种责任制形式的文章，在上海甚至全国都有较大影响。②

农业经济研究室实地调查安徽凤阳小岗村是在 1979 年底。谢、夏、王、莫等人是最早介入中国农村改革调研的社科理论工作者。当时我国农村的“包产到户”还未成为全党共识。

在安徽，在凤阳，在小岗村，谢、夏、王、莫等人第一次直面贫困，被深深震撼。他们亲眼看到脱贫，是一个难题，一个世界难题，一个 2 000 年来尚无正解的世界难题。

---

① 蒋淑芳：《我和我的老同事》，《天命年回首——上海社会科学院经济研究所建所五十周年征文选第二辑 · 部门经济研究所》，上海社会科学院出版社 2006 年版，第 283 页。

② 农业经济研究室集体撰写：《农业经济研究》，《天命年回首——上海社会科学院经济研究所建所五十周年征文选第二辑 · 部门经济研究所》，上海社会科学院出版社 2006 年版，第 56 页。

脱贫之为世界难题,首先是因为贫困困扰了人类 2 000 多年。

至少"财富积累和集中于少数人手中以及大批自由公民贫困化的现象"的"发生"源于"雅典国家的产生",源于"一种所有制反对另一种所有制的革命",源于"剥削者与被剥削者之间的对立",源于"文明时代"之于"野蛮时代"的代谢。① 所以,卢梭的名言是:"自从人类察觉到一个人据有两个人食粮的好处的时候起,平等就消失了……不久便可以看到奴役和贫困伴随着农作物在田野中萌芽和滋长。"②

于是,"甿隶之人"辍耕垄上,仰天长啸:"苟富贵,无相忘。"

于是,"大贤良师"揭竿而起,以"苍天已死,黄天当立"一类的谶语号召民变。

于是,李自成劫富济贫、均田免赋,赢得穷苦百姓的额手称庆,齐声欢呼:"开了城门迎闯王,闯王来了不纳粮,不当差,不纳粮,大家快活过一场。"

于是,太平天国十四年,一部建国纲领——数千言的《天朝田亩制度》,通篇农业社会主义空想,以绝对平均主义给"无田者"画饼,画了一个"凡天下田,天下人同耕"的大饼。中看不中用,饿了难充饥。

于是,孙中山"起共和而终 2 000 年封建帝制",最为天下人称道的便是"振兴中华"和"耕者有其田"。

于是,白修德给"中国历史上最惨的一次灾荒"惊醒,抢先报道"三百万人的死亡,三百万人的流离失所",河南难民组成"一眼望不到头的行列","在寒冷的气候中走着"。他们中只要有人"由于饥寒或筋疲力尽而倒下,就再也起不来了"。他们"躺在那里,没有人会去掩埋,最后任由飞鹰或野狗把他们啃剩几根骨头了事"。以致正在美国大出风头的宋美龄读了《时代》"对河南饥荒地区的采访"就暴跳如雷,破口大骂,逼着《时代》老板卢斯清理门户,炒了《直到下一次收获季节来临》的作者白修德鱿鱼。

于是,斯诺西行黄土高坡,进陕北苏区采访,听毛泽东讲"一个共产党员的来历"。毛泽东告诉他,自己从小读书,"读会了经书,可是不喜欢经书"。他"最喜欢的是那些老中国的传奇小说,而且特别是那些关于叛变的故事"。他

① 恩格斯:《家庭、私有制和国家的起源》,人民出版社 2003 年版。
② 卢梭:《论人类不平等的起源和基础》,商务印书馆 1997 年版。

读过《水浒传》《西游记》《三国演义》《隋唐演义》和《精忠岳传》。这时的他“还很年幼”，还得以“谨慎提防”来“反抗”塾师的干预。他常常“当老师走过的时候，就用一本经书把它们掩盖上”。他在偷着阅读中“想到一件事，就是：非常奇怪地，这些小说里面，没有看见过耕种土地的农民们。所有的人物，都是些战士们，官吏们，或者文人们，永远看不见一个农民人物”。毛泽东的父亲曾是“一个贫农”。他“在年轻的时候，就因为负债过多被逼迫着投入军队”。毛泽东自然更多关心贫苦农民。关心那些上无片瓦、下无插针之地的贫苦农民的命运。他因此“奇怪了两年”。最终发现小说“里面的人物们都是有武力的名人，人民的统治者，他们都不必在土地上工作，因为他们领有并管理土地，而且很明显地，是使农民们替他们工作”。所以，“一次严重的饥荒”，“影响”到了毛泽东的“整个生活”。他不能容忍“成千成万的人没有食物”，不能容忍“抚台很高傲地回答”那些“请求救济”的“饥饿的人们”：“为什么你们没有食物？城里面的人却永远是很丰富的。而且我也总是有足够吃的。”更不能容忍官府以暴戾的血腥屠杀来镇压“谋反者”，不仅“事变的领袖们”都“被斫了头”，而且“头都被挂在旗杆上，作为对将来的‘谋反者’的一个警告”。他的同学“对‘谋反者’表示同情，但他们都只是从一个观察者的观点来看”。他们“感觉兴趣，只是因为这是一件惊人的事变”。毛泽东却不。毛泽东觉得“‘谋反者’们”都是普通人，就像他的家人一样普通。他们没有原罪，只是贫困。他们的铤而走险，是走投无路，被逼无奈。他们敢于犯上作乱，高高“举起反叛之旗”，是真正的“英雄”。他不能不“痛恨对于他们的不公正的待遇”。①

毛泽东的“心灵”从此是“反叛”的了。

“永远磨灭不掉”的“反叛”，反“不公正”的“心灵”，决定了青年毛泽东在他参与创办的《湘江评论》创刊宣言上，赫然写下：“世界什么问题最大？吃饭问题最大。”

“永远磨灭不掉”的“反叛”，反“不公正”的“心灵”，决定了壮年毛泽东直面“无数万成群的奴隶——农民，在那里打翻他们的吃人的仇敌”，就发自心底地“觉到一种从来未有的痛快”，从而振臂高呼“好得很”，还说：“革命不是请客吃

① 斯诺：《西行漫记》，香港广角镜出版社 1975 年版，第 90 页。

饭，不是做文章，不是绘画绣花，不能那样雅致，那样从容不迫，文质彬彬，那样温良恭俭让。革命是暴动，是一个阶级推翻一个阶级的暴烈的行动。”[①]

“永远磨灭不掉”的“反叛”，反“不公正”的“心灵”，决定了老年毛泽东乐见“中国农村的社会主义高潮”的加快“到来”，认为“1955 年，在中国，正是社会主义和资本主义决胜负的一年”。认为“这是大海的怒涛，一切妖魔鬼怪都被冲走了。社会上各种人物的嘴脸，被区别得清清楚楚”。[②] 一边是“穷棒子”，“鸡毛飞上天”，一边是“小脚女人”，老是“东摇西摆”。[③] 在“上马”与“下马”之间、在“建”与“砍”之间、在“大发展”与“小发展”之间，毛泽东坚定选择了“良心少一点”，让资本主义“‘睡’到那个土里头去”。因为毛泽东要的是“共同富裕”，是“使农民群众共同富裕起来，穷的要富裕，所有农民都要富裕，并且富裕的程度要大大地超过现在的富裕农民”。[④] 因为毛泽东要的是“广大的贫农和非富裕的农民”尽早“摆脱贫困，改善生活”。他不忍心看到“许多贫农，因为生产资料不足，仍然处于贫困地位”；他不忍心看到“农村中向两极分化的现象一天一天地严重起来”。他生怕听到“失去土地的农民和继续处于贫困地位的农民”责难他“见死不救”。[⑤]

### 解放这么多年，吃饭和穿衣问题还解决不好，怎么向人民交待？[⑥]

穷则思变，要干，要革命。这就是毛泽东。这就是毛泽东的所思、所愿、所言。[⑦]

毛泽东搞农运起家，真心希望中国农民吃饱了，穿暖了，过好了。

---

① 毛泽东：《湖南农民运动考察报告》，《毛泽东选集》第 1 卷，人民出版社 1991 年版，第 17 页。

② 毛泽东：《〈机会主义的邪气垮下去，社会主义的正气升上来〉一文按语》，《建国以来毛泽东文稿》第 5 册，中央文献出版社 1991 年版，第 522—523 页。

③ 毛泽东：《关于农业合作化问题》，《建国以来毛泽东文稿》第 3 册，中央文献出版社 1991 年版，第 234 页。

④ 毛泽东：《农业合作化的一场辩论和当前的阶级斗争》，《毛泽东选集》第 5 卷，人民出版社 1997 年版，第 197 页。

⑤ 毛泽东：《关于农业合作化问题》，《建国以来毛泽东文稿》第 5 册，中央文献出版社 1991 年版，第 255 页。

⑥ 毛泽东语，转引自陈锦华：《国事忆述》，中共党史出版社 2005 年版，第 6 页。

⑦ 毛泽东：《介绍一个合作社》，《建国以来毛泽东文稿》第 7 册，中央文献出版社 1992 年版，第 178 页。

在他心中，唯一不变的信条是：剥夺农民还能搞什么社会主义？无论哪一个国家的共产党，特别是中国共产党，永远不准剥夺农民。农民占 80%，得罪了农民，一事无成，你就休想搞好社会主义。①

所以，1955 年春夏之交，农业合作化运动方兴未艾，毛泽东在中南海丰泽园里给中央警卫团一中队全体指战员上课讲调研，当场布置任务，说每人回家探亲，都要了解农村情况，回来报告；但不要说是他派下去的，不要摆架子，要尊重乡村干部，要尊重父母长辈。只有谦虚才能调查出东西，摆架子，群众是不满意的。毛泽东还说："你们见到农村，我看到你们，就间接见到了农民。你们通过农民，我通过你们，把情况了解上来，这就是搞调查。"毛泽东还为中央警卫团一中队亲笔写了一个《出差守则》，其中第五条是"调查——生产、征购、合作社、生活、对工作人员的意见"。

中央警卫团一中队的战士这就下去了，有的回了河南，有的回了广东，有的回了广西，有的回了湖南。两个月后，第一批报告交上来，有的说河南兰考连年水灾，村里缺粮户高达 50%，实在没东西可吃，只好吃树叶；有的说河南新蔡收成不好，粮价上涨，私商从中牟利，有些区、乡、村干部亦囤积余粮不卖，农民有意见；还有的说广西钦县遭受大旱灾，粮食奇缺，每人每天只能吃到一两半，农民完全靠上山挖野生植物充饥。毛泽东越看越纠结，再也坐不住了。他是真正的人民领袖。他坚持认为："民以食为天，吃饭是第一条。"②因此，警卫战士的报告都被他批转了出去，既要河南省委书记"注意"了，"注意"兰考"缺粮，农民不满"，"注意"新蔡某干部"有 320 斤余粮，只卖出 70 斤，春季又向政府购进 20 斤，人民有意见"；又要广西方面高度重视"钦县大旱灾"，万不可掉以轻心，麻木不仁。他满腹经纶，深知"水可载舟，亦可覆舟"。他相信"个体农民跟国家，跟社会主义的矛盾"，不是"对抗性的矛盾"。他更相信农民"得罪"不起，"得罪"了"可不得了"，就"永世不得翻身"。③

---

① 1961 年 5 月 23 日，毛泽东在中南海颐年堂主持召开中共中央政治局常委扩大会议时的讲话。中共中央文献研究室：《毛泽东年谱》(1949—1976)第 4 卷，中央文献出版社 2013 年版，第 591 页。

② 1960 年 8 月 10 日，毛泽东在北戴河中直俱乐部主持中央工作会议最后一次全体会议时的讲话。中共中央文献研究室：《毛泽东年谱》(1949—1976)第 4 卷，中央文献出版社 2013 年版，第 441 页。

③ 1961 年 5 月 21 日，毛泽东在中南海菊香书屋主持召开中共中央政治局常委扩大会议时的讲话。中共中央文献研究室：《毛泽东年谱》(1949—1976)第 4 卷，中央文献出版社 2013 年版，第 591 页。

后来，战士马维带了一个糠团回来让毛泽东看，说："我家乡的农民生活很苦，吃的就是这东西。"毛泽东二话没说，掰下一块咀嚼，满眶泪水扑簌簌掉。边上的人看着心疼，都劝毛泽东别再吃了，别再吃那糠团，石蛋子似也，黑黑的、硬硬的。毛泽东执拗摇头，只顾咬得费劲，咽得困难。大家真急了，竞相伸手去夺，夺毛泽东手中的糠团，边夺边抹眼泪。毛泽东干脆一掰好些块，一块块分发，分发给他的秘书们都尝尝。秘书们泣不成声，毛泽东则反反复复地说："这就是种粮人吃的粮食啊！这就是种粮人吃的粮食啊！"

毛泽东是大战略家，他只想在"种粮人"和"社会主义"之间找到平衡。

可是"社会主义"又是什么，他也是"不甚了了"。他的原话是："对社会主义，我们现在有些了解，但不甚了了。我们搞社会主义是边建设边学习的。搞社会主义，才有社会主义经验，'未有先学养子而后嫁者也'。"[①]

搞社会主义我们没有一套，没有把握。毛泽东如是说。

结果，中共建党40年，刘少奇要在庆祝大会上讲话，发言稿送到毛泽东那里，毛泽东动笔改了。

刘少奇说："社会主义的社会制度已经在中国的大地上根深蒂固地建立起来了，贫穷落后的中国已经走上繁荣富强的道路了。"毛泽东划去了"根深蒂固地"，又将"走上繁荣富强的道路了"改成"走上翻身的道路了"。

刘少奇说："社会主义革命和社会主义建设得到了伟大的胜利。"毛泽东将"伟大的胜利"改成"第一步的胜利"。[②]

从"夺取全国胜利，这只是万里长征走完了第一步"，[③]到"社会主义革命和社会主义建设得到了第一步的胜利"；毛泽东坚持了一条实事求是的思想路线。

毛泽东说的是大白话、大实话。

同样实话实说的是邓小平。

不一样的是，毛泽东说社会主义，大多用句号；邓小平说社会主义，大多用

① 1961年8月23日，毛泽东在中央政治局扩大会议上的讲话。中共中央文献研究室：《毛泽东年谱》(1949—1976)第5卷，中央文献出版社2013年版，第12页。

② 中共中央文献研究室：《毛泽东年谱》(1949—1976)第4卷，中央文献出版社2013年版，第608页。

③ 毛泽东：《在中国共产党第七届中央委员会第二次全体会议上的报告》，《毛泽东选集》第4卷，人民出版社1991年版，第1438页。

问号。

邓小平好问。尤其爱问什么是社会主义，怎样建设社会主义。

1977 年 12 月 26 日，毛泽东诞辰 84 周年，全国各地纪念一年多前刚去世的领袖基调仍是“在社会主义这个历史阶段中，始终存在着阶级、阶级矛盾和阶级斗争，存在着社会主义和资本主义的斗争，存在着资本主义复辟的危险性”。邓小平在会见澳大利亚共产党(马列)主席希尔和夫人乔伊斯时却一问马克思写《资本论》是干什么的？二问怎样才能体现列宁讲的社会主义的优越性？三问什么叫社会主义的优越性？四问不劳动、不读书叫优越性吗？五问人民生活水平不是改善而是后退叫优越性吗？

1978 年 3 月 10 日，国务院召开第一次全体会议，邓小平出席并发言，发言中又是一个疑问接一个疑问，问了什么叫社会主义？又问它比资本主义好在哪里？再问每个人平均 600 多斤粮食，好多人饭都不够吃，28 年只搞了 2 300 万吨钢，这能叫社会主义优越性吗？

同年 9 月 13—20 日，邓小平视察东三省及唐山、天津，又是一路走，一路问。问了什么叫高举毛泽东思想旗帜？又问怎么样高举？凡是毛泽东同志圈阅的文件都不能动，凡是毛泽东同志做过的、说过的都不能动，这是不是高举毛泽东思想的旗帜呢？问了我们给人民究竟做了多少事情呢？又问我们的生产队为什么不搞民主？问了只凭上级指示或中央发的文件，或省里补发的文件，能解决所有具体问题吗？又问社会主义要表现出它的优越性，哪能像现在这样，搞了 20 多年还这么穷，那要社会主义干什么？

细查一卷本的《邓小平思想年谱》、两卷本的《邓小平年谱 1975—1997》和三卷本的《邓小平文选》，我们不难发现，邓小平的频频发问，就数 1982 年 9 月 18 日那天的最多最全，最有代表性和针对性。

1982 年 9 月 18 日上午 9 时，一列专列，一列西行专列，一列由三节公务车加一节餐车、一节警卫车所组成的西行专列，缓缓驶出北京站；月台上的胡耀邦、余秋里、陈慕华、谷牧等人不停挥手，欢送邓小平陪同金日成赴蜀访蓉。

金日成，朝鲜劳动党中央委员会总书记，朝鲜民主主义人民共和国主席，时年 70 整岁。

9月17日中午，小平同志设宴招待金日成主席、吴振宇次帅、驻华大使朱昌俊。宴会上气氛友好，大家互相敬酒碰杯，有说有笑的。小平同志向金日成主席提出：我邀请您到四川省成都市去访问。金日成主席非常高兴地说：太好了，我还没有去过中国西部城市成都呢！小平同志笑着说：明天我陪同您乘专列赴成都。金日成主席高兴地说：我感谢您的盛情邀请。[①]

孙勇时任中央警卫局副局长兼中央警卫团团长，主管邓小平的安全警卫工作。孙勇说邓小平和金日成在1982年9月18日上午9时开出北京站的西行专列上作"单独会谈"，谈到两个时间节点。

第一个节点，1978年9月，朝鲜国庆30周年，中共十一届三中全会召开前夕，邓小平率中国党政代表团访朝，回国即视察东三省及唐山、天津，为破"两个凡是"，他"到处点火"，大声疾呼"社会主义制度优越性的根本表现，就是能够允许社会生产力以旧社会所没有的速度迅速发展，使人民不断增长的物质文化生活需要能够逐步得到满足"；[②]直至中共十一届三中全会最终停止使用"以阶级斗争为纲"的口号，作出把党和国家工作中心转移到经济建设上来、实行改革开放的历史性决策。

第二个节点，1982年9月，中共召开十二大，正式提出"建设有中国特色的社会主义"。这是一个新名词。邓小平对此的诠释是："中国的事情要按照中国的情况来办，要依靠中国人自己的力量来办。独立自主，自力更生，无论过去、现在和将来，都是我们的立足点。"恰好金日成来访，邓小平就照这个口径说，说给金日成听，说我们刚开了十二大，开得很好，跟七大起的作用一样。七大是把革命引向胜利，十二大是把建设引向胜利。金日成说，感谢您对我通报这些。

其实，两个节点，前一个是因，后一个是果。没有前面的因，就没有后面的果。没有前四年的拨乱反正，就没有四年后的"建设有中国特色的社会主义"。所以，抚今追昔，邓小平的"一心一意搞建设"，还是从"我从你们那里

---

① 孙勇：《在小平同志身边二十年》，中央文献出版社2014年版。

② 邓小平：《高举毛泽东思想旗帜，坚持实事求是的原则》，《邓小平文选》第2卷，人民出版社1994年版，第128页。

访问回来”说起。说到“工作重点的转移”,他又是用六个大大问号,作了一个大大概括:

我在东北三省到处说,要一心一意搞建设。国家这么大,这么穷,不努力发展生产,日子怎么过?我们人民的生活如此困难,怎么体现出社会主义的优越性?“四人帮”叫嚷要搞“穷社会主义”、“穷共产主义”,胡说共产主义主要是精神方面的,简直是荒谬之极!我们说,社会主义是共产主义的第一阶段。落后国家建设社会主义,在开始的一段很长时间内生产力水平不如发达的资本主义国家,不可能完全消灭贫穷。所以,社会主义必须大力发展生产力,逐步消灭贫穷,不断提高人民的生活水平。否则,社会主义怎么能战胜资本主义?到了第二阶段,即共产主义高级阶段,经济高度发展了,物资极大丰富了,才能做到各尽所能,按需分配。不努力搞生产,经济如何发展?社会主义、共产主义的优越性如何体现?我们干革命几十年,搞社会主义三十多年,截至一九七八年,工人的月平均工资只有四五十元,农村的大多数地区仍处于贫困状态。这叫什么社会主义优越性?①

邓小平的六大问,所有问,概括起来就一个结论:“不要光喊社会主义的空洞口号,社会主义不能建立在贫困的基础上。”②

贫穷不是社会主义。这就是邓小平的回答。

邓小平的回答甚至还包括了“发展太慢也不是社会主义”。③

这就彻底否定了“文化大革命”新贵们的“宁要穷的社会主义,不要富的资本主义”,连同由此衍生的“宁要社会主义的草,不要资本主义的苗”“宁要社会主义的晚点,不要资本主义的准点”“宁要社会主义的低速度,不要资本主义的高速度”“宁要没文化的普通劳动者,不要有知识的精神贵族”。

---

① 邓小平:《一心一意搞建设》,《邓小平文选》第3卷,人民出版社1993年版,第10—11页。

② 邓小平:《怎样评价一个国家的政治体制》,《邓小平文选》第3卷,人民出版社1993年版,第213页。

③ 邓小平:《我们干的事业是全新的事业》,《邓小平文选》第3卷,人民出版社1993年版,第255页。

邓小平就是这样的实诚、率直。

正因为他食人间烟火，知百姓疾苦，不是桃花源中人；所以，再有人批“白猫”“黑猫”，问姓“社”姓“资”，他依然坚如磐石，不东倒西歪。

他有他的原则。

邓小平的原则是：“中国搞资本主义不行，必须搞社会主义。如果不搞社会主义，而走资本主义道路，中国的混乱状态就不能结束，贫困落后的状态就不能改变。”①

邓小平的原则是，要是“工人的月平均工资只有四五十元，农村的大多数地区仍处于贫困状态”就叫“社会主义”，“社会主义优越性”就是“不劳动、不读书”，“人民生活水平不是改善而是后退”，那么，“这样的社会主义我们也可以不要。”②

邓小平的原则铺平了中国农民的温饱路、富裕路。

部门经济研究所农业经济研究室的理论工作者们这就冒着政治风险，认真调研安徽凤阳，写出一份实事求是、详尽的调查报告。谢自奋、夏顺康、王振民、莫建备的《凤阳农村的过去与现在》既有学术意义又有重要的经济意义，当时就得到中国社会科学院顾问陈输笙的重视，亲自为这份调查报告写序言。

陈翰笙，本名陈枢，清光绪二十三年(1897 年)生，江苏无锡人。所以，他的农村调查，20 世纪 20 年代末、30 年代初的中国农村调查，也就有意吸收了一些无锡籍的青年才俊，其中有薛暮桥、孙冶方、钱俊瑞、王寅生、陈洪进、张锡昌、秦柳方、姜君辰等。陈翰笙的诲人不倦、言传身教，给了晚生学人以新的见识、大的启迪。他们在生活中开了眼界，在实践中长了真知。得益于陈翰笙“自己背着因袭的重担，肩住了黑暗的闸门，放他们到宽阔光明的地方去”，③他们中的每一人，后来全都卓尔不群、独领风骚，骄傲成为中国经济领域的栋梁、执学界牛耳之泰斗。而现当代中国的经济学界，也就因此多了一群牛人，以无

---

① 邓小平：《建设有中国特色的社会主义》，《邓小平文选》第 3 卷，人民出版社 1993 年版，第 63 页。

② 1977 年 12 月 26 日，邓小平在会见澳大利亚共产党(马列)主席希尔和夫人乔伊斯时的讲话。中共中央文献研究室：《邓小平年谱 1975—1997》(上)，中央文献出版社 2004 年版，第 250 页。

③ 鲁迅：《我们现在怎样做父亲》，《鲁迅全集》第 1 卷，人民文学出版社 1981 年版，第 140 页。

锡为帮。

> 在陈翰笙身边工作,我学到了农村调查的基本知识,农村生产关系分析研究,并得到了许多实际资料。陈翰笙的《封建社会的农村生产关系》等著作,对我们也是很好的教材,把我引上了研究这一门科学的正确道路,使我进一步明确了中国工人阶级必须领导广大农民进行反帝反封建土地革命的立场,用历史唯物主义来研究问题的观点,理论与实际相结合,从深入实际来研究理论的研究方法,因而已经有能力独立进行科学研究工作。①

薛暮桥、孙冶方们所学得的“农村调查的基本知识”,而今也被部门经济研究所的晚辈们学得了。

《凤阳农村的过去与现在》深入浅出,有理有据,很快引起党中央、国务院的重视。高层领导认真审阅了这份报告,认为这份报告为“包产到户”提供了理论支持和有价值的政策参考。

随着家庭联产承包责任制在全国的迅速推广,上海的农业生产经营方式亦于1982年初试点至1984年,逐步变成单一的包产到户形式。夏顺康的《试论农村经济发达地区的生产责任制》②、《从上海农村实际出发不断完善联产承包责任制》③、王振民的《略论大包干在上海郊区的出现》④、谢自奋的《要允许部分农民先富起来》⑤、《允许部分农民先富会产生两极分化吗?》⑥等,都是为这种转变拍手叫好的代表作。谢自奋的《要允许部分农民先富起来》和《允许部分农民先富会产生两极分化吗?》还是全国最早宣传邓小平关于要允许部分地区部分农民先富起来讲话精神的理论文章,在学界有大影响。

然而,农业的根本出路在于机械化。所以,同一个1979年,谢、夏、王、莫

---

① 薛暮桥:《薛暮桥回忆录》,天津人民出版社1996年版,第91页。
② 《财经研究》1983年第1期。
③ 《上海经济》1984年第2期。
④ 《上海农业经济》1982年第4期。
⑤ 《解放日报》1979年10月。
⑥ 《文汇报》1980年6月9日。

等人去了安徽凤阳小岗村，凌岩等农业经济研究室骨干则埋头研究农业机械化问题，也出了不少成果，并在全国产生一定影响。在这一方面，代表性的成果有凌岩的《上海农业机械化不能偃旗息鼓》[①]《市郊农业机械化散记》[②]和研究报告《农业机械化要与经济改革同步前进》等。研究报告《农业机械化要与经济改革同步前进》还在全国农业机械化技术经济研讨会上作了讲演，反响很大，后为 1979 年 10 月 7 日《光明日报》刊登。

凌岩，1933 年生，上海浦东人，20 世纪 50 年代参加工作，先在上海市级机关研究农业政策 13 年，再在党刊任记者 15 年，又在 1978 年调入上海社会科学院部门经济研究所农业经济研究室，1992 年获评研究员。

凌岩有家国情怀，倾心亲农，长期跟农民"三同"，多的是"乡愁"。

三十几年的滚一身泥巴，忙四季农活，凌岩存下 100 多个笔记本，记下大量"让人'记得住乡愁'的富有符号意义、里程碑性质、标志性存在的事和物"。这些事物，都跟农村、农民、农业有关，深深镌有"'乡愁'的符号和标志"。[③]

王战说，读读凌岩的文字，"从中可以了解社会、了解农村，知道如何接地气"。[④]

邓伟志说，凌岩是他"农业、农村、农民、农经'三农加一农'问题的顾问和老师"。他的所见所闻所录，"实质上都是 20 世纪 80 年代初期上海农村改革开放的背景、序曲和浪花，也是一些生动而形象的瞬间，是上海农经史上的拾遗、捡漏和补缺"。[⑤]

凌岩自己说，所有"钩沉的碎片和捕捞到的资讯"，终究不过是"一地鸡毛"，只是"一定历史条件下的产物，它们的背后都隐刻着那个时代的痕迹"。[⑥]

生逢大时代，凌岩勤于下乡，孜孜笔耕，不仅写下了在农村里当万元户"在计划经济和集体经济严密的体制笼罩下，是要冒一点风险的"；写下了"农民有

---

① 《上海农业经济》创刊号(试刊一号)1981 年 3 月。

② 《解放日报》"经济专刊"连载，1979 年 10 月 27 日、11 月 3 日。

③ 凌岩：《笔记本里的故事——说说由来》，《乡愁钩沉》，上海社会科学院出版社 2014 年版，第 15、18 页。

④ 王战：《〈乡愁钩沉〉序》，《乡愁钩沉》，上海社会科学院出版社 2014 年版，第 3 页。

⑤ 邓伟志：《〈乡愁钩沉〉序》，《乡愁钩沉》，上海社会科学院出版社 2014 年版，第 3 页。

⑥ 凌岩：《笔记本里的故事——说说由来》，《乡愁钩沉》，上海社会科学院出版社 2014 年版，第 2—3 页。

了种田的自由”，单季晚稻的产量便节节攀升，甚至“出现了不少千斤田、千斤片和千斤队”；也写下了“农业机械化、电气化、设施化程度”的“普遍提高”和“农业的产前、产中、产后”的“完善的服务体系”，实在是“中国农业史上一种全新的景象”，大有利于农业生产力的发展和解放。①

围绕农业为什么要搞机械化、农业机械化怎么搞等问题，凌岩还跟农业经济研究室同事写了《农业要机械化，农业能机械化》②《联合收割机为什么在上海有不推而广之势》③等文章。谢自奋主编的《上海市农业机械化发展战略研究》④亦对推进上海农业机械化起了很大的导向作用。凌岩等人的《上海农业现代化与生态平衡》⑤和《再论农业要高举现代化的旗帜》⑥更是有力推动了农业现代化的研究热潮。

同一时期，农业经济研究室还对城郊经济问题进行了深入研究，特别对大城市郊区农业生产的特点、生产方针、上海农业发展战略进行了大量探讨。

1985 年后，我所在的小组进入研究各郊县发展规划的过程。我们先后到过上海县、崇明岛、杭州湾相关的县城(金山、南汇、奉贤)，除了从事调研工作之外，我这个“外婆”还要关心大家的吃住等生活问题。如在做《崇明岛海岸带滩涂资源规划》时，我们集体住在招待所，每天有几块钱的伙食补贴，但是餐餐吃招待所的伙食，顿顿老面孔，真有点吃腻了。我看大家无精打采的样子，便改变了一下方式，少买些招待所的饭菜票，每天只在那里吃早、午两餐，晚上就到附近的饮食店里吃碗馄饨呀、兰州拉面之类的东西。每隔几天便要打打牙祭：来上几两崇明老白酒，叫上几盘卤花生、卤香干之类的实惠的下酒菜，点上几碟炒肉丝、炒猪肝之类的家常菜，大家吃得酒足饭饱，然后在大街上溜达一圈，回到招待所，又精神抖擞地开起了夜车。就这样，到了月底一结账，还有余款。既吃得愉快，又

① 凌岩：《寻觅“万元户”》《“三三得九还是二五得十”》《“吨粮田”和“吨粮队”》，《乡愁钩沉》，上海社会科学院出版社 2014 年版，第 26、34、42 页。

② 《财经研究》1980 年第 3 期。

③ 《农业技术经济》1983 年第 3 期。

④ 上海科学普及出版社 1990 年版。

⑤ 《农业经济丛刊》1984 年第 1 期。

⑥ 《农业现代化研究》1991 年第 12 期。

有结余，真是两全其美，何乐而不为？这些余款我们每人买了一个电吹风留作纪念，我的那个至今仍在使用呢！[①]

蒋淑芳所在的那个组，组长是谢自奋，组员还有莫建备、凌耀初等。他们的研究成果集中表现为谢自奋的《郊区经济必须和城市经济发展相适应——试论上海郊区经济发展方向》[②]《农业再生产必须建立在良性循环基础上——兼论上海郊区农业生产结构问题》[③]以及《上海农业发展战略研究》[④]等。这些成果，连同凌岩的《上海农业发展的若干战略思想》[⑤]《破一破发达地区的不发达思想》[⑥]等，都对上海的城郊型农业提出了相对超前的发展战略。这种相对超前的城郊型农业发展战略则又特别关照现代农业的规模经营，这种关照则又充分体现了中共中央 1984 年一号文件精神。

1984 年 1 月 1 日，中共中央下发一号文件，要求"继续稳定和完善联产承包责任制，帮助农民在家庭经营的基础上扩大生产规模，提高经济效益"。

要鼓励技术、劳力、资金、资源多种形式的结合，使农民能够在商品生产中，发挥各自的专长，逐步形成适当的经营规模。[⑦]

中央"鼓励土地逐步向种田能手集中"，农业经济研究室的研究重点随即转向如何搞好规模经营，以及如何建立与规模经营相配套的社会化服务体系等问题。当时，由于粮食价格下降，农业规模经营的收入下降，一些农民不愿意大规模经营土地，把原承包的土地还给集体。夏顺康和莫建备便在《上海农业适度规模经营的实践与前景》[⑧]等文章中及时提出对策。莫建备等还与上海

① 蒋淑芳：《我和我的老同事》，《天命年回首——上海社会科学院经济研究所建所五十周年征文选第二辑・部门经济研究所》，上海社会科学院出版社 2006 年版，第 284 页。

② 《社会科学》1980 年第 1 期。

③ 《上海农业经济》1981 年第 4 期。

④ 《学术月刊》1985 年第 1 期。

⑤ 《财经研究》1984 年第 4 期。

⑥ 《解放日报》1984 年 11 月。

⑦ 中共中央：《关于一九八四年农村工作的通知》，中发〔1984〕1 号。

⑧ 《我国社会主义农业与农村经济的若干问题——首届农业经济基础理论研讨会论文集》，1991 年 11 月。

农学院的学者在研讨中取得共识,共同力挺规模经营。

本来,中国农村改革、发展的必由之路就是“两个飞跃”,也就是邓小平在1990年3月3日对江泽民、李鹏所说:“第一个飞跃,是废除人民公社,实行家庭联产承包为主的责任制。这是一个很大的前进,要长期坚持不变。第二个飞跃,是适应科学种田和生产社会化的需要,发展适度规模经营,发展集体经济。这是又一个很大的前进,当然这是很长的过程。”①

遵循邓小平关于“两个飞跃”的思想,部门经济研究所的学者在“一场以家庭联产承包责任制为主的农村改革迅速遍及了全国”之后又执着追问下一个问题,即“第二个飞跃”问题,向何处深化问题,如何“适应科学种田和生产社会化的需要,发展适度规模经营,发展集体经济”问题。

> 大量事实证明,农业改革和发展的第一个飞跃,即实行以联产承包为主的责任制,确实是水到渠成,已经取得了辉煌成果,这是有目共睹的。但是,这是否意味着以家庭联产承包为主的责任制将会一成不变?未来我国社会主义农业将走向何处?这需要在理论和实践上及早加以解决。邓小平提出农业的第二个飞跃并不是凭空的,它首先来源于广大农民群众积极试行农业适度规模经营的伟大实践。而这种实践又充分预示了适度规模经营是社会主义农业发展的必然趋势。②

1989年,“中国农村改革之父”杜润生功成名就,引退前最后一次见邓小平,向邓小平建言,说共产党是代表全体人民的利益,但农民还有特殊利益,有了各种利益集团之后,农民要有农会与这些利益集团制衡、博弈,讲出自己的需求和道理。如果这点做到了,中国就超过了资本主义国家,有了自己的农村组织,重塑农村更高级的共同体。让农民自己自觉地、有组织地而且有保证地参加城市化,农民变成为市民。这样,农民才真正有了国民待遇。

---

① 《邓小平文选》第3卷,人民出版社1993年版,第355页。

② 莫建备:《“两个飞跃”是农村改革、发展的必由之路》,《站在现实经济研究的前沿——上海社会科学院部门经济研究所论文精选》,上海社会科学院出版社2008年版,第271页。

同一年，中科院院士周立三领衔的中科院国情分析研究小组公开出版国情研究第一号报告《生存与发展》，在学术界中影响广泛，新华社、各大报、广播、电视等新闻媒体，竞相报道、评论或转载。

《生存与发展》认为"中国农村改革的必然性"全在于"1978 年我国约有 6.6 亿农民处于绝对贫困线以下，人均年收入不足 200 元，约有 7.8 亿农民人均年收入不足 300 元(还不及 100 美元)。无论是从人地比例关系看，还是从人均收入水平看，绝大多数中国农民都大大低于'饥寒界线'，处在生存危机的边缘上，中国农业早已走进了死胡同，处于停滞、萎缩的境地之中"。①

《生存与发展》中最惊心动魄的一段话是："如果今后几十年我们不能坚定不移地推进和加速整个社会的经济政治文化的全面改革，比较顺利地实现整个国民经济的迅速增长和结构变动，坚持不懈地严格控制总人口规模，尽早尽快地提高整个民族的素质和能力，有效地保持协调和运用为现代化而动员全社会的各种资源的能力，创造和建立使潜在的生产力转化为现实生产力的条件、为经济持续增长以及使经济效益、社会效益和生态效益相统一提供必要的规则、制度和组织保证，有步骤地大规模地全方位地卷入国际市场(包括商品、资源、资金、技术、劳力等市场)，积极开拓出口创汇和输入资源的途径和能力，那么，其灾难性后果是不难想象的。在下个世纪，我们的国家和民族将更加落后，在世界上就将没有我们的地位。"②

英雄所见略同。

中科院国情分析研究小组所看到的问题，部门经济研究所也看到了。

部门经济研究所当时也在进行国情调查。部门经济研究所的国情调查来自中宣部、中央党校和中国社会科学院。

1988 年，中宣部、中央党校和中国社会科学院联合开展国情调查，上海市的国情调查由姚锡棠负责，当时选择了一个区、一个县，区是黄浦区，县是松江县，由经济研究部门经济研究所承担。

部门经济研究所交给了农业经济研究室，调查人员有凌耀初、洪民荣、顾建发、王泠一、孟铁平等 10 多人。他们衔命进点，全体进驻松江县新桥乡和佘

① 《生存与发展》，科学出版社 1989 年版，第 55 页。
② 《生存与发展》，科学出版社 1989 年版，第 60 页。

山乡。他们花半年时间,调查了 590 户农家,最终完成一篇 4 万多字的调研报告《农村初步工业化后的农民生活》,分两期刊登在农业部的《农村经济文稿》上,跟中科院国情分析研究小组的《生存与发展》相映生辉,为人称道。

中科院国情分析研究小组开出的药方是"非传统的现代化道路"。

中科院国情分析研究小组坚决反对"任何对人民的轻易许诺、或将某些不成熟的理论付诸实践、根据不足的过高发展目标、急功近利的政策和有意无意的短期行为(包括中央政府、地方政府、企业与农户)等"。①

中科院国情分析研究小组强调"中国经济发展的最大难点在于农业,而农业发展的关键在于粮食生产"。为了"在今后相当长的时期内",能以"足够的粮食种植面积"和"稳定的商品粮来源"保证"日益增长的粮食需求"的"满足",中国的"土地政策"必须有力"促进土地兼并和规模经营"。尤其在"发达地区",在"城市周围和几大商品粮基地",务必"不失时机地迅速推行土地适度规模经营"。②

总之,要使种植业能够成为一个盈利的独立产业,除非大幅度提高粮食价格,使农户从所提供的商品粮中获得与其他行业可以相比的收入。

总之,在农户不能迅速提高粮食商品率的历史进程中,种植业的低收入将是不可避免的现象。

所以,小农经济毫无出路。

所以,凌耀初、洪民荣、顾建发、王泠一、孟铁平等人的《农村初步工业化后的农民生活》也就把自己的关注点更多地集聚在了"农业现代化和农村工业化"的有机互动上。而这也正是莫建备后来在他的《"两个飞跃"是农村改革、发展的必由之路》中尤为强调的"两个飞跃"之间的"十分密切的内在联系"。

诚然,适度规模经营改变了"人人分地"、"户户种田"的生产经营方法,强化了土地的规模经营。但它与人民公社体制有着本质的区别。发展适度规模经营决不会复归到人民公社体制,它是更高程度上的一次质

① 《生存与发展》,科学出版社 1989 年版,第 65 页。
② 《生存与发展》,科学出版社 1989 年版,第 90—91 页。

的飞跃。[①]

历史总是螺旋形上升,波浪式前进。

而今,小岗村首次分红,变“户户包田”为“人人持股”“人人分红”,近百名村民代表在大包干纪念馆前第一次领到了集体经济收益股权分红资金。部门经济研究所的农经研究显然又有了全新课题,又将通过集体资产股份合作制改革和“资源变资产、资金变股金、农民变股东”的试点,更多更深地探究农民入股组建公司、村集体资产股份合作社给股民进行年度分红的标杆意义……

① 莫建备:《“两个飞跃”是农村改革、发展的必由之路》,《站在现实经济研究的前沿——上海社会科学院部门经济研究所论文精选》,上海社会科学院出版社 2008 年版,第 274—275 页。

# 第十三章　异军突起

> 农经室的研究方向，总体上说是我国农村经济的理论和实践。它的重点研究领域有三个主要方面，即农业现代化、农村工业化和农村城市化。由于改革开放以来，乡镇企业异军突起，迅速成为农村经济的支柱产业，所以我们对乡镇企业研究历史比较长，范围比较广，内容也比较丰富。①

“乡镇企业”的由来可见1984年3月1日，中共中央、国务院《转发农牧渔业部和部党组〈关于开创社队企业新局面的报告〉的通知》。农牧渔业部和部党组《关于开创社队企业新局面的报告》建议改“社队企业”为“乡镇企业”，中央同意了。中央认为：“发展多种经营，是我国实现农业现代化必须始终坚持的战略方针。只有不断开辟新的生产门路，妥善安排不断出现的多余劳力，充分利用农村的剩余劳动时间，逐步改变八亿人搞饭吃的局面，使农村商品生产得到充分的发展，农村才能富裕起来，也才能逐步积累农业现代化所需要的大量资金。”

中央高瞻远瞩，想法很好，早在党的十一届三中全会讨论并同意下发“各省、市、自治区讨论和试行”的《中共中央关于加快农业发展若干问题的决定(草案)》(为中共十一届四中全会于1979年9月28日通过)中就有展望，希望“社队企业要有一个大发展”。但上海的社队企业并未如愿发展；不仅没有发展，反而责难社队企业“以小挤大”“以落后挤先进”的声浪此起彼伏，持续不

① 谢自奋：《“乡镇企业运行机制”研究追述》，《往事掇英——上海社会科学院五十周年回忆录》，上海社会科学院出版社2008年版，第76页。

断。到了1980年，国家调整国民经济发展指标，抨击社队企业的舆论更是达到高峰。所谓农村经济务必“以计划经济为主、以农业为主、以粮食为主”，被有些人用来百般阻挠社队企业逐步提高收入比重，顺当“衔接”各级国民经济计划。

关键时刻，农业经济研究室挺身而出，由凌岩等人率先发声，在《上海农村经济》1982年第3期上发表了《拾遗补缺与社队工业》，从学术角度，阐明了发展社队企业的必要性和重要性。

1984年3月1日，北京传来中央声音，中共中央、国务院在《转发农牧渔业部和部党组〈关于开创社队企业新局面的报告〉的通知》中特别说到乡镇企业是多种经营的重要组成部分，是农业生产的重要支柱，是广大农民群众走向共同富裕的重要途径，是国家财政收入新的重要来源；所以，各级党委和政府对乡镇企业要和国营企业一样，一视同仁，给予必要的扶持。上海农经界却依然故我，仍在要不要发展乡镇企业、乡镇企业的地位与作用、乡镇企业与国民经济发展的关系等问题上纠缠不清，反复激辩。谢自奋看在眼里，急在心头，便就组织农业经济研究室的各路人马分头出击，竭力为乡镇企业呼吁，宣传发展乡镇企业有利于国民经济的发展，只要因势利导，加强规范，就能走上健康发展的道路。在这方面，最主要的成果是谢自奋、王振、凌耀初等人的一组文章。这组文章旗帜鲜明，观点犀利，深入讨论了乡镇企业的有关问题。

与此同时，农业经济研究室还连续承担上海市科委、农委、经委下达的一系列有关乡镇企业的决策咨询研究项目。譬如1986年的“上海乡镇企业经济、科技发展战略研究”，就充分肯定了乡镇企业在上海国民经济中的战略地位，提出了上海乡镇企业的总体发展方向和发展目标。

1987年6月12日，邓小平在京会见来访的南斯拉夫共产主义联盟中央主席团委员科罗舍茨。邓小平说，改革的步子要加快，不改革就没有出路；农村改革中，我们完全没有预料到的最大的收获，就是乡镇企业发展起来了，异军突起。

同年，部门经济研究所成立乡镇企业研究中心，承接了农牧渔业部委托研究的“乡镇企业模式研究”“乡镇企业股份制研究”等课题，还受该部委托举办县长培训班。农业经济研究室则从不同侧面、不同角度，针对不同问题，撰写、发表上百篇有关乡镇企业的论文和研究报告，举办七八次有关乡镇企业改革和发展问题的研讨会，还跟郊县工业局合办一份专门探讨乡镇企业问题的杂志《上海郊县工业》，还通过中日农村工业化研究，借鉴日本农村工业化的有益经验，为我所用，完善乡镇企业的运营模式，既为社会认可，又使自己积累了资料，更多掌握和了解乡镇企业发展过程中的新情况、新问题和新经验。

更难能可贵的是，1990 年后，农业经济研究室又通过定性分析和数学模型等定量分析，研究乡镇企业工业结构的优化目标、优化模式以及工业产品的优化发展序列，在《上海郊县工业结构调整研究》中充分肯定了工业结构调整与优化组合有利于上海乡镇企业的发展方向和发展目标的实施。

1992 年，中共召开十四大，江泽民报告的第一部分就是“十四年伟大实践的基本总结”，其中高度评价乡镇企业的“异军突起”，说这“是中国农民的又一个伟大创造”。这个伟大创造“为农村剩余劳动力从土地上转移出来，为农村致富和逐步实现现代化，为促进工业和整个经济的改革和发展，开辟了一条新路”。

同年，谢自奋出任部门经济研究所所长，乡镇企业研究中心转并农业经济研究室，农业经济研究室承接上海市科学委员会下达的一项重大软课题科学项目，与上海郊县工业局合作，共同研究“乡镇企业运行机制、科技进步发展研究”，由谢自奋任组长，凌耀初、洪民荣、吴祥麟等为课题组成员。

“乡镇企业运行机制、科技进步发展研究”是应用性课题，是实证研究，在开题的时候，科委就十分强调科研结果必须有科学性和可行性，不但要提出如何使乡镇企业经济有效运行的基本原则和基本方法，而且还要提出可供具体操作的对策与建议。

乡镇企业运行机制的现状到底如何？当前存在的矛盾与问题是什么？在未来发展过程中，乡镇企业应建立什么样的经济运行机制？政府的宏观调控又如何体现等，这一系列问题，从既有的经济学著作中不可能找到现成答案，从别国的经济建设中更找不到可供套用的经验，唯一的办法就是投身于乡镇企业改革的实践，通过认真而扎扎实实的调查研究，才能对改革中出现的新情况、新问题进行科学的剖析和总结，提出比较中肯的对策和建议。

好在这时的农业经济研究室，已在乡镇企业研究方面形成比较独特和可行的研究方法和研究体系。

“乡镇企业运行机制、科技进步发展研究”又是乡镇企业模式研究、乡镇企业股份制研究和乡镇企业工业结构的优化目标、优化模式以及工业产品的优化发展序列研究的综合、深化和发展。实现乡镇企业的战略目标是一个系统工程。在这个系统工程中,结构的优化和运行机制的生气勃勃、充满活力,原本是相辅相成、交融互补,不可分割的。

于是,课题组前后花了七八个月时间,深入市郊各县乡镇,对乡镇企业运行机制进行了全面调查,并在充分借鉴山东、江苏、浙江和广东等省经验基础上,就乡镇企业产生出的社会经济背景、乡镇企业运行机制的现状与特点、乡镇企业运行机制的形式和内容、乡镇企业运行机制的问题和原因、乡镇企业运行机制与技术进步的关系以及乡镇企业运行机制的改革思路等人们普遍关心的热点、难点问题进行了比较深入的探讨。课题组坚持学以致用、经世致用,确信理论来源于实践,并随着实践的发展而发展,深入实际、调查研究是应用经济研究的生命线,是搞好应用经济研究的前提条件。因为只有通过深入实际调查研究,在掌握大量材料的基础上,才有可能归纳、整理、抽象、概括、提炼出乡镇企业经济运行中某些带有本质性、规律性的东西,才有可能逐步形成乡镇企业经济这一学科的理论框架或理论体系。

“乡镇企业运行机制、科技进步发展研究”与过去“经院式”研究有很大不同。它不是从概念或外国模式出发,而是从中国农村的实际出发,力求使理论和实际密切联系起来。

“乡镇企业运行机制、科技进步发展研究”的涉及面非常广,需要进行全面系统的调查,单靠个人力量是难以完成的。承接课题之后,农业经济研究室组织协作,依靠集体力量、集体攻关。以农业经济研究室科研人员为骨干,把郊县工业局的两位局长请来当顾问,把郊县工业局的各个业务处处长以及上海农科院农经所的一部分科研人员等总共 36 人都组织到课题组里来。集体大项目必须有分工、有合作。所有成员都要参加调查和讨论。农业经济研究室是组织单位,负责课题调查和研究提纲的设计,以及总报告的撰写和最终修改定稿;业务部门则帮助调查研究,提供资料并对研讨会和成果的出版在物力、财力上给予支持。农科院、统计局的同志则负责部分专题的调查和专题报告的撰写。在分工的基础上，一方面，农业经济研究室提倡个人钻研，要求每个人在研究过程中都要有独立思考、勇于探索、敢于创新的精神。农业经济研究室认为这是从事科学研究不可缺少的品质。很难设想那种躺在集体身上，懒懒散散、不动脑筋、人云亦云的人，在科学研究上能够有所建树。只有通过个人努力，自己水平提高了，集体的整体水平才能提高。另一方面，因为是集体大项目，农业经济研究室又十分强调集体观念、集体协作，因为对集体来说，个人的能力和知识毕竟是有限的，离开集体不可能有大的作为。即便个人在研究中有突出的成绩，许多观点的形成都是集体智慧的结晶，纯粹个人的“发明创造”是比较少的。农业经济研究室强调集体，包含着十分重视上海社会科学院的集体荣誉。农业经济研究室承接课题后，人家总说是社会科学院中标，成果出来以后，人家也总说是社会科学院搞的。所以，多年来，农业经济研究室脑子里形成了一个比较强烈的观念：我们是社会科学院、部门经济研究所派出来的科研人员，搞出来的成果质量好或坏，直接影响到社会科学院、部门经济研究所的信誉。哪怕千辛万苦，也要把成果质量搞上去，千万不能坍社会科学院、部门经济研究所的台。

事实证明，“乡镇企业运行机制、科技进步发展研究”有几个特点：

第一，研究的思路比较新、起点比较高。此项研究从发展社会主义市场经济出发，比较深入地研究了乡镇企业运行机制的各个方面，紧紧围绕建设社会主义市场经济体制的要求来确立乡镇企业运行机制的改革方向和目标，并且把建立现代企业制度置于乡镇企业运行机制改革的重要方面。因此，研究的前提、重心和提出的对策措施，顺应了乡镇企业经济发展的总趋势。在课题评审会上，专家们一致认为，此项研究成果具有起点高、思路新、科学性强的特点，在国内同类研究中处于领先水平。

第二，研究比较系统和全面，并有一定的理论深度。对乡镇企业的研究至今可说是路径庞杂、观点纷呈。但是，对搜集已有研究成果及分析表明，以往的研究存在两点明显不足，即一是缺乏系统性研究，二是缺乏概括性研究，大量文章停留在以经验分析为主，局限于对现象的直观描述。相比之下，“乡镇企业运行机制、科技进步发展研究”有明显突破：一是表现为系统分析，它首次全面、系统地研究了乡镇企业经济运行机制产生的背景、现状、特点、形式、内容、存在的问题及其原因，提出了经济运行机制改革的新思路；二是表现出一定的理论深度，即在对实际情况进行调查掌握大量第一手材料的基础上，通过分析整理，抽象、概括出乡镇企业运行机制的四大特点、四大问题和五种形式，为乡镇企业运行机制的改革提供了重要科学依据。同时，“乡镇企业运行机制、科技进步发展研究”还提出了一些对实际工作较有重要指导意义和价值的观点。比如，辩证分析了乡镇企业政企不分问题，指出其在农村经济发展中的特殊性及其利弊，辩证分析了乡镇企业与市场经济的关系，指出乡镇企业既是市场经济的探索者和实践者，但同时也面临着市场经济的更大挑战和威胁，乡镇企业的发展必须建立与市场经济相适应的新的运行机制。乡镇企业运行机制还首次概括了在实践中新出现的集有民营的形式。它是指在企业集体所有权不变的前提下，由所有者和经营者(个人)共同投资，经营者(个人)按合约每年上缴集体一定资金，积余归己，经营者(个人)享有完全经营自主权的一种制度。“乡镇企业运行机制、科技进步发展研究”指出，对那些规模较小、效益不好的低利微利企业，除了搞合并、拍卖、租赁外，还可以推广集有民营式的经济运行机制。

第三，成果的现实性比较强。作为一项应用经济的研究成果，“乡镇企业运行机制、科技进步发展研究”的内容和结论，已被上海市乡镇企业主管部门经济研究所接受，成为政府部门指导乡镇企业改革的参考，其中相当部分得以付诸实施。上海主管乡镇企业的郊县工业管理局，高度重视和评价“乡镇企业运行机制、科技进步发展研究”成果，认为该项研究紧密联系上海实际，有着良好的推广前景。他们要求区县乡镇企业的主管部门充分利用和推广这项成果，改进对乡镇企业的管理工作。要求广大乡镇企业充分运用和推广上海乡镇企业运行机制研究成果，用以改革和完善企业的经营机制。为此，郊县工业局拨款 1 万元资助出版“乡镇企业运行机制、科技进步发展研究”成果，并将研究报告分发区(县)乡镇企业职能管理部门领导。他们说社会科学院、部门经济研究所为乡镇改革与发展做了一件大好事。

正因为“乡镇企业运行机制、科技进步发展研究”有如此重要的意义和价值，上海社会科学院在 1993—1994 年度评奖中，将它评为科研成果特等奖。这在院内是一个很高的荣誉。

“行百里者半九十。”

上了中共十四大报告的中国乡镇企业在1992年后发展得更快更迅猛了。农业经济研究室也就由谢自奋、凌耀初、洪民荣负责,又于1994—1998年,承担了国家哲学社会科学基金资助重点项目“中国沿海地区乡镇企业结构与运行机制问题研究”。课题组首先通过对辽宁、河北、天津、山东、江苏、福建、广东、广西等沿海省份的典型调查和资料搜集,提出了各省乡镇企业发展情况的专题报告,然后充分利用丰富的资料和专题报告进行系统的定性和定量分析,最终形成的总报告对沿海地区乡镇企业的结构与机制问题作了全面、深入的阐述。在这个项目中,充分体现了农业经济研究室理论与实践相结合、资料分析与实证调查相结合、综合比较与个案剖析相结合的研究特点,具有较强的理论性和可操作性,对沿海地区乡镇企业的发展具有相当的参考价值。

1997年5月,农业经济研究室又由凌耀初主持,实施进行由上海市区县工业管理局委托部门经济研究所的“上海区县工业跨世纪发展战略研究”。课题组在大量调查的基础上,从上海经济社会发展的总体考察,从上海区县工业与促进上海大型工业企业高效运作的关系、上海区县工业与实施上海再就业工程的关系、上海区县工业与增强上海城乡经济实力的关系、上海区县工业与优化相关产业的关系,以及上海区县工业与繁荣上海市场的关系等诸多方面,对上海区县工业的战略地位作了深入的研究。该项研究最终成为上海市区县工业局编制全市区县工业“九五”计划的重要参考依据。

# 第十四章　悄悄地进村，打枪的不要

乡镇企业起来了，倒逼国企改革加快前行步伐。

中国国企改革这就在"包"字当头的中国农村跟"一大二公"的人民公社割袍断义、分道扬镳之际，也打出了同一面旗帜。

不一样的是，中国农村的大包干是狂飙突进、大张旗鼓，中国国企的承包却是在扩权不成功后的"悄悄地进村，打枪的不要"。

一直有一种说法，说中国改革先易后难，先是绕着走，绕开了国有经济，以非国有经济，尤其是广大农村为突破口。譬如吴敬琏，他在接受《小康》杂志专访时就说："中国改革从一开始，就采取了一种不同于苏东国家的'增量改革'战略。这就是说，先不对国有经济采取大的改革动作，而是在国有经济之外，大力发展市场导向的民营经济，从而使市场力量逐步壮大。"[①]事实却是安徽凤阳小岗村的严俊昌、严宏昌、严立华们，迟至 1978 年 11 月 24 日(或 1978 年 12 月)，方始在昏黄灯光下，以一份生死状，一份写有"托孤"字句且按上 18 个红手印的"分田到户"契约，自发冲击政策底线；而四川省内的 6 家企业，6 家不同行业的工业国企，则是在同年 10 月，经省委点头，试着搞起扩权，逐户核定利润指标，规定当年增产增收目标，允许在年终完成计划以后提留少量利润用作企业基金和给职工发放奖金。

我们不怀疑小岗村的"红手印"是 18 户农家主人独立思想的表现，集中表现了他们强烈渴望"大包干"；更不怀疑其欺世盗名，弄虚作假。我们只是说那一"按"至多只是中国农村改革的第一份宣言，从此改变了中国农村发展的历

---

① 吴敬琏：《中国改革 30 年：停顿和倒退没有出路》，中国网 2008 年 3 月 31 日。

史进程;却不认为它因此“掀开了中国改革开放的序幕”。所以,我们说小岗村是“中国农村改革第一村”,而非“中国改革第一村”。明白写在中共十一届三中全会公报上的也是“现在我国经济管理体制的一个严重缺点是权力过于集中,应该有领导地大胆下放”和“人民公社、生产大队和生产队的所有权和自主权必须受到国家法律的切实保护;不允许无偿调用和占有生产队的劳力、资金、产品和物资”。

1979 年 2 月,中共四川省委决定将扩权试点的范围扩大到 100 家企业。再在“老五户”(四川棉纺织印染一厂、成都电线厂、重庆钟表工业公司、重庆印制三厂和西南电工厂)实施“在国家计划指导下,独立核算,国家征税,自负盈亏”的改革和在“新五户”(内江棉纺织印染厂、自贡铸钢厂、宜宾化工厂、宁江机床厂和南充织绸厂)试行自负盈亏。

风声传回京畿,《人民日报》便于 1979 年 2 月 19 日发表社论《必须扩大企业的权力》,提出改革的“当务之急是扩大企业的自主权”。国家经委便于 1979 年 4 月召集首都钢铁公司、天津自行车厂、上海柴油机厂、上海汽轮机厂、彭浦机器厂等 8 家大型国企及有关部门负责人开联席会议,商讨国企管理体制改革,当场拍板定这 8 大企业试水滚雷,率先扩大经营管理自主权。

上海柴油机厂(简称上柴)始建于 1947 年 4 月,原名中国农业机械公司吴淞制造厂,试制生产过 5 马力汽油机。中华人民共和国成立后,中国农业机械公司吴淞制造厂改名为吴淞机器厂,批量生产单缸卧式 750 转/分 12 马力柴油机。1953 年 8 月,吴淞机器厂正式定名上海柴油机厂,开始自行设计和制造柴油机,并于 1958 年试制成功我国第一台自行设计、完全国产化的 6135 柴油机,由此开创中国中等功率高速柴油机制造的先河。但由于“文化大革命”,上柴的经营一落千丈。

国家经委、财政部等中央六部委批准上海柴油机厂、上海汽轮机厂和彭浦机器厂等三家大中型国企为利润留成的扩权试点单位和“独立核算,国家征税,自负盈亏”的试点单位是在 1979 年 4 月。试点立竿见影,给上柴厂带来了触底反弹、蒸蒸日上的新气象。广大干部群众都说,充分兼顾国家、企业、职工三者利益,大有利于发挥企业的生产主动性,大有利于改进企业的经营管理,大有利于调动一线工人的工作热情。

试点企业在扩权后有了生产和销售的自主权，建立健全了工业经济责任制，开始改变过去用行政办法管理企业的状况；有了初步的自主发展的条件；同时取得了国家多收、企业多留、个人多得的经济效果。据统计，1979 年至 1982 年，全市扩权试点企业所实现的利润，上缴国家的占 91%，企业留利 8%。在企业留成基金中，40%用于发展生产，29%用于职工集体福利，25%用于职工奖励（实际使用奖金占留成基金 17%，占实现利润的 1.3%）。[①]

听说上海扩权试点初战告捷，薛暮桥于 1980 年 1 月 15 日南下上海，带一个调查组，前后“工作了 28 天”，分别“听了上海市计委、经委、有关各局、公司、企业十几次汇报，进行了几次专题讨论”，还“参观了物资展销市场、自由市场、庙会和几个工厂”，又“向市委负责同志汇报了一整天”，回京即写了一份《从上海体制改革调查所看到的问题》，说“四川的体制改革是以扩大企业自主权为中心，从下而上，主要是在本地区范围内进行的。上海是全国最大的经济中心，特别是同东南各省有广泛的经济联系。所以他们的改革必然要突破上海市的范围，立足上海，面向全国。这种改革必然有其特殊条件，有些改革还有待于不断完善，但是在社会主义现代化发展中，它代表着前进的方向”。

在薛暮桥看来，“代表着前进的方向”的上海企改“都是从分配入手，鼓励地方和企业的积极性”，既有正的一面，也有负的一面。上海企改的负面就是“同计划调节和市场调节相结合、组织专业化协作往往发生矛盾”，容易“发生严重的苦乐不均的现象”。所以，他的建议是：

扩大企业自主权不能仅仅限于利润分成，还必须在产销计划、劳动工资、调整价格等方面扩大自主权。企业在完成生产任务以后，应当有权生产计划外的产品，这对生产任务不足的行业特别重要。对商业部门不收购的产品，工厂应当有权自销。中央领导同志虽已多次讲过，但现行规章制度没有修改，任何业务部门都可以出来干涉。企业应当有用人

① 邵有民等：《上海改革开放二十年·工业卷》，上海人民出版社 1998 年版，第 30 页。

> 的自主权，在不超过工资总额的范围内有提级发奖的自主权。目前由于劳动就业问题和稳定物价压力很大，影响到这些自主权的实行；但不解决这些问题，企业的自主权是不完全的，使许多改革经营管理的措施难以进行。[①]

薛暮桥的建议跟《人民日报》1980 年 4 月 4 日的长篇通讯不完全合拍。《人民日报》1980 年 4 月 4 日的长篇通讯写的是另一位经济学家林子力于 1979 年 10—12 月考察四川、安徽、浙江。林子力本人亦发表《我国经济体制改革的开端——四川、安徽、浙江扩大企业自主权试点考察》，对自主扩权大唱赞歌；薛暮桥却泼冷水，让人正视客观"严重"存在的"苦乐不均"。

薛暮桥的告诫与部门经济研究所的研究成果不谋而合。龚雪林在《我在改革初期的二、三事》中写到了"1979 年，上海有很少几家工业公司经批准进行体制改革试点。试点内容是，企业在市经委领导下初步扩大规定的自主权，同时有关管理部门相应放权。不过在当时旧体制的严密包围下，试点企业实际上到处碰壁"。

> 这年冬天，小平同志委托 13 位全国政协委员到上海了解经济工作，上级通知说，要部门经济研究所派研究人员到锦江饭店去汇报。于是所里派沈峻坡等 4 人去汇报。其中我的汇报内容是上海体制改革的情况、问题和建议，被排在最后讲。来的委员中有带秘书的首长，还有曾任国民党兵团司令的黄维。出人意料的是，委员们对改革方面的汇报最感兴趣，一边听一边频频鼓掌叫好。原来此前他们已在别处听过这方面的汇报，而认为今天的汇报最真实、生动。他们当即要求将我的汇报整理成文交他们带回北京。才过了一天多，所里又要我向从北京来的一位局长汇报相同的内容。听完，他也要求整理成文交他带回北京。都等着面交，怎么办？结果按徐之河先生的意见，写好后由徐先生寄往北京。
>
> 不久，我遇到市经委的一位熟人，他半开玩笑说："你们社会科学院通

① 薛暮桥：《从上海体制改革调查所看到的问题》，《薛暮桥晚年文稿》，生活·读书·新知三联书店 1999 年版，第 221 页。

天的，真厉害！”[①]

薛暮桥的“苦乐不均”论，龚雪林的“碰壁”论，听上去都很刺耳，却是难得诤言。他们都是国企改革的促进派，都想要让中国国企的改革走得更稳更好、更快更远，而不是开倒车，退回去。他们却又不讳疾忌医，凡事只说正面，不说负面。他们既已看到问题，就要说出来，大声说出来，堂堂正正地告诉大家：中国国企，至少在 1978—1980 年，改革的焦点一直放在扩大企业自主权的试点上。但这个突破口的选择并不很成功。由于国有企业是传统体制的核心部分，受计划体制的整体束缚，扩大企业自主权的改革虽然有些短期成效，却没有取得突破性进展，并引发出新的矛盾。如“不解决这些问题，企业的自主权是不完全的，还将使许多改革经营管理的措施难以进行”。[②]

于是，决策者的目光越来越向“包”字转。唐克（时任冶金工业部部长）带工作组到上海调研，陆铁夫（时任上海冶金局局长）提出全行业利润基数包干、超额分成的承包方案，得到冶金部、财政部和上海市政府的重视和支持，一致认为这是一个破局良策，充分兼顾了国家、地方、企业、职工利益。

然而，1981 年初，我国实行经济调整。许多人认为：调整压倒一切，改革排不上队了。

当年 3 月，马洪受国务院委托，在成都举办全国体制改革研讨会。会议要求各省市社会科学院（所）、经委和极少数特大企业派代表参加。上海社会科学院由副院长兼部门经济研究所所长蔡北华带队，一所和二所各两名研究人员参加。大会规定与会的研究人员要各带论文一篇，并打印好 300 份交大会秘书处。

大会选取了与会的 24 篇文章，交国家级期刊《经济管理》于会后出专辑。其中包括马洪、蒋一苇、吴敬琏等的文章。上海市也有一篇文章选

① 龚雪林：《我在改革初期的二、三事》，《天命年回首——上海社会科学院经济研究所建所五十周年征文选第二辑・部门经济研究所》，上海社会科学院出版社 2006 年版，第 275 页。

② 薛暮桥：《从上海体制改革调查所看到的问题》，《薛暮桥晚年文稿》，生活・读书・新知三联书店 1999 年版，第 221 页。

入,那就是上海社会科学院部门经济研究所提供的由我撰写的《经济要进一步调整,企业扩权怎么办?》。不久后我看到国家经委下发的一个有关改革的文件,发现其中不少内容与这篇文章中的建议相同。[①]

龚雪林的文章确实写得好,好就好在说了实话,说了真话,说出了十字路口的国企改革举步维艰、进退两难。

上海市一年半来进行扩大企业自主权的试点,初步调动了职工的积极性,加强了企业管理,增产增收,搞活了经济,成绩是比较显著的。但目前企业扩权所面临的新情况是关心少、权益缩小、信心不足。关心少主要表现在:现在领导的主要精力集中于经济调整工作,顾不上企业扩权的进一步深入,主管部门对企业扩权试点工作放松了。权益缩小主要表现在:利润留成的具体办法和使用规定上。上海市去年批准试点的 24 个工业公司中,除了一个进行以税代利试点外,其余 23 个都实行利润留成环比办法。根据上海的实际情况,实行环比办法,由于年年挖潜,基数利润高,加上进一步实行经济调整,试点企业增收困难大,担心今年的利润留成额下降。[②]

试点企业的担心绝非多余。但改革是摸着石头过河,不可能没问题。没问题的改革就不是改革。真正意义上的改革总会在改革中碰到这样那样的问题。这很正常,无须大惊小怪。再大再多的问题,只要是源自改革,那就不能知难而退,绕着走。那就只能是以更加坚定、更加有力、更加深入的改革去应对,去解决。至于深化改革的路究竟怎么走,那就因人而异,因企业而异,千差万别,不一而足。毕竟改革有导向,无模式。所以,龚雪林的文章,一说改进利润留成办法,二说组织配套试点,三说加强宏观方面的平衡与指导,四说进一步改进扩权试点的组织形式和内部管理体制;既说了苦恼人的问题,也坦诚地

---

① 龚雪林:《我在改革初期的二、三事》,《天命年回首——上海社会科学院经济研究所建所五十周年征文选第二辑 · 部门经济研究所》,上海社会科学院出版社 2006 年版,第 276 页。

② 龚雪林:《经济要进一步调整,企业扩权怎么办?》,《经济管理》1981 年第 7 期。

说了可能解决问题的举措及路径。所以，到 1981 年，1981 年的晚些时候，全国共有 17 个省、自治区、直辖市的冶金厅(局、公司)实行了地区行业性总承包，80%以上企业实行利润包干、亏损包干等多种形式的承包，很快见到效益。

> 1982 年初，四川大学的一位老师给国务院总理写了一封信，内容大体是说，在企业改革中，大型企业的生产力水平和资金有机构成高，在生产力诸要素中，物的因素起着重要作用，人的因素已降到次要地位，因此，这类企业不宜扩大自主权。小企业资金有机构成低，人的作用大，可以扩大自主权。
>
> 国务院总理把这封信批给国务院经济发展研究中心总干事薛暮桥。薛暮桥就组织一些研究人员讨论这封信，多数人不赞成信上的观点，认为无论企业大小，技术水平高低，人在生产中总是起主导作用的。企业规模大，技术水平高，活动的余地和可以发挥的潜力就更大，给大企业以必要的自主权，使大企业有更大的活力，对提高整个国民经济的效益将会发挥更大的作用。于是，我们商量，是不是可以联合组织一个工作组到首钢试点？在北京，首钢是大企业，是国家经委批准的 8 个扩大企业自主权试点企业之一，很有积极性。我们就从中国社会科学院工经所、四川省社会科学院各带了一个工作组，于 1982 年 3 月到了首钢，展开调查研究。[①]

调研发现，首钢已在搞扩大自主权试点，虽然上边规定的试点条款并没有全面落实，但因为有了一定的生产计划权、产品销售权、利润留成权、资金使用权、职工奖励权，首钢的经济还是搞活了。首钢实行了有差别的奖励制度，打破了平均主义，提高了职工收入水平，职工的积极性空前高涨，出现了一个前所未有的大好局面。退休工人每天早晨催着儿女起床，一边吃早点一边跑步上班。

国务院和北京市政府这就有了新想法，要求首钢将之前施行的国家与企业之间的分成式承包转变为全年上缴利润 2.7 亿元的定额式包干。

---

① 林凌：《首钢承包试验》，《林凌文选——改革三十年亲历》，社会科学文献出版社 2008 年版。

2.7 亿元的定额基数明显偏高。因为 1981 年国家经济调整,一下子砍了首钢铁产量 29 万吨、钢产量 7 万吨,首钢全年可实现利润满打满算才 2.65 亿元;更何况指标下达已时过半年,回旋余地实在太小。

但一咬牙,一跺脚,首钢还是破釜沉舟,背水一战。

开弓没有回头箭。首钢把宝押在了他们对于社会主义分配原则的理解上。

实践证明,他们的宝押对了。

各尽所能、按劳取酬极大地调动了首钢人的积极性。他们开动脑子,撸起袖子,甩开膀子,以十二万分的干劲和 100 多项合理化建议,开源节流,增产增收,最终保证当年实现利润 3.16 亿元。其中 2.7 亿元上缴国家后,还有 4 000 多万元留在了企业,按照 4∶3∶3(生产发展基金、集体福利基金、个人消费基金)的比例分配使用,职工的腰包顿时鼓了起来,人人喜气洋洋,一如过大年。一个分厂厂长得知自己长工资后抽抽咽咽地说:“我大学毕业第二年定级 32.75 元,结婚生子 32.75 元,至今还是 32.75 元。30 年一贯制,从来就没想过工资还有长啊!”

职工们的笑脸,领导层看到了。正因为领导层清楚看到了一线职工的笑脸,深知他们的心之所想,情之所系,所以又有了新的奋斗目标。他们不浅尝辄止,见好就收。他们义无反顾,自绝退路,只想彻底砸烂大锅饭。他们自我加压,力争国务院再改“定额式包干”为“上缴利润逐年递增包干”,既给企业更大活力和动力,又更多惠及国家、地方、企业、职工。

> 实行这样一种改革涉及国家管理企业的一些根本制度,光靠企业是无法实施的,需要企业和国家有关部门共同推进才能取得效果。于是,就以国务院经济发展研究中心工作组的名义向国务院总理写了一个报告,请求批准在首钢进行“上缴利润递增包干”试点,由中央和北京市各部门给予支持。报告是经过时任国务院副秘书长马洪转报的。报告很快得到国务院总理批准,并指示国家经委、财政部、国家体改委、冶金工业部、北京市政府研究并组织实施。①

---

① 林凌:《首钢承包试验》,《林凌文选——改革三十年亲历》,社会科学文献出版社 2008 年版。

1982年4月23日、8月3日,国务院批准首钢"包死基数,确保上缴,超包全留,歉收自补"。国家不再给首钢投资,首钢反而活得更自在,更滋润,愈加赢得《中共中央关于经济体制改革的决定》的起草者们的青睐。

审议并一致通过《中共中央关于经济体制改革的决定》是中共十二届三中全会的最大成果。薛暮桥说《中共中央关于经济体制改革的决定》在"会上与会后"得到邓小平、陈云的"高度评价和充分肯定"。[①] 邓小平在中顾委第三次全体会议上说《中共中央关于经济体制改革的决定》给他的"印象"是"写出了一个政治经济学的初稿,是马克思主义基本原理和中国社会主义实践相结合的政治经济学"。好就好在"解释了什么是社会主义,有些是我们老祖宗没有说过的话,有些新话"。

邓小平所说的"新话","老祖宗没有说过的话",就包括了大包干,包括了农村实行承包责任制的基本经验同样适用于城市。既然为增强城市企业的活力,提高广大职工的责任心和充分发挥他们的主动性、积极性、创造性,在企业内部明确对每个岗位、每个职工的工作要求,建立以承包为主的多种形式的经济责任制不再是离经叛道的异端邪说,上海社会科学院部门经济研究所的工业研究中心也就积极参加全国百家大中型企业调查,深入研究企业制度现状与企业发展问题,直接为建立现代企业制度改革作准备。厉无畏、杨继良们也就主持进行经济增长国际研究中心资助的"中国承包制研究"并很快取得阶段性成果。1993年3月,厉无畏、杨继良、陈郁、王松青合著的《中国承包制的研究》[②]公开出版,为学界人士普遍叫好。

《中国承包制的研究》不仅全面分析了承包制的历史背景和实行过程中的问题,认为在我国体制转换过程中,承包制是处理政府与企业关系一个合理选择。这种选择的基本原则是:责、权、利相结合,国家、集体、个人利益相统一,职工劳动所得同劳动成果相联系。这种选择完全有利于深化经济体制改革,逐步走向市场化。而且还进而说道:"从本质上讲,承包经营责任制是一种契约制,是企图通过契约性办法来确定政府与企业的利益边界。承包指标、承包基数就是双方利益在承包合同中的具体体现,政府和企业均为此进行着讨价

---

① 薛暮桥:《薛暮桥回忆录》,天津人民出版社1996年版,第398页。
② 厉无畏等:《中国承包制的研究》,上海社会科学院出版社1993年版。

还价活动。”

一个“利益边界”，一个“讨价还价”，生动而又精准还原了“中国承包制”的中国特色。《中国承包制的研究》一书无疑是“中国承包制研究”的结晶。《中国承包制》在1992—1993年度的上海哲学社会科学优秀成果评奖中获奖理所当然。

# 第十五章　压舱石

首钢一“包”15年，一直“包”到1995年，方才转向股份制，于1999年10月15日正式成立北京首钢股份有限公司。而徐之河，早在1983年6月，第六届全国政协第一次会议上就已发声，为股份制讨出生证：

> 我写的发言稿，曾三次被选中并在大会上发言。一是建议国有企业要进行股份有限公司的改造；二是国企公司制改造后，国家如何对公司管理（管理体制）；三是及早制定《公司法》《证券法》，使改造时有法可依。在小组中我还提出证券交易的建议。这些成套建议，对国家决定国企进行公司制改组的国策有一定的促进作用。①

1984年，陈国栋（时任中共上海市委第一书记）邀请经济界人士讨论上海经济发展和改革问题。徐之河成竹在胸，又写了一份稿子。

> 当时上海技改迫切需要资金，国企效率低下，我便借此机会，提出国有大中型企业采用股份制以解决此等问题的意见。我认为：以股份制改组国企有许多优点，可向社会集资，可以解决资金不够问题，还可消除国企一些弊病，增强企业活力。但我没有把它与所有制问题挂起钩来。散会时，我把此发言稿交给市委书记，受到了市委的重视。后来，我发言稿的摘要在市委的一个内部刊物上发表。会后，《解放日报》对此发言稿产

① 徐之河：《百岁回眸：变迁与求索》，上海社会科学院出版社2016年版，第67页。

生了兴趣，要我写这方面的稿子。我乃于是年秋，在该报发表了题为《试论组建股份有限公司》的文章，但仍避谈影响所有制的问题。我知道这是很敏感的问题，如提起一定会引起攻击的。[①]

1988 年 3 月 24 日—4 月 10 日，第七届全国政协在京举行第一次会议；3 月 25 日—4 月 13 日，第七届全国人大在京举行第一次会议。“两会”的主要议程包括审议《中华人民共和国全民所有制工业企业法(草案)》，徐之河的政协发言是“推行租赁、股份制，增强企业活力”。

在政协七届一次大会上，我的“推行租赁、股份制，增强企业活力”发言稿被选定在大会上发言。参加大会的有委员及列席的政府各部门负责人、外国使节、中外记者等五六千人。当我走上主席台发言时，起初有些紧张，但马上就镇定下来了。在发言中，我分析了当时国营企业不能搞活的种种原因，指出在国企中推行股份制，把大中型国营企业改组成股份公司，可以消除国企经营中所存在的种种弊端，搞活国营企业。[②]

紧接徐之河之后发言的是全国政协常委、吉林大学经济学院名誉院长、民盟中央副主席关梦觉。由于关教授在他在发言中尖锐抨击倡导股份制是“挖社会主义墙脚、推行私有化的主张，十分有害”，致使徐之河有理由怀疑这是大会“有意安排”，把他的发言作了“批判对象”。

由于在写发言稿时有些思想准备，加上我此主张在上海市委负责人邀请经济界人士讨论上海经济发展和改革问题时已初步提出，发言稿不仅在会后交给了市委负责人，并且已在市委内部刊物上发表，估计也是有人支持的，所以我也不十分紧张。事后，《人民日报》记者曾来宾馆采访，并要去了发言稿。[③]

---

① 徐之河：《百岁回眸：变迁与求索》，上海社会科学院出版社 2016 年版，第 69 页。
② 徐之河：《百岁回眸：变迁与求索》，上海社会科学院出版社 2016 年版，第 71—72 页。
③ 徐之河：《百岁回眸：变迁与求索》，上海社会科学院出版社 2016 年版，第 72 页。

《人民日报》记者要去发言稿说是要在报上发表，后来确也将清样给了徐之河看，要他审阅，但始终未见发表。其他各报在报道徐之河的发言时，也只是提到了名字，连题目也未披露。只有香港《大公报》，以“国营企业推行股份制，两位资深经济学家有争论”为题，概要报道了徐、关之争。

> 妻为此事担心地问我会不会受批判？但我一直认为：我的国企推行股份制主张是正确的，这是搞活国企的有力措施。人们反对，是由于他们一直只谈政治经济学理论而没有研究企业管理，特别是公司管理问题。只要进一步宣传，使他们了解，人们是会接受的。于是我回上海后，即将该发言改写成论文，并在《上海经济》杂志上发表。[①]

徐之河改写的论文发在《上海经济》1988 年第 3 期上，题目是“股份制与企业管理体制的改革”。文章认为：“党的十一届三中全会以来，为了搞活企业，曾进行了多项改革，并取得了一定的效果。但企业管理体制上所存在的主要矛盾，如国家仍对企业负无限责任，企业仍不能摆脱上级主管部门的干涉而成为独立经营、自负盈亏的单位，仍受地区、部门、所有制的限制等，并没有得到解决。还必须采取以股份制为中心的一系列相互联系的措施，对现行企业经营方式和管理体制进行深入的改革，才能搞活企业并进一步提高企业生产力。”

> 为了推动股份制改造试点的进行，1988 年春，我又写了题为“关于进一步改革企业管理体制的建议”的发言稿，提交全国政协七届二次会议秘书处，并被选为大会发言内容之一。于是我又一次走上全国政协大会的讲台，发表我的建议，明确提出：(1) 把国有大中型企业改组为股份制企业；(2) 以股份制企业为中心，打破地区、部门、所有制界限，组织企业集团；(3) 以大公司、集团为中心，根据自愿原则，组建行业协会，并精简企业主管部局，保证政企分开；(4) 组建控股或投资公司，控制国家投资和

---

① 徐之河：《百岁回眸：变迁与求索》，上海社会科学院出版社 2016 年版，第 72 页。

股权。此次发言,虽以推行股份制为重点,但却没有受到任何批评;相反,许多人也开始研究并宣传股份制了,各地试点工作也进一步得到发展。①

在徐之河看来,要使股份制改革顺利进行不能没有证券市场。为了促进证券市场的形成和发展,他又作了一些努力。1988 年,他在参加第二届中美经济合作国际讨论会时用英文发表了《论上海证券市场》一文,还再三呼吁:大力开发证券市场,从速成立证券交易所。他还主编了《证券市场的理论与实践》一书,并接受《文汇报》专访。

以后我国政府,先后在上海、深圳两地开设了证券交易所,并每天发表证券指数及其涨跌情况,为企业筹资、机构和个人投资等开辟了渠道,有效保证了股份制的推行和证券市场的健康发展。②

人类史上的首个证交所成立于荷兰的阿姆斯特丹。

当今世上的最大证交所是美国的纽约证券交易所。

阿姆斯特丹曾是一个小小的渔村,开埠前的上海也是"山横遗战垒,水近足羹鱼"。

纽交所诞生在华尔街 68 号外的一棵梧桐树下;上交所上市交易"小飞乐"则是在南京西路 1806 号,一爿单开间门面的小理发店,进深 10 来平方米,相比华贵、气派的锦江小礼堂,简直是一个天上,一个地下。

锦江小礼堂是"小飞乐"的产床。"小飞乐"相对"大飞乐"而言,"大飞乐"是飞乐股份的俗称,"小飞乐"是飞乐音响的俗称。1984 年 11 月 18 日,"小飞乐"成立于锦江小礼堂,全名上海飞乐音响股份有限公司,由上海飞乐电声总厂、飞乐电声总厂三分厂、上海电子元件工业公司及中国工商银行上海市分行信托投资公司静安分公司(静安证券业务部前身)发起组建,由静安分公司的两位业务员背着工行银箱在飞乐音响的门房间面开票、收钱。当晚,《新民晚报》登出一条半块豆腐干大小的报道:"本市出现了一家接受个人和

① 徐之河:《百岁回眸:变迁与求索》,上海社会科学院出版社 2016 年版,第 72—73 页。
② 徐之河:《百岁回眸:变迁与求索》,上海社会科学院出版社 2016 年版,第 73 页。

集体自愿认购股票的新型公司——上海飞乐音响公司，公司主要经营成套音响设备……”同一则新闻，日本的《朝日新闻》却几乎报了个整版。

1986 年 8 月 2—6 日，国务院总理亲自主持中央财经领导小组开会，听取体改方案研究领导小组办公室报告后两年经济体制改革意见，明确要求“积极试行股份制。各省、市和自治区，都可选择若干大中型全民所有制企业进行股份制试点”。

随后，金志（时任上海市政府经济体制改革办公室综合处副处长、市经济体制改革研究会秘书长）匆忙找工商银行信托投资公司静安分公司的正副经理黄贵显和胡瑞荃吹风，说市长江泽民已定 8 月 17 日跟各委办负责人座谈股份制改革。

由于金志持续参与了上海最早发行股票和股份制试点工作，写过诸多调研报告，所以一听说有这个会议就赶紧来找黄贵显和胡瑞荃：“你们明天去参加，准备一下，可以直接向江市长提出报告。”

黄贵显认为胡瑞荃的表达能力较好，要求他去参会汇报。“可我又没有接到通知，怎么好去参加呢？”胡瑞荃虽然觉得这是一个直面陈述的好机会，但难免忐忑不安。

“我同办公厅打招呼了，明天我们一起去。”金志说。

这一天晚上，胡瑞荃整整一夜没有睡着觉，考虑如何向市长汇报。最后他用“股票的生命在于流动”作为总题目，分别写了 5 个要点，每个要点各写在一张纸上。第二天，他就揣着这 5 张纸，随金志到了康办。不知道是否是金志和办公厅同志的有意安排，胡瑞荃的座位正好在市长的正对面，脸上的表情都看得很清楚。

轮到胡瑞荃讲了。他清了一下嗓子，借用一位老年股民的怨言做开场白。不过老年股民的原话是：“有女总要出嫁，有儿总要结婚。这样不婚不嫁，难道只好眼看着等到老死去买棺材？”胡瑞荃却把他话里的愤激改得婉转许多：“股民有了股票，就像有了女儿要出嫁，有了儿子要结婚一样，不婚不嫁会带来矛盾……”

市长抬头，眼睛看着他，好像一下子被这句话吸引住了。

胡瑞荃这下放开胆量讲了,话语也变得流畅起来。他按照昨天半夜里写的5张纸顺序,逐条汇报:

一、股票的发行给企业带来的好处;

二、光有一级市场不行,一定要有二级市场;

三、股票的生命在于流通,不流通就会丧失生命力;

四、买卖股票利大于弊,不会有很大的投机;

五、我们已经打了报告……

胡瑞荃讲到这里,就把事先准备好的一份申请建立股票交易柜台的报告递送到市长面前。江市长看了看,转脸问人行上海市分行行长李祥瑞(后成为交行董事长、上海证交所筹备三人领导小组组长、上海证交所第一任理事长):"老李,你知道这件事情吗?这报告你们批了没有?"

李祥瑞的脸骤然红了,回答说:"这件事比较具体,我还不太清楚……"

散会走出会场,李祥瑞遇见胡瑞荃,很大度地对他说:"这是件好事情,不是坏事。你赶紧把报告再送一份来。"

胡瑞荃又把报告送上去了。又过了一天,他打电话给中国人民银行上海市分行办公室应俊惠,想探探风声:"李祥瑞行长有什么动静?"

"好家伙,李行长现在正在召开各处处长会议,对他们大发脾气,要求加快研究你们的报告呢!"应俊惠说。①

1986年9月26日。中华人民共和国第一个股票交易日。飞乐音响跟延中实业率先在中国工商银行上海市分行信托投资公司静安分公司上市交易。南京西路1806号就此成为中华人民共和国第一个股票交易柜台。

同年11月14日,邓小平在人民大会堂会见纽交所董事长约翰·凡尔霖,送了他一张"小飞乐"。凡尔霖一到上海,就找胡瑞荃办理这张面额50元人民币的股票的正式转让手续。

凡尔霖来上海办"小飞乐"的正式转让手续,胡瑞荃说我们这地方

① 陆一:《中华人民共和国第一个股票交易柜台的诞生》,英国《金融时报》中文网2011年7月12日。

很小,接待你们的条件差一些。凡尔霖说:“不错,不错,在上海那么大的城市里边,有那么一间房已经不错了,我们美国那时在梧桐树下边进行股票交易。你们这样做,已经不错了。”也有外国人质疑:商业银行怎么能搞股票交易,这在国外是绝不允许的。胡瑞荃只能解释说:“我们刚改革开放,还没有证券公司和证券交易所,我们是中国工商银行上海市分行信托投资公司,是代理买卖股票。等试点成功后,就会规范股票买卖了。”①

同一年,上海还在 8 家国营大中型企业中挑股份制改革试点,最后选定上海灯泡厂、电子管厂,电子管二厂、三厂、四厂,显像管玻璃厂、电真空器件研究所六厂一所组成资产一体化的上海真空电子器件股份有限公司,于 1987 年 1 月 12 日发行普通股 14.5 万股。

上海电真空厂等两个国有企业试行了股份有限公司制改革,我去参加了,但两年来困难重重,没有什么进展。他们的领导知道我是全国政协会员,便要我在全国政协会议上呼吁一下。当时,北京许多人反对,发言有风险。但我想,为了国营企业的改革和发展,批评就让他们批评好了,我真就在大会上发言了。②

这就是徐之河在全国政协七届一次会议上作大会发言、公开宣传股份制的缘起。这也就是徐、关之争的由来。

由于我国是社会主义国家,虽然还处在初级阶段,但公有制在我国已占主导地位,联合股份有限公司除少数例外以外,国家股、单位股、集体股总是占主导地位的,国营经济在公司内部,直接对集体、私人、个人经济进行领导,从而可以保证公司的社会主义性质。就这一点而言,我们的联合

① 李幛喆:《南方上海 1806 号:“静安”并不安静》,《证券时报》2010 年 11 月 6 日。
② 徐之河:《百岁回眸:变迁与求索》,上海社会科学院出版社 2016 年版,第 69—70 页。

股份有限公司，与资本主义的股份有限公司，是有本质上的差别的。[①]

有关各方越来越关注徐之河的"经济联合"和"联合股份有限公司"。中央人民广播电台连续播放的徐氏专访深受广大听众喜爱。徐之河可说是在中国改革开放后最早提出"关于进行国企改革，建立股份制"的国内学者之一。之后几年他又通过跨国公司的组织机制研究，进一步拓展了股份制研究的新境界。

无独有偶，厉无畏、韩华林受农业部委托，亦于1987年去四川邛崃调查乡镇企业体制改革，在1988年撰写并出版小册子，书名为《乡镇企业股份制研究》。

同样是在1987年，部门经济研究所成立乡镇企业研究中心，也通过调查研究，对乡镇企业的发展模式和乡镇企业股份制的构成，在《中国乡镇企业》一书中提出了自己的见解。

那之后，徐之河又跟徐建中合作编写了《中国公有制企业管理发展史(1927—1965)》，跟李令德合作编写了《中国公有制企业管理发展史续篇(1966—1992)》，合成一套"中国公有制企业管理发展史"，交上海社会科学院出版社出版。徐之河说他之所以要完整编写那样一些"宝贵的历史资料"，完全是因为"看到国企的股份制改革必将全面推进，原有计划经济下国家管理企业的办法，即将不再适用，我国国有企业的组织管理过去的经验，将成为一段值得研究和思考的历史"。[②] 徐建中亦认为，归纳、整理、总结我国公有制企业管理发展史上的成败得失，对于坚持马克思主义的世界观和方法论，不断深化有中国特色的国企改革，既有现实意义又有历史意义。因为公有制企业管理，是一门思想性、理论性、技术性都很强的科学。要想搞好企业管理，发展社会主义性质的公有制企业管理科学，就得有明确的指导思想和坚实的理论基础。这个理论就是马克思主义。只有马克思主义才能搞好公有制企业管理，才能发展社会主义性质的公有制企业管理科学。

---

① 徐之河：《股份制与企业管理体制的改革》，《站在现实经济研究的前沿——上海社会科学院部门经济研究所论文精选》，上海社会科学院2008年版，第312页。

② 徐之河：《百岁回眸：变迁与求索》，上海社会科学院出版社2016年版，第78页。

徐建中，1933年生，湖南长沙人，1953年毕业于山东财经学院经济计划系，时任部门经济研究所财政金融研究室主任。

徐建中跟徐之河的合作始于《经济大词典·工业经济卷》的编撰。《经济大词典·工业经济卷》是《经济大词典》的一个分卷，由孙怀仁任顾问，蔡北华、徐之河任主编，李斗垣、顾壬章、马坚白、方秋苇、汤玉卿、李范初、陈惠丽、陈敬照、金行仁、胡式如、徐仲敏、徐雯惠和徐建中等人执笔撰稿。那之后，徐建中跟徐之河的交流与日俱增。徐建中认同徐之河的国企改革股份论。徐之河支持徐建中力主打破大一统的金融体系，拓展多层次、多元化的融资渠道。支持徐建中主持中华社科基金课题《开拓上海证券市场研究》，对跨地区、跨部门和不同所有制企业之间的经济联合以及所有权和经营权的分离多有呼吁。徐建中随着徐之河"总结过去正反两方面经验"，以编写《中国公有制企业管理发展史（1927—1965）》来正本清源，拨乱反正，说到底，也还是为了服务现实，落到当下，更加积极推行和扩大国企改革的股份制试点。

徐之河、徐建中、李令德们的不懈努力得到了公众舆论的普遍认可。尽管《中国公有制企业管理发展史（1927—1965）》和《中国公有制企业管理发展史续篇（1966—1992）》不是畅销小说，原定价几元一本，却洛阳纸贵，都被网上二手店哄抬到数十倍高价，还稍一照面，旋告售罄。至于业内权威，那就愈益赞不绝口，赞誉他们"以马克思主义理论为指导，回顾了我国公营、国营企业经营思想、制度、方法的发展过程，阐明了各个历史时期企业经营管理的特点，对我国企业在中国共产党领导下所积累起来的经营管理经验作了客观的总结"。这总结，"对于纠正一些错误思想和提高企业经营管理水平，定有裨益"。①

裨益在于纠错。

纠错在于叩问。

所以，问题总是多于答案，世界总因提问多多而改变，而非一问摇头三不知而更新。

所以，执着求索、锐意进取的人们总是看重"打破沙盆一问"，而非"心不在

---

① 周志诚：《〈中国公有制企业管理发展史〉》序，《中国公有制企业管理发展史》，上海社会科学院出版社1992年版，第2页。

焉,视而不见,听而不闻,食而不知其味”。

所以,徐之河、徐建中、李令德们总是在钻研中提问,在提问中钻研。所以,中共十四大后的部门经济研究所更加有针对性地研究了经营者的年薪制。

> 对经营者——厂长(经理)实行年薪制,是建立现代企业制度的一大举措,也是建立社会主义市场经济体制的客观需要。如何使这一举措做到推行顺利、成效显著,工业经济研究室的陶友之对此作了较长时间的研究,于 1996 年写了一篇《经营者年薪制的可行性分析》,发表于同年第八期的《经济研究》。文中提出了三个主要观点:一是年薪制势在必行,但要慎行;二是年薪制的考核标准应少而明,加薪计算应予公式化;三是年薪制能否顺利推行,关键在于配套措施要跟上。年薪制为什么势在必行?这是因为年薪制是对经营者特殊劳动价值的承认,年薪制是对传统分配制度的重大突破,年薪制是理顺企业内部分配关系的切入口,年薪制是增强企业活力的内在推动力。年薪制为什么要慎行?这是因为分配历来是个敏感问题,经营者还未做到职业化、市场化,国企效益不好,下岗职工较多……因而只能小步推行,否则会增加社会不安定因素。①

部门经济研究所也还研究了公益性国企的经营目标、企业行为与政府监管。

分类推进“具有公益性质的国有企业”和“竞争领域国有企业”的改革,首见邵宁(时任国务院国有资产监督管理委员会副主任)在“2011 中国企业领袖(第十届)年会”上的演讲。中国企业领袖年会号称“商业巨擘、政府高官、学术名流风云际会的高端平台,是凝聚企业家精神、充分展现企业家逻辑与个性的年度顶级盛会”,致力于“推进政府与企业两大逻辑的对接,推动本土与全球商业智慧的融合”,由《中国企业家》杂志社主办。第十届年会于 2011 年 12 月 9 日至 11 日在北京国贸大酒店召开,主题为“2012:制度进化与市场尊严”,用主

---

① 金行仁、陈惠丽、顾壬章、陶友之:《工业经济研究》,《天命年回首——上海社会科学院经济研究所建所五十周年征文选第二辑·部门经济研究所》,上海社会科学院出版社 2006 年版,第 48—49 页。

办方的话来说，就是要以“中国商业力量蓬勃发展的黄金十年”来印证“中国经济地位的提升”和“中国企业家领袖阶层的迅速崛起”。从“中国经济避开全球经济紧缩的泥泞，躲过入世第一年的悲观预言”到“中国企业不再惧怕‘狼来了’，而是在与狼共舞中蜕变成‘狼’”，第十届中国企业领袖年会的主办方很想显示一种力量，一种“全球化视野与远瞻性思维”。这种力量，这种“视野”，这种“思维”，在主办方看来，主要是属于“竞争性行业”的。因为中国企业领袖年会的“与会企业的行业特点”是“竞争性行业”，是“已成气候的新兴行业”，是“未被撼动的垄断性行业”。邵宁在其演讲中则强调说到了“改革的不断深化”导致中国的“国有企业在向两个方向集中”，这“两个方向”就是“具有公益性质的国有企业”和“竞争领域的国有大企业”。邵宁认为，中国的国企从“朱镕基总理启动三年改革脱困之前”的“国家经济的包袱和社会稳定的隐患”，在“短短十几年中”，变成“国家经济、社会发展中积极的稳定因素”，有力“说明了改革取得的成就，也说明了进一步深化改革的极端必要性”。

那么，“极端必要”的深改又该是怎样的改法呢？

邵宁的想法是听毛泽东的，具体情况具体分析。换言之，在中央企业层面，包括“石油、石化、电网、通信服务等领域的企业”；在地方企业层面，包括“供水，供气，污水处理，公共交通，地铁等方面的企业”；都是“具有公益性质的国有企业”。而“宝钢、中粮、一汽、中国建材”以及其他“一些很有竞争力的国有大企业”，就都属于“竞争领域的国有大企业”。对于“具有公益性质的国有企业”，“改革进一步深化的前景”是“改革加监管”，就是：一、改革企业内部的劳动用工、干部人事、分配制度，健全规范的治理结构和管理体制；二、建立有别于竞争性企业的、有针对性的出资人管理制度；三、实施有效监管价格、服务标准、成本控制、收入分配、资源配置和行业限制，提高透明度，防止企业利用垄断地位损害社会和公众利益；四、形成规范合理的与政府间的政策安排，以兼顾企业为社会服务和企业持续发展的双重目标。对于“竞争领域的国有大企业”，改革的方式就是“一个规范的公众公司，完全按照资本市场的要求和规则运作”。

这种类型的国有企业，在体制上，政企分开更为彻底，除出资人职能

> 之外，政府不应该干预企业的决策和内部事务。对这些企业也没有扶持帮助的义务。企业在机制上更加市场化。干部管理制度，劳动分配制度等，都应向市场化的方向改革。同时作为独立的市场竞争主体，和其他所有制企业一样，要独立承担经济法律责任和市场竞争优胜劣汰，乃至破产退出的风险。①

以"公众公司改革"定位"竞争型国有企业"的"下一步改革"，以"国有资产的彻底资本化""彻底变为混合所有制股份公司，与社会资本紧密地结合在一起"来破解国企改革这一"世界性的难题"，来为"竞争型国有企业"的"下一步改革和结构调整打下非常好的基础"，不能不说是邵宁演讲的一大槽点。然而，邵宁演讲后的更多吐槽、怼鼓或血喷，却是冲着"公益性国有企业"和"具有公益性质的国有企业"。

> 多方争议的主要焦点在于：一是认为该提法是以公益性掩盖国企的特殊垄断地位，维护垄断利润和企业内部过度激励。二是认为混淆公益性企业与企业社会责任，将应对重大自然灾害、创造就业、食品安全等一般企业社会责任作为国企的公益性。三是认为公益性与竞争性本身没有明确的界限，国有企业的公益性、竞争性与商业性在现实中可能是混合的，难以清晰界定，尤其是对于已上市的国有企业。四是认为公益性国企是一个"伪命题"，国有企业本身就应以社会利益为重，这对国企改革不是一个积极信号。②

陆军荣是经济学博士，硕士生导师，江苏昆山人，时任上海社会科学院部门经济研究所副研究员，产业发展研究中心、财政金融研究室副主任，主要研究领域为企业与产业经济学、国有资产管理及宏观经济，著有《国有企业的产

---

① 邵宁：《在2011中国企业领袖(第十届)年会上的演讲》，《2011中国企业领袖年会开幕式》，商会中国网2011年12月10日。

② 陆军荣：《公益性国企的经营目标、企业行为与政府监管》，《改革的深化与发展的升级》，上海社会科学院出版社2014年版，第30—31页。

业特质：国际经验及治理启示》[1]、《国有企业的产业经济学分析》[2]等。

陆军荣认为，对公益性国有企业的研究论证，应以中共十八届三中全会通过的《中共中央关于全面深化改革若干重大问题的决定》为逻辑原点。既然这个逻辑原点，强化了"准确界定不同国有企业功能"，要求"国有资本加大对公益性企业的投入，在提供公共服务方面作出更大贡献"；那么，"国有资本继续控股经营的自然垄断行业"，在"加强顶层设计和摸着石头过河相结合"的深改中，必将"实行以政企分开、政资分开、特许经营、政府监管为主要内容的改革"，必将"根据不同行业特点实行网运分开、放开竞争性业务，推进公共资源配置市场化。进一步破除各种形式的行政垄断"。

> 公益性国有企业具有四个逻辑递进关系。首先，从理论上界定公益性国有企业的内涵、特征与分类。其次，根据理论内涵确定其经营目标。再次，描述公益性国有企业为实现经营目标，可以采取的市场或非市场经营行为。最后，针对不同的经营行为设计政府监管的机制与措施。[3]

陆军荣的建议是：公益性国有企业不应泛化；公益性国有企业的改革应从"国有垄断经营"，转向"国有／混合所有／民营＋政府规制"的发展模式；公益性国有企业的发展应遵循"公益界定—企业重组—内部治理设计—外部独立监管"等四个环节；严格独立的外部监管体系，应根据不同公益性国有企业，设计差异化、可选择的治理模式，包括混合治理、国有民营、特许经营、第三方社会非营利组织以及民营等多种方案。

总之，公有制为主体、多种所有制经济共同发展的基本经济制度，是中国特色社会主义制度的重要支柱，也是社会主义市场经济体制的根基。当代中国的国企改革只能是迈小步、不停步，少走弯路、回头路。所以，从 2007 年 3 月 23 日到 10 月 27 日，习近平在上海工作 219 天，反反复复讲上海是国资重

---

① 经济科学出版社 2008 年版。

② 上海人民出版社 2014 年版。

③ 陆军荣：《公益性国企的经营目标、企业行为与政府监管》，《改革的深化与发展的升级》，上海社会科学院出版社 2014 年版，第 34 页。

镇,国家的一些重大项目和一批重点攻关计划都在上海实施,上海的国有经济在全国的地位举足轻重;上海一定要牢记使命,坚定信心,解放思想,深化改革,以昂扬向上的精神状态,率先探索推进国有经济又好又快发展的新路,把发展壮大国有经济与完善所有制结构结合起来,促进国资、外资、民资联动发展,促进国有资本向重要行业和关键领域集中,推动企业转变发展观念、创新发展模式、提高发展质量,为全国其他地区的国资国企改革提供经验和借鉴。

事隔十一年,习近平历时四天,行程两千公里,实地考察东北三省,在中国一重集团有限公司,在中国石油辽阳石化公司,在中车齐车集团有限公司,在抚顺矿业集团西露天矿矿坑,说得最多的仍是国有企业,仍是:“我们的国有企业要继续做强做优做大,那种不要国有企业、搞小国有企业的说法、做法是错误的、片面的。任何怀疑、唱衰国有企业的思想和言论都是错误的。特别是我们在国有企业工作的同志,一定要坚定信心。”

坚定信心,自我完善,这就是中国国企的过去、现在和未来。

无论过去、现在和未来,我们都要从战略高度认识新时代深化国有企业改革的中心地位。

无论过去、现在和未来,中国国企都是我们民族的脊梁,社会主义市场经济的“压舱石”。

无论过去、现在和未来,任何人都不能以任何理由改变中国国企改革的社会主义方向。中国的完全市场经济地位不应机械决定于国企在经济总量中的占比。

无论过去、现在和未来,中国国企的“根”和“魂”就是千千万万个孟泰、王进喜、孔祥瑞、窦铁成和邓建军,就是千千万万个“高炉卫士”“大庆铁人”“蓝领专家”“金牌工人”和“知识工人”的一脉相承、薪尽火传。因为我们工人有力量。我们的队伍向太阳。因为中国国企,自力更生,百炼成钢,从来就是我们党和国家最可信赖的依靠力量,坚决贯彻执行党中央决策部署的重要力量,贯彻新发展理念、全面深化改革的重要力量,实施“走出去”战略、“一带一路”建设等的重要力量,壮大综合国力、促进经济社会发展、保障和改善民生的重要力量,我们党赢得具有许多新的历史特点的伟大斗争胜利的重要力量。

国企不败!

中国神器!

# 第十六章　东进，东进

1990年的上海，有两件举世瞩目的大事：一是上海证券交易所开业；二是党中央、国务院批准上海浦东开发开放。两件事都是上海改革开放史上的里程碑，也都留有部门经济研究所的殚精竭虑和呕心沥血。

部门经济研究所对于开发浦东的早期研究始于20世纪80年代初。

首先是部门经济研究所城市经济研究室以部门经济研究所名义，实际筹办、组织成立上海城市经济学会，然后是上海城市经济学会常务副会长、部门经济研究所副所长陈敏之，城市经济研究室的高柳根、市规划局办公室的陈坤龙、市环境保护局水质处的王纲怀、市规划设计院总体规划室的陆怡椿、同济大学城市规划研究所的董鉴泓、市市政工程设计研究院的钟淳昌等人，从1981—1984年，陆续发表了一系列研究文章，提出了沟通黄浦江两岸，缓解岸线不足、港口拥塞的矛盾，疏解老市区、解决市区“膨胀病”的措施与设想，为浦东开发的前期研究贡献了真知灼见。

> 1982年10月，我进入了刚组建的上海市国土整治办公室，由于同在铜仁路333号办公，认识了上海规划院总体规划室主任工程师陆怡椿，从此有了一个亦师亦友的长期合作者。1982年12月，我和顾泽南、高柳根等人发表了文章《开挖浦东运河——综合解决上海城市改造问题》。1983年5月，在陆怡椿发表了《开发浦东的几点看法》一文以后，1983年9月，我和陆两人再发表了文章《黄浦江开“后门”建议》。因为关心浦东开发的共同理想，许多志同道合的朋友，先后都走到了一起。通过不断的讨论、研究，对旧城改造、新区建设的思路越来越明朗。1984年10月，由我执

笔,集体发表了文章《上海的曼哈顿区在哪里?——结合城市改造在外滩建设新的金融贸易中心》。1985 年 6 月,仍由我执笔,又集体发表了文章《上海的特区在哪里?——结合城市经济体制改革在外高桥建设经济特区》。1985 年 10 月,我们再发表了《上海应该在外高桥新建一个多创汇的经济特区》一文。①

关于浦东开发早期研究,於品浩特别关注王纲怀、顾泽南、高柳根等人合作写成的《开挖浦东运河——综合解决上海城市改造问题》和陆怡椿的《开发浦东的几点看法》,尤其觉得"颇有新意"。於品浩是 1981 年 3 月 1 日调到市经济研究中心的。他说他调到市经济研究中心后不久,陈敏之也调了过来,担任办公室主任。正是陈敏之"亲自"带着他到城市规划设计院、市规划局、环保局等单位去"熟悉情况",要他"着重负责城市经济发展方面的研究",他才"有幸认识了陈坤龙、王纲怀等骨干",彼此成为"莫逆之交"。

与此同时,受汪道涵市长嘱托,部门经济研究所城市经济研究室也提交了《关于开发浦东三位一体方案的设想》和《关于上海举办世界博览会》的研究报告。不只是探索了浦东开发的可能性,也提出了世博会主题。

浦东开发真正进入中央视线是在 1985 年。1985 年 2 月,国务院批转《上海经济发展战略汇报提纲》,第一次说到"要创造条件开发浦东,筹划新市区的建设";为此,上海市政府支持上海经济研究中心和上海社会科学院部门经济研究所牵头,联合上海城市规划设计院等单位发起、组织全市 100 多个单位,300 余位城市建设方面的专家、学者,于 1986 年 2 月 19—20 日,在上海衡山宾馆召开"上海城市发展战略研讨会",本着"敞开思想、端出问题"的精神,根据上海经济发展的战略方向、目标和要求,进一步研究城市建设如何与之相适应,包括:老市区怎样改造,新市区如何选址和建设,要不要扩建卫星城市,城市基础设施如何摆脱困境,走上良性循环,等等。

一次没谈完,谈两次。同年 3 月,"上海城市发展战略研讨会"又开第二次会议,抢着发言的人更多,讨论更加热烈,甚至还激情辩论,围绕新区选址,形

① 王纲怀:《亲历浦东开发早期研究》,九三学社上海市委网 2011 年 7 月 19 日。

成四个可供选择的方案，即：跨过黄浦江开发浦东的东进方案，向虹桥机场以西拓展的西移方案，沿着长江南岸开发宝钢吴淞地区的北上方案，在金山区沿杭州湾北翼发展的南下方案。

> 1988 年，于光远致函时任上海市市长的江泽民，提出进行杭州湾北岸开发及上海新城建设研究的建议。江泽民指定上海社会科学院配合于光远进行这项研究工作。社会科学院又将此工作具体落实到部门经济研究所城市经济研究室。于光远来沪后，城市经济研究室与其进行了实地考察和调查，并且为研究做了大量准备工作。由于此项研究工作涉及多个区县和行政职能部门，城市经济研究室通过上级同意，邀请上海经济研究中心，以上海市重大经济、社会、科技决策咨询研究项目的形式，一起开展这项工作。于 1989 年 1 月形成了“杭州湾北岸（上海）带形城市研究”的研究报告。①

于光远坚持“南下”，沿杭州湾北岸建一个约 100 公里长的带状城市，作为新上海，形成新的市政中心和行政管理中心，逐步取代上海老城区的功能，并非毫无道理。当代城市发展的总趋势不是“母子城”，而是“姐妹城”“兄弟城”，一如印度的德里和新德里，一如巴基斯坦的伊斯兰堡和拉瓦尔品第。换言之，“摊大饼”式的发展模式早已过时，老城区与新城区之间，隔上个几十公里正合适。更何况金山的环境远比浦东要好。尽管 20 世纪 70 年代，上海石化建在金山，但全部采用进口设备，现代化程度高，并未对环境造成大的污染。不像浦东，土壤、河流都被严重污染，又是上海的“上风头”，不宜大规模开发，尤其不宜搞第二产业。

但这个方案，终究也有“大忌”。因为它以整体搬迁为基点，要想把整个南市区（现已并入黄浦区）搬到金山去。当时，浦东尚且跟浦西隔江相望，浦西人还是“宁要浦西一张床，不要浦东一间房”，浦东人还是习惯性地将去浦西称为“到上海去”，现在想让城里人，让老城厢里的人，统统迁徙远郊，又谈

---

① 孙洁：《城市经济研究》，《天命年回首——上海社会科学院经济研究所建所五十周年征文选第二辑・部门经济研究所》，上海社会科学院出版社 2006 年版，第 131 页。

何容易。

> 经过一番议论之后，更多的人还是赞同“东进”方案。因为“南下”方案有可取之处，但离市中心太远，不仅一切都要从零开始，耗费巨大，建设时间长，而且与老市区难以互相呼应，很难起到相得益彰的作用。“北上”不失为一个好的想法，但发展余地不大，对老市区的改造和振兴所起的作用也有限。只有“东进”，是大家都认为比较理想的方案。这里与市中心只有一江之隔，最远的地方也不到20公里。这里有三四百平方公里的可用之地，发展余地很大。这里滨江临海，有一部分深水岸线可供建设新港区，并且还有不断增长的滩涂地可供今后利用。如果在陆家嘴建设新的金融贸易区，可与外滩、南京路相呼应。①

两次“上海城市发展战略研讨会”后，上海市人民政府经济研究中心确定了三个课题，分别是:“开发浦东新区为主的城市新区建设”“以疏解中心城区为目的的卫星城镇建设”和“解决越江交通为主的市内交通网络建设”。在市政府经济研究中心的组织、协调下，这三项课题分别由九三学社上海市委王纲怀、华东师范大学严重敏和上海城市经济学会负责。部门经济研究所城市经济研究室“以上海城市经济学会组织为依托”，出色完成“上海城市经济学会进一步开放开发浦东新区的研究，在《上海经济》杂志上发表了《关于上海进一步开放的总体设想和实现上海城市总体规划，加快开发浦东新区步伐》的学术论文”。②

上海城市发展史上的第一个城市总体规划，成稿于1984年，由上海市城市规划设计院(即今“上海市城市规划设计研究院”)编制完成，以偿还“历史欠账”为主，重点推进基础设施和住房建设，以改善中华人民共和国成立以前长期形成的城市布局混乱，基础设施不全、交通拥挤、住房紧缺等问题。但因

---

① 於品浩:《一段难忘的历史——上海浦东新区开发开放前期研究工作回忆录》，第16页，未刊稿。

② 孙洁:《城市经济研究》，《天命年回首——上海社会科学院经济研究所建所五十周年征文选第二辑·部门经济研究所》，上海社会科学院出版社2006年版，第131页。

1985 年 2 月，国务院批复《上海经济发展战略汇报提纲》，明确上海市是对外开放，对内联合两个扇面的枢纽；要求上海市在四个现代化建设中发挥开路先锋作用，力争到本世纪末把上海市建设成为开放型、多功能、产业结构合理、科学技术先进，具有高度文明的社会主义现代化城市，并要“创造条件开发浦东，筹划新市区的建设”，所以，上海市城市规划设计院又奉命改稿，比对国务院批复的《上海经济发展战略汇报提纲》，对《上海市城市总体规划方案》进行重大修订。1986 年 4 月 2 日，中共上海市委、市政府向中共中央、国务院上报的《上海市城市总体规划方案汇报提纲》和《上海市城市总体规划方案（送审稿）》也就是最新出炉的修订版，充分体现了《上海经济发展战略汇报提纲》的精神实质。

同年 4 月 14 日，在京的中共中央政治局委员、书记处书记全部出席中共中央书记处会议，集体审议《上海市城市总体规划方案（送审稿）》，原则同意《上海城市总体规划方案汇报提纲》和《上海市城市总体规划方案（送审稿）》，同时提出重要的修改、补充意见。

同年 6 月 3 日，中共上海市委召开常委扩大会议，传达中共中央书记处会议的审议意见。嗣后，上海市人民政府将先前上报的《上海城市总体规划方案汇报提纲》和《上海市城市总体规划方案（送审稿）》综合改写成《上海市城市总体规划方案（修改稿）》，其中增加了“重点开发浦东新区，在陆家嘴形成新的金融、贸易中心，成为上海市中心的延续部分”的内容。

同年 7 月 22 日，中共上海市委、市政府将《上海市城市总体规划方案（修改稿）》上报中共中央、国务院。

同年 10 月 13 日，国务院以国函〔1986〕145 号文，正式批复《上海市城市总体规划方案（修改稿）》，原则同意“把上海建设成为太平洋西岸最大的经济、贸易、金融中心之一”，而且还强调指出：“当前，特别要注意有计划地建设和改造浦东地区。要尽快修建黄浦江大桥及隧道等工程，在浦东发展金融、贸易、科技、文教和商业服务设施，建设新居住区，使浦东地区成为现代化新区。”

1986 年 11 月，国务院批准了江泽民在前一年 5 月提出的《上海市城市总体规划方案》，并宣布上海应该成为一座经济繁荣、技术进步、文化先进以及环境清洁的世界级城市。目标是将上海建设成为亚洲最大的工业和贸易中心。对于一个股票交易仍旧靠单一柜台操作、很多住房还没有卫生间的城市来说,这是一个巨大的挑战。[①]

直面挑战,江泽民指示有关部门,组织编制分区规划、控制性详细规划、修建性详细规划以及各类专业规划,并亲自抓了浦东新区总体规划和开发区详细规划编制研究工作。

1987 年 6 月,江泽民主持会议,决定成立开发浦东联合咨询研究小组,进行预可行性研究。

同年 6 月 30 日,汪道涵、倪天增(时任上海市副市长)在外滩市府 6 号会议室(即中山东一路 12 号,今上海浦东发展银行总行驻地)主持召开浦东开发研究组第一次全体会议,汪道涵即席谈了 8 个问题,要求全体研究组成员,一定要高度自觉,积极工作,大量掌握丰富资料,努力做好分析研究,特别在开放度、土地利用、国际市场、吸引外资,以及新城区建设等方面,想深想透,掌握分寸、火候,判明利弊、得失,择优吸收,最后形成预可行性报告,要拿得出手,可以拿到更大范围(包括国际会议)上去讨论、审定,最后再向中央提出申请。

同年 7 月 7 日,上海市人民政府成立开发浦东联合咨询研究小组,由高级顾问组、中方研究组、国外顾问研究组和专家咨询会议组成。高级顾问组由陈国栋、胡立教、汪道涵、李国豪、赵祖康 5 位市委、市政府的老领导组成,由汪道涵任总顾问。由倪天增任中方研究组组长,张绍樑(时任市规划局局长)任副组长,彭运鹗(世界银行原雇员、世行上海专家小组顾问、同济大学教授)任顾问,俞健(时任市委研究室副主任)、於品浩(时任市经济研究中心综合处处长)、周汉民(时任上海外贸学院国际经济法教师)、俞汉卿(时任市房地局科长、研究土地制度改革的专家)、李佳能(时任上海城市规划设计院总体规划室副主任)、陈泽浩(时任上海金融研究所副研究员)为成员,汪新野(时任市房地局职校教师)任秘书。

由于组长和副组长都是兼职的,汪道涵指定俞健和於品浩负责中方研究组的日常工作。

---

① 罗伯特·劳伦斯·库恩:《他改变了中国——江泽民传》,上海译文出版社 2005 年版,第 110 页。

对应中方研究组的国外顾问研究小组，定点美国加利福尼亚州，以林同炎为主要负责人，以 T.Y.L 国际工程咨询公司顾问陈乃东为助手，以 T.Y.L 国际工程咨询公司顾问迈克尔・梅耶和梅尔・莱恩斯、美国加州大学伯克利分校教授艾伯特・阿克尔、美国加州大学伯克利分校城建规划系主任阿伦・维格布斯、新加坡 OCBC 银行执行董事、房地产、金融和建设部门经理黄延康、巴西库里提巴市原市长贾米・勒纳、美国约克・比勒地产公司副总裁维克多・勒纳、世界银行中国执行董事许乃炯为组员。

为使研究成果更接"地气"，开发浦东联合咨询研究小组还设立了专家咨询会议，其成员主要来自北京大学、复旦大学、同济大学等高校，上海社会科学院，市政府有关委、办，局及部分企、事业单位的专家、学者、领导、负责人，其中包括部门经济研究所的沈峻坡和陈申申。

自此，纯"民间"起步的浦东开发，转入"半官方"，再转入"全官方"。

"全官方"的上海市人民政府开发浦东联合咨询研究小组的主要任务就是研究浦东开发开放的定位问题。所以，刚一成立，就着手制订研究提纲，并将各方面研究浦东开发的材料集中起来，整理出 15 个分专题，委托相关单位组织专家、学者和研究人员再作进一步研究，为联合咨询研究小组提供更加扎实的专题研究报告。

我们这个小组成员没有报酬，职级悬殊，都不是全职工作人员，大家都另有公务，特别繁忙，所有的研究都是利用业余时间完成的。

当时的办公条件也很紧张，在中山东一路 12 号上海市人民政府底层，搭有一排铁皮房，市里借了一间给我们办公。我还记得，当时因为电话号码都排满了，我们的电话是"0"号分机。

我们主要的任务就是研究浦东开发开放的定位问题。对这个小组来讲，浦东开发开放问题就是平地起高楼。国内没有什么可以照搬照抄的，我们就依靠林同炎教授和他的几位朋友给我们提供的一些国际经验。他们是真正的志士仁人，立志推动国内开发开放，对国家的发展充满感情。[①]

---

① 周汉民：《高擎思想的火炬——纪念汪道涵同志百年诞辰》，《上海市社会主义学院学报》2015 年第 1 期。

1987 年 11 月初，联合咨询研究小组在各相关单位提交的 15 个分课题基础上，开始撰写开发浦东的预可行性报告。为了使报告更准确、更切合实际，又能符合中央和市领导的意图，联合咨询研究小组先写了一个总报告的大纲，征求市委、市政府领导及有关各方的意见。总报告的大纲包括绪言、战略目标和方针、规划和布局、政策和开放度、立法、组织机构 6 个部分。

同年 12 月，联合咨询研究小组完成总报告大纲第二稿，即《关于开发浦东几个主要问题的汇报》，其中包括发展战略、目标、方针、改革、开放度、规划设想、土地使用权有偿转让、组织机构，前期开发资金的筹措及请求中央给予的特殊政策和灵活措施等 7 个方面，并针对最后一条，提出了 12 项具体内容。

同时，倪天增主持召开由各委、办及有关区、县、局负责人参加的浦东开发专题会议，研究和制定浦东新区经济、科技、社会、文化及内外交通、城市基础设施的发展纲要。会议分成两个课题组(即软件和硬件)，一个由市计委、市科委和市经济研究中心牵头，负责浦东新区经济、科技、社会、文化发展纲要的编写工作；另一个由市交通办、市建委牵头，负责浦东新区内外交通和市政基础设施发展纲要的编写，最后汇成浦东新区发展纲要。

然而，正是在这特定时刻，上海接二连三出事。

首先是 1987 年 12 月 10 日，一场封江大雾，造成陆家嘴轮渡站拥挤失控，16 人因踩踏身亡。

事发时，李佳能远在重庆，完全被惨剧惊呆。

> 当时汪道涵告诉研究小组，南方改革步子比上海快，应该去南方看看。1987 年 11 月 30 日至 12 月 12 日，研究小组去南方重点考察了深圳、广州、珠海和海南。在深圳考察期间，研究小组亲临现场观摩了我国第一次土地拍卖的情景。当研究小组从广播和电视中惊闻上海延安东路过江轮渡，因客流过度拥挤，交通秩序失控，造成人员重大伤亡的消息时，大家一致表示要更加努力为推进浦东开发作出自己的贡献。[①]

---

① 李佳能：《浦东开发忘不了老市长汪道涵同志》，《报国有心　爱国无限——汪道涵百年诞辰纪念文集》，上海人民出版社 2015 年版，第 174 页。

李佳能是红军后代，1940 年生，福建长汀人，历任大庆油田采油指挥部中二注水站工人、江汉石油管理局技术员、上海市城市规划设计研究院总体规划室副主任、上海市人民政府开发浦东联合咨询研究小组成员、上海市人民政府浦东开发办公室副主任、浦东新区管理委员会副主任、浦东新区首任政协主席等。

2018 年 3 月 30 日，我约了於品浩和李佳能在上海社会科学院应用经济研究所的 420 室见面。说起陆家嘴的踩踏事件，说起 1987 年冬、1988 年春的上海，祸不单行，雪上加霜，李佳能一脸肃穆，语音凝重。

首先是陆家嘴的踩踏事件。

然后是甲肝大暴发，是 1988 年 1 月下旬至 1988 年 5 月中旬，一个常住户籍人口 1 300 多万的特大型现代都市，竟有 29 万余人中招，31 人直接死于不洁毛蚶惹的祸。

再接下来，那就是 1988 年 3 月 24 日下午 2 时许，从南京开往杭州的 331 次客车和从长沙开往上海的 208 次客车在封浜沪杭铁路外环线匡巷站附近相撞，伤 111 人，亡 28 人，其中 27 人为搭乘 311 次客车去杭州的日本学生，这些十六七岁的大孩子都是高知县学芸高等学校修学旅行团成员。

一切的一切，真是历历在目，不忍卒睹。

一切的一切，真是再清楚不过，除非触底反弹，上海势必沉沦！

1988 年 5 月 2 日至 4 日的上海市浦东新区开发国际研讨会(即西郊宾馆会议)就是在这个背景下召开的。姹紫嫣红的迎宾鲜花下别有一番背水一战的悲壮！

> 这次研讨会开得十分隆重，开席开幕式的有市委书记江泽民同志，新当选的市长朱镕基同志，高级顾问汪道涵、赵祖康、李国豪同志，副市长倪天增同志，还有市政府顾问李储文、人大副主任李家镐、政协副主席吴增亮、市政府副秘书长夏克强，以及肖卡、董家邦、肖车、周光春等老同志。出席会议的外宾除原国外顾问组的 10 名成员外，还邀请了世界银行中国局、四海地产证券公司等 13 人，中央有关部、委、办研究改革开放的专家，本市代表，各委、办、局负责人等，共计 140 多人，济济一堂，共同为浦东新

区的开发开放出谋划策，发言十分踊跃！[1]

上海市浦东新区开发国际研讨会的召开，引起了中外媒体的广泛关注，在国内外掀起了一股开发浦东的热潮。

1988 年 7 月 21 日，江泽民主持召开浦东开发专题会，听取市政府浦东开发研究组汇报，要求根据他和朱镕基的意见，把研究报告再进行修改，争取尽快向中央领导作汇报。同时，要着手建立开发浦东的筹备班子，边做可行性研究边试点。

同年 7 月 23 日，朱镕基听取倪天增汇报市政府浦东开发研究组的工作进展，强调开发浦东是个长期的跨世纪工程，首先要解决过江问题。朱镕基还说，开发浦东是上海的希望，不是马上就能实现，不可能一蹴而就，浦东当前主要解决越江交通，有计划、有步骤地搞好城市基础设施。要从整个上海的改造和发展来考虑浦东开发，要以综合开发的思想来进行浦东开发，要把浦东建设成为上海最现代化的一个组成部分。

市委、市政府主要领导的指导思想让於品浩浮想联翩，有感而发，给《上海经济》和《城市经济研究》各写了一篇文章。

《上海经济》创刊于 1979 年，由上海社会科学院主管，部门经济研究所主办，初名《部门经济资料》，后改《部门经济动态》，又改《部门经济》，均为内刊，作内部交流；直至 1984 年，再改《上海经济》，开始用内部准印证，自办发行。

1986 年末，《上海经济》终于有了国内统一刊号和国际刊号，正式成为可以在国内外公开发行的经济类双月刊。这在当时上海社会科学院各种杂志中是第一家。至于汪道涵的亲笔题写刊名以及芮杏文、汪道涵、黄菊、叶公琦、倪天增、倪鸿福等市领导的文章发表，更是在一定程度上提升了《上海经济》的影响力及权威性。

当时，正好上海社会科学院部门经济研究所的《上海经济》和上海城市经济学会的《城市经济研究》都来约稿，约我的稿，我就写了两篇宣传浦

---

① 於品浩：《一段难忘的历史——上海浦东新区开发开放前期研究工作回忆录》，第 53 页，未刊稿。

东开发研究的文章给他们。[1]

同一期间，上海市人民政府开发浦东联合咨询研究小组的同志们就以汪公的宽厚、豁达，仅用3天时间，就代市政府拟定呈送国务院的报告及附件，结合考察日本办博的收获，申请在浦东黄楼举办上海世博会。

> 汪道涵同志是申办上海世博会的首倡者，是他真正将这一梦想变成申办的可能。汪道涵同志几次在会议上提到，浦东的开发开放应当是“三点一线”，即陆家嘴、黄楼和外高桥，同时并举。他提出将黄楼作为上海举办世博会的所在地。从1983年到1987年，汪道涵同志三次出访日本，参观日本三届世博会的旧址，深切感受到世博会对日本经济社会的巨大影响。当时他就提出世博会有着极高的科技含量和国际影响。几乎是在浦东开发开放研究机构成立的同时，汪道涵同志就指示市科委发展预测处对上海申办世博会的可行性进行专题研究。这份研究报告详细地记录了研究的项目和结论意见以及前瞻性的方案，中国申办世博会的工作由此开启。[2]

同年9月30日，江泽民、朱镕基、汪道涵进京去见中央领导，向中央专报浦东开发的各项准备情况，获中央高层的首肯。汪道涵回来就“兴致勃勃”地告诉俞健和於品浩：“在汇报会上，我向中央领导全面汇报了开发开放浦东新区的设想，泽民同志不时插话补充，中央领导完全同意我们的意见。”上海方面随即组建成立开发浦东新区领导小组及办公室，委派两位副市长担任正副组长，把浦东若干重点开发区的局部规划列入工作计划，大大加快了工作进度。

> 更令人难忘的是，在那之后，道涵同志还通过杨尚昆同志把我们的研

① 於品浩：《一段难忘的历史——上海浦东新区开发开放前期研究工作回忆录》，第60页，未刊稿。

② 周汉民：《高擎思想的火炬——纪念汪道涵同志百年诞辰》，《上海市社会主义学院学报》2015年第1期。

究报告送到了邓小平同志手里,这才有了后来小平同志的“一锤定音”,开创了浦东新区以及整个上海改革开放、经济振兴的大好局面。[①]

据於品浩说,汪道涵“通过杨尚昆同志”把上海市人民政府开发浦东联合咨询研究小组的研究报告“送到了邓小平同志手里”是在 1989 年年底。当时“杨尚昆到上海来,商讨如何进一步扩大开放问题,道涵同志即向他提出开发开放浦东新区的建议,并把上海市人民政府开发浦东联合咨询研究小组的研究报告交给他,请他代呈邓小平同志。小平同志看了报告后,就马上派姚依林副总理和邹家华同志带领各部委到上海来作进一步调查”。

邹家华同志带队先到。在调查过程中,要市政府拿出个意见来,市长指示浦东开发领导小组办公室赶快拿出一个书面报告。办公室主任叶龙蜚同志马上请俞健同志和我,把开发浦东联合咨询研究小组的同志召集起来,临时集中到衡山宾馆贵宾室,用一天的时间(星期日),代市政府拟就了一个《关于开发浦东规划方案的说明》报告,由浦东开发领导小组转交给调查组。[②]

调查组回京后不久,邓小平就来上海过春节。从 1990 年 1 月 21 日—2 月 13 日,他在上海足足住了 3 个多星期。其间,他对上海同志郑重提出:“请上海的同志思考一下,能采取什么大的动作,在国际上树立我们更加改革开放的旗帜。”[③]汪道涵生前接受大型电视文献纪录片《邓小平与上海》摄制组专访,亲切地对我说:“那几年,大概从 1984 年开始,每年小平同志都到上海来,每年我们都得到一个机会,向他老人家来反映‘上海向何处去’的问题。当时上海市委的陈国栋、胡立教,上海市政府的我和韩哲一,我们就经常在研究‘上海向何处

① 於品浩:《一段难忘的历史——上海浦东新区开发开放前期研究工作回忆录》,第 67 页,未刊稿。

② 於品浩:《一段难忘的历史——上海浦东新区开发开放前期研究工作回忆录》,第 68 页,未刊稿。

③ 中共中央文献研究室编:《邓小平年谱 1975—1997》(下),中央文献出版社 2004 年版,第 1307 页。

去’？我们从1983年、1984年就开始提出要开发浦东。我们是从整个上海的浦东来考虑的。结果，到了1990年春天，小平同志到上海来，我们把这个意见反映给小平同志。小平同志说这是个好事。他说这个事情早该如此了。他当时有一句话。他说：‘可惜，迟了五年了。’”

2月13日晚，邓小平乘专列离开上海返回北京。在前往火车站的车上，邓小平和卓琳坐在第一排，毛毛和朱镕基坐在第二排。朱镕基对邓小平说虽然有东欧事件冲击，但上海仍然稳定。邓小平转过身来，很严肃地对朱镕基说：“不要紧，我们天不怕，地不怕。要多做政治思想工作。”邓小平还说：“你们提出来开发浦东，我赞成，你们去向江泽民同志报告。”朱镕基说：“小平同志啊，泽民同志刚刚从上海到北京，他来讲上海的事情不方便。”邓小平说：“好，我来讲。”邓小平话音未落，全车人都笑了。在全车人的笑声中，邓小平又说：“你们搞晚了。但现在搞也快，上海条件比广东好，你们的起点可以高一点。从八十年代到九十年代，我就在鼓动改革开放这件事。胆子要大一点，怕什么。”①

2月14日，邓小平回到北京。

2月17日，邓小平在人民大会堂福建厅会见香港基本法起草委员会的全体成员。李鹏在郑州黄河迎宾馆见我时告诉我：“小平同志一进福建厅，见到我就说，就抓住会见前的几分钟，对我说，你是总理，浦东开发这件事，你要管。”

张宝忠是邓小平的警卫秘书。张宝忠在接受大型电视文献纪录片《邓小平与上海》摄制组专访时也说：“小平同志进了福建厅以后，没有说别的话，就说上海啊，浦东要抓紧开发。在第一批考虑开发沿海城市，没有把浦东放进去，这是我的一大失误。上海是一个有工业基础的城市，有科技基础，科学技术，有科技人才。上海工人阶级是带头羊。上海开发搞好了，不但能带动长江三角洲，还可以带动内地。”

当时，江泽民也在。邓小平打趣地说：“江泽民同志也在，这个话呀，他不好说，我替他讲了。就是这个要赶快抓紧时间开发浦东。”江泽民一听，也就边

① 中共中央文献研究室编：《邓小平年谱1975—1997》（下），中央文献出版社2004年版，第1308页。

笑边说:“我们一定抓紧办,抓紧开发。”

同年2月26日,中共上海市委、市政府正式向党中央、国务院递呈《关于开发开放浦东的请示报告》。

同年3月3日,邓小平在北京寓所同江泽民、杨尚昆、李鹏等谈话,深刻指出:“综观全局,不管怎么变化,我们要真正扎扎实实地抓好这十年的建设,不要耽搁。”“要实现适当的发展速度,不能只在眼前的事务里打圈子,要用宏观战略的眼光分析问题,拿出具体措施。机会要抓住,决策要及时,比如抓上海,就是一个大措施。上海是我们的王牌,把上海搞起来是一条捷径。”①

当代中国的决策机器就此高速运转起来。

同年3月28日—4月8日,受中共中央总书记江泽民和国务院总理李鹏的委托,中共中央政治局常委、国务院副总理姚依林重返上海,再到浦东,率国务院特区办、国家计委、财政部、中国人民银行、经贸部、商业部、中国银行的负责人专题研究、论证浦东开发。上海方面则分特区、投资、财政、外贸、商业、金融等6个专题,向国务院有关部门进行了详细汇报,双方在规划设想、政策设计、资金筹措等方面取得重要共识。

同年4月10日,李鹏主持国务院常务会议,专门听取姚依林的汇报,并就浦东开发开放中的若干问题逐个做了研究。

同年4月12日,江泽民主持中共中央政治局会议,原则同意国务院提交的浦东开发开放方案。

同年4月18日,国务院总理李鹏在出席上海大众汽车公司成立五周年庆祝大会时正式向全世界宣布:“中共中央、国务院同意上海市加快浦东地区的开发,在浦东实行经济技术开发区和某些经济特区的政策”;并强调:“这是我们为深入改革、扩大开放作出的一个重大部署。这对于上海和全国都是一件具有重要战略意义的事情。”

上海浦东开发开放的大幕真正拉开了,部门经济研究所的人也就更加忙碌起来,做了大量基础性工作。

---

① 中共中央文献研究室编:《邓小平年谱1975—1997》(下),中央文献出版社2004年版,第1310页。

> 1990年,中央与小平同志提出开发浦东。我们成立了浦东改革与发展研究院,由我院和其他大学一些力量组成,部门经济研究所就过去了好些人。当时吴邦国说,不需要到浦东去搞一个社会科学院那么大的机构,只要一个小型的,以兼职研究为主。(引自2014年6月17日,姚锡棠口述实录)

当时的姚锡棠已上调院部,任上海社会科学院副院长。

接任部门经济研究所所长兼党委书记的是厉璠。

厉璠,1928年生,江苏高邮人,1949年毕业于上海暨南大学经济系,长期在上海市工商行政管理局和第一商业局从事市场管理和商业管理工作。1979年调入上海社会科学院部门经济研究所,从事市场与商业经济管理、城市经济管理与改革方面的研究,历任财贸经济研究室副主任、副所长兼党委副书记等。

厉璠曾主编《沿海中心城市经济体制改革研究》,论文有《中心城市功能与结构合理化探索》《上海发展工业品贸易中心的探讨》等,合作的研究报告有《黄浦区浦西地区经济社会发展规划研究》等。他对部门经济研究所研究浦东开发开放亦投入很多心血。许多重要的课题、许多重要的研讨会,姚锡棠参与了,他也参与了。

> 我们也举行了几次座谈会,请了一些外资企业及外国银行的代表,多数是华裔,来谈金融核心区放在什么地方,都说应该在外滩。却也有一个人说,外滩好是好的,但从现代金融业的需求来讲,外滩大楼的体量和现代化程度已经不适应了。我们听了以后觉得非常有道理,就做调查。调查下来,觉得应该放在浦东。有一次,我到市里开会,黄菊就问,听说你们不赞成把金融中心放在外滩?我就把那位华裔高管的看法转述了一下,后来市里采纳了这个意见,我们就又写了一个报告给徐匡迪,建议把房地产市场、要素市场也都放到浦东陆家嘴去。(引自2014年6月17日,姚锡棠口述实录)

东进,东进,浦东在召唤。

东进，东进，未来在召唤。

从地方战略到国家战略，上海浦东的开发开放，开发开放中所经历的每一历程，无不凸显部门经济研究所的身影。

部门经济研究所的耕耘和跋涉，深深印烙在“一天一个样、三年大变样”的广袤热土上。所以，抚今忆昔，病床上的姚锡棠，总难平静，兴奋非常。

> 20多年过去了，我们完成了涉及国家、上海和浦东开发开放的课题100多项，较好完成了组织上托付给我们的任务。所以，回顾以往历程，我们可以自豪的是，在以往20多年中，特别是在早期10年，即20世纪整个90年代，我们按照市委、市府要求，根据浦东的紧迫需要，组织了周振华、张道根、张幼文、黄仁伟、朱金海和陈家海等一批既有坚实理论功底，又有实际研究经验的业务骨干，深入浦东进行广泛的调查和研究，并就浦东的开发模式、发展战略、产业结构和空间布局等重大问题提出了一系列有真知灼见的观点和极有实用价值的建议。那时候，浦东百废待兴，处于艰苦创业阶段，我们这些研究工作者，常常是夜以继日，不计待遇，全心扑在浦东研究之中，既精心收集、解读各种文献，又跑遍了刚刚挂牌的各个开发小区。我们做得不错，很出色……①

① 姚锡棠：《九十年代我院参加浦东研究的一些珍贵回忆》，《往事掇英——上海社会科学院五十周年回忆录》，上海社会科学院出版社2008年版，第92页。

# 第十七章 产业：脊梁的考量

那是部门经济研究所人过往记忆的一部分。记忆里有 1992 年 10 月 12—18 日，中共十四大在京举行，中央报告在阐述“对外开放的地域要扩大，形成多层次、多渠道、全方位开放的格局”时特别说道：“以上海浦东开发开放为龙头，进一步开放长江沿岸城市，尽快把上海建成国际经济、金融、贸易中心之一，带动长江三角洲和整个长江流域地区经济的新飞跃。”记忆里有十四大后的中国，综合国力明显增强，改革开放的中心向着更为广阔的长江流域推进，沿海、沿江、沿边、沿路全方位开放格局日渐形成，整个经济体制加速转向社会主义市场经济。记忆里有浦东开发开放的有力拉动，致使 1992 年、1993 年的上海经济增长率连续两年达到 14.5%以上。党中央、国务院根据世界正朝着多极化方向发展的新国际形势和中国 90 年代改革开放的总体战略部署，直接点明上海迈向 21 世纪的战略目标就是国际经济中心城市。进入 21 世纪的部门经济研究所的主要研究领域与项目也就围绕上海建设成为国际经济、贸易、金融、航运中心展开，相继参加上海洋山深水港建设的可行性研究、上海要建设成国际金融中心问题研究、撰写出版 2002—2003 年、2003—2004 年的上海金融发展报告、研究试点建设民营银行、撰写建设上海国际金融中心的思考以及上海经济“十一五”发展规划民间版。杨建文也就在 2000 年发表了他的《关于上海新世纪发展战略的思考》并在 2007 年承接上海市重点决策咨询社科课题——上海四个中心联动发展研究。

回顾之前的十年，可以看到上海的“四个中心”的建设格局是有变化的。首先是从“三个中心”变成“四个中心”。2008 年金融危机以后，“四个中心"重点推的是"两个中心"：金融中心和航运中心。之后，上海十次党代会提出了"创新驱动，转型发展"的战略。当时有四种提法，其中"创新驱动，转型发展"的提法认同感很高，成为一种战略共识，于是就把这种提法作为上海发展战略。其后两三年中，"四个中心"的提法淡化了，而"创新驱动，转型发展"的提法很热，一直到中共十八大，中央明确了创新驱动发展的战略，这也是中央对上海"创新驱动，转型发展"战略的一种肯定。①

2007年，杨建文承接了上海市重点决策咨询社科课题——上海四个中心联动发展研究。同年3月12日，美国抵押界的大玩家、第二大房贷承销商——新世纪金融公司(New Century Financial Corp.)，突然以半价跳空低开，并停止接受新的房贷申请，被纽约证交所勒令停牌，成为第一块倒下的骨牌。之后5个月，30余家同类型企业接踵破产，北石银行资金链断裂，"两房"(美国最大住房贷款机构，占全美住房贷款总额12万亿美元的44%)市值下跌90%，次贷危机全面爆发。一时间，雷曼垮了、美林垮了、AIG垮了，就连久负盛名的高盛、大摩，也被改变为商业银行投资公司。

2008年，杨建文接替上调北京的厉无畏主持部门经济研究所工作(翌年3月8日，由市政府正式任命，任第七任部门经济研究所所长)，北京奥运点燃鸟巢碗边上的火炬，席卷全球的金融海啸则给世界经济带来巨大冲击。于是，无论发达国家还是新兴经济体国家，叠经次级债危机、银行危机、金融危机、经济危机，全都增速放慢，失业加剧，收入下降，分配差距拉大，中低端Ninja(No income, no job and assets，无收入、无工作和资产)人口直线上升。

10年过后，《环球时报》发表社评，题为《对比2008和2018，中国发生了什么》。社评一开始就说：今天是2018年8月8日，北京2008年奥运会举办10周年。回顾那一年中国的不平凡经历，足以令我们感慨万千，也对我们认识时局有启迪意义。

《环球时报》的社评说，2008年被一些西方媒体称为"中国元年"，那一年留给人们印象最深的也是北京奥运会。然而实际上2008年中国人过得非常坎

① 王战：《关于上海"四个中心"建设的若干思考》，《战略发展》2014年第4期。

坷。年初华南地区经历了罕见的冰冻灾害，造成严重经济和社会冲击；3 月 14 日拉萨发生震动世界的打砸抢烧事件；5 月 12 日则发生了夺去约 7 万人生命的汶川大地震。发生了这么多天灾人祸，似乎还不够，同在那一年，中国 A 股从上一年 10 月份的 6 124 点一直跌到 1 664 点，成为中国股市开市以来最为严重的股灾。

所谓“中国元年”就是这样开始的，奥运会是这一年的喜事，但也招来西方舆论的集体打压。奥运圣火传递在英法美等国的大城市遭到前所未有的抵制，圣火在巴黎传递的过程中甚至被熄灭了 5 次。

2008 年究竟是“中国元年”，还是中国崛起遭遇重大挫折的转折点，当时是看不透的。对那一年的真实定性是之后中国经历的 10 年确立的。《环球时报》如是说。

同样，2008 年的上海，一如王战所言，是否真是一个辞旧迎新的元年，也还得看它的转型前景，是美不胜收，还是惨不忍睹。

历史上，上海有过多次转型。

较远的一次，五口通商，上海开埠，一个“百业鳞萃”的“阜通货贿之区”变成另一个“受到西方激励，并使其成为西方象征的发展模式”。[①]

较近的一次，一张王牌，一条捷径，一个大措施，致使中国改革开放的“后卫”变成“前锋”，“十个第一和五个倒数第一”的老工业基地蝶变成社会主义现代化建设的“四个中心”“四个率先”；致使上海连续 15 年保持两位数增长，2007 年的 GDP 增长率甚至高达 15.2%，接近 30 年的顶峰。

然而，一种倾向掩盖另一种倾向。上海经济社会发展的高歌猛进并不能冲淡乃至消弭刚性的瓶颈和难题。早在 20 多年前，杨公朴就已有预言。

杨公朴是我的导师，博士生导师，上海财经大学教授，一位很清醒的学者，典型的老派知识分子，中国工业经济学、产业经济学的泰斗。杨老师把他一生中的最好时光全都给了工业经济学、产业经济学的研究与教学。他把个人的命运和学科的命运紧紧联系在了一起。他遇事随和，在

---

① 玛丽—克莱尔·白吉尔：《另一个中国：1919 年至 1949 年的上海》，王朝网络 2010 年 9 月 13 日。

学术问题上却极为较真。他特别注重现实研究，有独到见解。他自己也说他的成长过程是在实践中完成的。他的思考总是追着最新的社会经济发展状况。我们平时跟他聊天，他反说我们保守。（引自2018年10月25日，干春晖访谈实录）

杨公朴，1926年生，浙江余姚人，1952年毕业于上海财经学院工业管理系，被系主任孙怀仁留在系里任助教，后又随孙怀仁到了上海社会科学院经济研究所，与徐之河、李斗垣等人同在孙怀仁任组长的工业经济研究组里搞调研，做学问。治学之道深受孙怀仁影响。

在学术研究上，杨老师始终倡导脚踏实地，不要架空。在杨老师的心目中，只有解决现实问题，没有一成不变的既定框框。在任何场合，杨老师都跟我们说，做研究也好，做学问也好，你们都要实事求是，一切从实际出发，而不是从教条出发。所以，早在20世纪80年代初，杨老师就开始研究整个产业结构问题，当时很少有人关注这个。也正因为这个，1984年，北京来人，召开上海经济发展战略战役研讨会，许多人都说要搞“三二一”，唯独他提出上海发展不能离开制造业的观点。他的观点相对孤立，却还是天不怕，地不怕，公开讲他的独特见解。（引自2018年10月25日，干春晖访谈实录）

1984年9月22—26日，国务院“改造振兴上海调研组”与上海市人民政府在衡山宾馆联合召开上海经济发展战略战役研讨会，大多与会者是国内知名专家、学者，只杨公朴一人是本地高校教师。但偏偏就是这一个本地高校教师，没有随大流，无条件附和上海的产业结构调整变“一二三”为“三二一”，而是有事说事，具体情况具体分析，提议三大产业、协调发展，不全盘脱离制造业，不从一个极端到另一个极端。杨公朴的理由是：“第一，上海已是工业城市，工业水平相对较高，如若彻底萎缩，其他城市替代不了。第二，中国的工业化尚在中级阶段，有发展空间，不能舍本求末，一味强调第三产业大发展。第三，产业结构的演变本身有规律。要想发展第三产业，首先要搞好一、二产业。

一、二产业是基础。人为地拔苗助长，只能适得其反。”

杨公朴力排众议，一时承受很大压力，但他还是坚持下来了，一直坚持到习近平主政上海，在上海九次党代会上强调指出，破解难题，突破瓶颈，着力提高先进制造业竞争力，继续发挥先进制造业对经济增长的重要支撑作用，积极推动三二一产业共同发展。

2007 年 5 月 24 日上午，中国共产党上海市第九次代表大会在上海展览中心中央大厅隆重开幕，新任中共上海市委书记习近平在他的报告中冷峻指出：“从上海自身来看，经过 20 多年的改革开放和连续 15 年的经济两位数增长，上海经济社会发展已跃上一个新台阶。面向未来，上海已有较好的发展基础，还有举办世博会等重大机遇。同时，在先行发展过程中也遇到了资源环境瓶颈、体制机制障碍、社会矛盾凸显等问题。我们必须清醒地看到，上海发展到现阶段，必须更加注重提高发展质量，更加注重优化发展途径，更加注重丰富发展内涵，更加注重增强发展动力。”

从“四个中心”“四个率先”到四个“更加注重”，清晰反映了习近平的大局观。这大局观就是“居安而思危，则终不危；操治而虑乱，则终不乱”。

事实上，上海人均 GDP 突破 5 000 美元是在 2002 年。问题是，人均 GDP 5 000 美元的被突破并不必然表现为现代化进程的一马平川。恰恰相反，处于由投资驱动向创新驱动阶段过渡的关键时期，经济发展主要依靠自主创新，提高产业经济附加值。

事实上，持续 15 年两位数增长后的上海已难通过强大的产业政策和加大投资力度，维持原有增速。突如其来的金融海啸更是雪上加霜，在猛烈冲击全球经济的同时，严重威胁上海发展。

20 世纪 90 年代以来，上海的国际航运中心建设一直进展顺利，集装箱吞吐量保持在年均 20%以上的增幅。截至 2008 年年底，上海港的货物吞吐量高达 5.8 亿吨，在全球港口中名列榜首；集装箱的吞吐量亦为 2 800 余万标准箱，在全世界集装箱港口中排名第二。但上海港原计划 2008 年完成 3 000 万标准箱，最终只完成 2 800.6 万标准箱，同比增长 7.1%，明显低于前几年的平均水平。2009 年一季度，上海港的货物吞吐量又同比下降 12%，集装箱吞吐量同比下降 15%。其中最主要原因是，上海港 20%都是中美航线，对欧洲市场的出口自2008年7月以来也是直线下降。

一叶知秋。要是我们将自己视线越过上海航运业,更加开阔地放眼全球,眺望世界经济,那就更能看到,自2008年夏全球经济危机爆发以来,各国政府、商业界以至普通民众一直就应该如何重启世界经济的发展进行激烈的争论。《第三次工业革命》作者杰里米·里夫金就认为,第二次工业革命已经日薄西山,人类的当务之急是对未来的经济模式进行大胆的描述。中国如果选择了第三次工业革命这条道路,那么极有可能成为亚洲的龙头,引领亚洲进入下一个伟大的经济时代,并推动整个亚洲实现向后碳社会的转型。

无独有偶,2009年8月10日出版的美国《时代》周刊也说中国经济“几乎成为照耀全球经济信心的灯塔”。尽管同一本刊物,前不久还在连篇累牍大谈“不久的将来,中国发生经济危机势在必然”;转眼间,亚洲版封面,就以一只大熊猫,拿着气筒,给瘪了的地球打气。

从臆测“中国已经开始经济衰落,也许将比美国经济还要恶化”到乐见“中国将成为下一次工业革命的领军人”,从推断“中国难以继续奇迹”、它“只是个身陷囹圄的大国”到预言“唯有中国才能拯救世界”“全球经济力量东移之势难以阻挡”,危机中的西方人士不再无视新自由主义经济模式的捉襟见肘和社会主义中国的化危为机、从长计议、在发展中促转变、在转变中谋发展、“打破经济学教科书常规”、续写“不可能的奇迹”。问题是审时度势、华丽转身不是一句空话。抓新机会,上新台阶,趋利避害,乘势而上,创新驱动,转型发展,有待上海作出有益探索,交出合格答卷。

上海曾经是中国最重要的制造业中心城市。改革开放以来,随着上海城市功能定位的发展转型,上海产业发展也经历了重要的调整过程。从20世纪80年代的适应性调整,到20世纪90年代的战略性调整,再到进入21世纪以来的创新性调整,上海经历了轻纺工业为主导、重化工业特别是六大重点产业为主导、高新技术产业和战略性新兴产业为主导的产业发展阶段转换。从20世纪90年代后期开始,上海以服务业比重提高为方向的产业升级取得明显效果。20世纪80年代上海制造业比重超过70%,目前只有28%,而服务业的比重却已经接近70%。改革开放以来的上海产业升级阶段性特征，基本反映了工业化发展的一般规律，支撑了上海经济的持续快速增长。①

李伟现任应用经济研究所副所长、产业经济学创新型学科团队首席专家。由他主编的《工业 4.0 与上海产业转型升级研究》对于“上海城市功能定位的发展转型”以及“上海产业发展”所“经历”的“重要的调整过程”进行了很好的梳理。透过 20 世纪 80 年代的、以“轻纺工业为主导”的“适应性调整”，20 世纪 90 年代的、以“重化工业特别是六大重点产业为主导”的“战略性调整”，进入 21 世纪以后的、以“高新技术产业和战略性新兴产业为主导”的“创新性调整”，我们确实清楚看到了上海在中国改革开放逐步深化、渐入佳境中所“经历”的“产业发展阶段转换”。这样的“转换”，既符合“国际产业发展趋势”，又尽显“上海特色”。

根据上海目前产业发展的基础条件和结构状况，“十三五”期间上海产业发展将进入高收入阶段产业体系演进，是一种新型后工业化阶段。上海自身的发展过程，以及新的国际国内产业发展环境，使这种产业发展呈现新的特征。这种新的特征，很大程度上表现为上海既需要依靠投资驱动跨越中等收入阶段的后工业化，又面临财富驱动阶段的高收入陷阱和效率驱动缺失的高收入陷阱。双重的高收入增长陷阱，以及双重的高收入阶段发展模式的转变和双重的产业分工体系的构建，对于上海的未来，都是不得不严重关注、从容应对的。②

李伟以副所长兼主任的产业经济研究室，在应用经济研究所后来居上，不啻桐花万里，雏凤清声。

首先是产业经济学。产业经济学是一门新兴学科，新兴的应用经济学科；

---

① 李伟：《〈工业 4.0 与上海产业转型升级研究〉前言》，《工业 4.0 与上海产业转型升级研究》，上海社会科学院出版社 2016 年版，第 1 页。

② 李伟：《上海工业 4.0：智能制造引领产业创新转型》，《工业 4.0 与上海产业转型升级研究》，上海社会科学院出版社 2016 年版，第 51—52 页。

其完整学科体系的基本确立尚无太长时间，源于第二次世界大战后的日本，筱原三代平、马场飞雄、宫泽健一、佐贯利雄们的阐发和经营。

其次是1996年，国家教委对学科进行调整，部门经济各学科被归类于产业经济学。与此相对应，部门经济研究所的研究重点，应用经济研究的重点，包括决策咨询研究和企业咨询研究的重点，也就越来越聚焦于产业经济学。

从20世纪70年代末到80年代初，也就是上海改革开放的起步时期，我们部门经济研究所的研究就格外关注当代中国和整个上海的产业发展战略及政策。我们的研究尤其聚焦于产业经济。我们就是两个方面的研究同时来做。一个是现实前沿的研究，那就是理论联系实际，将理论研究紧密联系中国和上海产业发展战略和政策的实践。再一个就是学科理论的研究，也就是从工业经济到部门经济、产业经济、区域经济，这样一个全方位的学科理论研究。我们是两条腿走路。我们两手抓，两手都很硬。我们一直想要在理论前沿和现实前沿的有机结合当中，搞出我们所的科研特色，走出一条部门经济研究、应用经济研究的新路子。国务院学位委员会批准部门经济研究所设立产业经济学博士学位授予点就是我们坚持走了这样一条新路子的水到渠成。（引自2018年6月16日，李伟电视访谈实录）

国务院学位委员会批准部门经济研究所设立产业经济学博士学位授予点是在1998年。2002年，经中共上海市委宣传部组织专家审定，上海社会科学院又将“产业经济学”列为部门经济研究所的重点学科，由杨建文研究员领军。

当时社会科学院考虑培养年轻人，眼睛盯上四个人，那就是张道根、周振华、石磊和我，也是“四条汉子”。院里调我到部门经济研究所，我就跟厉无畏搭班子，还有王贻志，在朝北房间，一个朝北的办公室里，共商部门经济研究所的未来。我们勠力同心，不甘寂寞。更何况我跟厉无畏是老同学，“同房三年”，彼此知根知底。所以，我们先以“转型经济问题和转型中的中国经济”课题为突破口，又像20世纪80年代前、中期研究上海经济发展战略时一样，集中全所近一半的研究人员，从理论上分析中国经济转型的路径选择，论述二元经济和二元体制结构及交叉、结合下的转型特征和矛盾及其产生的原因。同时以各个主要产业部门的发展和实践来分析转型过程、取得的成效和存在的困难，并且从深化改革的角度提出改革的建议。后来，又根据基本宗旨、实际需要、现有条件、发展目标，编制了产业经济学重点学科建设的“三年行动计划”，确定我为学科带头人。（引自2018年3月19日，杨建文口述实录）

产业经济学以产业为研究逻辑起点，主要研究科技进步、劳动力等要素资源流动、空间发展与经济绩效以及产业的动态变化规律，是居于宏观经济与微观经济之间的中观经济，是连接宏观、微观经济的纽带，是研究实体经济的踏实学问，是预测性较好的学科。所以，部门经济研究所的产业经济学重点学科，一经建起，就确立了三大基本宗旨：一是加强学科建设，突出研究重点，完善科研队伍；二是抓住前沿问题，创新理论观点，争取重大突破；三是动员科研资源，活跃学术气氛，培养优秀人才。

要说优秀人才，部门经济研究所实在是老中青三代，代代精英荟萃、贤良毕至。但为了建设好产业经济学重点学科，还是以杨建文领军挑头，另有陈家海博士、葛伟民博士、王振博士、周冯琦博士、潘正彦研究员和韩华林副研究员6人为骨干分子，组建了一个特别能攻坚的核心团队。在这个核心团队里，陈家海博士时年51岁，为部门经济研究所政策与发展研究中心主任；葛伟民博士时年48岁，为部门经济研究所所长助理，主持过多项国家级和省市级重大科研课题；王振博士时年39岁，为部门经济研究所中小企业研究中心副主任，并辅助厉无畏讲授产业经济学博士课程；周冯琦博士时年36岁，曾在美国哈佛大学从事为期一年的产业组织理论研究，又在英国剑桥大学从事数月的环保产业政策研究，在产业经济学理论研究和产业发展现实研究方面表现突出；潘正彦研究员时年46岁，为部门经济研究所政策与发展研究中心副主任，长期研究金融理论和金融政策；韩华林副研究员时年54岁，为部门经济研究所工业经济研究中心副主任，长期从事现实经济问题研究，实践经验非常丰富，承担过诸多企业经营课题。

强将手下无弱兵。部门经济研究所的产业经济学重点学科建设，产业经济学重点学科建设的“三年行动计划”，这就高举高打，以“产业分析”破题，紧扭住研究链的中端，往上连接政府决策，向下连接企业咨询，为学科建设和理论创新奠定了非常重要的现实基础。

因此，从 2002 年起，我们瞄准了上海当时的六大“支柱产业”(汽车制造业、金融服务业、成套设备制造业、信息产业、商贸流通业、房地产业)、四大“新兴产业”(生物医药产业、新材料产业、环保产业、食品工业)和两个“都市产业”(都市工业、都市农业)，进行长期跟踪研究，编写年度报告分析，搭建一个研究平台。这样做，既提升了应用经济研究和决策咨询研究的质量和层次，又为企业咨询服务留下了一个接口。同时，在这过程中，也确实锻炼和培养了一批专业性较强的研究人员。①

实践证明，“产业分析”很务实，很策略。韩华林的汽车产业研究，与上汽集团建立了战略合作关系；王玉梅的生物医药产业研究，与国家医药信息中心共建了现代医药经济研究中心；顾建发的房地产业分析研究，依托了部门经济研究所房地产研究中心的研究平台；潘正彦的金融产业研究，每年把握上海金融发展的重大事项；杨建文的港口产业研究，延伸到了临港工业园区规划；周冯琦的环保产业研究，奠定了一个新研究领域的兴趣和基础；胡晓鹏的食品工业研究，为我国中部崛起和东北振兴作出了贡献。

随着“产业分析”的深化和宽化，产业经济学重点学科的研究层面还从产业组织延伸到了企业治理结构，从产业结构延伸到了产业规划布局，从政府规制延伸到了国资国企监管。时逢中共“十六大”提出了国有资产“三管结合”的改革思路，国有经济又在上海占有很大的比重，因此，上海的产业发展研究自然与上海的国资战略规划研究有机地结合了起来。②

---

① 杨建文：《产业经济研究》，《天命年回首——上海社会科学院经济研究所建所五十周年征文选第二辑・部门经济研究所》，上海社会科学院出版社 2016 年版，第 116 页。

② 杨建文：《产业经济研究》，《天命年回首——上海社会科学院经济研究所建所五十周年征文选第二辑・部门经济研究所》，上海社会科学院出版社 2016 年版，第 117 页。

000811

# 中国共产党上海市委员会

沪委〔2016〕451号

## 关于上海社会科学院
## 体制机制改革有关问题的批复

市机构编制委员会：

《关于上海社会科学院体制机制改革有关问题的请示》（沪编〔2016〕190号）收悉。

市委、市人民政府同意：

一、上海社会科学院部门经济研究所更名为上海社会科学院应用经济研究所，撤销上海社会科学院政治与公共管理研究所、上海社会科学院生态与可持续发展研究所事业单位建制。调整后，上海社会科学院所属研究所由17家调整为15家。

二、保留整合后的上海社会科学院所属15家研究所事业单

— 1 —

2016年5月28日，中共上海市委、上海市人民政府正式批复上海社会科学院的《关于上海社会科学院体制机制改革有关问题的请示》

2016年12月20日，上海社会科学院应用经济研究所举行揭牌仪式，王战、于信汇与孙福庆共同为应用经济研究所揭牌

2017年1月11日应用经济研究所与中国社会科学院-上海市人民政府上海研究院共同主办“产业创新转型上海圆桌会议”

2017年8月28日，李伟副所长应邀参加2017亚洲经济论坛，并作为特邀专家对新加坡国立大学亚洲竞争力研究所关于区域竞争力的研究报告进行评论

2018年4月19日，李湛副所长率乡村振兴战略研究课题组赴松江区叶榭镇开展调研

《应用经济学理论前沿》对近年来中国应用经济学研究的重要领域进行了回顾总结，对学科研究中的重要成果进行评述，并对学科未来发展方向做了前瞻性的探讨

《五大发展理念指标体系及省级区域评估报告》围绕五大发展理念提出的创新性发展内涵和目标任务，通过构建新型的发展指标体系，系统全面地反映其在发展理念方面的重大创新

2018年6月27日，上海社会科学院创新创业经济研究中心正式成立并召开首届专题研讨会“创新创业经济发展的理论与实践探索”

2018年6月13日，应用经济研究所与韩国产业研究院联合召开“新产业革命背景下的中韩产业合作”中韩产业论坛。上海社会科学院院长、国家高端智库首席专家张道根，应用经济研究所所长孙福庆、副所长李伟在论坛开始前会见韩国产业研究院院长张志祥等一行

2017年3月25日，上海社会科学院政府和社会资本合作（PPP）研究中心暨清华大学政府和社会资本合作研究中心投融资研究与服务基地成立揭牌仪式及专家研讨会，在上海社会科学院总部大楼101会议室圆满举行

2017年11月应用经济研究所代表团赴以色列考察

应用经济研究所同仁赴上海玻璃博物馆调研——从熔炉车间到艺术空间，上海玻璃博物馆的建筑在一甲子的发展中经历了工业化到现代化的转型

2018年8月24日下午，新任上海社会科学院副院长兼应用经济研究所所长干春晖同志正式与全所同志见面

2018年10月25日，干春晖主持2018年上海全球智库论坛“国际秩序变化与智库高质量发展”

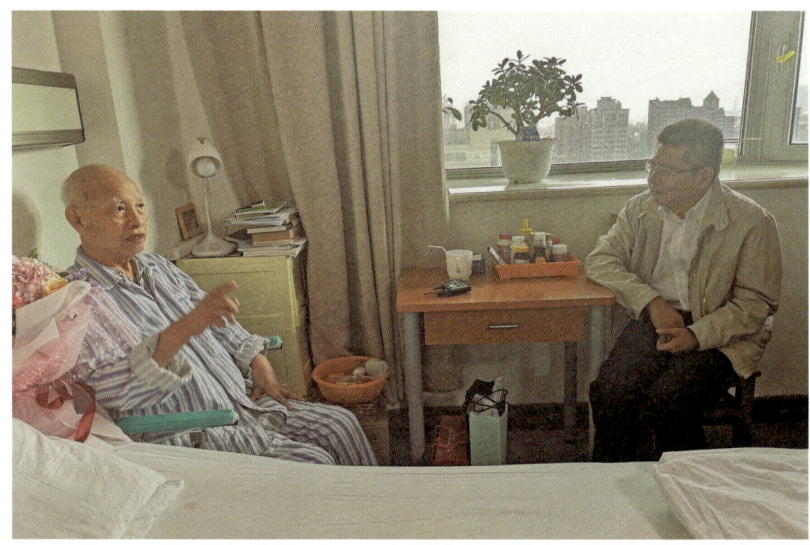

2018年10月16日，干春晖、李伟赴华东医院探望徐之河（上）、姚锡棠（中）和谢自奋（下）三位老所长

与此同时，上海又在制定“十一五”发展规划，提出了提升城市国际竞争力的发展主线。所以，杨建文们也就组织了大规模的调查研究，迅速对上海主要产业和重要企业的国际竞争力问题进行了系统研究。此项研究不仅进一步巩固了“发展战略—产业分析—企业研究”之间的内在联系，而且还对整个“上海经济增长速度不断下滑，已经名列全国倒数行列”提出了振聋发聩的警示：

> 全球金融危机以来，上海经济增速连续多年低位徘徊，不仅在时间序列上呈现出急速下行的特征，而且在全国城市增速排名中成为洼地。数据显示，2012 年上海市经济增长速度仅为7.5%，全国排名倒数第一。其实，全国增速倒数的情况并非只是出现在 2012 年。从 2007 年以来，上海就已经显示出增速乏力的问题。①

从“十个第一和五个倒数第一”到后来居上、人均 GDP 突破 5 000 美元是一个节点；从后来居上、人均 GDP 突破 5 000 美元到“经济增长速度仅为7.5%，全国排名倒数第一”是另一个节点。前一个节点意味着上海进入了世行划定的中等收入国家或地区水平，也就是除了港澳台地区，上海这个中国大陆的“经济引擎”，业已一马绝尘，独占鳌头，在综合竞争力方面，接近东京、香港、汉城和新加坡等亚洲城市的发展水平；且在后 5 年内，在亚洲城市综合实力排行榜上，完全可能凭借中国综合国力的支撑和经济持续快速增长，跟香港、东京并驾齐驱，不分伯仲，雄踞“三强”。后一个节点则意味着上海工业对经济增长的贡献能力不断削弱，尤其是重点发展的支柱工业如钢铁、石化、汽车等行业的增长速度已跌落至个位数，是近 20 年来的最低点；又意味着外部经济环境没有明显好转，进出口增长势头疲软，外需拉动经济增长的动力显著缩小，而以内需为主导的增长动力还受到劳动者报酬率过低的严重制约；还意味着全社会固定资产投资持续徘徊在低位水平，以投资增长或物质资本扩张驱动经济增长的模式已不复存在。

---

① 杨建文：《以科学发展观谱写上海新篇章》，《改革的深化与发展的升级》，上海社会科学院出版社 2014 年版，第 1 页。

实际上，在上海市“十二五”规划报告中就明确显示，固定资产投资已经从预期指标中被剔除了出去，这表明上海彻底放弃继续走投资驱动型的增长道路。①

上海彻底放弃了继续走投资驱动型的增长道路。部门经济研究所也就未雨绸缪，因势利导，集中各室近一半科研人员研究转型经济，从理论上分析中国，首先是上海经济转型的选择及路径，努力走在国内该领域研究的前列。

部门经济研究所的专家们认为，过去上海，尽管全社会固定资产投资，每况愈下，一年不如一年，但瘦死的骆驼比马大，投资贡献率的总盘子依然不小。即使“十一五”期间，仍有 23 000 多亿元的全社会固定资产总投入，还有制造业的比例也很高。所以，只要抓好先行试点，勇于突破难点，积极探索，改革创新；只要聚焦重点领域与关键环节，明确抓手，以点带面，纲举目张，上海的转型发展完全可以服务经济为主导，重点推进现代服务业以及先进制造业的发展，为全国下一阶段的转型发展积累经验。

事实上，上海的转型升级在 2005 年后一直位列全国五大城市(上海、北京、天津、广州和深圳)之首，与全球发达国家相比，效率改进速度显著。虽然这是名义上的赶超，通胀和汇率等因素帮了忙，但“创新驱动，转型发展”，减少对重化工业的依赖、对投资拉动的依赖、对房地产发展的依赖、对加工型劳动密集产业的依赖，还是起到了关键作用。

总之，上海是一个特大型开放城市，受国际金融危机影响，出口拉动弱化，国内竞相发展使部分传统优势减弱，工业发展遇到资源、环境约束，现代服务业发展也有制度性障碍，总体处于全球价值链的中端，结构性矛盾和问题突出。但上海只要从解决对上海经济发展全局影响较大的结构性问题入手，坚持集约利用土地、控制污染排放、加强生态保护和安全第一的原则，着力推进产业结构优化升级，提高上海经济发展质量和长远发展后劲，上海的“创新驱动，转型发展”，还是可以走出一条既有中国特色、又有时代特征、更有上海特点的康庄大道。

---

① 杨建文：《以科学发展观谱写上海新篇章》，《改革的深化与发展的升级》，上海社会科学院出版社 2014 年版，第 2 页。

由此，部门经济研究所的研究别开生面，既论述二元经济和二元体制结构和交叉、结合下的转型特征和矛盾及其产生的原因，又以各个主要产业部门的发展和实践来分析转型过程、取得的成效和存在的困难，并且从深化改革的角度提出建议，让人茅塞顿开，耳目一新，由衷感到它不仅对我国的改革深化和发展上台阶有重要意义，而且对转型经济理论研究本身也有独特贡献。

而这种贡献在部门经济研究所易名应用所后表现得更为突出。

应用经济研究所对转型经济理论研究进入“新常态”就是颇鲜明一例。

2014 年 5 月，习近平总书记考察河南，途中首提“新常态”。当时，习近平说：“中国发展仍处于重要战略机遇期，我们要增强信心，从当前中国经济发展的阶段性特征出发，适应新常态，保持战略上的平常心态。”

何谓新常态？新常态的本质就是提质增效。就是在速度上，从高速增长转为中高速增长。在结构上，不断优化升级。在动力上，从要素驱动、投资驱动转向创新驱动。

> 从高速增长的 10%左右，主动调低到 6%左右，将近下降了 50%，这就是中国从高速增长转向高质量发展阶段的一个特点——增长速度换挡，从两位数变一位数。①

张道根，1957 年生，安徽合肥人，1977 年参加工作，历任上海社会科学院经济研究所市场经济研究室主任、邓小平理论研究中心副主任，上海市人民政府计划委员会副总经济师、长期计划处处长，上海市人民政府发展计划委副总经济师兼发展规划处处长、总经济师兼综合经济研究所所长，中共上海市委研究室副主任、市决策咨询委员会秘书长，上海市人民政府研究室主任等。系研究员、博士生导师。

2017 年 7 月 20 日，上海社会科学院举行干部大会，宣布中共上海市委、市政府关于张道根同志任上海社会科学院院长的决定。董云虎(时任中共上海市委常委、宣传部部长)说，三十年前，张道根同志是作为社会科学院的突出人

① 张道根：《迈向高质量发展，不是一个简单承诺——在 2018 青年汉学家研修计划[上海班]的演讲》，《解放日报》2018 年 9 月 25 日。

才被选拔到市委去工作的，如今以更高的起点回到社会科学院，市委、市政府希望他发挥自身优势，与社会科学院干部职工一起齐心协力，共同开创新局面。

时隔一年，上海社会科学院喜迎建院一甲子，张道根以首届博士校友的身份在院校友会和研究生院共同举办的尚社讲坛杰出校友系列讲座上，以"改革开放中的上海"为题，深情回顾了上海改革开放四十年的辉煌历程，特别说到后世博的上海，以变应变，以开放促改革，深入推进创新驱动发展，着力提升城市核心竞争力，着力提升产业结构能级水平，不断增强配置全球资源要素的能力，全面提高城市治理水平，奋力实现最艰难一跃。

一要跳出大规模要素投入驱动发展的老路，二要防止陷入依赖财富和资产驱动的衰败之路，后世博上海的最新一跃着实艰难。

然而，天下事有难易乎？为之，则难者亦易矣；不为，则易者亦难矣。[①]

既然有所为，有所不为，本就是四十年上海一步步摸索走来的路子；那么，后世博的上海，砥砺奋进的上海，创新驱动、转型发展的上海，真要走向高质量发展阶段，就不能简单承诺，不能喊口号，不能打包票，必须坚持以人民为中心的发展思想，必须正确把握结构升级战略，放弃产业的高端化，经济脱实向虚，大规模投资房地产、大规模搞金融、大规模形成泡沫经济，必出大问题。

> 经济发展不是为经济而经济，不是为生产而生产，归根结底是要让人民生活得更美好。客观来说，"好"是一个愿望，但能不能找到发展经济、造福百姓的路径、办法和制度，是另一回事。长期以来，中国努力按照这个目标摸索前行，积累了经验，也有过教训。改革开放四十年来找到的这条路，是让经济发展、国家强大、百姓生活更好的大道。[②]

四十年了，问题重又回到社会主义生产目的。历史就是这样螺旋形上升，波澜式前进。随着提质增效日益深入人心，供给侧、差异化、降杠杆、底线思维日益成为"习式热词"，应用所在研究上海经济转型升级动力机制时也就愈益

① 彭端淑：《为学一首示子侄》，《白鹤堂文稿》。

② 张道根：《迈向高质量发展，不是一个简单承诺——在2018青年汉学家研修计划[上海班]的演讲》，《解放日报》2018年9月25日。

聚焦新常态。李伟领衔申报的上海市哲学社会科学规划系列课题《经济新常态下上海经济转型升级动力机制研究》也就更加强化“有异于旧质”的研究范式，站在中国特色社会主义新时代的高度来考察那样一个完全有别以往的、带特定趋势性的、不可逆的上海经济转型升级动力机制。

> 现在李强书记来了，提出要打响四大品牌，其中特别提到了“上海制造”品牌，这个也是与我们“十三五”提出的制造业底线思维，实际上是有紧密关联的。所以，在打响“上海制造”品牌方面，我们应用所也发挥了自己的研究支撑作用。市政府出台了《全力打响“上海制造”品牌 加快迈向全球卓越制造基地三年行动计划》，我们不仅参与了这个三年行动计划的形成过程，而且还接受《文汇报》专访，在《文汇报》头版发表了《以新战略引领上海制造业转型升级》。这在东方卫视也有相关报道。在《经济日报》也有相似文章。所有那些，都是造势，为在新的时代背景下打响“上海制造”品牌造势，推出我们自己的研究成果。这个研究成果，对于我们应用所而言，很重要。我们的研究有一个脉络，这个脉络就是在两个70%的背景下，发挥我们自己的研究特色，对上海发展战略提供我们的研究支撑。（引自2018年6月16日，李伟电视访谈实录）

李伟所说的《以新战略引领上海制造业转型升级》，可见2017年1月23日的《文汇报》。

《文汇报》说他们所“编发”的“部分专家发言”来自上海研究院与上海社会科学院应用研究所共同举办的“产业创新转型上海圆桌会议”。《文汇报》的编者按指出：“定位国际化大都市的上海要不要制造业，曾有很大争议，但全球金融危机让‘去制造业’的观点逐步失去‘市场’。不论是‘四个中心’建设还是打造全球科创中心，上海都需要制造业作为支撑。”所以，上海研究院与上海社会科学院应用研究所共同举办“产业创新转型上海圆桌会议”，集中探讨的话题就是上海制造业的转型升级必须坚持高端化、智能化、绿色化、服务化。

李伟的发言围绕五个方面展开。

李伟一讲从重点产业领域主导产业升级，向融合型产业形态模式创新主导产业升级转变；二讲从重大项目带动产业升级，向创新创业型产业生态引领产业升级转变；三讲从技术成果产业化为主导的产业升级技术路径，向集成、协同、开放的平台型创新体系带动产业升级转变；四讲从产品为中心的产业组织方式，向用户为中心的跨界融合型产业组织转变；五讲从适应性融入国际产业分工体系，向主动参与产业分工重构转变。其结论是：上海在融入国际产业分工体系中实现了工业化快速发展，加工贸易外向型经济发挥了重要作用，目前依靠适应性融入国际产业分工已经难以实现中高端产业升级；制高点战略中的上海产业升级，只能是主动参与产业分工体系重构，在规则制定中形成产业分工影响力，从而在新的产业分工体系重构中确立主导权，在新的产业秩序中形成话语权。

李伟的结论让我想到了产业脊梁的考量。

从 2012 年 1 月 28 日开始，创刊于一个多世纪以前、全球销量超过 140 万份/期的英国老牌政经媒体《经济学人》单设中国专栏，为有关中国的文章提供更多版面。

此前的《经济学人》，共有 6 个专栏，分别是英国、美国、欧洲、美洲、亚洲及中东/非洲。有关中国的文章一般被安排在亚洲专栏内，每期一至两篇。

《经济学人》上一次扩版，为一个国家辟一个专栏，还是在 70 年前。1942 年，美英联军登陆法属北非，日本海陆军大败瓜岛，《经济学人》给了老美一份殊荣。曾几何时，《经济学人》再一次为除英美外的第三国开小灶，沿用《经济学人》编辑约翰·米克尔维特的话来说，完全是因为中国已然崛起，崛起为一个拥有全球影响力的大国，唯有一个专属的栏目，才能让该杂志的读者更多更全面了解中国的社会、政治和经济，既了解北京、上海，亦了解远比北京、上海更大更广袤的中国内陆。

事实上，2012 年 1 月 28 日出版的最新一期《经济学人》杂志的封面文章就跟中国有关，着重讨论了中国经济的发展模式及其转型。

整个 2012 年，以中国为主题的《经济学人》封面文章竟达 7 篇之多，其中包括《北京大雨："水深火热"的城市》，包括《蚁族：中国新民族的崛起》，也包括《政治经济改革：拭目以待中国改革下一步》。随着以习近平同志为核心的新一届党中央在中共十八大上应运而生，《经济学人》将"中国改革下一步"的希望寄托在“中国的未来领导人”身上。同期封面文章上最耐人寻味的一句话就是:“在最近几周,有迹象表明改革派似乎正在试图影响中国的未来领导人。”

唯改革者进,唯创新者强,唯改革创新者胜。习近平总书记是这么想的,也是这么说的,更是这么做的。

# 第十八章　转型:“上海 2035”的奇迹

李湛是杨槱弟子。

杨槱是交大教授、中国船舶业的第一院士。

耄耋杨槱在他的晚年回忆录《一个造船者的自述》中动情写到了自己的得意门生及其相关课题:

> 1984—1985 年,我和秦士元合作指导博士研究生李湛进行了长江集装箱江海直达运输的船型和船队分析研究。首先对长江的重庆、城陵矶、武汉、黄石、九江、安庆、芜湖、马鞍山、南京和南通 10 个港口与朝鲜、日本、中国香港、东南亚(包括泰国、菲律宾、新加坡、马来西亚、印度尼西亚)和澳大利亚等国家和地区的外贸运输现状作了调查。然后用数学预测方法对 1990 年和 2000 年的外贸运量作科学预测……这项研究成果得到有关方面好评。撰写的论文除在国内发表外,还在国外的主要造船刊物上发表。①

李湛,1961 年生,江西吉安人。

李湛说他 1977 年高中毕业,主动要求下乡,给县知青办写信,到了江西最南边的赣州龙南,是全省最后一批插队知青。

> 当时江西有规定,要上大学,当工农兵学员,至少务农两年。我在家

① 杨槱:《一个造船者的自述》,上海交通大学出版社 1997 年版,第 176—178 页。

里排行老大,1977 年刚 16 足岁,不到 17 岁,不到下乡年龄,生怕父母不同意,就写了一封信,很短的一封信,给到县知青办,说要下乡。也没有什么豪言壮语,却被县知青办当典型,让县广播站广播,弄得全县都知道,反倒我不知道。其实,我的想法很简单,就一个想法,都没说。我就是要有两年插队经历。早一点下去,就早一点有资格上来,上来读大学。(引自 2018 年 2 月 26 日,李湛口述实录)

2018 年 2 月 26 日,戊戌年正月十一。整栋社会科学院的大楼里空空荡荡,几乎没人,说话都有回声。我在李湛办公室里待了六七个小时,两人从午后一直谈到晚上 8 点多。

李湛说龙南是“世界围屋之都、中国围屋之乡”,多的是“围龙屋”。所谓“围龙屋”,就是一整个建筑群,无论体量大小,总以南北子午线为中轴,东西两边对称,前低后高,主次分明,错落有致,布局规整,以屋前的禾坪、池塘及龙厅后的多层围屋,拥拥簇簇,浑然一体,同时可容几十人、上百人乃至数百人居住。然而,插队知青们栖息的仍是二层砖房,千篇一律,了无生趣。去年调研“乡村振兴”,到了王战插队的新干县,后又南下龙南,重回知青点看看,只见人去楼空,墙塌大半。因为砌墙的砖,就地取材,无非田里的黄泥巴,搅拌剁成一截截的稻草,终究不结实。

李湛还说他考大学,先后考了两回。头一回,1977 年末,他临阵磨枪,差了一分,未达到报考的本科分数线,只上了大专分数线。他不甘心,放弃了大专,决心卧薪尝胆,从头再来。于是,白天下地干活,晚上挑灯读书。再苦,再累,也点上煤油灯复习。瞌睡了,就用冷水浇头。有点悬梁刺股的味道。结果一下子冒出来了,考了个全县第一名,整个赣州地区第七名。

当时是先报志愿再考试,报的就是上海交大。整个江西,报上海交大的考生和实际录取的名额,差得太多,比例相当低,一如千军万马过独木桥,但我考上了,被一系录取,心里还有点不高兴。因为一系是船舶制造,而我报的两个志愿,一个是二系,内燃机;一个是四系,无线电。但真的报到,我又一下子高兴了。因为一系的录取成绩全校第

一，我是考得太好，考分太高，才被调剂过去的。（引自2018年2月26日，李湛口述实录）

李湛说他读到三年级才分专业，1984年读的杨槱研究生，从船舶设计制造转到工程经济、系统分析，再转到技术经济与投资管理。

关于杨槱跟上海交大研究生院秦士元教授合作"指导博士研究生李湛进行了长江集装箱江海直达运输的船型和船队分析研究"，在董煜宇、陈志辉合著的《扬帆沧海——杨槱传》里有更详尽记述。该书在"教学相长"一节中，还特别说到了杨槱为"培养博士的学术研究"，"具有一定的创新性"，"充分掌握国内外相关课题的最新动态"，又"组织了一个'文献学习研讨会'"，让李湛、秦士元、张仁颐、孙定等人登台演讲，分别就"集装箱船的经济性""关于系统分析及其几个同义词的理解""水下柔性驳运的可行性和经济性""一个用于娱乐性汽艇的交互式计算机设计综合程序"等问题，各抒己见，畅所欲言。李湛说："杨先生是全国第一批博士生导师，但延至1984年才正式开始招收博士研究生，而我就是在这一年成为他的学生，绝对是太幸运了。杨先生的学识，杨先生的为人，给我留下永志难忘的深刻印象。当年文献奇缺，少得可怜。国外资料，最新的科研资料，要想得到，简直是难于上青天。但为了提高我们的学术素养，开阔我们的视野，杨先生还是想方设法，不遗余力，通过各种渠道、各种方法，来了解、打听、获取国外信息。他人脉很广，人缘极好。他就给熟悉的外籍教授写信、联络；或托出国访问的专家、学者，多加留意。他的一言一行，真的让我们这些晚辈学子，很感动，很感动。"

博士研究生毕业后，李湛还在杨槱的指导下撰写了《江海直达船的适航性和经济性》，发表于《中国航海》杂志1988年第1期。

我博士研究生毕业后就留在了上海交大工作，从事技术经济学和生产力经济学研究，编了《技术经济学原理与方法》和《应用生产力经济学》，跟社会科学院有合作，跟部门经济研究所有合作。部门经济研究所的陶友之就是搞生产力经济学的干将。郁鸿胜也算一个，也是生产力经济学学会的骨干。（引自2018年2月26日，李湛口述实录）

1996 年 5 月,中共上海市委组织部向上海交大借调李湛,派驻香港上海实业(集团)有限公司,一待 10 年,历任集团发展研究部总经理兼企业管理部副总经理、集团创新产业推进委员会委员兼秘书、集团投资管理委员会委员、上海实业科技教育发展有限公司董事总经理、上海实业软件工程学院常务副院长兼香港上市公司上实控股有限公司董事长办公室副总经理等,主要负责投资管理、投资及上市项目的策划与论证、香港及中国内地经济金融研究与政策分析等,与到香港挂职锻炼的孙福庆不期而遇。巧的是,孙福庆在香港挂职锻炼的单位亦是上海实业(集团)有限公司发展研究部。更巧的是,整十年过去,他们又会在一起搭班子。

2017 年 1 月 3 日,上海社会科学院应用经济研究所召开干部会议,出席的有院党委书记于信汇、应用经济研究所所长孙福庆、应用经济研究所副所长李伟、院党委组织部副部长周洁莉和院党政办公室副主任丁波涛等。会议宣布了对 2016 年 8 月做出任命通知,2016 年 10 月已来报到的李湛担任上海社会科学院应用经济研究所副所长的任职决定。

> 我跟李伟有分工,他是所里老人,由他分管学科建设,还有研究生的教育培养。我管科研,管申报课题、学术交流。从研究室的设定来看,李伟兼产业经济研究室主任,我兼创新经济研究室主任。(引自 2018 年 2 月 26 日,李湛口述实录)

李湛给中共上海市委常委学习会授课,开讲“自主创新战略与上海经济转型”,是在 2010 年 10 月 26 日下午。当时世博会还开着,没结束,还有最后一周,腾讯“世博风云榜”评选则已火热出炉,热评山东馆为“十大地方馆”榜首。不过,李湛赶得匆忙,正在前往衡山宾馆路上,并未太多关注相关报道。

李湛匆忙去衡山宾馆是为了下午的课。直接点名李湛进康办任教的是中共上海市委宣传部。市委宣传部将重任落实到李湛身上,李湛提前两个多星期就开始精心准备。他先是把他将要用到的资料全都找齐,然后把要讲的内容整理成提纲,再写稿子,最后决定讲创新驱动发展。

当时对“十二五”有争论,存有三种观点。第一种观点认为,上海当前的经济转型要大力发展服务业,以服务业为主导,大力提高服务业在三大产业中的比重,并且以香港为例,认为香港现在第三产业的比重已达到90%以上,以此作为参照,上海第三产业的发展还有很大的空间和潜力。第二种观点认为,上海当前的经济转型要侧重已有制造业的升级和服务业的高技术化,认为上海已有较强的制造业,这是上海的经济基础和重要基础,经济转型只要保住已有的制造业,并进行升级,加上已有服务业的高技术化,即可确保经济的稳定增长。为此,应当加大投入进行已有制造业的升级发展。

对于以上两种观点,李湛认为都不对。因为2009年,上海服务业已经占了59.4%,过去所说的服务业占主导地位的分界点其实就是60%,上海已经只差零点几了。李湛估计"十二五"期间,上海服务业的比重还会进一步提高。然而,单纯为追求服务业比重的提高来大力发展服务业绝非良策。经济转型还是要看整个经济产业的结构。一、二、三产业要有一个恰当比例,不能笼统讲上海比香港还差许多,还有提升空间。事实上,一种倾向掩盖另一种倾向。香港一、二、三产业比例的失衡,经济"空洞化"的严重,已经直接影响到它抵御金融危机的能力。香港在抵御金融危机方面的表现远不如产业结构更趋均衡的新加坡。所以,上海如若邯郸学步,照搬硬套香港模式,必将从一个极端到另一个极端,愈益漠视第二产业。

至于第二种想法的不可取,那是因为新兴产业总是层出不穷、不断涌现的,传统产业的不断更替和转移是不可逆转的趋势。即使不过分强化,传统产业也会自然产生一些升级。此外,片面强化原有产业,恐怕也会影响到抓住新兴产业发展的机会。

比较合理的应该是第三种观点,即上海的经济转型要以发展创新经济为主导,包括二、三产业的创新发展,甚至包含现代农业的创新发展。这一观点的合理性在于,强调发展新的行业、新的经济,同时创新经济将会有助于上海经济转型,因为创新经济都会涉及新技术的运用,这有助于转变经济增长方式。另外,其实我们是很难判断未来会出现什么新产业,通过支持创新发展,上海就可能把握住更多的创新产业。

总之,在我看来,创新经济不应该局限在第二产业或者第三产业,而且随着技术的发展，第二、第三产业还会出现一些融合。因此我认为，上海的经济转型应该呈现出以创新经济为主导的特点。①

服务业过大是空心化的，我们要脱虚向实，发展实业经济，这就是李湛的主张。

李湛随杨振武(时任中共上海市委常委、市委宣传部部长)、潘世伟(时任中共上海市委宣传部副部长)走进了康平路 165 号中共上海市委办公厅。

那天下午，市里安排了两人给市委常委中心组学习做辅导报告：一位是李湛；另一位来自北京，中国科学技术发展战略研究院。午餐时分，在衡山宾馆，杨振武征求两位意见，谁先讲。李湛礼让了远道而来的客人。学习会开始后，李湛注意到，主持学习会的市委书记俞正声翻了他的讲稿。不仅是翻，而且是看，看得很认真，很仔细。

俞正声用心看了我的稿子，这我注意到了。他不是随手翻翻，而是一页一页地看，有的地方还用铅笔划道，划出重点。我的心里就更有底了。轮到我讲的时候，我就结合美国金融危机，强调创新的重要。我说经济转型是当今时代世界各国的新一轮经济竞赛。实施自主创新战略决定了上海经济转型的成败。目前美国、欧盟、日本都提出了自己的转型计划，我们也要加速经济转型，转变经济增长方式，搞自主创新，创新经济。(引自 2018 年 2 月 26 日，李湛口述实录)

李湛还说，上海是中国经济的龙头，在考虑"十二五"规划的时候，一定要先走一步，起带头作用。

李湛还对上海实施自主创新战略、建设区域创新体系提出 6 点建议。建议上海要特别防止再次落后。千万不要让良好的现有基础变成转型的包袱，在创新经济的发展上左顾右盼，举步维艰。建议上海要像邓小平所说的那样，用宏观战略的眼光分析问题，不要只在眼前的事务里面打圈子，已有的传统产业，千万

① 李跃群：《"上海要多办一些科技创业特区，建成创业家乐园"——专访上海交通大学科技创业研究中心主任李湛教授》，《东方早报》2010 年 11 月 23 日。

不要刻意去保。很多东西是保不住的。产业的转移、更替是一个不可逆转的趋势。谁想保都保不住。建议增量这一块要多办一些"科技创业特区",给创新企业一些政策上的优惠,让创新企业能够迅速发展起来,壮大起来。建议"科技创业特区"降低制度成本,抵挡掉那些外部的无谓干扰;建议加快形成"9+X"结构,通过鼓励科技创业,打造区域创新体系,有力促进九大高新产业的发展;建议在全市范围内建设"创业家乐园",通过"创业家乐园"建设,把上海建成创业的沃土,让全国各地的创业者都来上海创业,都能在上海创业成功。

俞正声认真记下了李湛的真知灼见、肺腑之言。他边听边做笔记。最后总结,说上海"十二五"期间要实现创新驱动、转型发展,加快发展现代服务业和先进制造业,形成"三二一"产业融合发展、以服务经济为主的经济结构,必须依靠制度创新、依靠科技创新。

俞正声还说,推进高新技术产业化,实现自主创新,必须服从服务国家战略。上海要勇敢地担负起国家赋予的重任,下决心支持大飞机、集成电路、光源等重大专项,为全国做贡献。要聚焦重点,有所突破,重点关注新能源等上海推进高新技术产业化的 9 个重点领域,在项目管理和落地、资金投入等方面给予更多支持。要重视创业型创新人才的培育,这是上海提升自主创新能力、推进高新技术产业化的关键。要营造良好的创新环境,进一步创新制度,加大金融支持力度,简化行政审批程序,科技园区要更好地服务创新型企业。要落实各项鼓励创新的政策措施,充分调动区县的积极性,支持创新型企业发展。要做好世博科技成果的后续利用,加快研究、落实,把在世博园区成功运行的电动汽车、信息系统等成果应用到城市建设和管理中。

俞正声的讲话第二天见报,最引人瞩目的就是那 8 个字——创新驱动,转型发展。后来有人说这 8 字战略是李湛首提的。李湛说他只是临门一脚,把几个概念组合起来了。

再后来,九届中共上海市委于 2010 年 11 月 8—9 日在上海展览中心举行第十三次全体会议,审议并通过《中共上海市委关于制定上海市国民经济和社会发展第十二个五年规划的建议》和《中国共产党上海市第九届委员会第十三次全体会议决议》。决议中第一次正式写上"十二五"时期的上海一定要"充分发挥上海世博会的后续效应和浦东新区先行先试的带动作用,创新驱动、转型发展,努力争当全国推动科学发展、促进社会和谐的排头兵"。

很快,上海的"创新驱动、转型发展"战略也在中央层面得到了认可。

2011 年 3 月 5 日上午 9 时,第十一届全国人民代表大会第四次会议在京开幕,听取国务院总理作政府工作报告,审查"十二五"规划纲要草案、年度计划报告和预算报告。当天下午,习近平(时任中共中央政治局常委、国家副主席)来到他所在的十一届全国人大四次会议上海代表团,同代表们一起纵论国是,共商大计。

在认真听取代表们的发言后,习近平集中阐述了他对于上海世博后如何更加奋发有为、齐心协力推进创新驱动、转型发展的问题。习近平强调指出,中共上海市委、市政府提出的"十二五"时期"创新驱动、转型发展"的方针,符合中央关于更加奋发有为地推进改革开放和现代化建设的要求。上海一定要把奋发有为、创新驱动、转型发展贯穿上海经济社会发展各个领域、各个环节,使上海的发展真正建立在自主创新能力不断增强、人力资源优势充分发挥、创新创业活力竞相迸发的基础之上。

一年后,中共召开十八大,习近平当选总书记,十八大报告以一整个自然段落说到了"实施创新驱动发展战略",要求各方各面"促进创新资源高效配置和综合集成,把全社会智慧和力量凝聚到创新发展上来"。十八大报告还对应"创新驱动发展战略"的"实施"提出了"新四化",这就是有"中国特色"的"新型工业化、信息化、城镇化、农业现代化"。

> 党的十八是在我国进入全面建成小康社会决定性阶段召开的一次十分重要的大会,对我国要在 21 世纪第二个 10 年内全面建成小康社会、深化和平发展道路进行了全面的部署。21 世纪头一个 10 年是中国发展的重要战略机遇期,但进入第二个 10 年,又进入了一个更加复杂的战略机遇期。这种复杂性决定了对外开放、国际产业转移,这些曾经带动中国快速增长的发展模式需要做出重大调整,工业化与信息化的深度融合成为这种战略调整的重要方向。[①]

---

① 李伟:《新产业革命背景下的新型工业化道路探索——党的十八大报告对中国发展道路选择的重大贡献》,《真实国情是推进改革的根本依据》,上海社会科学院出版社 2013 年版,第 8 页。

春江水暖鸭先知。

这样一种先知,在于杨建文,在于李伟,在于李湛,在于整个应用经济研究所的科研人员,那就是学术上的敏感。

有这样一种先知,这样一种学术上的敏感,和没有这样一种先知,这样一种学术上的敏感,完全不同。

中共召开十八大,习近平当总书记,对我们上海来说,肯定要更多一些情感上的亲近。我们最受鼓舞的就是“四个中心”变“五个中心”。本来,我们这些人,从部门经济研究所到应用所,一个最根本的东西,最实在的、灵魂的、核心的东西,或者说精神所在,就是学以致用,经世致用。我们不是为做学问而做学问。我们所做学问的价值所在,就是要用的。就是要有用,用得上。40 年来,人一茬茬换,换了一代又一代,老的退下来,年轻的顶上去,始终在做一件事,为上海的发展做贡献。眼看上海的发展前景越来越广阔,从“三个中心”到“四个中心”,从“四个中心”到“五个中心”,到总书记亲临上海视察,提出要搞科技创新中心,我们所里的研究人员,是群情激奋,全程参与,全都投入进去做方案,做各种方案,人人有自豪感、成就感。(引自 2018 年 3 月 19 日,杨建文口述实录)

杨建文所说的“总书记亲临上海视察”是在 2014 年的 5 月下旬。

2014 年 5 月 23—24 日,中共中央总书记、国家主席、中央军委主席习近平考察上海,强调指出,我们国家是一个制造业大国,但还不是一个完全的制造业强国,我们一定要有掌握在自己手里的核心技术。我们一定要牢牢把握科技进步大方向,瞄准世界科技前沿领域和顶尖水平,力争在基础科技领域有大的创新,在关键核心技术领域取得大的突破。我们一定要牢牢把握产业革命大趋势,围绕产业链部署创新链,把科技创新真正落到产业发展上。我们一定要牢牢把握集聚人才大举措,加强科研院所和高等院校创新条件建设,完善知识产权运用和保护机制,让各类人才的创新智慧竞相迸发。

习近平总书记还说,当今世界,科技创新已经成为提高综合国力的关键支撑,成为社会生产方式和生活方式变革进步的强大引领,谁牵住了科技创新这个牛鼻子,谁走好了科技创新这步先手棋,谁就能占领先机、赢得优势。上海作为全国最大的经济中心城市,在国家发展大局中占有重要位置,一定要抓住机遇,锐意进取,继续当好全国改革开放排头兵、科学发展先行者,不断提高城市核心竞争力,加快建成具有全球影响力的科技创新中心。

2016 年 3 月 5 日上午 9 时,第十二届全国人民代表大会第四次会议在京开幕,听取国务院总理李克强作政府工作报告。当天下午,习近平总书记在参加他所在的十二届全国人大四次会议上海代表团审议时再次力挺上海加快建设科创中心,要求上海要以全球视野、国际标准提升科学中心集中度和显示度,在基础科技领域作出大的创新、在关键核心技术领域取得大的突破。要突破制约产学研相结合的体制机制瓶颈,让机构、人才、装置、资金、项目都充分活跃起来,使科技成果更快推广应用、转移转化。要大兴识才爱才敬才用才之风,改革人才培养使用机制,让更多千里马竞相奔腾。

同年 4 月,国务院批准上海加快建设科创中心方案,同意上海通过 3 年系统推进全面创新改革试验,破解阻碍创新的瓶颈问题,形成一批可复制可推广经验,在综合性国家科学中心建设、若干国家亟须的基础科研和关键核心技术领域取得突破,基本形成适应创新驱动发展要求的制度环境和科技创新支撑体系。

就这样,在原有的国际经济、金融、贸易、航运“四个中心”基础上,上海的城市定位增加了科技创新中心,由此形成“五个中心”的新定位。国务院于 2017 年 12 月 15 日批复原则同意《上海市城市总体规划(2017—2035 年)》(简称“上海 2035”)时,也就明确未来上海的愿景就是“五个中心”建设,努力成为卓越的全球城市和社会主义现代化国际大都市。

> 上海是我国直辖市之一、国家历史文化名城,国际经济、金融、贸易、航运、科技创新中心。上海的城市规划、建设与发展,要立足国际国内和本地实际,主动服务“一带一路”建设、长江经济带发展等重大战略,切实在全面深化改革、创新驱动发展、优化经济结构等方面下功夫,在深化自由贸易试验区改革上有新作为,继续当好全国改革开放排头兵、创新发展

先行者，为全国改革发展稳定大局作出更大贡献。[①]

要是从1946年的“大上海都市计划”算起，这是上海的第六轮城市总体规划。要是只算中华人民共和国成立以来的上海总体规划，“上海2035”也已是第三轮了。

喜迎“上海2035”的喷薄而出，部门经济研究所申报了一个全新课题，这个课题就是“推动互联网、大数据、人工智能与实体经济深度融合研究”。李伟是这个课题的首席专家，他说这个课题的标题出自中共十九大报告，所以这个“国家社科基金专项投标”也就归属于“研究阐释党的十九大精神”范畴。这个国家级课题的设计论证特别强调“从党的十六大报告中提出‘两化互动’，到党的十七大报告中的‘两化融合’，再到十七届五中全会提出工业化和信息化深度融合，十八大报告提出信息化与工业化深度融合带动四化同步发展，十九大提出推动互联网、大数据、人工智能和实体经济深度融合的转变，中国将在新一代信息技术与实体经济深度融合的国际发展中发挥重要作用”。

推动互联网、大数据、人工智能和实体经济的深度融合，是一个最新命题。这个命题实际上体现了我们在建设现代化经济体系当中，应该如何落实供给侧改革，关注实体经济，坚持实体经济的发展，坚持把实体经济的发展，跟制造强国战略，跟供给侧改革，有机结合起来。我们要想从制造大国走向制造强国，就是要从原来的“跟跑”，也就是学习、模仿，通过创新、转型，脱胎换骨，变成“领跑”。也就是变原来的跟随型发展为引领型发展。这样一个战略转变，实在是太重要了。这样一个战略转变，绝对不是什么一般的转型，单一的转型，孤立的转型；而是李总理在政府工作报告里面所说的“创新驱动、智能转型、强化基础、绿色发展”。也就是“中国制造2025”。我们中国要走在前面，走在这个引领性发展的前面，通过这个引领型的、前沿领域的发展，来带动整个原有产业的转型升级，如期实现“中国制造2025”，我们的实体经济就一定要有一个大的转型，根本性

① 2017年12月15日，国务院：《关于上海市城市总体规划的批复》，国函〔2017〕147号。

**转型，以此为我们构建现代化经济体系提供有力支撑。**（引自 2018 年 6 月 16 日，李伟电视访谈实录）

李克强首提"创新驱动、智能转型、强化基础、绿色发展"是在 2015 年。

2015 年 3 月 5 日，第十二届全国人民代表大会第三次会议开幕，国务院总理李克强作政府工作报告，第一次说到"推动产业结构迈向中高端"，并表示："制造业是我们的优势产业。要实施'中国制造 2025'，坚持创新驱动、智能转型、强化基础、绿色发展，加快从制造大国转向制造强国。"

2015 年 5 月 8 日，经李克强签批，国务院公布我国实施制造强国战略的第一个十年行动纲领——《中国制造 2025》，提出中国制造强国建设三个十年的"三步走"战略，坚持把创新摆在制造业发展全局的核心位置，要求完善有利于创新的制度环境，推动跨领域跨行业协同创新，突破一批重点领域关键共性技术，促进制造业数字化网络化智能化，走创新驱动的发展道路。

《中国制造 2025》是中国版的"工业 4.0"。三个十年的"三步走"战略明确要求：第一步，到 2025 年迈入制造强国行列；第二步，到 2035 年我国制造业整体达到世界制造强国阵营中等水平；第三步，到中华人民共和国成立一百年时，我制造业大国地位更加巩固，综合实力进入世界制造强国前列。

众所周知，工业 1.0 是由蒸汽推动机械化；工业 2.0 是由电力推动大规模生产；工业 3.0 是由电子信息技术推动自动化；工业 4.0 是由智能化助推生产力发展，不断上新台阶。

在工业 1.0、2.0、3.0 中，必须通过原料、机械设备、工厂、运输、销售五大固定模块，缺一不可。

工业 4.0 却使五大固定模块各自独立，利用自己的软件，自己的传感器，自己的通信系统，高效整合，根据消费者需求，自行生产不同产品。

中国版的"工业 4.0"引发海内外舆论高度关注，《经济学人》杂志的封面文章认为，中国拥有其他国家难以企及的大批高效供应商。它的企业正在实现自动化提高生产效率，减少了工资增长的部分不利影响——这是中国政府实施《中国制造 2025》战略规划的思想基础。

一切的一切，清楚表明中国人民的生产力从来也没有像今天这样利好向上，直面大台阶、新飞跃。

然而，阻止中国产业升级，却正是美国制造经贸摩擦的一大动机。

> 2017年8月，时任美国白宫首席战略分析师的班农就曾声称，美国在经济上打败中国仅剩5年左右的“窗口期”；他提出，美国与中国之间的经济战争是重中之重，必须集中一切资源打赢这一仗，“如果我们输了，5年以后，最多10年，我们就会达到一个无法挽回的临界点，那时，我们就一点翻盘的机会也没有了”。[①]

班农是“美国最危险的政治人物”。因为班农的“中国认知”源于“中国是美国的最大问题”。在班农看来，这“问题”既表现为“未来五到十年中美在南海必有一战”，更表现为“中国崛起将主宰世界经济”。班农自诩“街头斗士”，特朗普的“边锋”。所以，他竭力向世人兜售五大“威胁”，坚称五大来自中国的“威胁”——5G、一带一路、中国制造2025、石油交易人民币结算、金融科技——终将导致“中国称霸世界”。[②]

然而，在过去十年中，发达国家和发展中国家至少有101个经济体（占全球GDP的90%以上）出台了正式的产业发展战略。《中国制造2025》也是在这样的背景下，借鉴了美国的《先进制造业国家战略计划》《美国创新战略》等政策文件，结合中国实际制定出台的。《中国制造2025》是一个引导性、愿景性的文件，也是一个坚持市场主导、开放包容的发展规划。中国政府一直强调《中国制造2025》是一个开放的体系，对内资外资具有普遍适用性。中国领导人在多个场合表示，欢迎外国企业参与《中国制造2025》。2017年发布的《国务院关于扩大对外开放积极利用外资若干措施的通知》明确提出，外商投资企业和内资企业同等适用于《中国制造2025》政策。文件制定过程中，中国严格遵循世界贸易组织规定，确保相关政策合规透明、公平无歧视。《中国制造

---

① 孙劲松、刘悦斌、王兆勤、彭公璞、左凤荣：《风物长宜放眼量——从强国兴衰规律看我国面临的外部挑战》，《人民日报》2018年9月11日第二版。

② 周远方：《班农接受CBS“新闻60分”节目专访：炒作中国威胁论》，观察者网2017年9月11日。

2025》实施以来,包括美国企业在内的许多外国企业均已参与到相关的建设项目中来。[①]

白皮书白底黑字,有理有据,特朗普及其幕僚还是信口雌黄,一再抨击中国对美国发动“系统性经济侵略”。301 调查报告所刻意强化的也是以《中国制造 2025》和《国家中长期科学和技术发展规划纲要(2006—2020 年)》为代表的中国产业政策。也是“中国产业和科技实力的迅速提升”。也是在高技术制造业,美国在全球所占份额最高,为 29%;中国忝列次席,仅少两个百分点。

真是我们用“不赚钱”和“大批量”将整个西方从中低端制造业清场,又以逆向工程和红海竞争的思维向产业链条上游挺进,从而将西方逼到墙角,不得不强烈反弹、疯狂狙击吗?

回答可以是“是”,亦可以是“不是”。

但是,“是”也罢,“不是”也罢,都无法改变一个基本事实。这个事实就是 2016 年,中国生产和销售了全球超过 50%的智能手机,利润却不到 5%。苹果公司一家就拿走了全球智能手机市场 79.2%的利润。这个事实就是当我们的电商企业这些年在为六一八、双十一购物节捉对厮杀、为冲销量大打价格战时,美国的同行亚马逊在连年亏损的情况下,依旧悄无声息地大力布局云服务,在硬件上持续投入巨资进行探索,在人工智能领域研发出一系列看似不相关的语音智能产品,结果冷不丁又开创了智能家居的风口,实现了电商到家庭的矩阵联合,登顶全球首富的宝座。

从“制造大国”到“制造强国”,我们有很长的路要走。

传统产业加快转型升级的前提是充分利用当前国际市场仍处于低迷状态的倒逼机制,进一步强化需求导向,促使企业尽快转变传统增量发展思路,加快推进兼并重组,抓紧淘汰落后产能,有效整合内部资源,提高产业集中度,从而大力推动我国战略性新兴产业、先进制造业、现代服务业健康发展,使我国经济在转型升级的进程中不断开拓新的空间。

要想把包括高端装备、信息网络、集成电器、新能源、新材料、生物医药、航空发动机、燃气轮机等一大批新兴产业培育成主导产业,我们就得奋发有为,

① 中华人民共和国国务院新闻办公室:《关于中美经贸摩擦的事实与中方立场》白皮书,《新华每日电讯》2018 年 9 月 25 日第四版。

切实制定“互联网+”行动,推动移动互联网、云计算、大数据、物联网等与现代制造业结合,促进电子商务、工业互联网和互联网金融健康发展,引导互联网企业拓展国际市场。

提升服务业支撑作用的重要性毋庸置疑。如果说产能过剩有可能削弱制造业或者工业部门对经济增长的贡献率,那么,随着服务消费、信息消费等新兴消费领域的加速形成,消费需求的释放空间必将愈益扩大。转移人口的市民化、加快实现基本公共服务的常住人口的全覆盖,都将在全社会的层面上大容积地释放消费潜能。

深入实施创新驱动发展战略是国家战略,决定着中华民族的前途命运。我们要有忧患意识,清醒看到科技与经济结合问题仍未得到有效解决。发达国家科技进步对经济增长的贡献率在70%至80%之间,而我国仅为31.6%,与发达国家存在不小差距。同时,由于我国发展中不平衡、不协调、不可持续问题依然突出,人口、资源、环境压力越来越大,这对发展是巨大的挑战。只有坚持走中国特色自主创新道路,才能变挑战为机遇,加快推进社会主义现代化建设步伐。

而所有这些,我觉得正是我们这个课题本身所包含的大背景。这个课题本身,它的核心内涵,就是要把我们中国在新产业革命中所形成的一些重要的新兴发展领域,包括互联网、大数据、人工智能这些方面,全都包容进来。我们的核心,就是要在中国从“制造大国”向“制造强国”的转变过程当中,从跟随型战略向引领型战略的转变过程当中,确立自己的发展方向及路径,实现一个整体的战略转型。这个命题,跟我们应用经济研究所,跟我们产业经济研究室,跟我们产业经济学创新型学科团队,长期的研究积累,紧密相关。早在几年之前,我们就已经在关注智能制造的研究。从高端制造到智能制造,再到新一代信息技术与工业制造业的深度融合,我们一直密切关注。因为新产业革命,它核心的一个脉络,核心的一个主线,就是新一代信息技术与工业制造业的深度融合。我们就是在这样一个主线下,形成了自己的研究特色和研究优势。(引自2018年6月16日,李伟电视访谈实录)

“推动互联网、大数据、人工智能与实体经济深度融合研究”是一个国家级课题,大家都在争,拿下不容易。毕竟全国这么多的大学,这么多的研究机构,最后只选择了一家。毕竟在产业经济领域内,这是一个最有前瞻性的课题。

“推动互联网、大数据、人工智能与实体经济深度融合研究”课题的一些阶段性的成果已初步形成。李伟说他们会通过各种途径,在适当的时候,向社会,向公众,发布相关信息。我们翘首以盼。我们相信我们不会等待太久。我们相信应用所的研究成果会给我们一个大大的惊喜。因为应用所以不息为体,以日新为道,从来不让人失望。因为 2017 年 12 月 12 日至 13 日,中共中央总书记、国家主席、中央军委主席习近平在党的十九大后首次离京考察,第一站来到“中国工程机械之都”江苏徐州。直面徐工集团重型机械有限公司,中国最大的工程起重机装备生产线,习近平强调指出,必须始终高度重视发展壮大实体经济,抓实体经济一定要抓好制造业。总书记的谆谆教诲旋即激起社会各界的热议。有识之士纷纷发声,说实体经济是经济发展的“本”,关乎国家安全、国计民生和国际竞争力。老百姓衣食住行用,经济社会发展物质技术支撑,都离不开看得见、摸得着的实体经济。当前,我国经济运行面临的突出矛盾和问题,根源是重大结构性失衡,主要表现为实体经济结构性供需失衡、金融和实体经济失衡、房地产和实体经济失衡。事实上,短期投机只是资本趋利的画饼充饥、饮鸩止渴。中国经济的基本面要想从前些年的偏于虚拟经济回归偏于实体经济,就得热问题,冷思考,正视“庞氏骗局”“华尔街神话”的汉化、变异,及早从金玉其外、败絮其中的“产业空心化”回归方兴未艾、前程似锦的“再工业化”。

# 第十九章　长三角一盘棋

上海的城市定位有两块：一块是从“三个中心”到“四个中心”，从“四个中心”到“五个中心”；另一块是长三角，长三角世界级城市群的核心城市。

关于长三角世界级城市群的核心城市，“上海 2035”的表述是优化城市空间格局，主动服务“一带一路”建设、长江经济带发展战略，主动融入长三角区域协同发展，推动上海与周边城市协同发展，构建上海大都市圈，打造具有全球影响力的世界级城市群。

长三角，一直就是部门经济研究所紧盯着的。

夏禹龙生前，在说梯度理论时，就联系长三角，说了两者间的关系。他说当时中央虽未明确表态，但实际操作中还是有“按梯度理论执行之处”。

> 梯度理论的好处显而易见，但也确实进一步拉大了沿海与内地之间的差距。我曾写过报告，内容是关于成立长江三角洲经济区的建议。这份报告提交国家体改委，由时任主任薄一波批转全国，随即讨论筹备组建上海经济区。(引自 2014 年 11 月 11 日、18 日，夏禹龙口述实录)

1982 年 12 月 22 日，国务院下达《关于成立上海经济区和山西能源基地规划办公室的通知》，通知说，为了搞好国民经济管理体制的改革，通过中心城市和工业基地把条条块块协调起来，形成合理的经济区域和经济网络，国务院决定选两个点着手试验，进行探索。一个是以上海为中心，包括长江三角洲的苏州、无锡、常州、南通和杭州、嘉兴、湖州、宁波等城市；另一个是山西能源基地，以山西为中心，包括内蒙古准格尔、陕北和豫西的有关地区，逐步发展成以煤炭为中心的重化工基地。为了开展工作,国务院决定成立上海经济区和山西能源基地两个规划办公室,直属国务院,由国家计委代管,在上海和太原分设办公地点,由王林和郭洪涛分任主任。

1983 年 3 月 2 日,邓小平视察江苏、浙江、上海后回到北京,高兴说道,搞经济协作区,大家很高兴,这个路子是很对的。我主张不只是搞上海和山西两个经济协作区,也不要老是试点。经济协作有许多思想问题要统一,但现在要开步走。[①]

1983 年 3 月 22 日,国务院上海经济区规划办公室在上海正式成立。

1983 年 6 月 30 日,国务院急召苏、浙、沪两省一市党政一把手进京赴会,参加总理亲自主持召开的紧急会议。总理在当晚会上,对围桌而坐的地方官们明确说了国务院成立上海经济区的原因和主要任务,归纳起来,无非四点:首先,解决条块矛盾,解放生产力。因为经济工作中,常常碰到条条块块的矛盾,而现行的经济管理体制,长期按条条块块管理,这是必须解决的问题。其次,走依靠中心城市的路子。从经济上看,上海实际上是面向全国的,苏浙两地的一批中小城市,其实是上海的卫星城,但不能在行政上把这些城市划归上海。再次,要有个机构。这个机构专门搞研究,容易看出阻碍生产力发展的原因在哪里,先从规划做起。最后,规划是试验性质。通过这一区域的探索,在全国逐步形成以大中城市为依托,不同规模发散式网络型的经济区。

总理说完四点,最后来了一句:“希望同志们为打破地区、部门分割而奋斗!”

总理无意空喊口号,王林更实在。6 月 30 日后,国务院上海经济区规划办公室便组织大批专业人员对本区域内的经济状况展开全面调查,打算在此基础上着手编制上海经济区的发展规划。

1983 年 8 月,国务院上海经济区规划办公室召开了上海经济区规划理论研讨会,提出了“坚持改革、搞好规划、促进联合”的思路。

同年 9 月,江苏省省长顾秀莲、浙江省副省长翟翕武、上海市市长汪道涵在上海出席国务院上海经济区规划办公室第一次工作会议,商定编制上海经

① 中共中央文献研究室:《邓小平思想年谱》,中央文献出版社 1998 年 11 月第一版,第 250 页。

济区的“七五规划”和远景规划(至 2000 年),重点是经济区的能源、交通、外贸、技术改造、长江口和黄浦江及太湖治理等规划。此次会议还进一步明确了以大中城市为依托,形成各类经济中心,通过经济中心来组织和管理经济,形成合理的经济网络。

1985 年 3 月,上海经济区省、市长举行联席会议,通过编制经济区发展战略纲要的决定,由上海经济区研究会与国务院上海经济区规划办公室研究组牵头组成课题组。课题组 8 易其稿,费时一年多,拿出了《上海经济区发展战略纲要》。

即便以今天的眼光来看,这仍是一份不错的发展战略。《上海经济区发展战略纲要》明确提出:“建立上海经济区,是我国经济体制改革的一项重要探索。旨在充分发挥中心城市的中心作用,打破经济体制的僵化模式,逐步建立起具有中国特色的社会主义区域经济新体制。”在具体做法上,又清晰提出了“丁”字形概念:“把经济区沿江沿海的‘丁’字形黄金地段,逐步发展为我国经济最发达的经济带和港口城市群。上海和长三角的工业,主要向高、新、精、尖发展,向技术密集型和知识密集型发展。”

在《上海经济区发展战略纲要》的基础上,国务院上海经济区规划办公室又提出了“统一规划、择优发展、经济联合、建制不变、利益均沾、荣辱与共”的原则思路。

1986 年,汪道涵卸任上海市市长,继任国务院上海经济区规划办公室主任。

汪道涵雷厉风行,抓了自行车整合,搞成功了以国营大企业为主体、以“凤凰”“永久”等名牌产品为龙头的跨省市生产联合体。

在各省市的积极配合下,能源、交通乃至电力供应等问题也都得到了有效缓解。

那是上海经济区的蜜月期。蜜月期里的上海经济区不断扩容,甚至都有安徽、江西和福建三省的主动申请加入。国务院也曾批准上海经济区的范围由上海市及江浙两省 9 个市扩大为四省一市,即江苏、浙江、安徽、江西四个省全部和上海市。换言之,此时的上海经济区已扩大到除山东外的整个华东地区。

但“打破地区、部门分割”是双刃剑。计划经济模式下的财政“分灶吃饭”，经济指标按行政区考核，直接影响到跨行政区的所谓协调，只能做“加法”，不能做“减法”。自行车联合、电力增容，不影响各方财税，自然皆大欢喜。若要涉及减产业、砍项目，那就必然引来强烈反对。王志平(时任上海经济区研究会理事)清楚记得，即使在蜜月期，上海经济区每次开会，也是绝不能碰产业结构调整等敏感话题的。一碰敏感问题，会场气氛就会紧张。有好几次，王林开完会扭头就走，边走边摇头。

当时有人总结出苏浙两省至少有“五怕”：一怕上海工业污染转移；二怕以大吃小，吃掉自己优势行业和产品；三怕去肥存瘦，影响全省经济发展；四怕削弱农业基础；五怕财政收入减少。而在 1984 年召开的省、市长联席会议上，时任江苏省副省长的陈焕友亦直白坦陈：“江苏的苏州、无锡、常州、南通参加经济区，这是我省的精华部分。一个省的部分地区参加经济区，大家在实际工作中都感到有所不便。党政领导、行政区划、计划财政等都属省。同时，他们又是经济区的一个组成部分。在这种情况下，他们感到有些事情很难处理。省里管多了怕影响经济区统一领导，不管理吧，也不行。”

强扭的瓜不甜。

尽管邓小平说了两个大局，要求沿海地区加快对外开放，使这个拥有两亿人口广大地带较快地发展起来，从而带动内地更好地发展；尽管中央、国务院批了，再次发文，批转《长江、珠江三角洲和闽南厦漳泉三角地区座谈会纪要》，将长江三角洲正式辟为经济开放区；结果上海经济区规划办公室还是无声无息地成立，无声无息地撤销，连牌都没正经挂上。

国务院上海经济区规划办公室无疾而终，留下的只是一纸空文，一份编制得相当不错的《上海经济区发展战略纲要》，时间仅过 3 年。

国家计委的“计办厅〔1988〕120 号”文让汪道涵痛心疾首。

国务院上海经济区规划办公室的被撤销亦让部门经济研究所的专家们清醒地认识到中国问题的复杂性，凡事不能拔苗助长，期望值太高，超阶段。

随后，他们以足够定力，沉下心来，执着而不张扬地参与长江三角洲地区经济发展研究，相继完成有关长江三角洲地区经济发展研究的一系列课题，其中包括：长三角城市间功能定位、长三角和珠三角结构分析、长三角经济一体化与民营企业的对策、长三角与珠三角发展比较研究、长三角VS珠三角、长三角发展取向与上海新一轮经济发展等。

部门经济研究所的长三角研究,主要从两个方向来做。

一个方向是城市经济,一个方向是区域经济。

城市经济方面,主要是做长三角地区城市化与城市体系研究。

城市分布密集是长三角的一大特点。进入21世纪,由于国内外政治经济环境的日新月异,以及长三角本身经济规模、水平及构成等均发生深刻变化,城市化和城市体系的问题对长三角的经济社会发展显得愈加重要。部门经济研究所的城市研究中心就承担了一项上海市哲学社会科学规划课题"长三角地区城市化与城市体系研究"和一项自己所设立的课题"长三角及其主要城市产业发展的区域定位和协调互动",在上海市马克思主义学术著作出版基金资助下,出版了靖学青撰写的专著《长三角地区城市化与城市体系》,探讨了长三角及主要城市郊区化和空间扩展的过程,分析了郊区化的主要影响因素和经济社会效应,提出了克服城市郊区化负面效应的基本思路和对策,提出了在郊区选择适当数量和适当区位,建设高水平的新城副中心,以克服城市郊区化带来的问题的主张和思路。同时,靖学青的专著还探讨了长三角乡村地区的城市化,侧重研究小城镇发展的历程及特点、存在的问题及产生的原因,以及进一步发展的措施和对策。

靖学青认为,在长三角地区中,上海城镇化水平最高,属于高层次级别;江苏和浙江两省城镇化水平较高而且比较接近,属于中层次级别;安徽省城镇化水平相对较低,属于低层次级别。

靖学青还认为,长三角地区中,上海城镇化率最高,同时其经济发展水平也最高;安徽城镇化率最低,同时其经济发展水平也最低;江苏和浙江两省城镇化率位居中间,同时其经济发展水平也位居中间。

所以,靖学青的结论是,长三角地区城镇化水平是滞后的,这种滞后不仅表现在滞后于各自的经济发展水平、工业化和非农化进程,而且滞后于国外同等发展水平国家或者同样发展阶段的城市化水平,同时城镇化滞后程度也大于全国平均水平。这个问题很严重。这个严重的问题倒逼着上海以"质量式的城镇化"取代"数量扩张式的城镇化"。后者的表征是"乡村人口进入城镇成为城镇人口”和“农业用地变为非农业用地使城镇地域不断扩大”。前者所要求的则是“城乡居民(既包括本地居民,也包括外来的常住居民)素质和文明的提高,以及城镇建设用地的使用效率提高”。同样,这个严重的问题也倒逼着江苏和浙江早日完成“从快速城镇化到慢速城镇化的转折”,早日完成从“积极促进数量扩张式城镇化”到“重视质量提高式的城镇化”的“顺利过渡”。同样,这个严重的问题也倒逼着安徽以“充分利用区内外各种生产要素”的“有效措施”来“加快城镇非农产业发展”;以“扩大城镇容量来迎接不断进入的新城镇人口”;以“加快和加大城镇户籍制度以及与此相关联的福利制度改革的速度和力度”来“减少甚至消除城镇化的阻力”。①

至于城市体系部分,靖学青偏重于长三角地区城市等级规模结构的探讨,偏重于城市规模结构特点和城市分布区域差异的研究。他对以首位分布为主要特点的规模结构作了客观评价,分析了首位城市上海市崛起的原因及进一步发展的客观基础,最后提出城市规模结构优化的基本思路。

靖学青是经济学博士。1961 年生,主要研究区域经济与城市经济,曾主持 2004 年度上海市哲学社会科学规划课题“长江三角洲区域协调的组织结构和运作方式研究”,还参与了上海社会科学院科研处组织的重大研究课题《长三角城市群发展趋势研究》,负责撰写研究总报告。靖学青的《长三角地区城市化与城市体系》,不仅探讨了长三角及主要城市郊区化和空间扩展的过程,而且还探讨了长三角城市体系的产业结构,主要对其三次产业结构、第三产业结构、制造业结构和制造业产品结构进行了全面而系统的分析,对备受关注的制造业结构得出了有异于主流观点的结论,即长三角制造业结构并非“严重同构”,而是“存在程度较大的趋同现象”,并给出了其结构趋同的原因,最后对其制造业趋同进行了不同于主流观点的评价。

部门经济研究所的城市研究中心在深入研究长三角经济增长和产业结构变动的过程中,还分析了长三角各个层次区域经济增长的特征和问题,研究了长三角地区产业结构变动及其发展趋势,并提出有针对性的建设性对策建议,形成二十万余字的研究报告。同时公开发表的《产业结构高级化与经济增

① 靖学青:《长三角城镇化水平研究:评析、前景、建议》,《改革的深化与发展的升级》,上海社会科学院出版社 2014 年版,第 64—65 页。

长——长三角地区实证研究》[①]、《长三角地区产业结构变迁的协调性和一致性》[②]、《长三角区域经济增长趋同及其作用机制检验与分析》[③]、《结构变动与经济增长研究——对长三角地区的实证分析》[④]等论文,也都有新意,有价值,颇受业内同行好评。

区域经济方面,在部门经济研究所内,主要是做了长三角区域协调的组织机构与运行方式研究,做了上海在长三角地区中的经济地位和职能研究,做了上海经济发展中的资源约束问题及其解决途径研究。

首先,长三角地区在经济增长的同时,也出现了一些区域性的问题,比如区域性环境污染、基础设施体系不完善、产业结构趋同、吸引外资恶性竞争等,这些问题的出现很大程度上是由于长三角各城市地区之间缺乏横向协调引发的,而这个不协调又主要是由各城市地区行政部门的不协调引起的。因此,研究长三角区域协调发展问题,尤其是研究长三角协调发展的组织机构,以便具体落实一系列区域协调发展的措施对策,就显得异常重要和有意义。在这个研究领域,部门经济研究所的城市研究中心承担了一项上海市哲学社会科学规划课题,提交了研究报告,公开发表了一些学术文章和论文,诸如《国外大都市区管理模式》[⑤]、《创建长江三角洲城市群发展协调管理机构》[⑥]、《西方国家大都市区组织管理模式——兼论长三角地区组织机构的创建》[⑦]等,都很有分量,很有代表性。

其次,在长三角内部的十五个城市中,苏州、无锡、杭州、宁波等的经济增长速度都比上海快,快许多。在这种情况下,一些人自然产生了"红旗还能打多久"的担忧,深深担忧上海作为长三角地区经济中心城市的地位下降乃至不保。部门经济研究所的城市研究中心这就坚持问题导向,针对上海在长三角地区中的经济地位和职能进行专题研究,得出颇有见地的结论和对策建议,向市政协提交了提案,并且发表了《长三角主要城市产业发展的

---

① 《南通大学学报》2005年第3期。
② 《经济理论与经济管理》2005年第9期。
③ 《南通大学学报》2006年第2期。
④ 《南京师范大学学报》2006年第1期。
⑤ 《人民日报》2003年4月17日第十九版《经济专刊》。
⑥ 《上海改革》2003年第8期。
⑦ 《社会科学》2002年第12期。

区域定位和协调互动》[1]、《长三角发展与上海的经济中心地位》[2]、《上海经济中心地位的增强途径》[3]等。

随着长三角愈益成为部门经济研究所的重点研究领域，部门经济研究所的研究人员越来越多地承接这一方面的课题，深入这一方面的调研、探讨。杨建文的市社科规划 2001 年度课题《长江经济带：新世纪中国的区域发展战略》、论文《论长江三角洲都市圈的发展战略与上海国际大都市的建设方略》(2003 年)、陈家海的市社科规划 2003 年度系列课题子课题《长江三角洲地区提升综合竞争力研究》、陈家海、樊福卓等的论文《长三角产业结构调整升级与防止重复建设》(2004 年)、王贻志、王振、顾丽英的论文《长江三角洲地区产业整合研究》(2000 年)、靖学青的论文《长江三角洲与珠江三角洲产业结构比较》(2003 年)、《长三角主要城市产业发展的区域定位与协调互动》(2004 年)、樊福卓的论文《长江三角洲地区的制造业分工》，也都濯去旧见，以来新意，生动体现了部门经济研究所的学术水平。

部门经济研究所的长三角研究，在习近平"空降"上海、主政申城后更是发力加速，调快节奏。

习近平"空降"上海是在 2007 年 3 月 24 日。

2007 年 3 月 24 日，星期六。

上午，宁波市国家高新技术产业开发区揭牌，习近平致信祝贺，以"鲲鹏展翅搏长天"勉励这个经国务院批准、刚刚升格为国家级的高新开发园区能对"促进(浙江)经济又好又快发展"发挥重要作用。

作为 24 小时后就将卸任的省委书记，这是习近平在浙江最后履行自己的公务。

下午，中共上海市委在延安中路 1000 号上海展览中心三楼召开全市党政负责干部大会，贺国强(时任中共中央政治局委员、中央书记处书记、中央组织部部长)宣布中央关于市委书记的最新任命并讲话。贺国强说，中央对上海的工作一直十分重视。这次上海市委书记的配备，是从全国工作的大局出发，充

---

① 《上海经济研究》2004 年第 3 期。
② 《上海经济》2005 年增刊。
③ 2005 年 9 月 12 日《上海综合经济简报》。

分考虑上海市的特殊地位和领导班子建设的实际,根据工作需要和干部交流的精神,经过认真比选、反复酝酿、慎重研究决定的。

贺国强强调指出,习近平同志政治上强,有较高的思想政策水平;熟悉党务和经济工作,宏观决策能力比较强,领导经验丰富,组织领导和驾驭全局能力强;注重抓班子、带队伍,坚持民主集中制原则,讲究领导艺术和工作方法;作风深入务实,关心群众;处事稳重,公道正派,善于团结人,要求自己严格。中央认为,习近平同志担任上海市委书记是合适的。相信习近平同志一定会在中央的正确领导下,紧紧依靠市委、市人大、市政府、市政协领导班子和全市广大干部群众,解放思想,与时俱进,开拓创新,扎实工作,进一步加快改革和发展步伐,推动上海市经济和社会各项事业不断取得新的成绩。

当日下午 4 时许,新华社对外正式发布这一消息,那是一条 30 多字的简短电讯:"日前,中共中央决定:习近平同志任上海市委委员、常委、书记。"

对于中央"决定"调自己"到上海工作",习近平认为这是"党和人民"对他的"信任和重托",所以,他在全市党政负责干部大会上表态,表示"坚决服从",一定"不负重托,不懈努力,忠实履行自身职责,兢兢业业做好工作"。同时,因为"深感责任重大",他又举重若轻,说了三"要"三"好",那就是:一要当好学生;二要当好公仆;三要带好队伍。

三"要"三"好"的履新感言,在网上引来网友们的点赞一片。网友们集体发声,喊话习近平:"上海不仅是上海人民的上海,更是中国人民的上海。叫一声习近平同志,党和国家把大上海交给你了,请勿负人民重托!"

不负人民重托,习近平履新三周,便在崇明岛上畅谈联动长三角,服务长三角。

在长江隧桥工程建设工地,习近平对隧桥建设者们说,长江隧桥建设对推动崇明发展、上海发展,推进上海与长三角合作交流意义特别重大。希望大家再接再厉,奋力拼搏,确保安全,以一流成绩完成任务,为上海进一步发展建功立业。

在城桥镇人民路,习近平与崇明县党政干部恳切座谈,又说崇明拥有地理位置、生态环境、土地资源、岸线条件四大优势,是上海可持续发展的重要战略空间,是上海进一步联动长三角、服务长三角的前沿。崇明一定要切实加快推进现代化生态岛建设，促进城乡、区域、经济社会协调发展，促进人与自然和谐发展；进一步开拓与长三角地区优势互补、联动发展的新路子，推动长三角合作与交流向全方位、深层次发展，为加快长三角地区经济一体化进程做出更大贡献。

关于长三角的“优势互补、联动发展”，习近平早在主政浙江时就已提出。习近平最早倡议建立沪苏浙三省党政主要领导定期会晤机制。2003 年 2 月，习近平在杭州接受《浙江日报》专访时说过一个长句，专论沪苏浙三省党政主要领导定期会晤机制的建立。他说完善的合作机制是加强经济合作、推动区域经济健康有序发展的内在要求和重要保证，“要从政府、企业、民间等多方着手，健全合作机制，建议建立沪苏浙三省市党政主要领导定期会晤机制，坚持和完善沪苏浙经济合作与发展座谈会制度，进一步探索建立有组织、可操作的专项议事制度，积极推动各类经贸活动的开展”。

春到人间草木知。长三角区域合作的骤然升温迎来了万象更新的“长三角元年”，亦在一定程度上冲淡了那年头上“非典”突袭的暗色。

一切归功于习近平的高瞻远瞩，归功于习近平对于专项议事制度的偏爱。他是“实干兴邦”派。他从来认为，只有“专项”专议，形成“制度”，才能“踏石留印、抓铁有痕”。所以，他“求真务实，真抓实干”，“一干到底”，最烦“换一届领导就兜底翻”，“空洞的新口号满天飞”。所以，2003 年，他提“八八战略”，搞“攀龙附凤”“比翼齐飞”。2007 年，沪浙两地同时“换一届领导”，习近平又在上海展览中心中央大厅，在上海市第九次党代会的庄严讲坛上，以“一加二大于三”的精妙启迪来展望“长三角联动发展”的美好前景：

> 立足国家战略，站在全局高度，充分发挥中心城市综合服务功能，更好地服务长江三角洲地区、服务长江流域、服务全国。进一步推动长江三角洲地区联动发展。按照国家的统一规划、统一部署，健全合作机制，拓展合作范围，以推进基础设施一体化为重点，深化交通、科技、环保、能源、信息化、社会诚信体系等方面的合作，促进市场流通和产业协作，不断增强综合实力、创新能力、可持续发展能力和国际竞争力，共同推动长江三角洲地区在科学发展与和谐社会建设上走在全国前列。积极促进与长江

流域、中西部地区和东北地区的互动发展。依托上海国际航运中心建设，以合力建设长江“黄金水道”为重点，共同推动长江流域经济社会协调发展。①

2007年6月21日下午，习近平又与兄弟省区市驻沪办负责人座谈，江苏省、江西省、云南省和黑龙江省政府驻沪办的负责人都说上海支援全国，尽心尽力。习近平说上海是全国的上海，这些年取得的发展成绩，归功于党中央的正确领导、上海广大干部群众的不懈努力，同时也离不开全国各地的大力支持。面向未来，上海的发展，更需要大家的继续支持。我们将按照中央精神，结合上海实际，把未来发展放在中央对上海发展的战略定位上，放在经济全球化的大趋势下，放在全国发展的大格局中，放在国家对长江三角洲区域发展的总体部署中来思考和谋划。进一步推动长江三角洲地区联动发展；进一步促进与长江流域、中西部地区和东北地区的互动发展；进一步加大对口支援力度，完善帮扶协作的长效机制。

习近平话音未落，便亲自率团赴浙、苏考察，学习浙江、江苏解放思想、开拓创新、推动经济社会发展所取得的经验；调研浙江、江苏提升国际竞争力、完善市场体系、发展民营经济、改善生态环境、解决民生问题以及加快重大基础设施建设等方面的做法；探讨浙江、江苏、上海三省市加强长三角区域统筹协调发展的新思路和新举措。

长三角一盘棋。

2007年这就因习近平的虚怀若谷、穿针引线，因国务院常务会议原则通过《进一步推进长江三角洲地区改革开放和经济社会发展的指导意见》《进一步推进长江三角洲地区改革开放和经济社会发展的指导意见》首提“一体化”、以“一体化”作为国务院对于国内区域发展的第一个规划性要求而又有了“泛长三角元年”的称谓。

从“长三角元年”到“泛长三角元年”，从“未来时”到“现在进行时”，从“全

① 习近平：《坚定走科学发展之路加快推进“四个率先”，努力开创“四个中心”和社会主义现代化国际大都市建设的新局面——在中国共产党上海市第九次代表大会上的报告》，《文汇报》2007年5月30日。

球制造业中心"到"以现代服务业为主"，从"地区层面"到"国家层面"，其间又是5年。这1 800多个日日夜夜，说长不长，说短不短。

有人用"等待"一词概括这说长不长、说短不短的五年。他们说他们一直在等待大幕真正开启的那一刻。部门经济研究所则不然。他们积极进取，不消极等待。他们的团队，锲而不舍地工作了1 800多个日日夜夜，他们的成果足以印证他们的艰辛和勤勉。他们的建议始终坚持长三角共建"四个中心"的立场。他们认为长三角经济规模占全国经济的22%左右，而珠三角则为10%。浙江、江苏、上海和中央有关部门要加强统筹协调，完善合作机制，创造性地开展工作，不断增强长三角地区对全球的辐射能力、扩张能力，在全国的区域发展中起表率作用，为中国其他地区经济的发展创造机遇，打开空间。

当然，尺有所短，寸有所长。部门经济研究所的研究不是光说长三角的优势，也客观关注长三角的不足。所谓不足，在部门经济研究所的专家看来，那就是不能只注意调整内部成员间的关系，而不对区域经济能量的外扩、本区域与周边地区的协同发展进行更多更深入的思考。

长三角的发展不仅需要区域视角，也需要全国视角。部门经济研究所的专家如是说。

要以长三角的先发带动效应，为国家发展战略作更大贡献，厉无畏如是说。

> 将长三角地区打造成中国区域一体化发展的示范区，具有特殊意义。加快长三角区域一体化进程可以解决政府行政壁垒所造成的市场分隔、要素利用率低等问题。发展长三角地区作为国家战略之一，其核心内容是打破地方保护主义，建立区域共同市场，进而形成中国统一市场，力争缩小中国在东西部、城乡之间的差别，创造和谐社会。[①]

打破地方保护主义，建立区域共同市场，进而形成中国统一市场，力争缩小中国在东西部、城乡之间的差别，创造和谐社会，不正是汪公道涵先生梦寐以求、为之奋斗许久、几乎耗尽晚年所有心血的吗？国务院上海经济区规划办

---

① 厉无畏：《经济全球化与长三角地区发展战略》，《厉无畏学术文集》第四卷，上海科学技术文献出版社2015年版，第50页。

公室研究组牵头编写的《上海经济区发展战略纲要》所再三强调的，不正是“充分发挥中心城市的中心作用，打破经济体制的僵化模式，逐步建立起具有中国特色的社会主义区域经济新体制”吗？不正是“把上海经济区沿江沿海的‘丁’字形黄金地段，逐步发展为我国经济最发达的经济带和港口城市群”，从而带动整个长江流域乃至内陆纵深的经济“向高、新、精、尖发展，向技术密集型和知识密集型发展”吗？可是，没有“政府从制度和政策层面上实现突破和创新”，“政府行政壁垒”实难打破，“政府行政壁垒所造成的市场分隔、要素利用率低等问题”更难根治。

> 目前长三角地区在区域融合上已经有了一些进展，但还缺乏实质性的行动。五年前《长三角人才开发一体化共同宣言》正式颁布，此后长三角地区两省一市先后共同签署了《关于建立高层次人才智力共享机制的协议》等十个制度层面上的合作协议。目前长三角地区已有部分职称实现“资格认定”。2007 年 12 月 2 日，《公司股份出资登记实行办法》和《苏浙沪三省市外商投资企业登记注册合作交流六项措施》出台，标志着三地工商部门率先在拆除行政藩篱、创造地区统一的市场准入环境方面有了较大的突破。然而，资本、服务等领域内的合作方面存在的问题很多，截至 2007 年 6 月，大约有 7 000 家浙江民营企业撤离上海，据称其中一个主要原因是由于上海市对经济资源的获得、市场的准入不够公开、公平，以及金融领域、公共服务市场对民资开放程度太低造成的。再如，在太湖流域水环境系统涉及不同省市和地区，在管理和治理上存在许多局限性。在太湖污染治理问题上，苏州、常州、无锡、湖州之间互相推诿，矛盾不断，致使太湖污染治理长期陷入“囚徒困境”。①

“囚徒困境”(prisoner's dilemma)是一个经典模型，有关非零和博弈，先由梅里尔·弗勒德(Merrill Flood)和梅尔文·德雷希尔(Melvin Dresher)提出，再由艾伯特·塔克(Albert Tucker，美国普林斯顿大学教授、兰德公司顾问)以

---

① 厉无畏：《经济全球化与长三角地区发展战略》，《厉无畏学术文集》第四卷，上海科学技术文献出版社 2015 年版，第 50—51 页。

囚徒方式予以演绎。这个模型早在1950年就已面世，之所以历久弥新，极具代表性，那是因为现实生活中的价格竞争、环境保护、人际关系等方面，都能套用这一个模型来诠释零和博弈的最基本特征就是非合作，就是单一个体的最佳选择并非一统团体的最佳选择。

譬如太湖综治。

太湖综治完全可以倚靠群策群力实现双赢乃至多赢。

习近平主政浙江时也已明确表态，要利用好湖，开发好湖，做好太湖综合治理开发的文章。

但2007年的春末夏初，太湖蓝藻暴发，厉无畏直白说出的“囚徒困境”，还是再次上演，让人无言。

2007年5—6月间，江苏太湖突发蓝藻严重污染，600多万无锡人深陷饮用水危机。当时，我打前站，先期赶到梅村，筹办博古(秦邦宪)诞辰百周年纪念，入住香梅国际大酒店，一家开业仅两个月的四星级涉外旅游宾馆，吃惊地发现水龙头里放出来的水，脏黑奇臭，一如下水道里的污垢，不仅不能喝，甚至不能用。

于是，流言螽起，上海成替罪羊，传得最多的是“从1987年开始，每年排入太湖流域的污水达360亿吨，其中上海占二分之一，80%未经处理”。

习近平就任中共上海市委书记后的首次学习考察江苏是在2007年的7月24日至26日。习近平的学习考察带了一个阵容齐整的代表团，长长的代表名单上除了市委书记、市人大常委会主任、市长、市政协主席，还有浦东新区区委书记、市委秘书长、市农委主任和世博会执委会专职副主任等。

从公开报道来看，中共江苏省委领导在24日下午的两省市经济社会发展座谈会上谈到了苏、沪两家“共同抓好长三角区域规划的实施，积极推进区域间生态环境共保”问题，韩正(时任中共上海市委副书记、上海市市长)的回应也涵盖了“深化环保合作，建立协同治理环境污染的机制”。但李琪清楚记得，当时的原话，江苏方面责难上海方面的原话，并不那么好听。

李琪，1955年生，硕士生导师、教授，浙江苍南人，历任中共上海市委党校学术秘书、副教育长、副校长、上海行政学院行政学教研室主任、副院长，时任中共上海市委研究室副主任，是习近平“学习考察之旅”的随行人员。

李琪说事发现场，上海人急了，想站出来辩驳：“按照1998年的规划，整个太湖湖面的养殖面积要压缩到1.5万亩,但最新曝光的太湖围网养殖的实际面积近20万亩,对整个太湖总磷总氮的贡献率在15%左右。”急于辩驳的人又想说:“根据江苏方面公布的最新数据,无锡全市化工企业近3 000家,苏州市2 200多家,常州市2 400多家,无一例外,都把太湖当废水池。所有工业污染物,无论处理过的,还是没处理的,都往太湖排放。”急于辩驳的人还想说:“2001年9月3日,一位中央领导视察江苏宜兴周铁镇,看到了地方政府和污染企业合伙导演的一幕闹剧,剧中有污染企业的临时停工,有从来不开的污水处理系统难得一开,有把有问题的原材料统统藏进仓库,有在厂门口的河水里投放生石灰中和,有在小河道的上游筑坝、抽干水、淘尽污泥、注入干净水源、投放200公斤鱼苗、雇两个老人在河边垂钓。”

但情急之人终究没有辩驳,习近平的虚怀若谷稳住了他们。

习近平沉稳、大度,不急被诬,只急“太湖治理年年做,污染一年重一年”。

习近平襟怀坦白、举重若轻,不屑于无谓争论,只关心水污染带给无辜百姓的切肤之痛和“东上高山,雪涛烟浪”的不保,环太湖都有责任。共同“犯罪”、法不责众的乱象再也不能继续下去。

习近平始终面带微笑,做着笔记,虚心倾听批评。

有则改之,无则加勉,习近平有的是海量,上海有的是海纳百川,追求卓越,开明睿智,大气谦和。

上海不以邻为壑,不推诿塞责,不作茧自缚,否则解不开“囚徒困境”。上海紧随习近平前行,从“绿水青山就是金山银山”到“共抓大保护,不搞大开发”,始终把生态优先、绿色发展摆在首位,自觉抵制任何形式的条块分割、无序竞争、抢占资源、产业同构。

长江经济带的各个地区、每个城市都应该也必须有推动自身发展的意愿,这无可厚非,但在各自发展过程中一定要从整体出发,树立“一盘棋”思想,把自身发展放到协同发展的大局之中。实现错位发展、协调发展、有机融合,形成整体合力。①

① 习近平:《在深入推动长江经济带发展座谈会上的讲话》,《解放日报》2018年6月14日。

为综治“一盘棋”，为“共抓大保护，不搞大开发”，上海贡献了崇明案例，世界级生态岛建设。

崇明已有 1 400 年历史，既是中国第三大岛，更是世界上最大的河口冲积岛。

崇明集沙成岛，填海造陆，以“沙六子”的“辟草垦土，易而为田”，变周而复始的“海坍精光”为“形如蕉叶，广长裹隘”的“崇高明远”“东海瀛洲”。

崇明一直是一个农业县。1958 年末，崇明改隶上海市就是作为蔬菜和副食品用地。但 1986 年至 1988 年，崇明的工业有了自己的突飞猛进、独领风骚阶段，属工业产值绝对额在上海市郊连中三元，高居榜首。崇明生产的远东冰箱、方方洗衣机、葵花吊扇、万里电吹风等日用电器，甚至远销美国、日本、意大利、新加坡、中国香港等上百个国家或地区。

然而，福之所倚，祸之所伏。传统的工业化之路，非常规的弯道超车，不仅没有带来真正意义上的发展，反而因为落后产能的转移，同城效应的负面影响，崇明的自然资源浪费严重，生态环境破坏不轻。

痛定思痛，上海果决上报《上海市城市总体规划(1999—2020 年)》，把崇明作为 21 世纪上海可持续发展的重要战略空间；崇明由此就有了一个“全国一流的以绿色食品为中心的生态农业基地”的定位和在这定位下的关、停、并、转、迁重污染企业；部门经济研究所及时响应，在 1988 年完成了“崇明县经济科技社会发展战略规划研究”并获上海市科技进步二等奖后，又由周冯琦同步跟进，完成了课题“从生态足迹看上海的可持续发展”①和“上海建设低碳城市的挑战和机遇”②。

2016 年 1 月 5 日，习近平在重庆召开推动长江经济带发展座谈会，就推动长江经济带发展发表重要讲话，强调当前和今后相当长一个时期，要把修复长江生态环境摆在压倒性位置，共抓大保护，不搞大开发；部门经济研究所趁热打铁，以王晓娟(1977 年生，博士，副研究员，主要研究领域包括产业集聚、产业网络和区域经济学等)为首席专家，完成了市级哲学社会科学规划系列课题“上海积极参与长江经济带建设战略模式研究”。

① 周冯琦：《从生态足迹看上海的可持续发展》，《上海经济研究》2007 年第 11 期。
② 周冯琦：《上海建设低碳城市的挑战和机遇》，《上海节能》2010 年第 2 期。

2016 年 7 月 22 日，中共上海市委、市政府举行“崇明撤县设区”工作大会，崇明就此“上岸”再出发，从“生态”向着“生态＋”，从“生态＋”向着“＋生态”，从“＋生态”向着“全生态”；张兆安就备受鼓舞，争先发言，在 2017 年 3 月 5 日下午，在人民大会堂上海厅参加十二届全国人大五次会议上海代表团审议时，当面向习近平说到了崇明，崇明的世界级生态岛建设。

张兆安，1959 年生，经济学博士，博士生导师，历任上海社会科学院部门经济研究所农村经济研究室研究员、工业经济研究室企业发展研究中心副主任、工业经济研究中心副主任，上海市人民政府发展研究中心咨询部主任，《上海经济年鉴》社主编，民建上海市委专职副主委、民建中央委员、经济委员会副主任，时任全国人大代表、上海社会科学院副院长。

张兆安对习近平说，全体崇明人希望总书记再去崇明看看，希望中央能在国家层面上更多关注、支持崇明建成世界级生态岛。习近平微微笑了，说他 2007 年去了崇明，一晃十年，十年没去了。韩正说崇明现在提世界级生态岛，就因为 2016 年 1 月 5 日，总书记在重庆召开长江经济带发展座谈会，提了共抓大保护，不搞大开发。习近平问：“那块地还在长，是吗？”韩正答：“对，现在已有 1 400 多平方公里。”习近平又问：“他们那里通大桥了是吧？”韩正又答：“全通了。”习近平再问：“那人流会不会多起来？”韩正再答：“崇明常住人口规模控制在 70 万左右。还有高层建筑也有控制。现在崇明，搞的是中国元素，江南韵味，海岛特色，建筑不能超过 18 米，超过 18 米的建筑都得拆。”

超过 18 米的建筑都得拆，第一要拆的就是刚在陈家镇上兴建立起的智慧岛数据产业园。智慧岛数据产业园由上海市人民政府拍板批建，是上海实现“创新驱动，转型发展，示范辐射”的一个重要举措，是上海建设“智慧城市”的重要支撑，也是上海对接国家战略性新兴产业的一个载体。园区的建成将使上海的信息产业及现代服务业达到全国领先地位。但以绿色无污染为入园先决条件的“智慧岛”生生碰上 18 米的限高。18 米的限高业已写入崇明世界级生态岛发展“十三五”规划，规划不仅明确符合条件的新建建筑必须 100％采用预制装配式技术，而且摸高原则控制在 18 米以下；建设中的“智慧岛”不得不拆。

“智慧岛”要拆，造好了也要被削。反观同一岛上，北滩飞地，域外辖区，却是连傍带蹭，热炒生态卖点，大盖成片楼宇，没一栋不是十几、二十几层高。显然,反各自为政,破政府行政壁垒,还有很长的路要走。

> 太湖蓝藻事件发生后,如何应对日益严重的流域性污染,实行共防共治,更是成为长三角地区一体化发展的重要议题。共防共治,其内涵包括了共同规划、共同检测、共同处罚、共同建设、共同出资、共同补偿等。[1]

厉无畏一口气说了六个“共同”,其背景是“全球化”,是“国际、国内区域合作大区域化”,是“中国经济继续快速发展”。对此,孙福庆在他与人合著的《上海产业发展——基于长三角、珠三角、环渤海三大经济圈比较的视角》里也是特别强调了的。孙福庆认为,当代世界经济发展的一个重要特征是国际经济一体化。在国际经济一体化的进程中,区域经济一体化的趋势也在日益加强。目前世界上共有各种形式和规模的区域性经济集团(不包括单纯合作开发自然资源和论坛性质的组织)24 个,参加的国家多达 140 多个。可见,区域经济一体化运动已遍布全世界,并在明显加快的步伐中,呈现出“区域重叠、区内套区”的特点,突破了区域性经济一体化只能根据相同的经济发展程度组成的传统模式,即不同的经济发展程度亦完全可以组成经济一体化组织,这对中国是很大启示。机不可失,时不我待。长三角、珠三角、环渤海三大经济圈的区域一体化务必只争朝夕。

> “人心齐,泰山移。”推动长江经济带发展不仅仅是沿江各地党委和政府的责任,也是全社会的共同事业,要加快形成全社会共同参与的共抓大保护、不搞大开发格局,更加有效地动员和凝聚各方面力量。要强化上中下游互动协作,下游地区不仅要出钱出技术,更要推动绿色产业合作,推动下游地区人才、资金、技术向中上游地区流动。要鼓励支持各类企业、社会组织参与长江经济带发展,加大人力、物力、财力等方面投入。[2]

---

① 厉无畏:《积极推动长三角区域一体化发展》,《厉无畏学术文集》第四卷,上海科学技术文献出版社 2015 年版,第 86 页。

② 习近平:《在深入推动长江经济带发展座谈会上的讲话》,《解放日报》2018 年 6 月 14 日。

中共十九大后，上海的领导班子又有调整，中央决定李强接替韩正出任中共上海市委书记。

2017 年 12 月 6 日至 7 日，李强、应勇率上海市党政代表团赴安徽、江苏、浙江学习考察，与安徽省委书记、省人大常委会主任李锦斌，省委副书记、省长李国英；江苏省委书记娄勤俭，省委副书记、省长吴政隆；浙江省委书记、省人大常委会主任车俊，省委副书记、省长袁家军等共同谋划长三角一体化发展大计。

最先加入长三角的安徽城市是合肥和马鞍山。之后是芜湖。再后是安庆、滁州、宣城、铜陵和池州。2016 年 5 月 11 日，国务院常务会议审议通过《长江三角洲城市群发展规划》，其中的最大亮点，就是安徽的 8 个城市正式成为长三角城市群成员。李锦斌说，安徽和上海江水相连、人缘相亲，皖沪合作渊源深厚、基础坚实。李强说，我们要进一步加强区域发展规划对接，推动重大国家战略和改革联动，提升长三角重大专项合作质量，加快建立统一开放协同的市场体系，建立健全更有力的合作机制、推进机制。

2018 年 1 月 24 日，中国人民政治协商会议上海市第十三届委员会第一次会议举行“发挥世界级城市群核心城市作用，推动长三角地区一体化发展”专题会议，李强向委员们通报了当前推进的四方面重点工作：一是加快组建长三角区域合作办公室，完善长三角合作常态长效体制机制。二是研究制定长三角一体化发展三年行动计划。三是加快构建综合交通网络，提升互联互通水平。四是加强生态环境共治共保，全力推进大气和水治理协作，共建绿色美丽长三角。李强说，长三角一体化发展已经到了全面深化的阶段，我们要以习近平新时代中国特色社会主义思想为指导，进一步统一思想、形成合力，在规划对接、改革联动、创新协同、设施互通、公共服务、市场开放六个方面加强聚焦，深入推动长三角城市群高质量发展。

对标习近平新时代中国特色社会主义思想，对标当前推进的四方面重点工作，对标长三角一体化发展已经到了全面深化的阶段，应用所的长三角研究也与时俱进，有了全新课题、全新定位、全新方向。围绕怎么看、怎么干、近期做些什么，应用所的专家团队精准选项，越来越将他们的研究聚焦于改革联动，让重要改革试点、改革举措的成果率先在长三角复制推广，放大改革叠加效应。聚焦于创新协同，共建科技创新服务体系，共享科技创新设施资源，共同打造全球领先的科技创新高地。聚焦于设施互通，加强路网互通、信息互通，推动实现数据共享开放。聚焦于公共服务，鼓励优质资源共建共享，深化区域医疗、教育、养老合作。聚焦于市场开放，加快建设区域统一开放市场。孙福庆说，五个聚焦于，一个共同点，那就是：一体化不是一样化，长三角三省一市的发展各有优势特色，要充分认识上海未来的发展离不开加强区域协同，增强全球要素配置能力离不开区域协同发力，要更加自觉、更加主动地推动长三角一体化发展迈向全面深化的阶段。

> 破解当前长三角一体化发展缓慢的态势，从三省一市层面提出建设“长三角湾区”，采取分步走的形式，由小及大，在湾区内率先突破行政壁垒，深化经济联系，可以扭转和统筹当前分散发展的格局，提升上海对外开放的首位城市功能，更好地服务和落实国家战略。[①]

关于“长三角湾区”的具体定位，李湛和王晓娟在《新时代长三角一体化发展的新路径与新机制》中主要说了四大块：一、制度创新和科技创新并重的创新湾区；二、深耕全球价值链的开放湾区；三、以海洋产业为特色的战略性新兴产业湾区；四、以金融服务集聚为主导的金融湾区。

李湛和王晓娟认为，在规划层面，江苏已提出要建立“扬子江城市带”，浙江已提出要建立“杭州湾城市群”，上海已提出要建立“上海都市圈”，这都倒逼长三角一体化发展的升级。

李湛和王晓娟不反对“杭州湾区”“通州湾区”等概念的“呼之欲出”，但又提醒有识之士更多关注“地方利益的驱动，以及缺乏区域内产业发展规划的协调，导致长三角地区的产业结构严重趋同，各城市处于相对分散的发展状态，生产布局重复，产业结构同化，产业集中度较低，低水平重复建设比较明显”。

关于“地方利益的驱动”，李湛、靖学青、李娜（上海社会科学院城市与人口发展研究所副研究员）、王晓娟和张彦（上海社会科学院应用经济研究所助理

① 李湛、王晓娟：《新时代长三角一体化发展的新路径与新机制》，《上海经济》2013 年第 3 期。

研究员)在国家高端智库课题“长三角一体化发展的举措、经验及启示”中,还针对性更强地说到了“制度合作是最深层次的,也是最难的”。正是“深层次一体化制度合作的缺失”,客观造成“在长三角地区的合作中,相较于基础设施建设,体制建设显得更为复杂和困难”。[①]

英雄所见略同。干春晖在“同城化时代长三角城市群经济发展的机遇与挑战”研讨会上的发言,也突出说到了长三角城市的联动发展任重道远,因为“省与省之间、市与市之间、地区与地区之间的壁垒仍然很高”。

2010 年 7 月 30 日的“同城化时代长三角城市群经济发展的机遇与挑战”研讨会由上海市经济学会、上海市政府发展研究中心、上海发展战略研究所、上海财经大学财经研究所、《科学发展》杂志编辑部共同主办,来自上海、江苏、浙江、安徽等地的六十多位专家、学者共聚上海财大,热烈讨论了长三角区域一体化发展国家战略及长三角城市群“同城化”趋势。讨论中,干春晖借用《世界是平的》[②]一书的书名来描述长三角的同城化已使“长三角更平”。干春晖说,由高铁、动车、高速铁路网,以及虹桥交通枢纽这些基础设施为代表的一些交通设施的改善,已使长三角变得更加平了,它给长三角的城市带来了一种新的时空观,同城化的时代,我们开始考虑在不同城市间生活、学习。同城化给长三角城市的产业结构调整和产业结构升级带来了新的机遇。

> 我们知道资本被货币化、电子化以后,在世界上可以很快地流动,但是有一些服务是不能完全依赖于电子化的。同城化和交通设施的改善,为发展这些服务业带来了很好的机遇。事实上,省与省之间、市与市之间、地区与地区之间的壁垒仍然很高,同城化也给政府之间的协调带来了新的挑战,你能够顺应这种潮流,就能够给发展注入新的动力。[③]

当时的干春晖还是上海财经大学科研处处长,而今已是上海社会科学院

---

① 李湛、靖学青、李娜、王晓娟、张彦:《长三角一体化发展的举措、经验及启示》,2017 年 6 月 26 日,未刊稿。

② 托马斯·弗里德曼:《世界是平的》,湖南科学技术出版社 2006 年版。

③ 《我所主办的“同城化时代长三角城市群经济发展的机遇与挑战”研讨会成功举办》,上海财经大学城市与区域科学学院、财经研究所网 2010 年 8 月 5 日。

副院长兼应用经济研究所所长。今天的干春晖对长三角一体化发展问题又将如何说呢？我们不得而知。但他对于区域一体化的态度一定正面，一定积极。因为他一直就是通过科技、文化、资源要素的共享，走同城化之路，推进、推动世界级城市圈崛起的促进派。

有人说中国正处于新旧动能转换的关键阶段。按照三分之一的新经济体量，每年12%左右的增速，如要翻一番，至少还要六年时间。更致命的是部分长三角、珠三角地区从事代工制造的企业一直处于产业链的底端，毛利率只有4%左右，净利润只有1%左右，长期在盈亏点上艰难挣扎。干春晖则说，"中国经济新旧动能转换"有六大变量。在这六大变量中，第一值得关注的就是区域产业升级孕育着巨大的动能。也就是说，珠三角城市新技术驱动的产业不断发展，极大带动了城市区域发展；长三角和珠三角一些地区已经完成了新旧动能转换；中部地区承接产业梯度转移，按照梯度转移理论同样可以获得经济增长的动力，因此中部地区有后发优势，西部地区正在成为中国经济增长的后起之秀。

总之，区域第一重要。地区间的产能结构和经济动能不同，中国东中西部的新旧动能转换的逻辑依然存在。

这依然存在的逻辑，给予长三角的今天和明天，无穷美好的遐想。

# 第二十章 “苏荷”中国化

四卷本的《厉无畏学术文集》[1]，大一半在说创意产业。

那天去部门经济研究所开会，听退休老人们缅怀过往四十年，罗惠芬张口就说田子坊。陶秋贞更是喜形于色，说田子坊要保，阻力太大，都说要拆，还不让报道。全靠厉无畏力挽狂澜，去了许多次，执意要保，说保留不是维持现状，而是根据城市的发展进行重新规划设计，在保护旧里弄、老厂房和发展创意产业的前提下，合理开发和扩展这个地块的功能，与不断完善的城市功能接轨。后来，《人民日报》主任记者娄靖撰文报道，发在 2006 年 9 月 11 日的《人民日报》上，说对比主流模式，田子坊“没有国家的资金投入，只有文化注入；没有土地价值的开发，只有文化资源的挖掘；没有居民的动迁，却有城市形态的更新、功能的提升；没有原建筑的拆除和建筑材料、能源的消耗，却能改善群众生活，使社会财富总量增值；没有居民动迁和商家卖房的冲撞，只有一种市场机制的理性调节与和谐社会的形成”。于是，市领导连夜打电话给厉无畏，求证娄记者的背后是否有他。市领导的直觉反应没错。冰冻三尺非一日之寒。厉无畏跟这位《人民日报》主任记者早在两年多前就有互动，在田子坊问题上配合默契，发声连连。譬如 2004 年 7 月，娄靖专访厉无畏，厉无畏跟她一起“为保护上海‘苏荷’而呼吁”，强调“泰康路地块面积不大，但人文价值很高”。它“唤醒了被人淡忘的海派文化意象”。它“对人文、对历史的召唤，有弥足珍贵的社会意义”。[2] 又譬如同年 7 月 22 日，娄靖安排厉无畏在《人民日报》上实名发文，

---

① 厉无畏：《厉无畏学术文集》，上海科学技术文献出版社 2015 年版。

② 娄靖：《构筑上海“苏荷”——访上海社会科学院部门经济研究所所长、研究员厉无畏》，《人民日报 · 华东新闻》2004 年 7 月 8 日。

以“上海市人大常委会副主任，上海社会科学院部门经济研究所所长、研究员”名义，声称“北京的798工厂、上海的泰康路艺术街和春明都市工业园区等集聚了一批以艺术创作、设计、展示和交易为主要业务的公司”，它们“有望成为我国城市新一轮发展中的亮点”。即使“从经济上看，利用老厂房、旧仓库，发展文化创意产业，改造成本低，产生的附加值高，不仅可为城市增添历史与现实交融的文化景观，而且对城市经济发展亦能产生巨大的推动作用”。① 再譬如同年8月17日，娄靖又一次请出“上海社会科学院部门经济研究所所长厉无畏”，在《人民日报》上为“上海泰康路‘田子坊’的小弄堂和苏州河边的莫干路50号的工厂区”站台，并严厉警告那些“步步进逼”的房地产“开发商”及其同谋：“拆迁是最敏感的话题”，处理不当，后果“未卜”。② 现在市领导开诚布公，直言垂询；厉无畏也就原原本本，有啥说啥，毫不敷衍打哈哈。他是“中国创意产业之父”，第一个荣获“中国创意产业杰出贡献奖”的理论界人士。他有责任也有义务说真话，说实话，掏心窝子说话。

> 全国大多数城市的旧城改造，几乎无一例外地破旧立新，不加选择地对目标地块实施商务性、市场性整体开发，以求经济效益和数字政绩的大幅提升，缺乏文化追求。商务性、市场性开发容易实现，而人文性、传统性遗存却是后天难求的。所以，泰康路最有前景的发展之路是打造创意产业，而不是实施并无竞争优势的商务性、市场性房地产开发。③

田子坊，即泰康路210弄和274弄，日月光购物中心北门，本名志成坊和平原坊。所谓“田子坊”，其实源自黄永玉的一句戏谑，所以《卢湾区地名志》④上并无记载。

志成坊和平原坊都属老卢湾的打浦桥街道，都是旧式里弄，建于1912—1936年间。不一样的是，平原坊要比志成坊大。后者只有13栋砖木结构的三

① 厉无畏：《旧厂房里新创意》，《人民日报》2004年7月22日。
② 娄靖：《上海“苏荷”途未卜》，《人民日报》2004年8月17日。
③ 娄靖：《构筑上海“苏荷”——访上海社会科学院部门经济研究所所长、研究员厉无畏》，《人民日报·华东新闻》2004年7月8日。
④ 《卢湾区地名志》，上海社会科学院出版社1990年版。

层石库门楼房,前者却有 59 栋,明显是后者的 4 倍半。

但尔冬强看上的是后者,志成坊里两座夹杂在老旧石库门中的破厂房,尽管破厂房的"人"字形大梁早已被白蚁蚀空,随时都有断裂乃至引起整个屋顶坍塌下来的危险。

尔冬强,陈村眼中的"大侠",是一个在"一座著名品牌'上海男人'为老婆洗三角裤文化被全国人民快意传播的城市"里竟就"那样魂不守舍、无事生非又频频做得彪悍的男人"。

> 作为他的朋友,我并不了解他做过的所有好看。我只是多次去过尔冬强在绍兴路的汉源书店,到过他在田子坊、青浦、石龙路的工作室和陕西南路的汉源汇,参加他和太太李琳主办的许多次诗歌朗诵会、摄影展、视觉文献展、跨年 party……他是一个有强大行动力的人,终年不停地做事,外出再回来。他身上展示的一个人的能量,令他人自愧不如。①

因为尔冬强有"强大行动力",是一个"晃来荡去的汉子"(王唯铭语),中国最早具有独立精神的自由摄影家,曾经带着一张 1∶500 的上海地图,细细梳理黄浦江两岸的每一幢历史建筑、每一条马路、每一个弄堂和每一幢老房子;所以,他的工作室一直在搬,先是从富民路搬到徐泾,再是从徐泾搬到志成坊,一条逼仄、肮脏、杂乱无章的老弄堂。因为逼仄、肮脏、杂乱无章,志成坊租金便宜。除了租金便宜,志成坊再无别的优点,再没别人看上,除了 1998 年回国创业的陈逸飞。陈逸飞回国创办他的视觉产业,同样看上志成坊的价廉物不美。

> 都市里的艺术社区生存状态总是不够理想,类似事情在美国也同样不断上演。通常被弃用的破旧仓库及厂房没有人气之后,会吸引到艺术家,因为艺术家是拯救旧厂区的最佳力量,他们付不起更多的租金,才来到这里……②

---

① 陈村:《本城大侠尔冬强》,《新民晚报》2017 年 3 月 12 日。

② 陈逸鸣:《陈逸飞的田子坊情结》,《田子坊的画家群落》,上海文艺出版社 2012 年版。

文化人创业,无不囊中羞涩,即使来自大洋彼岸。

当年田汉也是没钱,才落户打浦桥。当时的打浦桥都是比上不足、比下有余的主。

鱼比熊掌更重要。

于是,2000年,志成坊,相继有了尔冬强艺术中心和陈逸飞工作室。那时的田子坊还不是田子坊。事实上,业内一直有一个说法,如果没有尔冬强和陈逸飞的到来,就没有日后的田子坊。此话只说对了三分之一。因为没有尔冬强和陈逸飞的入驻,这片区域日后不可能渐成艺术家的汇集之地,乃至文化地标。但没有黄永玉,田子坊就还是志成坊。没有厉无畏,志成坊就将在整个新里的被拆中被拆。

荷痴黄永玉,几年前到这里,给这旧弄堂起了一个雅号,取传说中的古画家田子方之谐音为田子坊。用意不言而喻,直想使曾经的街道小厂、小巷子深处的废弃仓库、石库门弄堂里的平常人家,统统抹上“苏荷”(SOHO)色彩,多更多艺术气息熏染。

然而,田子方,名无地,跟绘画无涉,更非“中国古时最老的画家”。田子方是道家学者,初事魏文侯,继任齐相国。国富民强,齐国大治,其为人也,刚毅果决,傲王侯而轻富贵,闻名诸侯,声望名于当世。世称田氏后裔,有子方之遗风焉。魏文侯常与子方饮酒而称乐。文侯谓子方曰:“钟声不比乎左高。”子方闻之而笑。文侯问何笑之有?子方对曰:“臣闻之,君明则乐官,不明则乐音。臣恐君之聋于官也。”文侯曰:“善。”一日,文侯命太子击为中山君,击受命而出,遇子方于道,下车伏谒,子方不为礼。子击怒,谓子方曰:“富贵者骄人乎?贫贱者骄人乎?”子方曰:“亦贫贱者骄人耳,富贵者安敢骄人!国君而骄人则失其国,大夫而骄人则失其家。失其国者未闻有以国待之者也,失其家者未闻有以家待之者也。夫士贫贱者,言不用,行不合,则纳履而去耳,安往而不得贫贱哉!”子击乃谢之。[①]

相关记载亦可见《史记卷四十四·魏世家第十四》。《史记卷四十四·魏世家第十四》中亦有“子击逢文侯之师田子方于朝歌,引车避,下谒”和“贫贱者,行不合,言不用,则去之楚、越,若脱躧然,奈何其同之哉”,却仍没说“中国

① 司马光:《资治通鉴》卷一。

古时最老的画家”。

但泰康路还是火了，因田子坊而火，火成了第二新天地，另一国际社区。

但田子坊之火，与其说归功于“中国古时最老的画家”，还不如说得益于厉无畏领军的创意产业研究。

创意产业亦名创意工业、创造性产业、创意经济、文化产业等，其概念主要来自英语 Creative Industries 或 Creative Economy，通常是指时尚设计、电影与录像、交互式互动软件、音乐、表演艺术、出版业、软件及计算机服务、电视和广播等。此外，还包括旅游、博物馆和美术馆、非物质文化遗产和体育等，却又繁衍于全球化的消费社会，更为推崇创新、个人创造力，强调文化艺术之于经济的支持与推动。

作为一个专有名词，创意产业(Creative Industries)最早于 1998 年 11 月出现在英国政府的政策文件中。当时英国文化传媒体育部发布了一份“创意产业图录报告”(Creative Industries Mapping Documents, CIMD)，正式提出并界定“创意产业”这个“创造性”概念及其具体的产业部门。英国创意产业特别工作小组(Creative Industries Task Force，由当时正在首相任上的布莱尔兼主席)对“创意产业”的界定是“源自个人创意、技巧及才华，通过知识产权的开发和运用，具有创造财富和就业潜力的行业”。这样的界定并不服众，但丝毫不影响更多的发达国家或地区趋之若鹜，竞相跟进，纷纷提出创意立国或以创意为基础的经济发展模式，以致发展创意产业很快便被发达国家或地区提到了发展的战略层面。

> 创意产业是“无边界”产业。这一新概念的诞生，其意义不在于对其所涉及的产业内容进行重新分类统计，而在于强调在新的全球经济、技术与文化背景下，创意产业作为独立的产业概念及其对整个经济增长和产业结构演变的影响；在于强调在新的发展格局下，对经济增长新核心要素的把握，以及对新的产业结构通道的建构；更在于强调在创意经济时代对思维方式的转换，对经济发展模式的创新。[①]

---

① 厉无畏：《创意改变中国》，新华出版社 2009 年版，第 9 页。

在部门经济研究所，厉无畏是最早关注文化艺术之于经济的支持与推动的人。

早在20世纪90年代初期，厉无畏就已开始研究“经济与文化的融合”问题。

1991年9月，厉无畏率先发表《电影经济与电影市场分析》一文，敏锐提出“电影是一种基于经济目的的文化产品，需要借助于观念形态发挥影响、产生效果”。厉无畏认为，电影要成为一个产业，必须完成“投入—产品产出(文化创造过程)—产品分配—流通—消费—再投入(经济创造过程)”的整个环节循环。

1994年3月5日，厉无畏又在《文汇报》上发表《“社区文化”——级差地租的新来源》，提到文化在经济级差地租形成过程中起到关键作用。

1998年，厉无畏从上海豫园商城、徐家汇等四大商圈着手，以《商业兴衰与文化凝聚密不可分》来透彻剖析利弊得失，得出“消费者对时间效能的极力追捧，对智慧含量的无限苛求，为现代经济的发展打开了巨大的市场空间，也直接催生了创意经济”的结论。

1999年5月14日，厉无畏在《联合时报》上发表《提高技术含量和附加值是唯一出路》，更为确定地断言：“知识经济时代的唯一出路，就是提高技术含量和文化附加值。”

2000年，厉无畏在《创新是社会发展和经济进步的关键》中纵论自己对创新本质的认识，强调“创新，就是消化和否定已学到的知识架构，把知识的单元进行裂变和重新组合”，并在2001年至2003年间，以一组公开发表的报刊文章，进一步阐述观念价值在经济价值构成中所占的重要“分量”，进一步开掘“产业文化化”的内涵，即“以文化的凝聚力、渗透力和辐射力来增强企业的竞争力，提高产业附加值的过程”。他还从政府、企业和产业层面，就推进“产业文化化”的措施提出建议。

2004年后的中国，文化转资本的呼声日盛，厉无畏乘势而上，在2004年5月24日的《文汇报》上更加旗帜鲜明地发表《文化资本与文化竞争力》一文，明确提出“文化，是可以带来增值的资本”。他还欣然接受《人民日报》华东版主任记者娄靖的专访，从上海人均GDP突破5 000美元后务必“大力发展知识密集型现代服务业”“由投资驱动向创新驱动阶段过渡”“主要依靠自主创新，提高产业经济附加值”的角度，来深谈“创意产业不仅是新型产业，更是都市产业，它完全可以成为上海的支柱产业”。

> 创意产业是智能化、知识化的高附加产业，它以几十倍、几百倍的增幅升值其产品价值。上海中心城区商务成本居高不下，明智地选择追求激发文化竞争力的产业和行业，才可能在未来发展中立于不败之地。有鉴于此，在上海中心城区选择若干地块和点面，努力打造包括创意产业在内的知识密集型产业，切实可行。①

多年的探索与研究，使厉无畏“当之无愧地成为中国文化创意产业的领军人物”，亦使部门经济研究所在其麾下，“高举创意产业的大旗，为具有中国特色的文化创意产业理论研究做出了巨大贡献”。② 但厉无畏不浅尝辄止，固步自封，满足既有成果，他更向往“包容多样添创意，文化强州勇争先”。③ 所以，他摩拳擦掌，秣马厉兵，一心壮大队伍，造大声势，扩大影响。所以，2004 年 9 月，他亲自挂帅当主任，在部门经济研究所发起成立中国大陆最早的创意产业专业研究机构之一——“创意产业研究中心”，以王如忠、王玉梅为副主任，主要成员有王慧敏、于雪梅、缪勇、孙洁等。

> 中心一成立，首先注重的是学科理论建设，将多年来创意产业相关的研究内容进行归纳与梳理，并在此基础上进一步拓展，进行深入、透彻的分析，构建全面、系统的研究框架，在 2004 年、2005 年、2006 年分别出版了《创新经营》《创意产业——城市发展的新引擎》《创意产业导论》等三本著作。
>
> 1. 关于企业创新经营的研究
>
> 厉无畏、王玉梅主编的《创新经营》一书，深入剖析了企业创新经营的

---

① 娄靖：《构筑上海“苏荷”——访上海社会科学院部门经济研究所所长、研究员厉无畏》，《人民日报·华东新闻》2004 年 7 月 8 日。

② 孙洁：《中国文化创意产业之父》，《踏道　经世　传薪——厉无畏学术研究 30 周年研讨会文集》，团结出版社 2013 年版，第 93 页。

③ 厉无畏：《七绝·致延边自治州建州六十周年纪念活动》。

理论与实践，通过大量案例，深入浅出地分析了企业经营管理面临的新问题，提出了“价值链分解与整合战略”“产业文化化、机会管理、危机管理、企业 e 化经营”等新战略，对当前的企业创新经营具有现实指导意义。

2. 关于创意产业发展的理论和实践研究

2004 中国创意产业发展论坛，征集到海内外学者专门为此次论坛提交的几十篇论文。经过近一年的编辑、整理和修改，以此次论坛发言报告及部分优秀征文为主体的论文集《创意产业——城市发展的新引擎》，是目前国内第一部关于创意产业发展的理论和实践研究的专门著作。

该书由厉无畏、王如忠主编，全书共 27 万字。全书内容以创意产业发展为主线，并围绕三大主题展开：第一，就创意产业的概念、内涵以及它在全球范围内蓬勃兴起的现象展开了多方位、多视角的讨论和思考；第二，主要考察当今一些发达国家和地区创意产业发展的基本情况和一些值得借鉴经验、政策等；第三，对上海发展创意产业的必要性与紧迫性作了深入的探讨。

3. 建立以创意产业为研究对象的产业经济学理论分析体系

《创意产业导论》由厉无畏主编，是国内第一本从产业经济学的角度来审视创意产业的学术著作，建立了以创意产业为研究对象的产业经济学理论分析体系，具有重要的学术参考价值。全书着重讨论了创意产业的内涵、基本特征、产业组织、产业的市场化、产业投融资、产业赢利模式、产业发展的外部环境以及各地发展创意产业的经验和实践等问题。这部著作为建设创意产业特色学科奠定了基础。①

2006 年，上海社会科学院将“文化创意产业”列为特色学科予以重点扶持，指定部门经济研究所所长暨“创意产业研究中心”主任厉无畏任特色学科带头人。当时的厉无畏已是民革中央副主席、上海市主委，上海市人大常委会副主任，很难专注于学术研究。但“创意产业中心”还是在他亲力亲为、直接领导下，承接了院重点课题“创意产业与转变经济增长方式”，结合新时期的宏观背

① 冯梅：《创意产业研究》，《天命年回首——上海社会科学院经济研究所建所五十周年征文选第二辑 · 部门经济研究所》，上海社会科学院出版社 2016 年版，第 106—107 页。

景,就“城市创意产业集群”、创意旅游等主题,进一步推进相关的理论探索。同时,以部门经济研究所的名义与上海戏剧学院共同主办有刘鹤(时任中央财经领导小组办公室主任)等重量级人物参加的“2004 中国创意产业发展论坛”,以务实的践行迎接创意产业的方兴未艾。与曼彻斯特大学大众文化研究所所长 Dr. Justin O'Connor 一行就创意产业与创意城市、创意产业发展的政策性环境、创意产业集群在大城市中的发展等问题进行交流探讨,并由 Justin 支持与参与,与英国国家学术学院共同申请“亚欧基金会”的资助,联合举办以“创意城市,创意经济”为主题的国际学术研讨会。与日本 Center for Contemporary Art 北九州(简称 CCA 北九州)负责人中村信夫一行商定共同举办国际公开研讨会“Bridge the Gap?”,尝试在不同的社会与文化环境中构筑对话平台。出席“2005 世界城市服务业大会”,即席发表题为“上海创意产业发展的思路与对策”的演讲。出席“上海国际创意产业活动周”的揭幕仪式,就“创意产业,引领未来”主题,宣讲上海创意产业的规模、特点和经验。出席联合国全球创意产业研讨会,在主题报告中介绍上海创意产业的现状与前景,提出上海加速发展创意产业的对策建议。参加第九届北京国际科博会·创意产业论坛,呼吁以异军突起的创意产业来加快推动现代城市的经济发展。又发起并协助上海创意产业协会创办国内第一本研究创意经济的专业刊物——《创意经济》,加大创意产业的宣传力度,实际扭转理论研究相对滞后于产业实践的被动。

总之,厉无畏领军的创意产业研究,在“创意产业研究中心”问世前后,突起为部门经济研究所的一个科研增长点。正是这一新亮点的悄然突起,使得部门经济研究所的创意产业研究在国内走在了先进行列。也正是这一新亮点的悄然突起,使得 2006 年的中国,不是所有人都在胡戈们的另类搞笑中捧腹开怀、忘乎所以,而是热舆情,冷思考,更多感悟“中国文化创意产业之父”的点拨,更多清醒看到中国“苏荷”的不遥远。

2006 年,当人们还沉浸在胡戈《一个馒头引发的血案》所带来的百般笑料中时,厉无畏先生看到的却是民间创意、草根文化的强大。他在《文汇报》撰文《创意不是大师的专利》,指出“发展创意产业,要动员全民创意,并提炼其中的精髓部分”。之后,他特别关注了人才这一创意产业发展过程中最为核心的要素，先后发表了一组论文《发展创意产业要靠人才》《创意产业将产业连成链》《培育创意人才，完善创意产业链》等。他把创意人才分成创意的生产者、创意生产的引导者和创意产品的经营者三类。其中，创意的生产者也就是原创人员，是文化内容的提供者。他再次强调了“创意人才既可以是艺术大师，也可以是平头百姓。只要具备合适的空气和土壤，人人都可以产生富有价值的创意”。[①]

正因为厉无畏一视同仁，坚持眼光向下，盯着草根不放，同等看重创意的生产者、创意生产的引导者和创意产品的经营者；在看重艺术大师的同时，亦看重导演、策划人（包括原创策划人、广告活动策划、项目策划）、策展人等；看重公司经理、项目经理、拍卖师、评估师、经纪人、中介人、制片人、画廊经理、书商等；所以，他一发现田子坊，就坚定站在它一边，为它摇旗呐喊，给它挡风遮雨。

田子坊是我最早发现的。1999 年 8 月 8 日，我正式退休，闲不下来，就当志愿者，参加上海市精神文明建设市民巡访团，连任两届副团长。我们这个团成立于 2002 年 2 月 21 日，是上海首个由市民自发组织、专门负责给城市管理“挑刺”并建言献策的志愿者团队，也是上海市志愿者协会的直属总队。我们宣传调研，打分测评，不计报酬，哪怕喝口矿泉水也都自己摸腰包。我们就是百姓的嘴巴，领导的眼睛，明察暗访的“啄木鸟”。所以，我先是发现打浦桥街道环境不好，有点脏乱差，就给街道办事处打电话，找主任郑荣发。郑荣发听说巡访团投诉，就说立马改，第二天就整改。这样大家就熟了，有联系了。当时郑荣发正为田子坊的事发愁，焦头烂额。他说这个房子一定要拆了，保不住了。市里已下封口令，不许传媒报道田子坊。我一听，有点气不过。我这人爱打抱不平。就说我们一起做课题，就做泰康路，让厉无畏领衔。（引自 2018 年 3 月 29 日，陶秋贞口述实录）

① 孙洁：《中国文化创意产业之父》，《踏道 经世 传薪——厉无畏学术研究 30 周年研讨会文集》，团结出版社 2013 年版，第 105 页。

陶秋贞，1944 年生，农工党党员，退休前曾任部门经济研究所工会主席。

郑荣发说陶秋贞来找他的时候正是他最苦恼时期。不为自己，为泰康路，为田子坊。

郑荣发自诩一个“不安分”的“小人物”。他年轻时支边，在黑龙江务农九年，回沪后曾任中共瑞金街道党委书记。1996 年，卢湾区大动干戈，重作行政区划，改革对应机构，将原来的济南、嵩山、丽园、五里桥、瑞金、淮海、顺昌、打浦等八个街道撤销旧有建制，新建五里桥、打浦桥、淮海、瑞金四个街道，调郑荣发任新组建的打浦桥街道办事处主任，郑荣发就此来到区内资源最少、财力最薄地区，由此起意开发泰康路艺术街。

郑荣发说他的“街巷经济”萌生于 1997、1998 年。当时东南亚金融危机，灾难也似蔓延，波及之处无不啜泣声声，哀鸿嗷嗷，尤其是房地产业深受重创，大块大块地皮没人要。

当时上海第一波房地产热也进入“拐点”，打浦桥街道辖区内的大型房产项目纷纷铩羽、凋零。“天天花园”成了沪上出名的败案。中国农业银行上海市分行为支撑接盘了“金玉兰广场”。广发银行为坏账接盘了“泰琪峰”。肥皂泡一只只破开。仅在卢湾区境内，政府就囤积了十四块闲置地块，日晒雨淋，满目疮痍。而这也为习惯于换位思考、逆向决策、不按常理出牌的郑荣发及其同道提供了脑洞大开的可能。

> 他们充分利用当时上海推行“二级政府三级管理”的体制和自主权下放的机会，运作相对宽松的财权，继向区政府职能部门借资 300 万元改建室内菜市场之后，又用剩余款项去低迷的房地产市场寻找财富机会。经过论证，街道决定低价利用里弄内的旧厂房来发展文化类产业，以求探索一种中心城区街道通过发展文化产业去推进旧区改造的“曲线”实施模式。[①]

2000 年 5 月，打浦桥街道办事处以盘活资源、增加就业岗位、发展创意产业为主旨，利用“田子坊”搞“城市软改造”，利用大片老厂房资源招商，一下子

---

① 朱荣林：《解读田子坊》，文汇出版社 2009 年版，第 18 页。

招入单位七十余家，集聚了十八个国家和地区的艺术设计人士，俨然成为中国化了的上海“苏荷”。

关于“苏荷”，厉无畏有一个解读。厉无畏的解读是：“纽约苏荷区是最早的艺术家集聚区，‘苏荷’(SOHO)也因此成为早期创意产业的代名词。它创造了‘艺术家+旧厂房’的模式，为创意产业的萌芽提供了特殊的环境和条件。”①

“艺术家+旧厂房”的田子坊，消化了苟延残喘的弄堂小厂，留下了鳞次栉比的原生态街坊，突破了上海以往“XX一条街”的传统产业布局模式，形成了上海第一个创意产业集聚区，培养出上海乃至全中国的创意产业领军人物，为当代中国发展创意产业理论提供了特别有说服力的实验样本，满足了各色人等的利益诉求，在上海城市更新史上的意义，在中国创意产业发展史上的意义，怎样评价都不会太高。

田子坊火了。

然而，人怕出名猪怕壮。

田子坊的火既是好事，也是坏事。

祸兮福所倚，福兮祸所伏，这就是世间万物的辩证法。谁也躲不开，绕不过。

田子坊的火有多重原因。除了1997、1998年的房地产市场，是烫手山芋，没人愿接，就是区政府顾此失彼，无暇干预。当时，区政府的注意力全都集中在淮海路，商业街改造，忽略了我们打浦桥。但到了2004年，情况就大不一样。一方面，“新天地”落成；另一方面，经济复苏，房地产市场回暖，领导就有想法了。(引自2018年3月29日，郑荣发口述实录)

郑荣发们想的是软着陆，以小搏大，搞“街巷经济”，创上海“苏荷”。领导们想的是蝴蝶效应，以砸锅卖铁转让整个地块，以整个地块的转让推进日月光(商业中心)计划，以日月光(商业中心)计划的推进变出400余套新版豪宅，以400余套新版豪宅打造又一高档社区，大面积提升自己辖权所及区域内的生活

① 厉无畏：《创意改变中国》，新华出版社2009年版，第238页。

品质。于是，一叫停招商，二冻结房产变更，三在泰康路上贴出限期动拆迁令；搞得人心惶惶，鸡犬不宁，租户闹翻天。

走进这条小街，只见斑驳的墙体上还依稀可辨曾经张贴在此但被风吹雨淋已模糊不清的公告。这张出于卢湾区房屋土地管理局的公告称，这里将被拆迁，不得建立新的房屋租赁关系，不得新建、改建和扩建房屋及其附属物，不得改变房屋和土地用途，不得分列房屋租赁关系等。泰康路要拆迁了，公告出来，对于正雄心勃勃、准备干一番事业的业主们来说，如晴天霹雳。[①]

业主们开始上访，涌入政府机关。

业主们问，为什么要拆迁？

官员们答，黄金地段，那样破败的老马路有碍观瞻。

业主们再问，拆迁后作什么用场？

官员们再答，批给外商，作商业用地，建四幢高层，商品房。

官员们说得有根有据，中规中矩，全在理上。那一片本就属于旧城改造项目，市里的控制性规划早已制定。区里只有执行权，没有修改权。照章办事，依规拆迁，无论从哪一点说，都天经地义，无可厚非。问题是情况在不断变化，不断变化的情况又给了业主们反过来向郑荣发讨要说法的不依不饶。

他们都是郑荣发招来的，他们自然逼郑荣发表态，对他们负责。

当时的我真是苦透苦透，里外不是人。天天围攻我的租户都说我官官相护，骗他们上了贼船，又撒手不管，不替他们说话。区里的领导却说你郑荣发是刺头，头上出角，身上长刺，老是拆台，捣乱，打横炮。明明动拆迁令都已贴在弄堂口了，你还要“翘头皮”，到底想干什么？！我说我什么也不想干，只是要保田子坊，要保创意产业。北京搞奥运，上海搞世博，提出“城市让生活更美好”，一个很漂亮的口号，一种很特别的思路，是一

---

① 佚名：《上海：老街的命运》，《创意产业——从田子坊看上海创意产业与城市复兴之路》，上海创意产业研究所内部交流资料，第84页。

面很光鲜的旗帜，问题是真的要搞，心里没底，缺少现代化城市建设经验。市里领导请来了全世界的专家、学者，包括中国台湾的专家、学者，一起讨论现代化城市的建设。讨论中间，因为有会务人员的家属住在田子坊，就介绍那些专家、学者来参观泰康路210弄。我就带着他们看一个个工作室。他们越看越觉得有意思。说各有各的设计，一室一景，别出心裁，太好看了。尤其有一位，来自台北，说田子坊很像他们那里的松烟文创园区，这是创意产业。要是一笔抹杀，都要推倒，统统推倒，也太可惜了吧？所以，我要说话。找专家、学者说话。说我的真情直感。说我的心里话。说出我憋在内心深处的真实想法。跟领导比，专家、学者是弱者。但下级领导跟上级领导比，下级领导是弱者。厉无畏是市人大常委会副主任，可以越过区里领导，直接向市里领导喊话，让他们更多知道一些他们不是很清楚知道的下面事情，从而从更高层面作出更具全局意识的判断。厉无畏又是专家、学者，创意产业方面的第一权威。陶老师能请到他，请他来发声，给田子坊站台，实在是求之不得，太好不过了。（引自2018年3月29日，郑荣发口述实录）

回顾以往，郑荣发的最难，还真不是创建，而是保护。创建田子坊是他的灵光闪现，保护田子坊是他的搏命血拼。

幸好半路杀出程咬金，关键时刻，热心的陶秋贞起到了关键作用。陶秋贞答应了郑荣发，回所就找厉无畏谈。厉无畏的血也是热的。当场答应做一个课题，专门研究泰康路何去何从。于是，就像小岗村的十八个红手印，一起按在了一张皱巴巴的纸上；郑荣发跟厉无畏也签了一个东西，一个合作协议，还吃了一顿饭，最贵的一个菜是咸菜烤竹笋，典型宁波菜。厉无畏原籍浙江东阳，偏好这一口。

整个《上海创意产业发展课题研究报告》由一个主报告和三个分报告组成，主报告题为《积极培育和扶持创意产业发展，提高上海城市综合竞争力，以泰康路创意产业基地为例》，分报告分别为《以泰康路为起点，构筑上海创意产业发展高地》《创意产业发展与上海产业结构升级》和《发达国家和地区创意产业发展现状分析》。

纵观整个《上海创意产业发展课题研究报告》，最让人记忆深刻的一段话是："为了全面了解和把握上海创意产业发展的现状、问题，推动上海创意产业发展，并为有关部门的相关决策提供有价值的参考意见和建议，上海社会科学院部门经济研究所于 2004 年 4 月成立专门课题研究小组，以卢湾区泰康路创意产业基地为典型案例，利用实地考察、专家访谈和研讨会等形式对上海创意产业的发展进行了全面调研。通过调研，我们发现，尽管上海创意产业的发展具有良好的基础和条件，而且近年来在上海市经委及其他各级政府的大力支持和推动下，上海已经崛起了以泰康路为代表的几大创意产业集聚区。但是，创意产业作为一个独立和完整的产业在上海的发展还处在初期阶段，不仅与国际上一些国际大都市相比存在较大差距，甚至在国内都还不具领先地位。上海作为一个国际大都市，如果不能在创意产业的发展上走在全国乃至世界的前列，将直接影响其对外经济、文化的辐射力，从而对城市综合竞争力的提升也将形成制约。"

厉无畏领衔成立上海创意产业发展课题研究小组之时，也正是上海社会科学院部门经济研究所与上海《文汇报》社、上海师范大学美术学院联合主办"上海文化创意产业发展研讨会"之日。

2004 年 4 月 24 日，上海文化创意产业发展研讨会在泰康路 210 弄 2 号甲陈逸飞陶艺工作室召开，有厉无畏、陈燮君(时任上海市文化广播电视电影局党委书记、上海博物馆馆长)、阮仪三(时任国家历史文化名城研究中心主任、同济大学教授)等人即席献辞、演讲。陈燮君认为，城市的变化不能仅仅只是长高，还需要内涵方面的提升。因为城市的神态及心态也需要有一些历史的、自然的东西。阮仪三指出，泰康路和莫干山路的这些工厂、仓库，虽然没有纽约那种铸铁工艺构件装饰和带阁楼的车间，但这里有上海最早开办的面粉厂，留存了上海早年市井生活的印痕，更有人们挥之不去的里弄情结，有旧日艰辛创业的历程。今天新型的文化产业的进程，赋予它崭新的内容，是新和旧、过去和现代、原生和艺术的生动结合。厉无畏则说，泰康路记录和反映了上海开埠以来社会经济发展的大千气象。近百年，百多家具有创意行为的文化机构入驻，从一定程度上唤醒了人们逐渐淡忘了的海派文化意象。上海应该有自己的"苏荷"。这是艺术家和学者的呼唤，也是历史发展的必然要求。

陈嘉欢说,与上海创意产业发展课题研究与上海文化创意产业发展研讨会同步在做的还有一本增刊《上海经济·解读田子坊》。《上海经济》是部门经济研究所主办的期刊,社长厉无畏,总编辑卢明明,编辑陈嘉欢、汪杨、丁寅,美编林贤矛。陈嘉欢说,为了编好这一本《上海经济·解读田子坊》,卢明明带上她和汪杨,搭了一个三人班子,几乎天天泡在田子坊里找人,找郑荣华和吴梅森(泰康路创意产业中心总策划、上海创意产业研究所所长)合开名单上列出来的那些人,那些最先进驻田子坊的商家和艺术家,请他们谈“石库门成了断代的历史,顺势而成的泰康路反而成了历史的延续”。请他们谈“城市在历史传承中发展,在改造变迁中升华”。请他们谈“在田子坊里,最容易找到别处难觅的‘独一无二’”。请他们谈“田子坊是最真实的上海,这里是上海弄堂的经典时尚”。那些商家大多热情、好客,尤其是咖吧老板。只要他们上门,总会先递上一杯热气腾腾、香味扑鼻的自家招牌咖啡。久而久之,卢、陈、汪三人只要闻到咖啡飘香,就会不由自主,双膝打软。不过,也就因此练就了一身独门绝技,不管大白天喝下多少咖啡,只要床头灯一熄,该睡照睡,不会辗转难寝,老翻烧饼。

> 定稿那天,一个汪杨,一个林贤矛,一个我,带上全套版样,增刊的版样,去田子坊,在管委会办公室里开夜车,跟他们的人一起过最后一道。过完了还得送区府,让区里领导过目。待全部忙完,已是第二天凌晨,几近黎明前的最黑暗时分。我和汪杨自然想起科比名言:“我见过凌晨四点的洛杉矶。”不禁相视而笑,都说自己看到了凌晨三点的上海。(引自2018年3月11日,陈嘉欢口述实录)

所谓科比“见过凌晨四点的洛杉矶”,源出科比的答记者问。

科比·布莱恩特(Kobe Bryant),NBA大牌球星,每天凌晨四点起床练球;所以,记者问他:“你为什么会如此成功?”他反问记者:“你见过凌晨四点的洛杉矶吗?我见过凌晨四点洛杉矶的样子。”

陈嘉欢不是科比。不是职业运动员。她是管理学硕士。一个分身兼顾工作、学术、家庭的年轻母亲。她在田子坊见到了凌晨三点的上海,比科比还早了一小时，着实稀罕。只是她迄今也还没有真正迎来田子坊的如日中天、灿烂辉煌，也还没有看到上海已经通过“知识价值革命”，通过“文化创造财富”，通过“城市更新”，真正成为具有国际影响力的“创意都市”。不仅还没有，而且连她和她同事熬夜赶做出来的那一本《上海经济·解读田子坊》增刊，而今亦难找出复本。

陈嘉欢多少有点伤感，伤感于陈逸飞的走远，尔冬强的别离，郑荣发的退休，卢湾区的撤并，厉无畏的告老还乡。

谨遵医嘱，告老还乡的厉无畏早已滴酒不沾，却一如既往，倾心关注田子坊，关注今日的田子坊不再是昨日的田子坊。

蓦地一看，今日的田子坊甚至比昨日的田子坊更加辣眼。整日的喧嚣、追捧，更多一波波观光客的围观、游走。大众消费的表象化，要的就是吸睛指数、人满为患。就是经久不衰的轰动、爆棚、“人轧人”（沪语，意指摩肩接踵、水泄不通）。就是海量转发的照片、视频与文字。就是炫的光影、抓狂的动感和欲说还休的诱惑。只是没有了陈逸飞和尔冬强的今日田子坊，日渐滋生美甲、文身、塔罗，娃娃机、女生韩版首饰、男士复古乞丐服，抑或奶茶、豆花、糖葫芦。

都市里的艺术社区生存状态总是不够理想，类似事情在美国也同样不断上演。通常被弃用的破旧仓库及厂房没有人气之后，会吸引到艺术家，因为艺术家是拯救旧厂区的最佳力量。他们付不起更多的租金，才来到这里，但他们的创新和设计能力，可以把废墟变身为时尚街区。改造后出现的艺术氛围会带来人气，人气的到来则又引来了商业，从咖啡馆、快餐店到时尚小店。商业的活跃开始提升这里的物业价值，越来越高的房租开始让一些艺术家承受不了压力，逐渐开始撤离；或者说，商人最终赶走了艺术家。纽约的“苏荷”社区，都已经出现了这样的情况，哥哥担心这样的情况也会在田子坊里重演。

这就像一个不断循环的轮回，只是每个地方的轮回周期有长有短。如果管理者可以清醒地认识到这一点，那么，就应该从一开始制定有效的措施，防止艺术社区的式微。哥哥曾经为此担忧过，多次提到：“不知道田子坊将来会怎么样?”①

陈逸鸣是陈逸飞的胞弟,也是艺术家,在美国“走出自己道路”后回国,回到上海,回到田子坊,从兄长手里接过“环境艺术、服饰等方面的业务”。《陈逸飞的田子坊情结》写在陈逸飞“离世快七年”之后。陈逸鸣说今天的田子坊,比起初创时兴旺许多,更多的小店,更多的人流,商业已经全面进入这些狭窄的小弄堂。如果大家都能尊重艺术规律,好好保护田子坊的艺术生态,那么所有的担忧可能都是多余的。

也许陈逸鸣是对的。往事并不如烟,所有担忧都是庸人自扰。

更何况陈逸飞走了,泰康路还在,上海还在,我也在。他的精神在。这是一个入驻田子坊的外国艺术家在田子坊参加一次追思陈逸飞的活动时,用中文写在留言簿上的话。

陈逸飞的精神在。

郑荣发的精神在。

厉无畏的精神在。

这就是田子坊。

这就是一个有魅力的空间,这一空间一如地理学者哈维所言:“土地、地底、空中、甚至光线,都能纳入生产力与产物中。”

事实上,只有土地、地底、空中,甚至光线,统统纳入生产力与产物,我们的创意产业才成其为创意产业。我们的创意产业,才能一枝独秀、一本万利、活力无限。才能在热火朝天的大众创业、万众创新中,推拥和平崛起的中国,从文化之邦走向创意之国,从制造大国走向创意大国,从“中国制造”迈向“中国创造”!

---

① 陈逸鸣:《陈逸飞的田子坊情结》,《田子坊的画家群落》,上海文艺出版社 2012 年版。

# 第二十一章　永远的朝阳

2008 年 5 月 12 日 14 时 28 分，四川汶川发生里氏 8.0 级特大地震，中国唯一羌族自治县北川灰飞尘起、夷为平地。

面对一个深埋废墟的县城，尽显人的复杂心态。

王大悟就在这时来了，带上他的团队，上海社会科学院旅游研究中心的年轻人们，来到了震后重建的北川。

> 我们是在灾后一个多月进的北川，整个灾区都跑遍了。北川老县城毁得最严重，死人最多。死去的同胞，都埋在废墟下边，上边只能用水泥封掉。再坚强的人，哪怕铁石心肠，身临其境，也是完全控制不住自己，就是哭，老在哭。还有就是余震不断，只见瓦片在抖，睡觉也不敢脱衣服，桌上放一个矿泉水瓶子。瓶子不倒就睡，一倒就走人。（引自 2018 年 3 月 6 日，司马志口述实录）

余震，我有亲历，在青城山镇，玉景园，上海市对口支援都江堰市灾后重建指挥部。说是余震，主震后的小地震，亦多有 4 至 5 级，一日数震乃至十多震，震得整栋楼晃，晃得人趔趄、踉跄，脚下不稳，心里打鼓。晚上也不敢踏实睡觉，门户一直开着，只怕紧急情况，门框变形，越慌越打不开。

> 老县城是塌方，新县城是下陷，死人太多，只能就地掩埋。进去善后的都是生化兵，防疫消毒，空气中弥漫着消毒水味道。我们经过学校，倒塌的学校，满地都是课本，孩子们的书包、鞋子，就默哀鞠躬。王大悟带头

下跪、叩头。(引自2018年3月6日,司马志口述实录)

王大悟,1946年生,江苏盐城人,1982年毕业于上海社会科学院旅游经济专业,获经济学硕士学位,后在部门经济研究所工作,历任旅游经济研究室副主任、主任,旅游研究中心副主任、主任,上海社会科学院王大悟旅游经济与规划工作室主任、《饭店世界》杂志主编,博士生导师,兼任国家旅游标准化技术委员会委员、中国旅游协会常务理事,系中国旅游业和饭店业的资深专家,在业内享有“北魏南王”之美名,似与中国社会科学院研究员、中国旅游研究院学术委员会主任魏小安,一南一北,一大一小,有的一拼。

网上有好事者拿王大悟开涮,语涉不敬,不无调侃,尖刻针砭“业界泰斗”的“不拘礼节”。对于“一位极富学养的高级知识分子”的“吞云吐雾”,在“为人师表”的讲台上,当众“肆无忌惮地一根接着一根猛抽不止”,很是不屑。

其实,博文《王大悟崩溃式服务课及看他崩溃》的作者少见多怪,只是见识了“蜚声业内外大师”的烟瘾,还没见识他的嗜酒如命。

王大悟的酒量绝不在厉无畏之下。要不沈祖炜的《社会科学院首届研究生的读书生活》也不致那样郑重声明,声明423室的一众同居者,真正喝出品的,除了他沈某人,就数厉无畏和王大悟。

至于部门经济研究所的三大“九哥”,那就非厉无畏、王大悟、卢明明莫属。

陈月琴评价卢明明,就一个字,就是酒。

卢明明本人也从不讳言,从不讳言自己的爱喝、能喝、会喝。

陈敏之跟陈家海的走得近,就因为都爱下棋,下围棋。陈敏之生前,陈家海常去他家手谈。

厉无畏跟卢明明的走得近,就因为都爱喝酒,都爱“举杯向天笑,天回日西照”。

他们的酒,都已喝到一种境界。

这种境界,也许就是:“重阳佳节意休休,与客携壶共上楼。”

这种境界,也许就是:“满斟绿醑留君住,不知来岁牡丹时。”

这种境界,也许就是:“一生大笑能几回,斗酒相逢须醉倒。”

如果说烂醉酩酊方是喝酒的最大乐趣,那么,因痛而醉,因爱而醉,也就是开怀畅饮的最高境界。那么,活过的人生,定然是醉过的人生。醉过的人生定然是爱过的人生。爱过的人生,定然是痛过的人生。所以,厉无畏的诗,少不了“缥缈香雾里,一任醉心驰”。王大悟的回顾以往,也就总是感恩着三中全会、改革开放。

> 1978 年,党的十一届三中全会吹响了改革开放的号角,旅游学科开始在中国孕育与诞生,部门经济研究所成立了旅游经济研究室,这也是我国有史以来的第一个旅游科学研究的专业科研机构。刚成立时,研究室有科研人员 8 人:沈杰飞、吴志宏、冯纪民、黄佰炎、李竹舲、严绳武和罗消难、黄辉实。由沈杰飞任室主任,黄辉实任副主任。[①]

其实,“旅游学科开始在中国孕育与诞生”,甚至要比中共中央召开十一届三中全会更早些,要比厉无畏、王大悟们考进上海社会科学院读研还早些。据《邓小平年谱 1975—1997》记载,1977 年 7 月 16—21 日,邓小平出席中共十届三中全会,全会一致通过《关于恢复邓小平同志职务的决议》,决定恢复邓小平中共中央委员、中央政治局委员、常委,中央副主席,国务院副总理,中国人民解放军总参谋长职务。邓小平说自己是“三落三起”,虽已七十有三,仍想做点工作。邓小平很想做的工作之一就是发展旅游业。1977 年 11 月 11 日,邓小平飞抵广州视察广东。17 日下午,和苏振华(时任中共中央政治局委员、中共中央军委常委、中国人民解放军海军第一政治委员、中共上海市委第一书记、上海市革命委员会主任)、罗瑞卿(时任中共中央委员、中共中央军委常委、秘书长)等听取中共广东省委负责人韦国清、王首道等汇报广东的拨乱反正。谈到外汇问题,邓小平说,中国把旅游事业搞好,随便就能挣二三十亿外汇。用这些外汇进口大中型设备有什么不好?“四人帮”搞的“洋奴哲学”帽子满天飞,把我们国家赚钱的路子都堵死了。从旅游角度可以解决广东许多问题。要用旅游养旅游,无非是进口一些材料,盖点旅馆、餐厅,一二年就赚回来了。当然还要搞些飞机、汽车,修点道路,还要保障安全,也不那么简单。他还说,

---

① 王大悟、刘耿大、黄小春:《旅游经济研究》,《天命年回首——上海社会科学院经济研究所建所五十周年征文选第二辑·部门经济研究所》,上海社会科学院出版社 2006 年版,第 87 页。

看来最大的问题是政策问题。政策对不对头，是个关键。这也是个全国性的问题。过去行之有效的办法，可以恢复的就恢复，不要等中央。[①]

1978 年 1 月 26 日至 31 日，邓小平出访缅甸。2 月 1 日上午，在成都与中共四川省委、省政府主要领导谈当地经济，又说发展旅游业可以真正解决返城知青的就业问题。邓小平认为，发展旅游事业，可以用很多人。对多余人员的出路要多想些办法，只能靠自己多开辟门路。全国都要研究有什么门路容纳这些劳动力的问题。[②]

1978 年 10 月 9 日上午，邓小平同中国旅行游览事业管理总局、中国民用航空总局负责人卢绪章、沈图、袁超俊、岳岱衡等人谈话，再说民航和旅游这两个行业很值得搞。民航可以同外国公司签订协议，这样做，有利于民航和旅游业的发展。旅游的最大客源国是美国，也有日本。泛美航空公司提出做我们旅行社的代理人，可以考虑。要把美国这个门打开。他还算了一笔账，说一个旅行者花费一千美元，一年接待一千万旅行者，就可以赚一百亿美元。就算接待一半，也可以赚五十亿美元。要力争本世纪末达到这个创汇目标。以后旅游总局可以向有关部门直接订货，也可以向国外直接订货，改善旅游设施。要建立起好的信誉。旅游总局和民航总局要一块研究一下，以发展旅游为中心，搞一个综合方案报中央。他还说，利用外资建旅馆可以干嘛！应该多搞一些点。昆明、桂林、成都都可以搞，一个地方设一两千个床位。昆明搞一个旅游点，包括西山和附近的石林，以及西双版纳的热带植物研究所，可以安排游客看一个星期。石林要整理一下，要种些树，让风景更优美一点，现在太荒凉了。石林很宝贵，中国有一个，意大利有一个，但我们的石林比意大利的好得多。桂林漓江的水污染得很厉害，要下决心把它治理好。造成水污染的工厂要关掉。“桂林山水甲天下”，水不干净怎么行？要开辟到拉萨的旅游线路。外国人对拉萨感兴趣。到尼泊尔的游客也可以到拉萨来。这样做，尼泊尔会高兴，我们也可以增加收入。[③]

---

① 中共中央文献研究室：《邓小平年谱 1975—1997》(上)，中央文献出版社 2004 年版，第 238—239 页。

② 中共中央文献研究室：《邓小平年谱 1975—1997》(上)，中央文献出版社 2004 年版，第 262 页。

③ 中共中央文献研究室：《邓小平年谱 1975—1997》(上)，中央文献出版社 2004 年版，第 397—398 页。

当卢绪章事后去见莫逆同乡包玉刚，原原本本复述邓小平的所思所言时，一代船王顿感意外，竟被惊到。

一人坐一把木椅，一人端一杯清茶，已经14年没见面的卢家伯伯和爸爸，爱好习惯似乎一点没变，话不离国家建设，不离自己的事业。

还带很重宁波口音的卢家伯伯说："我是这个月刚被任命为中国旅游事业管理总局局长，也是中华人民共和国第一任中国旅游总局局长。中国设立旅游总局，也算一个创新吧！这是邓小平同志建议的。"

爸爸有点意外："邓小平关心旅游事业？"

卢家伯伯点点头说："小平同志找我去谈过一次话，他说，中国进行现代化经济建设，要靠'两YOU'，一是石油，二是旅游。他要我们旅游总局与有关部门认真研究一下，以发展旅游为中心，搞一个综合方案报给中央。就在前几天，美国泛美航空公司董事长西威尔与泛美饭店董事长保罗·希莱恩到北京来，住在北京饭店。他们这次来北京，是应中国国务院利用侨资、外资建设旅游饭店办公室的邀请，来洽谈与中方合作筹建旅游饭店事宜。"①

邓小平会见威廉·西威尔(WiliamT.Seawell)亦在1978年10月9日上午，在人民大会堂。西威尔是第二次世界大战老兵，轰炸机驾驶员，跟老布什一样，毕业于西点军校。西威尔跟希莱恩联袂访华，有意建一个五千个房间的大饭店。邓小平毫不犹豫，爽快答应，说你提到的问题都可以积极考虑。中国民航可以以一个航空公司名义同你们签订协议。你们帮助我们建五千个房间的旅馆是可以商量的，也可以再多一点。先建五千，还要看建在什么地方。广州白云机场作备降机场问题我们可以积极考虑。代理人问题可与旅行社商量。②

1978年11月5日至14日，邓小平出访泰国、马来西亚和新加坡，沿途所见所闻，进一步加深他对现代化的认识，对现代旅游业的认识，更加完整认识到经济全球化背景下的现代旅游业综合性很强，吃、住、行、游、购、娱的有机结

① 包陪庆：《我的爸爸包玉刚》，上海交通大学出版社2016年版。

② 中共中央文献研究室：《邓小平年谱1975—1997》(上)，中央文献出版社2004年版，第398页。

合，相互作用，完全可以大有利于饮食、建筑、交通、邮电通信、园林、商业、轻纺、保险等行业的可持续发展。而这正是“超级奶爸”李光耀（时任新加坡总理）在那之前“从未见过”的。他深感到自己“从未见过一位共产党领袖，在现实面前会如此灵活，真心愿意放弃一己之见。尽管邓小平当时已经74岁，但当他面对不愉快的现实时，他还是随时准备改变自己的想法”。于是，1979年1月6日，邓小平约见余秋里（时任中共中央政治局委员、国务院副总理、国家计委主任）、方毅（时任中共中央政治局委员、国务院副总理、国家科委主任）、谷牧（时任中共中央委员、国务院副总理、国家计委副主任）、康世恩（时任中共中央委员、国务院副总理、国家经委主任）谈经济建设方针问题，再一次强调指出，旅游事业大有文章可做，要突出地搞，加快地搞。旅游赚钱多，来得快，没有还不起外债的问题，为什么不能大搞呢？要狠抓一下旅游和城市建设。发展旅游要和城市建设综合起来考虑，开始时国家要给城市建设投些资，旅游赚了钱可以拿出一些来搞城市建设。发展旅游必须考虑城市建设的配套。新加坡的城市建设值得我们参考。公路搞立体交叉，可以搞两层、三层的。北京到十三陵、长城可以修高速公路，也可以用直升机，还可以安排几个专列，边走边看。全国要搞若干个旅游公司。公司之间可以互相竞赛，赚钱多的工资就要多，搞得好的年底可以拿双薪，旅游业发展起来能够吸收一大批青年就业。要抓紧服务人员的培训，要他们学外语，不然盖起旅馆没有服务人员。要搞多赚钱的东西，可以开饭店、小卖部、酒吧间，搞纪念画册、风景图片，还可以搞一些正当的娱乐。他还说，要保护风景区。桂林那样的好山水，被一个工厂在那里严重污染，要把它关掉。北京要搞好环境，种草种树，绿化街道，管好园林，经过若干年，做到不露一块黄土。搞旅游要把旅馆盖起来。下决心要快，第一批可以找侨资、外资，然后自己发展。总之，方针政策定了要落实。首先要选好人，不选好人事情很难落实。搞旅游，经理看来要请人，城市规划设计也要请人。引进的重点要放在见效快、赚钱多的项目上，先积累资金，然后再搞那些重工业项目。这样做，能增加就业机会，对改善人民生活也有利，更不会发生偿还不起外债的问题。①

① 中共中央文献研究室：《邓小平年谱1975—1997》（上），中央文献出版社2004年版，第465—466页。

1979年1月17日，邓小平同胡厥文、胡子昂、荣毅仁、周叔弢、古耕虞等人谈话，还曾说到“轻工业、手工业、补偿贸易、旅游业等”要“先搞”，因为“资金周转快”，“能多换外汇”，“可以很快提高人民生活水平”。①

与此同时，中共中央在京召开工作会议(1978年11月10日—12月15日)。陈云在东北组的发言中也说：“旅游项目必须优先安排，要同引进重要项目一样对待。”“旅游收入实际是‘风景出口’，而且可以年年有收入，一年比一年多。”②

中央高层的果敢决策为中国现代旅游业的革命性发展指明了方向。这个改弦更张，说变就变，上面要变计划经济为社会主义市场经济，变单一的外交接待功能为多元的经济性产业，变垂直的事业属性为最大限度享有自主经营权的企业属性；下面要变行政管理为行业管理，变直接管理为间接管理，实在是变化太大，既缺专门人才，更缺理论体系。所以，无论是天津南开大学要增设旅游专业，还是中国社会科学院财贸物资经济研究所(后名财政与贸易经济研究所，现名财经战略研究院)要创建旅游经济学科，还是上海社会科学院部门经济研究所要成立旅游经济研究室，都是合情合理、有远见的举措。孰料人的惰性，习惯势力的抱残守缺，却以林林总总的无妄怪论，一如“旅游不是学问，更非学科，实无研究可言”“成立专门机构进行系统化研究是无中生有，有辱斯文，自降身价”之类，竭力打压上海社会科学院部门经济研究所旅游经济研究室副主任黄辉实、上海市人民政府外事办公室主任暨上海旅行游览专科学校校长齐维礼、中国科学院地理研究所研究员郭来喜、北京大学教授陈传康、北京第二外国语学院副院长暨分院院长李越然、南开大学历史系教授魏宏运、杭州大学旅游系主任陈纲、西北大学政治理论系主任何炼成、华侨大学旅游系主任周达人等人，给力主旅游专业学科化的仁人志士们形成很大压力。

黄辉实见多识广、满腹经纶，是部门经济研究所的特聘专家。面对摇头派的死缠烂打，他见招拆招，从容还击，用部门经济研究所名义，接连推出“旅游经济丛编”之一、二、三——《日本旅馆业的研究》《欧洲的旅游业》和

① 中共中央文献研究室：《邓小平年谱1975—1997》(上)，中央文献出版社2004年版，第471页。

② 陈云：《关于当前经济问题的5点意见》，《陈云文选》第3卷，人民出版社1995年版，第237—238页。

《旅游业》。三本专著,虽装帧简约,篇幅有限,却深入浅出,通俗易懂,基本涵盖了当时世界上发达国家的旅游业,是我国最早出版有关旅游经济学科的专业读物,对我国借鉴国外发展旅游的思路、方法和经验起到了引路和指导作用。创办伊始的上海旅行游览专科学校就用《旅游业》作教材,诚邀黄辉实为特聘客座教授去他们那里授课。同时,部门经济研究所旅经室还每月编辑、出版《旅游经济研究资料》,供业内人士阅读、参考。而这也是我国最早的旅游研究档案。

> 自 1982 年起,部门经济研究所旅经室的旅游经济研究进入了自主科研的阶段。通过前四年引进、借鉴、消化国外旅游经济的理论和实践后,全室围绕中国旅游经济学科建设和指导我国旅游业实践两个中心,进行了全面、深入、系统的研究。1985 年,由黄辉实主编、全室同志共同执笔的我国第一本《旅游经济学》问世。该专著的问世成为我国旅游经济学科建设的一个里程碑,标志着我国社会科学领域中已具备独立自主研究的能力,显示了旅游科研最前沿的水平,也填补了我国旅游经济研究成果的空白。①

《旅游经济学》的问世,跟王大悟的研究生毕业、进部门经济研究所旅经室工作有很大关系。《旅游经济学》的主编是黄辉实,但在"共同执笔"的"全室同志"中,王大悟明显挑了大梁,将"学以致用,经世致用"用出了新道道。那时的王大悟是部门经济研究所旅游经济研究的新生代。他反应敏捷,精力旺盛,从小打乒乓。他曾是育才中学的校队主力。他的科研攻关也就跟他的挥拍上阵一样敢冲、敢拼。他注重实践,知行合一,在"共同执笔"撰写《旅游经济学》时尤其突出了中国旅游业的实战性。

> 《旅游经济学》界定了旅游业的性质,系统论述了旅游经济学的基本原理,探索了中国旅游业发展的规律。该著作首次对旅游者、旅游资源、

① 王大悟、刘耿大、黄小春:《旅游经济研究》,《天命年回首——上海社会科学院经济研究所建所五十周年征文选第二辑·部门经济研究所》,上海社会科学院出版社 2006 年版,第 89 页。

> 旅游交通、饭店业的发展、旅游营销、旅行社、旅游管理体制、客源市场分析等，作了全面系统和深入的论析。《旅游经济学》是旅游经济研究中的一块历史丰碑，中国旅游经济的研究自此踏上了新的征程，由原来研究海外发达国家旅游业为主转向独立研究的新阶段。①

同一时期，黄辉实还和周大昌合作发表了《世界的旅游旅馆业》②，和乔玉霞、吴志宏合作发表了《广东省与桂林市利用外资建造旅游饭店的调查》③，和罗消难合作发表了《无锡开辟古运河旅游的启示》④，和刘隆合作发表了《论积极发展西双版纳旅游业》⑤，和冯纪民合作发表了《把上海建成远东第一流国际旅游中心》⑥，和李竹舲、范家驹、黄伯炎合作发表了《独具特色的海岛旅游胜地——普陀山旅游区》⑦，还和李竹舲、黄伯炎、范家驹合作发表了《对发展普陀山旅游业的几点建议》⑧。其中，《把上海建成远东第一流国际旅游中心》一文，作为“上海经济发展战略中的旅游发展战略”，以《上海应建设成为远东第一流的国际旅游中心》，直接入选陈敏之主编的《上海经济发展战略研究》一书，呼吁有关各方高度重视上海旅游战略目标的实现必须“充分调动各种积极因素并尽力发挥上海的潜力”，坚决“不搞‘左’的东西，不搞堵的方法”。

> 1983年，由部门经济研究所担纲的《上海经济发展战略》列入全国哲学社会科学“六五”科研规划的重点项目。该课题由陈敏之副所长担任组长，全所各学科全部参加，历时两年，最终形成《上海经济发展战略研究》的专著。旅游经济研究室的全体科研人员均投入了这一重大课题的研究，由黄辉实和冯纪民执笔，完成了“上海应建设成为远东第一流的国际旅游中心”的科研成果，成为上海经济发展战略中的旅游发展战略。自20

---

① 王大悟、刘耿大、黄小春：《旅游经济研究》，《天命年回首——上海社会科学院经济研究所建所五十周年征文选第二辑·部门经济研究所》，上海社会科学院出版社2006年版，第89页。

② 《经济问题探索》1981年第2期。

③ 《财贸经济》1983年第7期。

④ 《社会科学》1983年第12期。

⑤ 《经济问题探索》1984年第7期。

⑥ 《社会科学》1984年第10期。

⑦ 《海洋开发与管理》1985年第3期。

⑧ 《浙江学刊》1985年第3期。

世纪80年代起，对刚起步发展的上海旅游业提出了战略目标，起到了重要的指导作用。

课题提出：上海建设成为远东第一流的国际旅游中心之一，就是要充分发挥枢纽的作用，进出便利，能接待各种类型的游客，能为全国各旅游胜地，尤其是附近各旅游城市提供足够的客源和信息。所谓“第一流”是要积极发展各项与旅游有关的交通、住宿、水、电、通信等基础建设，开发足够的旅游吸引物，不仅在物质方面赶上国际水平，而且具有高度的精神文明，有第一流的服务质量，能满足旅游者物质、精神各方面的需要，使旅游者“既有所乐，又有所得”。

研究还前瞻性地提出了上海要实现该战略目标的几个抓手：(1) 提高认识、统一管理；(2) 积极贯彻外拓(有计划地打入国际旅游市场)内联(面向内地、面向全国)方针；(3) 大力发展交通；(4) 建立会议中心、购物中心和旅游信息中心；(5) 建设饭店；(6) 积极开发旅游资源，制定近期和远期计划。这些举措无疑为上海市旅游发展指明了方向，此后上海旅游业的实际发展，基本遵循了这一战略思想。[①]

鉴于当时的国内旅游业还很零星、分散、弱小，整个中国对旅游业的理论研究几近白纸一张，部门经济研究所旅经室把相当大的一部分精力放在了学科建设上，努力拿出体系性东西，用来发展有中国特色的旅游事业，搞活国外、国内两个市场，使之成为一个门类齐全的产业部门。

眼看一个门类齐全的产业部门，亟须大批经营管理人才，大批旅游景点亟须规划管理人员，合格的导游亟须多种外语并懂得文化历史知识，黄辉实殚精竭虑，呕心沥血，做了大量工作。结合大量旅游资源的实地考察，黄辉实从资源本身和资源所处环境两方面提出了一个综合评价体系。这个综合评价体系就是而今仍在被业内广泛沿用的“六字七标准”。所谓“六字”，指的是资源本身，也就是：一“美”，即能给人美感；二“古”，即有悠久历史；三“名”：即有名气、名声或与名人有关；四“特”，即特有的、别处没有的或稀罕、少见的；五

① 王大悟、刘耿大、黄小春：《旅游经济研究》，《天命年回首——上海社会科学院经济研究所建所五十周年征文选第二辑·部门经济研究所》，上海社会科学院出版社2006年版，第89页。

“奇”，即能给人新奇感；六“用”，即有应用价值。所谓“七标准”，指的是资源所处环境，也就是：一季节性；二环境污染状况；三与其他旅游资源之间的联系性；四可进入性；五基础结构；六社会经济环境；七客源市场。

黄辉实还认为旅游资源开发的成本虽属开发问题，但在评价旅游资源时，对于单位成本、机会成本、影子成本、社会定向成本等也要有大致的估计。

对于旅游资源开发，黄辉实还提了六大条件，其中包括景区的地理位置和交通条件、景物或景类的地域组合条件、景区旅游容量条件、施工难易条件、投资能力条件和旅游客源市场条件。

黄辉实不是网红，只是他的“六字七标准”，加上四个成本、六大条件，既实在，又管用，一直红在业内，被人奉如神明，比照用着，足证真正意义上的好东西，一定有生命力，一定因其贴近实践，而充分体现应用学科与改革开放有机结合的社会性。

> 随着我国旅游业成长和发展，旅游经济研究也更贴近实践，体现了应用学科与改革开放结合的社会性。为适应需要，强化社会性，1986 年，上海社会科学院、部门经济研究所领导决定在原旅游经济研究室的基础上，再另行成立旅游研究中心。范家驹任旅游经济研究室主任，王大悟任旅游研究中心主任。
>
> 1986 年底，中心参加了国家哲学社会科学“七五”重点课题——“中国旅游经济发展战略”，由著名经济学家、国务院发展研究中心副主任孙尚清教授任课题总负责人，王大悟担任“中国旅行社经营管理”子课题负责人。1989 年底各子课题组的成果以《中国旅游经济研究》的汇总形式出版成专著。同时，在 1990 年第五次全国理论研讨会上作为会议的主报告。①

就在《中国旅游经济研究》以汇总形式出版成专著并作为主报告递交第五次全国理论研讨会的 1990 年，上海市旅游协会（现名上海市旅游行业协会）应运而生，一如 1981 年的部门经济研究所城市经济研究室以部门经济研究所名

① 王大悟、刘耿大、黄小春：《旅游经济研究》，《天命年回首——上海社会科学院经济研究所建所五十周年征文选第二辑 · 部门经济研究所》，上海社会科学院出版社 2006 年版，第 89 页。

义发起成立上海城市经济协会。出任上海旅游协会副会长的徐之河是部门经济研究所名誉所长，厉璠是部门经济研究所所长，沈杰飞是部门经济研究所旅游经济研究室首任主任，时任上海市人民政府参事室参事。出任上海旅游学会常务理事兼秘书长的是黄辉实。出任上海旅游学会常务理事兼副秘书长的是范家驹，时任部门经济研究所旅游经济研究室主任。出任上海旅游学会理事的是部门经济研究所旅游经济研究室研究员吴志宏、部门经济研究所副研究员陶永宽和部门经济研究所工作人员唐生福等。

至于王大悟，那之前已经出国，受福特基金会资助，去美国密苏里—圣路易斯大学做访问学者。他一边从事科学研究，一边学习 MBA 核心课程，于 1989 年，与当时同在美国的厉无畏合作完成了《上海中外合资企业有效性研究》的英文论文，既作为访问学者的成果提供给密苏里—圣路易斯大学工商管理学院，又在上海社会科学院的《学术季刊》上全文发表。

1991 年 1 月，王大悟海外归来，作为《中国旅游经济研究》总报告的执笔人之一，继续"中国旅游发展战略"最终成果的研究，并于 1991 年底，出版了题为《面对 21 世纪的选择——中国旅游发展战略》的专著。而这也是上海社会科学院旅游研究中心所参加的第一个国家级旅游规划的成果和代表作。

> 该研究提出了旅游业是永远的朝阳产业，其发展前景是极其广阔的。旅游产业，作为第三产业中的一项重要产业，是任何其他产业都无法替代的。旅游是人类未来高层次的消费方式和生活方式。旅游既是人类的发展资料，又是人类的享受资料，是物质生活与文化生活的综合。旅游将同食品、交通、信息产业一样，永远处于"朝阳状态"。
>
> 研究中首次明确对旅游资源进行了定义和分类。旅游资源为：在特定时代和地域空间中，人类认知能力所能够发现的一切具有吸引力的客观存在。而社会性资源成为旅游资源的一个独立类别，这是对旅游资源的全新认识。它的意义在于对如何利用非旅游功能的一切社会现象来为旅游业服务提出了开创性的思路。①

---

① 王大悟、刘耿大、黄小春：《旅游经济研究》，《天命年回首——上海社会科学院经济研究所建所五十周年征文选第二辑 · 部门经济研究所》，上海社会科学院出版社 2006 年版，第 90—91 页。

《面对21世纪的选择——中国旅游发展战略》还将"适度超前"的旅游发展战略提上了议事日程。王大悟们认为旅游业的"适度超前"发展的基本含义包括两个方面。首先是其发展速度既要超过我国GNP的增长速度，又要超过国际旅游业的平均增长速度，以体现一个新兴产业的内在生命力，达到一个外向型产业的国际化要求。其次是适度，这是我国的基本国情与旅游业的综合性和依托性较强的特点所决定的，不可能孤军突出，而不顾各个方面的主客观条件的制约。具体来说，包括五个方面的内容，即：(1) 发展速度超前，(2) 发展水平超前，(3) 人才培养超前，(4) 旅游业的超前是适度的，(5) 旅游业适度超前因地而异。

> 为了进一步加强旅游经济科研的社会性和实践指导性，1992年底，旅游中心进行工商登记，正式转制为企业，注册资金10万元。从而使中心成为科研与企业交流和综合的平台与桥梁，同时开展企业化运作的研究。[①]

整个20世纪90年代，是我国旅游业快速发展的黄金期，上海社会科学院旅游研究中心也迎来了自己的丰收季节。为了与时代同步，部门经济研究所又将旅经室与旅游研究中心的科研工作逐渐调整归并和趋同，使整个旅游科研朝着统筹协调的方向持续发展和提升。

随着21世纪的到来，旅游研究中心的注册资金增加到100万元，企业规模升级，人员发展到16人。2001年，经国家旅游局审批，旅游研究中心成为全国第一批九家甲级旅游规划设计单位之一。其中上海有两家，另一家是同济大学城建学院。

旅游研究中心随即与各地旅游业进行广泛合作，积极进行旅游规划的编制工作。其内容包括从总体规划、控制性详规、修建性详规、项目策划和人员培训。规划人员的足迹遍及大江南北，其中的主要项目有北京首旅集团酒店发展战略与五年规划，中国深水港发展规划(旅游部分)，福建青云山地区旅游规划，广东古兜山温泉度假区规划，河北西柏坡地区旅游发展总体规划暨驼

① 王大悟、刘耿大、黄小春：《旅游经济研究》，《天命年回首——上海社会科学院经济研究所建所五十周年征文选第二辑·部门经济研究所》，上海社会科学院出版社2006年版，第91页。

梁、天桂山、温泉镇景区规划，广西百色市旅游总体规划，河南宝天曼联合国生物圈旅游区总体规划，江西婺源总体规划，四川青城山环境综合整治规划及形象策划，海南省三亚市旅游总体发展规划，上海市崇明岛域(三岛)旅游产业发展总体规划，广东江门新会市滩涂旅游规划，新疆奎屯市天山胡杨林生态旅游区总体规划，新疆喀什金湖杨创建国家 5A 级旅游景区等。

> 新疆旅游始自南疆，但随着国内市场的兴起和 5 个 5A 级景区的建立，北疆成为新疆旅游发展的主推动力。喀什地区前分管旅游的王勇智副专员如是说："南疆旅游没有三五个 5A 是不行的。"因此南疆创 5A 是其旅游产业发展破解瓶颈的关键。按照当时 960 万平方公里的国土上有 153 家 5A 的平均分布，南疆近 100 万平方公里的国土上应该有 16 家，但是现实情况却是没有一家。实现 5A 景区零的突破显得尤为关键。在旁人"想不敢想，做不敢做"的背景下，我们出发，为了南疆第一个 5A 而倾注心血！①

郑世卿，1977 年生，河南濮阳人，父亲是教授级高工，搞了一辈子石油勘探，自己师从王大悟，在上海社会科学院获旅游经济学硕士学位和产业经济学博士学位后留院工作，现任旅游研究中心副主任。

郑世卿的对口援疆是在 2010 年。那一年的 7 月 5 日，乌鲁木齐市发生打砸抢烧严重暴力犯罪事件，国家启动新一轮对口援疆，上海对口援建喀什的泽普、莎车、叶城和巴楚四县。王大悟牵头做泽普的旅游援建规划，郑世卿和司马志跟着编制总规，在泽普搞"旅游援疆""南疆首个"。

> 规划规划，墙上挂挂，是业内行话。大家都这么说，没人当真的。我们却是真刀真枪，豁出命干。当地人见我们这个团队，司马志一个，我一个，年龄最大，其他人都比我们年轻，连个白头发的都没有，实在心里发毛，放心不下。一片胡杨林子，就靠你们这些人，年轻轻的，怎么可能创成 5A？(引自 2018 年 3 月 6 日，郑世卿口述实录)

---

① 郑世卿：《让智库在现实经济中闪光——以喀什金湖杨 5A 创建为例》，未刊稿。

让当地人"心里发毛"的这个规划团队,真正进驻泽普是在 2012 年 6 月。当时郑世卿带队,带上司马志、蒋媛媛、李凌和盛磊等年轻博士,确实是"连个白头发的都没有"。但也正是这个团队,这个少壮派团队,开进金湖杨仅两个月,就拿出了创建金湖杨 5A 景区初稿,有条有理,像模像样,绝非纸上谈兵,让人刮目相看。

2013 年 6 月,国家旅游局调研组赴新疆实地调研 5A 创建进度,分别对天山大峡谷、博斯腾湖和金湖杨景区进行下细调研,金湖杨脱颖而出,昂首进入下一轮评审。同年 8 月,金湖杨景区成功通过国家旅游局组织的暗访。9 月 13 日,全国旅游景区质量等级评定委员会正式发文,批准金湖杨与四川阆中古城等其他五家景区成为国家 5A 级旅游景区,如愿实现零的突破。

> 当时上海援疆工作前方指挥部总指挥是陈靖,他是上海市人民政府副秘书长兼中共喀什地委副书记。两个副总指挥,一个是现在的崇明区区委书记唐海龙,一个是现在的虹桥商务区管委会常务副主任闵师林,两人都是在部门经济研究所上的在职研究生专业班,跟部门经济研究所有特殊感情。唐海龙负责产业口,跟我们团队的对接更加紧密些。我们的团队也争气,都是年轻人,旅游援疆,不负众望,一举搞成 5A 景区,实现了零的突破,很成功。市里也很肯定我们,肯定我们在援疆过程中做出的成绩,专门给我们颁了一个奖。一个重点工程实事立功竞赛的优胜奖。这是上海最高层面的一个奖项,专门用于重点工程实事立功竞赛,由市委书记或市长亲自颁发,一般奖给大桥、隧道、高架路的建设者。现在把这样一个奖项颁发给我们,一个软科学、做学术研究的单位,足以说明我们看起来是在纸面上做研究,是软科学,其实不是。我们有调查,实地考察,很接地气,对现实起了硬作用,是很实在的一个作用。(引自 2018 年 6 月 19 日,杨建文电视访谈实录)

杨建文所说的在职研究生专业班是部门经济研究所的创举,专门招收有一定实践及理论基础且学术上有上进需求的优秀人才,每批约 20 至 30 人,上课时间基本上安排在周末和晚上。这一批学生非常勤勉,后期更有不少在各自岗位上做出了成绩。他们中有唐海龙和闵师林，还有现任中共嘉定区委副书记、区长章曦等。

除了援疆，我们还有对口支援汶川地震的灾后重建。当时所里去了一批研究人员，在重建的过程中间作出贡献。大家都知道，汶川地震，重心是在北川。北川是核心受灾区。我们所里的同志，旅游研究中心的好几个研究人员，被授予了北川的荣誉市民，说明他们为当地的灾后重建是作出了很大贡献，作出了实实在在的贡献。什么实实在在的贡献？就是编制《北川羌族自治县地震灾后旅游产业发展总体规划》。（引自 2018 年 6 月 19 日，杨建文电视访谈实录）

杨建文所说的《四川省北川羌族自治县旅游发展总体规划》，由北川羌族自治县人民政府委托上海社会科学院旅游研究中心承担编制，由王大悟任课题组组长，司马志任课题组执行组长。

司马志 2001 年读研，拜王大悟为师，是王大悟的得意门生。此得意，有双重含义。除了学业，还有喝酒。司马志原籍湖南岳阳，受“巴陵无限酒，醉杀洞庭秋”影响，也是喝酒喝大的。平时啥酒都能喝，啥也不怵。但在北川，却喝一点就醉，不知为什么。

我在现场，感觉人渺小，特别渺小，有一种强烈的幻灭感和末日感。地震冲击波就像一只上帝之手，将所有坚固的东西扭曲、摧毁乃至揉碎。平日庇护人的建筑，在大自然的发威面前，显得不堪一击。一栋栋钢筋水泥的房子，就像薄脆的饼干，碎屑一地。（引自 2018 年 3 月 6 日，司马志口述实录）

2008 年 7 月 28 日，王大悟、司马志等人首次进入北川调研。之后又三进北川，走遍全县，尤其是实地踏勘茂县、安县、都江堰等极重灾区，逐一考察北川原县城地震遗址、陈家坝地震遗址、新县城选址点、寻龙山景区和唐家山堰塞湖等地，并与景区业主和北川禹羌文化学者以及县旅游工作者进行座谈交流。专家组一致认为，北川旅游资源品位高，尤其是地震遗址具有世界唯一、垄断性的特点和打造世界旅游品牌的潜力。

认真听取有关各方的建议和意见后，王大悟、司马志们提出了有效整合北川县及其周边旅游产品，分区、分类、分期开发建设的总体思路。他们认为，北川旅游业将从县域经济的重要产业上升到先导产业，也将从一个国内区域性的旅游品牌跃升到具有国际垄断性的全球品牌。因此，北川旅游产品应该从分散独立经营上升到综合型、系统化的旅游产品经营。

> 我们的思路很明确，那就是北川灾后旅游产品开发框架的核心内容是地震旅游产品。包括“五一二”地震遗址、爱心公园(博爱公园)、地震博物馆、全球灾后论坛、唐家山堰塞湖及其他延伸产品。两个主要产品为休闲度假产品和禹羌文化产品。另有三个辅助产品，即红色旅游、影视基地和人文天路。不过，在地震博物馆的选址上，有分歧，有争论，有不同意见。不是所有人都赞同开这个博物馆。有人觉得开这个博物馆，让外面人来参观，是一次次往当地人的伤口上撒盐。我们认为，这个博物馆要开。开这个博物馆，很有必要，有特殊意义，但应开在新县城，当地却坚持靠近遗址，让人直面最真实的东西，最惨烈的东西。最后还是认同了他们的声音。后来郑正卿去，还买了两瓶酒，洒在了遗址废墟上。一走近遗址废墟，就会有一种异样的感觉，感觉到不一样的气场，完全不一样。(引自2018年3月6日，司马志口述实录)

十年过去，北川地震遗址博物馆已经建起，占地27平方公里，在任家坪。游客可通过地面交通、水上游线及空中索道前往唐家山堰塞湖，看湖水暗绿，青山环绕，肃穆寂寥。

# 第二十二章　走出东方

2017 年 1 月 17 日，习近平在瑞士达沃斯出席世界经济论坛开幕式并发表主旨演讲，当众宣布同年 5 月，中国将在北京主办“一带一路”国际合作高峰论坛，共商合作大计，共建合作平台，共享合作成果，为解决当前世界和区域经济面临的问题寻找方案，为实现联动式发展注入新能量，让“一带一路”建设更好造福各国人民。

> “一带一路”建设植根于丝绸之路的历史土壤，重点面向亚欧非大陆，同时向所有朋友开放。不论来自亚洲、欧洲，还是非洲、美洲，都是“一带一路”建设国际合作的伙伴。“一带一路”建设将由大家共同商量，“一带一路”建设成果将由大家共同分享。①

“一带一路”给上海带来了五大机遇，用郁鸿胜的话来说，首先是双向开放带来的发展机遇。因为“一带一路”在我国开放格局是由东向西布局的，上海处于中国沿海最东面，是东方的“桥头堡”，通过参与长江经济带、新欧亚大陆桥建设，可以发挥向西辐射的作用。同时，“一带一路”又是对外连接的重要基地，通过东盟自由贸易区、湄公河合作次区域等，将国际先进理念和开放政策向东聚集。这就是一个由西向东开放的过程，上海可以通过援滇等工作机制，积极参与区域大合作。

其次是对外开放枢纽的建设机遇。“一带一路”建设的最终目的是对外开

① 习近平：《携手推进“一带一路”建设——在“一带一路”国际合作高峰论坛开幕式上的演讲》，《新华每日电讯》2017 年 5 月 14 日。

放,上海有望借此推动总部经济发展,吸引跨国公司、研发中心、结算中心落户,引入国际金融机构,同时成为中国企业走出去的“跳板”。

复次是完善外贸合作机制。“一带一路”覆盖面广,参与省、市多,上海能发挥人才、制度、管理优势,探索建立区域外贸协调工作机制。

再次是成为国际上重要的节点枢纽城市。陆上丝绸之路,从上海往北到连云港,可以直通新欧亚大陆桥。海上丝绸之路,上海也是重要的国际港口城市。构建对外开放大通道,上海海陆空综合交通体系,有必要进一步提升能级和辐射带动力。

最后,“一带一路”还将推动自贸试验区建设。两大国家战略的叠加,能拓展出新的开放领域,在金融、教育、医疗等服务行业,加快国际合作步伐。

郁鸿胜,1956 年生,历任上海市计划委员会研究所室主任、市发展计划委员会长远规划处副处长、市发展和改革委员会区县经济处处长、农村经济处长。时任上海社会科学院部门经济研究所副所长、上海社会科学院城市与人口发展研究所所长、研究员、博士生导师。

郁鸿胜的研究方向是生产力经济学、技术经济学、系统工程、宏观经济与政策分析、国民经济计划与指标体系、国家与地区中长期规划编制、城市化发展战略等。

2015 年 3 月 26 日至 29 日,郁鸿胜南下博鳌,参加亚洲论坛当年年会,年会的主题是“亚洲新未来:迈向命运共同体”,中国国家主席习近平出席开幕式并发表主旨演讲,用很大篇幅说到了“‘一带一路’建设不是空洞的口号,而是看得见、摸得着的实际举措,将给地区国家带来实实在在的利益”。

“一带一路”建设秉持的是共商、共建、共享原则,不是封闭的,而是开放包容的;不是中国一家的独奏,而是沿线国家的合唱。“一带一路”建设不是要替代现有地区合作机制和倡议,而是要在已有基础上,推动沿线国家实现发展战略相互对接、优势互补。目前,已经有 60 多个沿线国家和国际组织对参与“一带一路”建设表达了积极态度。“一带一路”建设、亚洲基础设施投资银行都是开放的,我们欢迎沿线国家和亚洲国家积极参与，也张开臂膀欢迎五大洲朋友共襄盛举。[①]

同一天，国家发改委、外交部、商务部联合发布《推动共建丝绸之路经济带和21世纪海上丝绸之路的愿景与行动》，强调"'一带一路'建设是一项系统工程，要坚持共商、共建、共享原则，积极推进沿线国家发展战略的相互对接"。

共建"一带一路"是中国的倡议，也是中国与沿线国家的共同愿望。站在新的起点上，中国愿与沿线国家一道，以共建"一带一路"为契机，平等协商，兼顾各方利益，反映各方诉求，携手推动更大范围、更高水平、更深层次的大开放、大交流、大融合。"一带一路"建设是开放的、包容的，欢迎世界各国和国际、地区组织积极参与。[②]

博鳌吹来清新的风，深情的风，和美的风。

站在中方立场，郁鸿胜认为"一带一路"呈现了"π"字形战略格局，其中包括三条发展轴。一是南海、东海、黄海和环渤海，中国沿海的11省市，可以理解为我国海上丝绸之路的战略支点和起点。二是新亚欧大陆桥，起点江苏连云港，向西通过海陆联动江苏、安徽、河南、山西、甘肃、青海、新疆等7省份，贯穿中国东中西区域，从新疆阿拉山口出境，联动西亚、中亚和西欧，共计10 090公里，也是21世纪新丝绸之路陆上经济带。三是长江经济带，包括长江干流2 838公里，长江流域7.1万公里，覆盖上海、江苏、浙江、安徽、江西、湖北、湖南、四川、重庆、贵州、云南等11个沿江省市，贯穿东中西。

当然，21世纪新丝绸之路陆上经济带，还应包括渝新欧（重庆、新疆、欧洲）、蓉新欧（成都、新疆、欧洲）和义新欧（义乌、新疆、欧洲）等。而上海的着力点就在于发挥科技创新的带动作用和外资外贸的先导作用，既整合区域创新资源、技术资源，又提升枢纽功能，在制度建设方面先行先试，勇当先锋。

---

① 习近平：《迈向命运共同体　开创亚洲新未来——在博鳌亚洲论坛2015年年会上的主旨演讲》，《新华每日电讯》2015年3月28日。

② 国家发改委、外交部、商务部：《推动共建丝绸之路经济带和21世纪海上丝绸之路的愿景与行动》，《新华每日电讯》2015年3月28日。

王志彦：您能展开说得更具体一些吗？

郁鸿胜："一带一路"的重要内容就是互联互通，其中首先是设施互通。上海依托长江黄金水道及国际国内航线网络，将能发挥门户集散的功能。此外，上海正在谋求产业转型，还可以率先走出去，建立国际化的金融服务体系、商务服务体系和物流服务体系。与此同时，在"一带一路"上，国内涉及五大城市群，上海还应积极发挥经济城市群的联动作用，带头探索合作机制。

王志彦：那么上海从何处着力呢？

郁鸿胜：上海地处"一带一路"和长江经济带的交汇点，能否充分发挥交汇点制度创新的优势，决定了上海能否服务好国家战略并从中发展自身。上海可在以下方面着力：在建设上海国际航运中心方面，应从巩固上海枢纽港地位考虑，鼓励上海港口物流企业以市场化方式参与沿江港口的建设运营，并扩大启运港退税政策试点范围等；在加强与沿江地区电子通关衔接、推进贸易便利化方面，进一步打开东南亚、中西亚及欧盟市场，使上海成为我国向东对外开放的桥头堡，形成货物和服务贸易同步、国际和国内市场相互融通的发展格局，成为连接长江流域腹地和国际市场的枢纽节点；在中国企业从上海"走出去"的基地建设方面，中国（上海）自由贸易试验区为准备"走出去"的企业提供了一个窗口，减少了我国企业海外投资的审批程序并帮助企业降低了融资成本。因此，上海应在帮助中国企业提高国际贸易领域的市场份额和话语权方面做好服务。

将上海自贸试验区的创新制度率先向长江流域转移和推广，发挥改革辐射效应，是上海未来的重中之重。上海要服务好长江经济带，必须加强体制、机制创新。但凡真正创新的体制、机制，就一定会超越本地范畴，而这创新下的成果，最终会成为整个长江经济带乃至更大区域的共享。①

王志彦是《解放日报》记者。

---

① 王志彦：《"一带一路"：上海不可错过五大机遇》，《解放日报》2015 年 4 月 2 日。

王志彦对于郁鸿胜的专访，在网上广为传播。但传得更广的则是 2015 年 6 月 27 日，郁鸿胜在 2015 陆家嘴论坛上的演讲。郁鸿胜正是在那一次演讲中，响亮说出了"'一带一路'是中国第三次改革开放"。

郁鸿胜认为，这一次的"一带一路"和前两次的改革开放，从形式到内容，都是有区别的。前两次是引进外资，现在是外资进来之后，我们希望了解、应用好外资。"一带一路"是走出去，是人民币要走出去，产能要走出去，资金要走出去。所以，建设"一带一路"，可以分为三个步骤。以三个不一样的步骤，应对三个不同的阶段，不同的需求。

> 第一个步骤是针对 TPP、TTIP。在单边和双边的国际贸易谈判当中，今后要跟国际上单边国家谈自由贸易区问题。我们要了解泛金融政策。了解之后建立驿站城市。因为"一带一路"牵扯到 65 个国家，12 个陆地国家，53 个海洋国家。对这些国家的经济政策和资金政策的融合，需要人才。需要了解中国也了解国外的人才。这些驿站城市，至少要建 10 到 20 个。不可能在 65 个国家都建立主导区，要建驿站城市。驿站城市建完之后再建开发区，国家级的开发区，国家级的产业园区，定位于工业产业，定位于金融产业。再建项目。建项目是第三个，有了开发区之后建项目。有多少项目要建？现在大数统计，至少有几千项目要上。这些项目能不能上，什么时候上，需要分析。对于这些项目，重点是基础设施项目，现在能够排出来的有 170 多项。大量的专家学者和国家部委在讨论的项目有三四百个。从理论上说，上这些项目需要大量资金的投入。打个比方，65 个国家，一个国家上一个到三个基础设施投资项目，就将近 200 到 300 个项目要上。这些项目需要多少钱？有专家测算过，一年 8 000 亿美元，五年就是 4 万亿美元。按照现在的人才对资金的匹配，能不能适应"一带一路"的建设？有人计算过，国开行加亚投行加私募基金，再加国务院扶贫基金，都在一块，2 200 亿美元。外汇储备的钱要走出去，这些都需要人才。都需要人对这些重大的问题进行了解、沟通和运行。所以，国家对"一带一路"实行"五通"，包括政策沟通，实施连通，贸易变通，资金融通，人性互通。这"五通"当中，最主要的靠人

才，而且是泛金融人才。①

2015 年 6 月，孙福庆领衔申报的《上海参与和服务国家“一带一路”战略研究》，经专家评审、社会公示并报上海市哲学社会科学规划领导小组批准，正式获得上海市哲学社会科学“十二五”规划 2015 年度系列课题立项资助。立项时，孙福庆还是部门经济研究所所长。结项时，孙福庆已是应用所所长。

2017 年 3 月 5 日，习近平在全国“两会”期间参加上海代表团审议时指出，要把上海自由贸易试验区建设成为服务国家“一带一路”建设、推动市场主体走出去的桥头堡。

同年 3 月 30 日，国务院印发《全面深化中国（上海）自由贸易试验区改革开放方案》，为上海自贸试验区确立了“三区一堡”（加强改革系统集成，建设开放和创新融为一体的综合改革试验区；加强同国际通行规则相衔接，建立开放型经济体系的风险压力测试区；进一步转变政府职能，打造提升政府治理能力的先行区；创新合作发展模式，成为服务国家“一带一路”建设、推动市场主体走出去的桥头堡）的新目标。这是中央对上海自贸试验区“不断放大政策集成效应，主动服务‘一带一路’建设和长江经济带发展”的最新定位。

同年 10 月，上海市人民政府批准上海市推进“一带一路”建设工作领导小组办公室发布《上海服务国家“一带一路”建设发挥桥头堡作用行动方案》，方案中有一块专讲“智库建设专项行动”，要求：“充分发挥上海各类智库研究优势、网络优势和资源优势，加强对沿线国家（地区）全方位、多层次研究，通过优势互补、资源互利、信息互通，大力推动成果共享，为‘一带一路’建设提供专业智力支撑。”

市府行动方案跟上海社会科学院直接有关的是“探索建设国家级丝路信息数据库”和“深化完善‘一带一路’智库合作联盟”。

应用所的课题研究倍加注重上海在带动长三角企业在“走出去”时的整合投资。浙江、江苏、安徽有大量有对外投资需求的企业。上海则在开发区、高新区、保税区、自贸区建设上观念出新、经验丰富。上海既为“桥头堡”，理应成

① 郁鸿胜：《在 2015 陆家嘴论坛上的演讲》，中金在线 2015 年 6 月 27 日。

为“一带一路”建设的支点城市，将长三角的优势融合起来，拼船出海。

> 当前，我国已进入了新的历史发展机遇期，面对全球经济的新形势和国内发展的新要求，迫切要求从国家“一带一路”倡议和长江经济带战略出发，从推动区域港口资源整合、推动区域经济一体化发展、推动东中西双向开放的角度，重新审视上海国际航运中心的战略使命，完善洋山港的航运功能、产业功能和开放功能，进一步提升洋山港对周边区域发展的辐射和带动效应，赢得新一轮国际航运中心竞争时间和战略空间。因此，必须在中央的统一部署下，进一步深化浙江和上海在大小洋山开发上的合作。①

王战时任上海社会科学院院长，是“大小洋山新一轮合作开发研究”课题组组长。李湛是上海社会科学院应用经济研究所副所长，是“大小洋山新一轮合作开发研究”课题组副组长。孙福庆时任上海社会科学院应用经济研究所所长，李华欣是中国国际经济交流中心上海分中心副秘书长，徐炳胜是上海社会科学院应用经济研究所副研究员，张彦是上海社会科学院应用经济研究所助理研究员，郭进是中国国际经济交流中心上海分中心博士，均为《大小洋山新一轮合作开发研究》课题组成员。

王战、李湛、孙福庆等人在《大小洋山新一轮合作开发研究》中特别强调了实施“一带一路”建议、开发长江经济带、建设上海自贸区和舟山自贸区以及舟山江海联运服务中心战略，之于引领“中国速度”、合作开发长江经济带与对接二十一世纪海上丝绸之路、赢得新一轮国际航运中心竞争时间和战略空间的重要，自然引起有关各方的高度关注。有关各方特别关注“大小洋山新一轮合作开发研究”的对策建议，特别关注大小洋山为“多重国家战略叠加效应的最佳抓手”，特别关注以“国家战略高度”来“促进沪浙两地的对接，促成沪浙深层次谈判，加快理顺合作开发模式和管理运行机制，推动沪浙尽快达成新一轮合作协议，把大小洋山港区打造成为面向全球、背靠长三角的开发开放战略高

---

① 王战、李湛、孙福庆、李华欣、徐炳胜、张彦、郭进：《大小洋山新一轮合作开发研究》，未刊稿。

地，从而加强多重国家战略的有机对接，实现战略叠加的倍增效应”。

联想到长三角区域合作办公室已经组建，浙江省发改委的一位工作人员已到上海上班，当时和他一起到来的还有来自嘉兴市、嘉善县党政部门的工作人员各一人；联想到中共中央政治局委员、上海市委书记李强亲临洋山深水港区，宣布上海国际航运中心洋山深水港区四期工程开港，中共上海市委副书记、市长应勇在上海国际航运中心洋山深水港区四期工程开港上说，我们要依托自贸试验区推进航运领域改革创新，着力优化现代航运集疏运体系和航运服务体系，更好服务“一带一路”建设、长江经济带发展和长三角一体化，更好服务全国，我们可以寄望于“一带一路”、开发长江经济带、建设上海自贸区和舟山自贸区以及舟山江海联运服务中心战略的，难道不正是更加光辉灿烂的前景吗？

# 尾声 学以致用，经世致用

在中国伟大的改革开放历史进程中，私营经济已经初步完成了协助公有经济实现跨越式发展的重大阶段性历史重任。下一步，私营经济不宜继续盲目扩大，一种全新形态、更加集中、更加团结、更加规模化的公私混合制经济，将可能在社会主义市场经济社会的新发展中，呈现越来越大的比重。①

据说吴小平的文章最先在自媒体上发出。随后连轴转发，点击量很快超过千万。

吴小平自称"资深金融人士"，长江商学院校友，浙大客座教授，曾参与创建投资银行中金公司零售业务及财富管理部，任执行总经理。现投身互联网金融创业。

吴小平以"金融评论家"加"商业观察家"的响当当身份，大嘴奢谈"私营企业，有其优势，有其劣根"，引起了公众舆论的哗然。

可是他的诘难，早在四十年前就已有人回答了。

此人就是首任部门经济研究所所长蔡北华。

蔡北华的《论个体经济》刊发在《社会科学》1980 年第 6 期上。

蔡北华的文章里，最可并应可为后人默默记取的是："个体经济在我国的存在，不仅是符合今天的客观经济规律，而且还会在今后长期存在下去。生产关系一定要适合生产力的性质，这是马克思主义一条根本原理。我国生产力

---

① 吴小平：《私营经济已完成协助公有经济发展应逐渐离场》，《口袋财经》2018 年 9 月 12 日。

发展水平落后，容许个体经济长期存在是符合客观经济规律的。”

这里的“个体经济”完全可作“私营经济”解。

蔡北华的“长期存在”完全是对“逐渐离场”论的最好驳斥。

蔡北华早已远离我们，蔡北华的思想仍可影响我们，这是我们倍感欣慰的。我们不知蔡北华远去之年，吴小平是否已经降生；我们只知道蔡北华的后任，多位部门经济研究所掌门，还都健在，这是我们更感欣慰的。

首先是102岁的徐之河还健在，仍在医院里安度晚年。在同一个医院里安度晚年的还有姚锡棠和谢自奋。厉无畏曾是党和国家领导人，现告老还乡，虽已戒酒，却豪情依然。杨建文更是新著不少，比退休前更忙。

当然，四十年过去了，我们更感欣慰的是，看到更多年轻一代。继往开来，学以致用，经世致用，正在他们的第九任所长领导下，进行着新一轮的学术攻坚。

应用经济研究所的第九任所长干春晖是在2018年7月20日到任的，1996年毕业的经济学博士，自有学界少侠的意气风发。

干春晖是2004年度上海市十大青年经济人物。他曾主持国家社会科学基金重大项目《中高速增长阶段经济转型升级研究》和《“十二五”期间加快推进我国产业结构调整》、国家社会科学基金项目《经济全球化背景下中国产业结构的战略性调整和升级》和《“十一五”我国产业结构的优化与升级的自主创新战略研究》。他的研究领域为经济转型与产业升级、产业组织与公共政策、产业结构与政策、企业并购与重组，以及战略经济学。他的代表作有《中国经济转型与产业升级研究：结构、制度与战略》《产业经济学》《并购经济学》《资源配置与企业兼并》和《管理经济学》等。

所有这一切，无不清楚表明，没有比他到应用所任职，再合适的了。

而他自己也说，他热爱这一份工作，珍惜这一个机会。他愿意跟应用所的全体同人，走过新时期，走进新时代，在下一个四十年的门口，开创其更璀璨芳华的未来。

*上海社会科学院应用经济研究所是一个重镇，一个研究工业经济、产业经济的重镇。尤其是学以致用，经世致用，在研究现实问题方面，在服*

务于中共上海市委、市人民政府的决策咨询方面,研精致思,建言献策,发挥了不可替代的重要作用。所以,展望未来,展望前程,展望下一个四十年,我最想说的一句话,那就是《礼记·大学》上的:"苟日新,日日新,又日新。"(引自2018年10月25日,干春晖访谈实录)

干春晖说得好,好就好在言简意赅,突出创新。

让我们这就跟干春晖一起,把更多的希冀和热望献给应用经济研究所的下一个四十年吧。

四十年白驹过隙,弹指一挥间。

四十年旦复旦兮,与时并明灭。

然而,我们既已一起走过,我们就永不忘记。

因为1978年之于中国,是一个伟大的开始。

因为1978年是当代中国的新起点,同时也是一批人的人生新起点。

因为一个智库和它所历经的那一个时代,给了那一批人一个共同的使命,那使命就是学以致用,经世致用。

因为一个智库和它所历经的那一个时代,给了那一批人一个共同的名字,那名字就是应用所人。

芳华四十年,我思故我在。

走过新时期,走进新时代。

# 后　记

一部三十万字的书，总算写完，写了整一年。

回过头来说，最关键的就两条，一是打岔的事太多，狗头抓抓，羊头拉拉，老是定不下心。二是郑世卿所说：年代比较久远，大家只靠传说了。

四十年了，"年代"确实有点"久远"。"比较久远"的"年代"确实造成"大家只靠传说"。

譬如吴敬琏给厉无畏写条。三个人三个说法。三个说法都还在同一本《踏道　经世　传薪——厉无畏学术研究 30 周年研讨会文集》(团结出版社 2013 年版)里。一个说："20 世纪 90 年代，吴敬琏在全国'两会'上听了厉无畏的发言后，深深被厉氏境界所折服，当即给厉无畏一封手函，上面连写三个重复的词：'佩服！佩服！佩服！'"一个说："1998 年东南亚金融危机爆发后，厉无畏在全国政协大会上作'关于防范金融风险的若干建议'的大会发言，著名经济学家吴敬琏递了一张纸条给厉无畏，纸条上写着：'你用很简洁的语言把复杂的经济问题讲得那么清楚，令人佩服、佩服'。"再一个说："在 1998 年的那次全国政协会议上，厉无畏曾作为十位委员代表之一作了题为'关于防范金融风险的若干建议'的大会发言。发言结束之后，同行吴敬琏递过一张纸条，上书：'无畏委员，今日聆听您的发言，对您能以浅显语言准确地表达经济学观念深感佩服'。"请问我到底该信谁的？谁的复述更接近于事实本身？

还有厉无畏的研究生导师。

我问沈国明。沈国明说"徐之河等人"。我最后问左学金。左学金说钱志坚。沈国明说："这就对了。谢谢你的认真。"

我这人一根筋，认死理。别的本事没有，有的就是"认真"。

李伟看我可怜,对叶蕾说,叫叶老师别那么较真。

叶蕾转告我,我一笑了之,依然故我。要不较真,就不是我了。

现在写书,最大问题就是不认真。一本写孙冶方的书,首先说孙冶方身陷囹圄,一“没有笔”,二“没有纸”,甚至“连可以打结记事的绳子都没有”,只能是“写货真价实的腹稿,把经济学领域内浩瀚无边的事与理,一字一句地刻写在脑子里”,以至于“前前后后共写了八十五遍”。如此精确,也不知如何计算出来? 作者则为此得意,说他“说出”这一个数字来“人们会吓一大跳”。别人是否“吓一大跳”,我不知道。我只知道自己确实是被吓到了。吓到我的不是孙冶方的“何等惊人的毅力”,而是作者的治学态度。因为同一个作者,在同一本书里,写着写着,竟又写出了“腹稿虽然已经打了上百遍,但真正要落笔写到纸上却又是件艰难的事”。前面是“前前后后共写了八十五遍”,后面是“上百遍”,这样的不“一丝不苟”,应该不是孙冶方的“治学精神”吧?

毛泽东曾说:“世界上怕就怕‘认真’二字,共产党就最讲认真。”

我是在给应用经济研究所写史,写四十年的创业史、奋斗史、发展史,我怎么能不认真写呢? 我不能辜负了应用经济研究所的这一段历史。我要对得起应用经济研究所人的信赖和期望。更何况,应用经济研究所只是一滴水。我答应写这一部书,归根结底,不只是要写一个单位和一些人,而是要写这一个单位、这一些人及其所处的一个大时代。什么时代? 改革开放大时代。直面大时代,我想要偷懒、马虎也不行。

好在应用经济研究所的领导有足够耐心。定了的截稿期早过了,四十年庆都在眼前,我仍纠结,磨蹭。他们等到了最后一分钟。孙福庆给我打电话,还是好生抚慰。

在这里,我只能是感谢。感谢理解。理解万岁。

我要感谢应用所的所有人。首先是陈嘉欢、汪杨、陈月琴等人,她们都是直接帮助我工作的。我曾大大烦到她们。

我还要感谢於品浩、李佳能、张广生、郑荣发,他们都给了我悉心指点。

我还要感谢我的老友严祖德。七十好几的人,为到上海图书馆查资料,帮我查书报杂志,浦江两岸来回奔波。

当然,我还要感谢美国所的胡华。我答应了他们的另一部书。他们一直耐心等着,忍着不催。

我要感谢的人还有许多许多,实在无法在这里一一列名。我只能对我所要感谢的所有人,在这里再说一声谢谢。

最后,我要说——

光荣属于上海社会科学院应用经济研究所。

梦想引领与时俱进的应用经济学。

2018 年 10 月于上海新静安

**图书在版编目(CIP)数据**

我们一起走过 / 叶孝慎著. —上海：上海社会科学院出版社，2018

ISBN 978-7-5520-2492-0

Ⅰ.①我… Ⅱ.①叶… Ⅲ.①改革开放—成就—上海 Ⅳ.①D619.51

中国版本图书馆 CIP 数据核字(2018)第 234670 号

**我们一起走过**

——上海社会科学院应用经济研究所四十年

著　　者：叶孝慎
责任编辑：应韶荃
封面设计：张晶灵
出版发行：上海社会科学院出版社
　　　　　上海顺昌路 622 号　邮编 200025
　　　　　电话总机 021-63315900　销售热线 021-53063735
　　　　　http://www.sassp.org.cn　E-mail:sassp@sass.org.cn
排　　版：南京展望文化发展有限公司
印　　刷：上海万卷印刷股份有限公司
开　　本：710×1010 毫米　1/16 开
印　　张：24
插　　页：12
字　　数：363 千字
版　　次：2018 年 11 月第 1 版　　2018 年 11 月第 1 次印刷

ISBN 978-7-5520-2492-0/D·510　　定价：128.00 元